U0581457

全世界无产者，联合起来！

列 宁 全 集

第二版增订版

第二十九卷

1917年3—4月

中共中央 马克思 恩格斯 著作编译局编译
列 宁 斯大林

人民出版社

《列宁全集》第二版是根据中国共产党中央委员会的决定，由中共中央马克思恩格斯列宁斯大林著作编译局编译的。

凡　例

1. 正文和附录中的文献分别按写作或发表时间编排。在个别情况下,为了保持一部著作或一组文献的完整性和有机联系,编排顺序则作变通处理。

2. 每篇文献标题下括号内的写作或发表日期是编者加的。文献本身在开头已注明日期的,标题下不另列日期。

3. 1918 年 2 月 14 日以前俄国通用俄历,这以后改用公历。两种历法所标日期,在 1900 年 2 月以前相差 12 天(如俄历为 1 日,公历为 13 日),从 1900 年 3 月起相差 13 天。编者加的日期,公历和俄历并用时,俄历在前,公历在后。

4. 目录中凡标有星花 * 的标题,都是编者加的。

5. 在引文中尖括号⟨　⟩内的文字和标点符号是列宁加的。

6. 未说明是编者加的脚注为列宁的原注。

7.《人名索引》、《文献索引》条目按汉语拼音字母顺序排列。在《人名索引》条头括号内用黑体字排的是真姓名;在《文献索引》中,带方括号[　]的作者名、篇名、日期、地点等等,是编者加的。

目　录

附　　录

插　图

前　言

本卷收载列宁在 1917 年 3 月和 4 月期间的著作。

沙皇俄国在第一次世界大战中连遭失败,力量消耗殆尽。1917 年初,俄国的经济濒于崩溃,民不聊生,争取和平、面包和自由的群众斗争蓬勃发展,专制统治朝不保夕。为了挽救危局,沙皇政府对外准备同德国单独媾和,对内企图驱散国家杜马,建立军事专制制度,加强对革命运动的镇压。俄国资产阶级既不满意沙皇政府的腐朽无能,又不愿看到君主制的覆灭,打算通过发动宫廷政变,更换沙皇,迫使他让步,和他分掌政权。资产阶级同沙皇专制的矛盾加剧了俄国的政治危机,有利于工农民主革命运动。沙皇政府完全陷于孤立,革命形势日趋成熟。从 1917 年初起,罢工浪潮空前高涨。彼得格勒无产阶级的革命运动日益汹涌澎湃,政治总罢工发展为强大的示威游行,最终转变为武装起义。大批士兵投向工人一边,汇成了势不可挡的革命潮流。起义者捣毁警察局,解除反动武装,占领政府机关,逮捕政府大臣。2 月 27 日(俄历),革命在首都取得胜利,并迅速向全国扩展。在俄国存在了数百年之久的沙皇专制制度土崩瓦解。

二月革命推翻了沙皇制度,就这一点说,俄国资产阶级民主革命已经完成。但二月革命所产生的不是单一政权,而是两个并存的政权:一个是由十月党人和立宪民主党人组成的、实行资产阶级专政的临时政府;一个是体现工农革命民主专政的工兵代表苏维埃。"两个政权并存的局面只是反映了革命发展中的一个**过渡**时期,这时革命已超出了一般的资产阶级民主革命的范围,**但是还没有到达'纯粹的'无产阶级和农民的专政。**"(见本卷第154页)

在革命高潮中,布尔什维克党直接参加了群众的革命斗争,但由于党的许多领导人被监禁或流放,大批先进工人被送上前线,布尔什维克党还没有足够的力量使自发的革命洪流完全置于自己的影响之下。小资产阶级的代表孟什维克和社会革命党掌握了彼得格勒以至全国许多地方的苏维埃的领导权。孟什维克和社会革命党所把持的彼得格勒苏维埃支持临时政府,自愿把政权奉送给资产阶级。

在苏维埃中暂时处于少数地位的布尔什维克党如何根据新的形势制定出正确的战略和策略,把革命继续推向前进,成为迫切需要解决的问题。本卷所收的文献反映了列宁在这一时期领导布尔什维克党为使资产阶级民主革命转变为社会主义革命所进行的斗争。

本卷开头的几篇文献《1917年3月4日(17日)的提纲草稿》、《给启程回俄国的布尔什维克的电报》和五封《远方来信》等,是列宁在瑞士得知二月革命胜利后为指导国内革命而写的。在这些文献中列宁分析了二月革命后的政治形势、阶级斗争和阶级力量对比,揭露了资产阶级临时政府的反动本质,制定了工人阶级继续进行争取社会主义的斗争的纲领。列宁指出:临时政府是资产阶级和地主的政府,是继续进行帝国主义大厮杀的政府,它不可能给人民以和平、面包和自由,能够给人民以和平、面包和充分自由的只有工人政府。现在革命正在向第二阶段过渡,或者说走向第二次革命,这次革命的任务是应当把国家政权从地主资本家政府手中夺过来交给工人和贫苦农民的政府。新政府应当按照工农代表苏维埃的式样组织起来,它应当打碎旧的国家机器,代之以人人普遍参加的人民武装组织;只有工农的政权才能实现真正持久的民主的和平;为了在最近的将来取得这次革命的胜利,无产阶级首先必须在没收地主全部土地的斗争中取得大多数农民的支持,并在这个基础上同贫苦农民结成联盟,对最重要的产品的生产和分配进行监督,实行普遍劳动义务制,等等;采取这些步骤就是向社会主义过渡。第五封《远方来信》没有写完,从《第五封〈远方来信〉的要点》来看,未写完部分要谈的是修改党纲的问题。《要点》后来成为列宁修改党纲的基础。列宁回国后把《远方来信》中的观点加以充实和发展,形成了布尔什维克党在这个时期的完整的战略和策略方针。

列宁在回国前所写的《俄国革命和各国工人的任务》、《论俄国社会民主工党在俄国革命中的任务》、《共和派沙文主义者的诡计》和《给瑞士工人的告别信》等文章和书信中,向瑞士、法国、德国和意大利等国的工人解释了俄国革命的性质和任务,指出帝国主义战争所造成的客观条件使全人类面临这样的抉择:或者再让千百万人丧生,或者在一切文明国家里实现社会主义革命。

1917年4月3日(16日),列宁回到俄国。第二天,他先后在出席全俄工兵代表苏维埃的布尔什维克代表的会议上和布尔什维克同孟什维克代表的联席会议上宣读并逐条讲解他草拟的一个提纲。会后他把这个提纲冠以《论无产阶级在这次革命中的任务》的标题,并加了说明和注释在《真理报》上正式发表,这就是著名的《四月提纲》。列宁在这个提纲中回答了俄国从民主革命阶段向社会主义革命阶段过渡的一系列紧迫问题。列宁指出:"俄国当前形势的特点是从革命的第一阶段向革命的**第二**阶段**过渡**,第一阶段由于无产阶级的觉悟和组织程度不够,政权落到了资产阶级手中,第二阶段则应当使政权转到无产阶级和贫苦农民手中。"(见本卷第114页)"工人代表苏维埃是革命政府**唯一可能的**形式","不要议会制共和国……,而要从下到上遍及全国的工人、雇农和农民代表苏维埃的共和国"(见本卷第115页)。布尔什维克党在工人代表苏维埃中暂时还处于少数地位,应当耐心地、坚持不懈地做工作,要帮助它摆脱资产阶级的影响,要宣传全部政权归工人代表苏维埃;应当揭露临时政府的谎言,不给临时政府任何支持。列宁在提纲中指出,资产阶级临时政府仍然进行掠夺性的帝国主义战争,"要缔结真正民主的非强制的和约来结束战争,就**非**推翻资本**不可**"(见本卷第114页)。此外,提纲中还提出了俄国向社会主义革命过渡的一些经济措施(将地主土地收归国有、组建全国性的银行、由工人代表苏维埃监督社会的产品生产和分配,等等),建议召开党代表大会、修改党纲、把党的名称改为共产党,发起建立革命的国际。《四月提纲》所提出的争取从资产阶级民主革命向社会主义革命过渡的具体方针和步骤,成了俄国社会民主工党第七次全国代表会议制定政治路线的基础。

　　《四月提纲》发表后遭到资产阶级和小资产阶级政党的激烈反对。布尔什维克党内也有异议,如加米涅夫,他在《我们的分歧》一文中反对《四月提纲》,断言俄国资产阶级民主革命还没有完成,俄国还没有成熟到实行社会主义革命的程度。列宁在《论策略书》中批驳了这种错误观点,阐述了无产阶级政党在确定斗争任务和活动方式时必须遵循的马克思主义原则:应当对每个历史关头的阶级力量对比和具体特点作出经得起客观实际检验的分析,应当根据客观事实对自己的政策进行科学的论证。列宁说:"马克思主义者必须考虑生动的实际生活,必须考虑**现实**的确切事实,而不应当抱住昨天的理论不放,因为这种理论和任何理论一样,至多只能指出基本的、一般的东西,只能**大体上**概括实际生活中的复杂情况。"(见本卷第139页)。按照旧的方式,先要确立资产阶级的统治,然后才能创建无产阶级和农民的专政。而在俄国的实际生活中,与资产阶级临时政府同时出现的工兵代表苏维埃就是"无产阶级和农民的革命民主专政"。这正是马克思主义者必须考虑的现实生活中的确切事实。列宁在《论两个政权》一文中分析了两个政权并存这一特殊政治局面,论证了结束这种局面所应采取的方针。列宁认为,一切革命的根本问题是国家政权问题。无产阶级要取得政权,必须把大多数群众争取过来,建立工人、雇农、农民和士兵代表苏维埃的"单一政权"。

《无产阶级在我国革命中的任务(无产阶级政党的行动纲领草案)》是列宁为召开党的代表会议而写的小册子。在这本小册子中,列宁在《四月提纲》的基础上全面阐述了布尔什维克的战略思想和策略思想。列宁揭示了并存的两个政权的不同阶级实质以及由此形成的党的策略的特点,批判了革命护国主义的错误,阐述了苏维埃这一新型国家同旧式国家的主要区别和向社会主义过渡的经济措施,对社会党国际中的社会沙文主义者、"中派"和真正的国际主义者这三个派别作了剖析,并提出建立第三国际。这一文献实际上是俄国社会民主工党(布)四月代表会议的有关决议的基础。

为了帮助广大群众了解当时俄国的政治形势和各个政党对形

势的估计,列宁还编写了一本小册子:《俄国的政党和无产阶级的任务》。这本小册子以问答形式说明了俄国各主要政党的阶级基础和政治主张。

编入本卷的还有列宁1917年4月在《真理报》上发表的大量政论文章,如《战争和临时政府》、《他们是怎样听任资本家摆布的》,等等。这些文章揭露临时政府的反人民本质和社会革命党、孟什维克的妥协政策,还结合当时的具体问题来阐述《四月提纲》的基本思想。

收入本卷的《俄国社会民主工党(布)彼得格勒市代表会议文献》反映了列宁为统一首都布尔什维克组织对党的战略和策略方针的认识所做的工作和取得的成果。列宁在会上就目前形势和对临时政府的态度问题作了报告和总结发言,草拟了关于对临时政府的态度、关于战争、关于市政选举、关于对待社会革命党和社会民主党(孟什维克)等政治流派的态度的决议草案。通过这次会议,原来对列宁提出的战略和策略思想一时不理解的同志改变了看法,列宁的思想得到了彼得格勒这个最大的布尔什维克组织的赞同。

本卷收载了列宁起草的俄国社会民主工党中央委员会关于4月20—21日政治危机问题的三个决议。这次政治危机的发生是因为临时政府于4月18日向各盟国发出照会,表示要将世界大战进行到完全胜利,从而引起了广大群众的强烈反对,彼得格勒街头集会和示威游行不断。列宁针对布尔什维克党彼得格勒委员会少数委员提出的"打倒临时政府"的口号,在4月22日(5月5日)的决议中指出,当时提出这一口号是不正确的,因为革命无产阶级还没有掌握可靠的(即有觉悟的和有组织的)人民大多数,提出这样的口号是讲空话,或者在客观上是一种冒险行动。在这次政治危机中,列宁还写了《告各交战国士兵书》、《临时政府的照会》、《用圣像对付大炮,用空谈对付资本》、《真诚的护国主义的内容表露出来了》等多篇文章,抨击临时政府继续进行掠夺性侵略战争,批评小资产阶级政党信任临时政府并同它妥协的政策,阐述无产阶级的政治路线和结束战争的途径,总结无产阶级政党应当从这次危机中吸取的教训。

　　本卷所收的《俄国社会民主工党(布)第七次全国代表会议(四月代表会议)文献》,包括了列宁的开幕词和闭幕词、报告、发言以及为代表会议准备的决议草案等26篇文献。列宁在这些文献中继续阐述、捍卫和发展《四月提纲》所提出的思想,指明争取俄国社会主义革命胜利的斗争道路,进一步阐明向社会主义革命过渡的具体纲领。列宁指出,工兵代表苏维埃的建立是向社会主义过渡的有决定意义的第一步。全部政权归苏维埃的运动正在各省广泛而深入地发展,而两个首都的情况则相反,苏维埃同资产阶级妥协的政策表现得特别明显。因此,布尔什维克必须一方面全面支持各地革命的发展,另一方面在苏维埃内部展开争取群众的斗争,使无产阶级路线取得胜利。列宁认为,苏维埃夺取政权是为了前进,为了实行向社会主义过渡的最初步骤。现在不应该空谈向社会主义过渡的一般原理,而应该实践,应该采取已经成熟了的具体步骤和方法:实行土地国有化,把银行联合为统一的中央银行,对它和最大的辛迪加进行国家监督,实行累进所得税和累进财产税,等等。

　　列宁在这次代表会议上作的关于土地问题的报告和他就此问题起草的决议中,说明了全部土地实行国有化的必要性,指出这一措施不仅使土地关系摆脱半农奴制的羁绊,而且将消灭地主土地所有制这个农奴主权力的物质支柱和君主制借以复辟的基础,给一切生产资料私有制以沉重的打击。列宁强调指出,俄国革命的命运和结局取决于城市无产阶级是否能够领导农村无产阶级和联合农村半无产者群众。

列宁在为这次会议起草的关于民族问题的决议中指出,必须承认俄国境内一切民族有自由分离和成立独立国家的权利,否认这种权利,就等于拥护侵略政策或兼并政策。但是,决不允许把民族有权自由分离的问题同某一民族在某个时候实行分离是否适当的问题混为一谈。对后一个问题,无产阶级政党应当根据整个社会发展的利益和无产阶级争取社会主义的阶级斗争的利益,分别在不同场合独立地加以解决。

在这次会议上作的关于修改党纲问题的报告和相应的决议中,列宁提出了修改党纲应当遵循的方针:鉴于社会主义革命日益逼近,应对帝国主义以及帝国主义战争时代作出评价;提出建立工农民主共和国的要求;取消或修改党纲中已经陈旧的部分,特别要按照已通过的关于土地问题的决议修改土地纲领;必须把那些已经有条件实行国有化的垄断组织收归国有,等等。列宁还受中央委员会的委托编纂了《修改党纲的材料》,于6月作为小册子发表,目的在于使全体党员熟悉这些材料,以便积极参加党纲的修改工作。列宁在这些材料中草拟了新的党纲条文,提出了新的政治和经济要求。材料所包含的一些极其重要的理论原则后来写进了1919年俄共(布)第八次代表大会通过的新党纲。

俄国社会民主工党(布)第七次全国代表会议通过了列宁提出的使资产阶级民主革命转变为社会主义革命的方针:全部政权归

苏维埃,布尔什维克党在苏维埃中把大多数争取过来并把苏维埃变成无产阶级专政的机关。代表大会号召全党团结一致,为实现这一方针而奋斗。

在《列宁全集》第2版中,本卷文献比第1版相应时期的文献增加33篇,其中有:《第五封〈远方来信〉的要点》,《在彼得格勒工兵代表苏维埃士兵部会议上的发言》,在俄国社会民主工党(布)彼得格勒市代表会议和第七次全国代表会议(四月代表会议)上的报告和讲话的报道,在四月代表会议上的一些讲话的两种记录以及一些重要插话等等。另外,本卷收载的《俄国的政党和无产阶级的任务》一文增补了《列宁全集》第1版未收入的第25节和第26节。

编入《附录》的最后一个文件《俄国革命者取道德国回国(集体公报)》是列宁在途经斯德哥尔摩时交给《政治报》编辑部的。因不能充分肯定是列宁所写,所以编入《附录》。

弗·伊·列宁

（1917 年）

1917 年 3 月 4 日（17 日）的提纲草稿[1]

今天，1917 年 3 月 17 日，从俄国传到苏黎世的消息非常少，但目前我们国内的事态却发展得非常快，因此在判断情况时只能采取极其谨慎的态度。

昨天来电说，沙皇已经退位，十月党人—立宪民主党人的新政府[2]已经同罗曼诺夫王朝的其他代表缔结了协定。今天来自英国的消息说，沙皇还没有退位，现在不知道他在何处！也就是说，沙皇正在作反抗的尝试，策划组织政党，也许还策划组织军队进行复辟；假如沙皇能逃出俄国或取得一部分武装力量，那他为了欺骗人民，也有可能发表立即同德国单独媾和的宣言！

在这种情况下，无产阶级的任务就十分复杂了。毫无疑问，无产阶级应当尽量好地组织起来，集结自己的力量，武装自己，巩固和发展同城乡劳动群众一切阶层的联盟，以便无情地反击沙皇反动派，彻底粉碎沙皇君主制。

另一方面，在彼得堡夺得了政权的新政府，或者确切些说，从经过英勇的流血斗争而取得了胜利的无产阶级手中夺取了政权的新政府，是由自由派资产者和地主组成的；而民主派农民的代表、也可能是一部分被引上资产阶级道路而忘记了国际主义的工人的代表克伦斯基，是被他们牵着鼻子走的。新政府的组成人员是一些明目张胆地赞成和拥护同德国进行帝国主义战争的人,也就是说,他们赞成和拥护同英法帝国主义政府联合进行战争,为了掠夺和侵占其他国家领土如亚美尼亚、加利西亚、君士坦丁堡等等而进行战争。

新政府不可能给俄国各族人民(以及那些因战争而同我们联结起来的民族)以和平、面包和充分的自由,因此工人阶级应当继续进行争取社会主义与和平的斗争,应当为此而利用新的形势,并且向最广大的人民群众说明这种形势。

新政府不可能给人民和平,这不仅因为它是资本家和地主的代表,而且还因为它被同英法资本家缔结的条约和对他们在财务上承担的义务束缚住了。因此,始终忠于国际主义的俄国社会民主党,首先和主要应当向期待和平的人民群众说明,在这个政府统治下是不可能取得和平的。这个政府在它的第一篇告人民书(3月17日)[3]中,一个字也没有提到当前主要的和基本的问题——和平问题。它保守沙皇政府同英、法、意、日等国所缔结的掠夺性条约的秘密。它企图向人民隐瞒它的军事纲领的真实内容,即隐瞒它主张战争、主张战胜德国的真相。它不能做目前人民需要做的事情:马上公开建议各交战国立即停战,然后在彻底解放殖民地和一切从属的没有充分权利的民族的基础上缔结和约。要实现这一点,就需要有一个工人政府,而这个政府首先要同贫苦的农村居民群众结成联盟,其次要同各交战国的革命工人结成联盟。

新政府不可能给人民面包。而任何自由都不能满足由于缺粮、由于粮食分配不合理、更主要是由于地主和资本家夺走了粮食而处于挨饿境地的群众。要给人民面包,就必须对地主和资本家采取革命措施,而能够采取这种措施的只有工人政府。

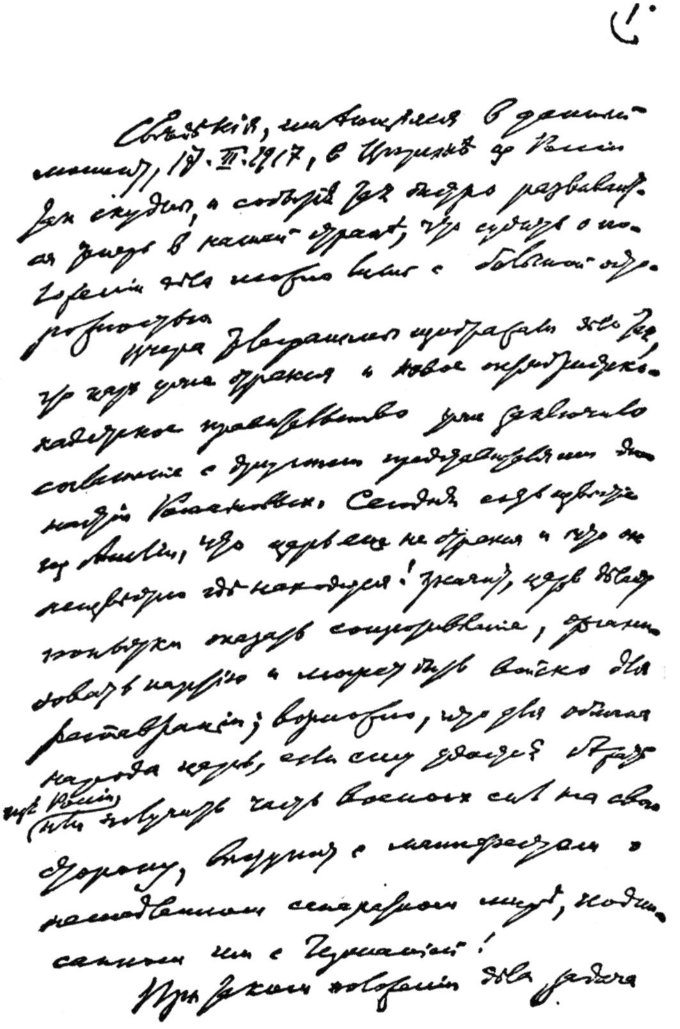

列宁《1917年3月4日(17日)的提纲草稿》手稿第1页
（按原稿缩小）

　　最后,新政府也不可能给人民充分的自由,虽然它在 1917 年 3 月 17 日的宣言中只谈政治自由而不谈其他同样重要的问题。新政府已经试着去同罗曼诺夫王朝达成协议,因为它曾提出,只要尼古拉二世退位和指派罗曼诺夫家族的一个成员来当他的儿子的摄政王,它就可以不顾人民的意志而承认罗曼诺夫王朝。新政府在它的宣言中答应给予各种自由,但是并不履行它所承担的直接的和绝对的义务:立即实现自由,由士兵选举军官等;规定彼得堡、莫斯科等地的市杜马选举在真正全民投票而不是仅由男子投票的基础上进行,开放一切官方的和公共的建筑物供人民集会之用;规定一切地方机关和地方自治机关的选举也在真正全民投票的基础上进行;取消对地方自治权的一切限制;撤销由上面委派来监视地方自治的一切官吏;不仅实现信教自由,而且也实现不信教自由;立即使学校同教会分离,使学校不受官吏的监护,等等。

　　新政府 3 月 17 日的整篇宣言完全不能令人相信,因为它尽是诺言,没有提出要立即采取任何一项最迫切的、完全可以而且应当马上实行的措施。

　　新政府在它的纲领中一个字也没有提到八小时工作制和其他改善工人生活状况的经济措施,一个字也没有提到农民的土地问题,即无偿地把地主的全部土地转归农民的问题,它对这些迫切的问题保持缄默也就暴露了它的资本家的和地主的本性。

　　能够给人民以和平、面包和充分自由的只有工人政府,因为这个政府首先依靠绝大多数农民即农业工人和贫苦农民,其次依靠同各交战国革命工人结成的联盟。

　　因此,革命无产阶级不能不把 3 月 1 日(14 日)的革命看做它在自己的伟大道路上取得的初步的但还不是完全的胜利,不能不给自己提出继续为争取民主共和国和社会主义而斗争的任务。

为了实现这个任务,无产阶级和俄国社会民主工党首先应当利用新政府所开放的相对的和不充分的自由,这种自由只有靠今后进行更坚决更顽强的革命斗争才能得到保证和扩大。

必须使全体城乡劳动群众以及军队认清目前政府的真面目和它对待迫切问题的真实态度。必须成立工人代表苏维埃并把工人武装起来;必须使无产阶级组织也在军队(新政府也答应给军队政治权利)和农村中建立起来;尤其必须成立农业雇佣工人的单独的阶级组织。

只有使最广大的居民群众了解真相并把他们组织起来,才能保证革命下一阶段的完全胜利,才能保证工人政府夺得政权。

这个任务在革命时期和在战争的沉痛教训的影响下,能够在比平常短得多的时间内为人民所理解。为了实现这个任务,必须在思想上和组织上保持革命无产阶级政党的独立性。这个政党始终忠于国际主义,不听信资产阶级用来欺骗人民的谎话,即关于在目前这场帝国主义掠夺性战争中"保卫祖国"的种种言论。

无论是目前的政府还是资产阶级民主共和政府,如果它只是由克伦斯基和其他民粹主义的和"马克思主义的"社会爱国主义者组成的,那它就不能使人民摆脱帝国主义战争,就不能保障和平。

因此,无论同工人护国派,或是同格沃兹杰夫—波特列索夫—契恒凯里—克伦斯基这帮人,或是同在这个基本问题上像齐赫泽等人那样立场动摇不定的人,我们都不能订立任何同盟、联盟甚至协议。这种协议不仅会使群众造成错觉而依附于俄国的帝国主义资产阶级,而且会削弱和损害无产阶级在使人民摆脱帝国主义战争和保障各国工人政府之间真正持久和平的事业中的领导作用。

载于 1924 年《列宁文集》俄文版　　　　　　译自《列宁全集》俄文第 5 版
第 2 卷　　　　　　　　　　　　　　　　　　第 31 卷第 1—6 页

给启程回俄国的
布尔什维克的电报[4]

(1917 年 3 月 6 日〔19 日〕)

我们的策略是：完全不信任新政府，不给新政府任何支持；特别要怀疑克伦斯基；把无产阶级武装起来——这是唯一的保证；立即举行彼得格勒杜马的选举；决不同其他党派接近。请将此电告彼得格勒。

乌里扬诺夫

载于 1917 年 3 月 23 日《政治报》第 68 号

译自《列宁全集》俄文第 5 版第 31 卷第 7 页

远 方 来 信[5]

第 一 封 信

第一次革命的第一阶段[6]

（1917 年 3 月 7 日〔20 日〕）

世界帝国主义大战所引起的第一次革命已经爆发了。这第一次革命想必不会是最后一次革命。

这第一次革命的第一阶段，即 1917 年 3 月 1 日**俄国**革命的第一阶段，根据在瑞士得到的有限的材料来看，已经结束了。这第一阶段想必不会是我国革命的最后一个阶段。

一个已经维持了许多世纪并且在 1905—1907 年这三年极其伟大的全民的阶级搏斗中依然保持了下来的君主制度，竟在短短 8 天之内（这个天数是米留可夫先生在拍给俄国所有驻外代表的大吹大擂的电报中说的）就土崩瓦解了，怎么会出现这样的"奇迹"呢？

奇迹在自然界和历史上都是没有的，但是历史上任何一次急剧的转折，包括任何一次革命在内，都会提供如此丰富的内容，都会使斗争形式的配合和斗争双方力量的对比出现如此料想不到的特殊情况，以致在一般人看来，许多事情都仿佛是奇迹。

为了使沙皇君主制在几天之内就土崩瓦解，当时需要有许多具有全世界历史意义的条件的配合。现在把其中的主要条件列举如下。

　　没有俄国无产阶级在 1905—1907 年三年间所进行的极其伟大的阶级搏斗和所表现出的革命毅力，第二次革命的进展就不会这样迅速，也就是说，这次革命的**开始阶段**就不会在几天之内完成。第一次（1905 年）革命深深地翻松了土壤，根除了世代相传的偏见，唤醒了数百万工人和数千万农民去参加政治生活和政治斗争，使俄国社会中**一切**阶级（以及一切主要政党）彼此表明了并且向全世界表明了它们的真正的本质，表现了它们的利益、它们的力量、它们的行动方式以及它们的当前的目的和未来的目的的真正相互关系。第一次革命以及接着到来的反革命时期（1907—1914 年），暴露了沙皇君主制的全部实质，使它达到了"极限"，揭露了它的全部腐败和丑恶，揭露了以穷凶极恶的拉斯普廷为首的沙皇匪帮的极端厚颜无耻和放荡淫逸，揭露了罗曼诺夫家族的全部兽行，正是这些大暴行制造者使犹太人、工人和革命者的鲜血洒遍了俄国，正是这些**占有几百万俄亩土地的"头号"地主**为了保全自己和**本阶级的**"神圣的私有制"而无恶不作，无罪不犯，任意摧残和扼杀国民。

　　如果没有 1905—1907 年的革命，如果没有 1907—1914 年的反革命，俄罗斯民族和俄国境内其他民族中一切阶级的"自决"，这些阶级相互间以及它们对沙皇君主制的态度的决定，就不可能像在 1917 年二、三月革命的 8 天内表现得那样明确。这 8 天的革命就像是——如果可以这样譬喻的话——经过十来次主要的及次要的预演后所作的一次"表演"；"演员们"对于彼此的面貌、自己所扮的角色、自己所站的位置以及自己所处的环境都极为熟悉，连各种政治倾向和行动手段上稍微有点意义的细微差别也都揣摩得非常透彻。

但是，如果说被古契柯夫之流和米留可夫之流先生们及其走狗斥之为"大叛乱"的1905年第一次大革命，在12年之后引起了1917年"灿烂的""光荣的"革命（它之所以被古契柯夫之流和米留可夫之流宣告为"光荣的"革命，是因为它（**暂时**）给了他们政权），那还必须有一个伟大的、强有力的、万能的"导演"，他一方面能大大加速世界历史的进程，另一方面则能引起空前严重的世界危机，经济的、政治的、民族的和国际的危机。这里除了需要异常加速全世界历史的进展以外，还需要全世界历史的特别急剧的转折，才能让沾满血污的罗曼诺夫王朝的车子在这样一次转折中**一下子**倾覆。

这个万能的"导演"，这个强有力的加速者，就是世界帝国主义大战。

说这次战争是全世界的战争，这在目前已经是无可争辩的了，因为合众国和中国今天已经有一半卷入了这场战争，明天就会完全卷进去。

说这次战争从**双方**来说都是帝国主义战争，这在目前也是无可争辩的了。只有资本家及其走狗，社会爱国主义者和社会沙文主义者，换句话说（如果我们不用一般批评性的形容语，而用大家熟悉的俄国政界的人名来表示），只有古契柯夫们和李沃夫们，米留可夫们和盛加略夫们，只有格沃兹杰夫们、波特列索夫们、契恒凯里们、克伦斯基们和齐赫泽们，才能否认或抹杀这个事实。**无论**德国资产阶级**或**英法两国的资产阶级，进行这次战争都是为了掠夺别的国家，为了扼杀小民族，为了确立对于世界的金融统治，为

了瓜分和重新瓜分殖民地,为了用愚弄和分化各国工人的手段来
挽救濒于灭亡的资本主义制度。

帝国主义战争客观上必然要异常加速和空前加剧无产阶级反
对资产阶级的阶级斗争,必然要转变为各敌对阶级间的国内战争。

这一**转变过程**已由 1917 年的二、三月革命**开始了**,这次革命
的第一阶段首先向我们表明,当时有两种力量共同打击沙皇制度:
一方面是俄国整个资产阶级和地主连同他们所有不自觉的追随
者,再加上他们所有自觉的领导者,即英法两国的大使和资本家;
另一方面是已经开始吸收士兵和农民代表参加的**工人代表苏
维埃**[7]。

有三个政治阵营,三种基本政治力量:(1)沙皇君主制政
府——农奴主-地主的首脑,旧官吏和旧将军的首脑;(2)俄国的资
产阶级和地主-十月党—立宪民主党,跟着他们跑的小资产阶级
(它的主要代表人物是克伦斯基和齐赫泽);(3)在整个无产阶级和
全体贫苦居民群众中间寻找同盟者的工人代表苏维埃。这三种**基
本**政治力量甚至在"第一阶段"的 8 天之内就把自己的面貌十分明
显地暴露了出来,这甚至对于笔者这样一个远离事变发生地点,只
能看到外国报纸上一点简略电讯的观察者来说,也是一目了然的。

但在详细说明这点以前,我应该先回头说一说我这封信中论
述头等重大因素即世界帝国主义大战的那一部分。

战争的**铁链**已经把各个交战的国家,各个交战的资本家集团,
资本主义制度的"主人们",资本主义奴隶制的奴隶主们连在一起
了。**一团血污**——这就是我们现在所处的历史关头的社会政治生
活情景。

在战争开始时转到资产阶级方面去的社会党人,如德国的大

卫之流和谢德曼之流—俄国的普列汉诺夫之流—波特列索夫之流—格沃兹杰夫之流等等,老早就痛骂革命家的"幻想",痛骂巴塞尔宣言[8]的"幻想",痛骂变帝国主义战争为国内战争这种"梦幻般的滑稽剧"了。他们百般颂扬似乎是资本主义表现出来的那种力量、生命力和适应性,——正是**他们**这批人曾经帮助资本家在各国工人阶级中间培养"适应性"和驯服性,愚弄和分化各国工人阶级。

但是,"谁笑在最后,谁笑得最好"。资产阶级并没有能长期推延战争所引起的革命危机的到来。这一危机正以不可阻挡之势在所有国家日益发展,从正遭遇着"组织得非常高明的饥荒"(用一位不久前访问过德国的观察家的话来说)的德国起,直至**饥荒也**已逼来而组织得远不及德国那样"高明"的英法两国止。

在无组织现象最严重而无产阶级最革命(其所以最革命,并不是因为它有什么特殊的品质,而是因为有"1905年"的富于活力的传统)的沙皇俄国,革命危机自然就**最先**爆发了。这一危机因俄国及其盟国遭到多次最严重的失败而加速到来。这种失败动摇了全部旧的政府机构和全部旧制度,引起了全国**所有**阶级对它的仇恨,激起了军队的愤怒,大批地清除了那些带有因循守旧的贵族习气和腐败透顶的官僚性质的旧军事指挥人员,而代之以年轻的、生气勃勃的、多半是资产阶级、平民知识分子、小资产阶级出身的军事指挥人员。那些公然对资产阶级摇尾乞怜或者简直是毫无气节的人,曾经大吵大闹地反对"失败主义",他们现在面临一个事实,这就是最落后最野蛮的沙皇君主制的失败同革命大火的**燃起**有历史的联系。

但是,如果说战争初期的失败起过加速爆发的消极因素的作用,那么英法两国金融资本,英法帝国主义势力同俄国十月党及立宪民主党的资本的**联系**，则是通过直接**策划**反尼古拉·罗曼诺夫的**阴谋**而加速这一危机到来的因素。

对于事情的这一非常重要的方面，英法报刊由于不言而喻的原因而保持缄默，德国报刊则幸灾乐祸地大肆渲染。我们马克思主义者应该冷静地面对现实，交战的前一个帝国主义者集团的那些外交官和部长们的假仁假义的官场外交谎言也好，交战的后一个集团的那些在金融和军事方面同前者竞争的人的嬉皮笑脸和挤眉弄眼也好，都不能使我们困惑。二、三月革命的整个事变进程清楚地表明，英法两国大使馆以及它们的代理人和"内线"，为了阻止尼古拉二世（我们希望并且要设法使他成为末世）同威廉二世"单独"妥协和单独媾和，早就在作疯狂的努力了，他们联合十月党人[9]和立宪民主党人[10]，联合一部分将军以及军队中特别是彼得堡卫戍部队中的一部分军官，直接策划了以**废黜**尼古拉·罗曼诺夫为目的的阴谋。

我们决不给自己制造幻想。我们决不陷入某些人所犯的错误：像动摇于格沃兹杰夫—波特列索夫思想和国际主义思想之间、动不动就陷入小资产阶级和平主义立场的"组委会分子"[11]或"孟什维克"那样，现在就准备歌颂工人党同立宪民主党的"妥协"、对立宪民主党的"支持"等等。这些人为了替自己那套陈旧的、背熟了的（完全是非马克思主义的）学理辩护，公然掩盖英法帝国主义者同古契柯夫之流和米留可夫之流一起进行的阴谋活动，而这一阴谋活动的目的是要使尼古拉·罗曼诺夫这个"主要打手"下台，起用几个比较有活力的、有生气的、能干的**打手**来代替他。

革命胜利所以那样迅速，而且从表面上乍一看是那样彻底，只是因为在当时那种异常奇特的历史形势下有两个**完全不同的潮**

流,两种**完全异样**的阶级利益,两种**完全相反**的政治社会倾向**汇合起来**了,并且是十分"和谐地"汇合起来了。其中一个方面是英法帝国主义者的阴谋,他们曾经推动米留可夫和古契柯夫一伙人去夺取政权,**以求继续进行帝国主义战争**,以求更疯狂更顽强地进行这场战争,以求**再屠杀数百万**俄国工农,好使古契柯夫之流获得君士坦丁堡……好使法国资本家获得叙利亚……好使英国资本家获得美索不达米亚……等等;另一个方面则是无产阶级和广大人民(全体城乡贫苦居民)争取**面包**、争取**和平**、争取**真正自由**的具有革命性质的深刻的运动。

谁要是说俄国革命无产阶级"支持"用英国钞票"堆成的"、和沙皇帝国主义一样丑恶的立宪民主党和十月党的帝国主义,那简直是愚蠢的。革命工人一直在破坏、在很大程度上已经破坏、今后还将彻底破坏可恶的沙皇**君主制**,至于在一个短暂的情况特殊的历史关头,布坎南、古契柯夫和米留可夫一伙人**图谋另换**君主、最好**换成另一个**罗曼诺夫,这就**帮助了革命工人**,但革命工人并不因此而感到欢喜,也不感到不安!

事情就是如此,而且也只能如此。一个政治家如果不害怕真理,善于冷静地权衡革命中社会力量的对比,善于在估计任何"当前形势"时不只看到它今天的、现有的特性,而且还看到它更深的动因,看到俄国和世界各国的无产阶级的利益和资产阶级的利益的更深刻的相互关系,他就会这样看问题,也只能这样看问题。

彼得格勒工人和全俄国其他地方的工人,为反对沙皇君主制,为争取自由,为农民争取土地,**为争取和平**,为反对帝国主义大厮杀,进行了奋不顾身的斗争。英法帝国主义资本势力,为了继续进行和加强这场大厮杀,竟制造了宫廷倾轧,勾结近卫军军官策划阴谋,怂恿、鼓励古契柯夫之流和米留可夫之流,并暗中安排了一个**已经完全拼凑好的新政府**,这个政府在沙皇制度遭到无产阶级斗争的最初一些打击时就**夺得了政权**。

在这个新政府里,**真正重要的**岗位,战斗的岗位,决定性的岗位,即军队和官吏,都掌握在昨天还充当绞刑手斯托雷平的帮凶的十月党人和"和平革新党人"[12]的手里,即李沃夫和古契柯夫的手里,而米留可夫及其他立宪民主党人坐在那里则更多是为了装饰门面,为了充当招牌,为了发表甜蜜的教授式的演说,"劳动派分子"克伦斯基在这个政府里不过是当一个专用空话欺骗工农的丑角。这个新政府并不是偶然凑合起来的一群人。

这是已经上升到执掌俄国政权地位的新阶级,即资本主义化的地主和资产阶级的阶级代表人物,资产阶级在经济上早已**统治着我国**,并且在1905—1907年革命时期,在1907—1914年反革命时期,最后——而且是用特别快的速度——在1914—1917年战争时期,已经在政治上非常迅速地组织起来,已经把地方自治机关、国民教育机关、各种各样的代表大会、杜马、军事工业委员会[13]等等抓在自己的手里。到1917年,这个新阶级已经"几乎完全"执掌了政权;所以沙皇制度一遭到打击就立即倾覆,为资产阶级扫清了地盘。帝国主义战争要求各种力量极度紧张化,大大地加速了落后的俄国的发展进程,使我们"一下子"(**仿佛**是一下子)就赶上了意大利和英国,并且几乎赶上了法国,获得了所谓"联合的"、"民族的"(即适合进行帝国主义大厮杀和愚弄人民的)、"议会制的"政府。

除了这个政府(从**这次**战争看来,实际上不过是拥有亿万资本的"英法""公司"的伙计),同时还产生了一个主要的、非正式的、还没有发展成熟的、比较弱的**工人政府**，它代表着无产阶级和城乡全体贫苦居民的利益。这就是彼得格勒**工人代表苏维埃**，它正在努力联系士兵和农民以及农业工人，当然，特别是农业工人，首先是农业工人，同他们的联系要甚于农民。

实际的政治形势就是如此，我们首先应该力求尽量客观准确地判明这一形势，以便把马克思主义的策略建立在它应当依据的唯一牢固的基础上，即建立在**事实**的基础上。

沙皇君主制被打垮了，但是还没有被彻底摧毁。

想把帝国主义战争进行"到底"的、十月党—立宪民主党的资产阶级政府，其实是"英法"金融公司的一个伙计，它**不得不许诺**给人民一些自由和小恩小惠，而这些自由和小恩小惠是以不妨碍这个政府保持其统治人民的权力和能继续进行帝国主义大厮杀为限度的。

工人代表苏维埃是工人的组织，是工人政府的萌芽，是全体**贫苦居民群众即十分之九的居民**的利益的代表者，它正在努力争取**和平、面包和自由**。

这三种力量之间的斗争决定着目前的形势，即从革命的第一阶段向第二阶段**过渡**的形势。

第一种力量和第二种力量之间的矛盾是**不深刻的**，暂时的，是**仅仅**由一时的特殊情况引起的，即由帝国主义战争中事态的急剧转折引起的。**整个**新政府都是君主派，因为克伦斯基**口头上**的共和主义实在是不庄重的，是政治家所不齿的，**客观上**是玩弄政治手腕。新政府还没有彻底摧毁沙皇君主制，就已经**开始**同罗曼诺夫地主王朝**勾搭**上了。十月党—立宪民主党的资产阶级**需要**君主制政府作为官僚和军队的首脑，以便保护资本对于劳动者的特权。

　　说工人为了反对沙皇制度反动势力就应该**支持**新政府（这样说的显然有波特列索夫之流、格沃兹杰夫之流和契恒凯里之流以及说话**吞吞吐吐**的**齐赫泽之流**），这种人就是工人的叛徒，无产阶级事业的叛徒，和平和自由事业的叛徒。因为实际上**正是**这个新政府**已经**被帝国主义资本，被帝国主义**战争**政策、掠夺政策束缚住了手脚，**已经**开始勾结（并没有征求过人民的意见！）王朝，**已经在为复辟沙皇君主制而工作**，已经在迎请新的沙皇接位人米哈伊尔·罗曼诺夫登极，已经在设法为他巩固宝座，废除正统的（合法的、靠旧法律维持的）君主制而代之以波拿巴式的、全民投票式的（靠弄虚作假的人民投票维持的）君主制。

　　不，为了真正同沙皇君主制进行斗争，为了真正保证自由，不只是在口头上保证，不是靠花言巧语的米留可夫和克伦斯基空口许诺，那就**不是**工人应该支持新政府，而是这个政府应该"支持"工人！因为获取自由和彻底摧毁沙皇制度的唯一的**保证**，就是把**无产阶级武装起来**，加强、扩大和发挥工人代表苏维埃的作用、意义和力量。

　　除此以外，一切都是空话和谎言，都是自由派和激进派阵营中的政客们的自欺欺人的把戏。

　　要帮助工人武装起来或至少要对这件事不加阻挠，——这样，俄国的自由就将不可战胜，君主制就不可能恢复，共和制就会得到保证。

　　不然，古契柯夫之流和米留可夫之流就会恢复君主制，**丝毫**也不会实现、确确实实丝毫也不会实现他们所许诺的任何"自由"。**一切**资产阶级革命中的一切资产阶级政客，一贯都用诺言来"款待"人民和愚弄工人。

我国革命是资产阶级革命，**因此**工人应该支持资产阶级，——波特列索夫之流、格沃兹杰夫之流、齐赫泽之流这样说道，正如普列汉诺夫昨天说过的一样。

我国革命是资产阶级革命，——我们马克思主义者说道，——**因此**工人应该使人民看清资产阶级政客的骗局，教导人民不要相信空话，只能依靠**本身**的力量，**本身**的组织，**本身**的团结，**本身**的武装。

十月党人和立宪民主党人的政府，即古契柯夫之流和米留可夫之流的政府，即使真心诚意想给人民**和平**、**面包**和自由（只有小孩子才会相信古契柯夫和李沃夫有诚意），那也**不可能**办到。

这个政府不可能给人民和平，因为它是主战的政府，是继续进行帝国主义大厮杀的政府，是从事**掠夺**的政府，它想掠夺亚美尼亚、加利西亚和土耳其，夺取君士坦丁堡，重新侵占波兰、库尔兰和立陶宛边疆区等等。这个政府被英法帝国主义资本束缚住了手脚。俄国资本只是那个掌握着**数千亿**卢布名叫"英法"环球"公司"的分公司。

这个政府不可能给人民面包，因为它是资产阶级的政府。它**最多**只能像德国那样给予人民"组织得非常高明的饥荒"。可是人民是不愿意忍饥挨饿的。人民会知道，而且大概很快会知道，面包是有的，而且也是可以取得的，但是只有采取**不崇拜资本与地产的神圣性**的手段才能取得。

这个政府不可能给人民自由，因为它是地主和资本家的政府，它**畏惧**人民，并且已经开始勾结罗曼诺夫王朝了。

关于我们最近对待这个政府的策略任务问题，我们将在另一篇文章里来阐述。那里我们将指出，当前形势即从革命第一阶段向第二阶段的**过渡**，其特点是什么，为什么**这个**时期的口号，即"当前任务"应该是：**工人们，你们在反对沙皇制度的国内战争中，显示了无产阶级的人民的英雄主义的奇迹，现在你们应该显示出无产阶级和全体人民组织的奇迹，以便为革命第二阶段的胜利作好准备。**

现在，当我们只限于分析革命现阶段的阶级斗争和阶级力量对比的时候，我们还应该提出这样一个问题：无产阶级在**这次**革命中有哪些**同盟者**？

它有**两个**同盟者：第一个同盟者就是占俄国人口绝大多数的、以千百万计的、广大的半无产者以及一部分小农群众。这批群众**需要**和平、面包、自由和土地。这批群众必然会受资产阶级、特别是受就生活条件来说同他们最为接近的小资产阶级的一定影响，他们会动摇于资产阶级和无产阶级之间。战争的残酷教训，因古契柯夫、李沃夫、米留可夫这伙人愈坚决地进行战争而显得**愈残酷**的教训，**必然**会把这批群众推到无产阶级方面来，迫使他们跟着无产阶级走。我们现在应该利用新制度下的相对自由，通过工人代表苏维埃，首先用最大的努力来**启发**和**组织**这批群众。成立农民代表苏维埃，成立农业工人苏维埃，这是最重大的任务之一。我们的目标不仅是要农业工人单独成立自己的苏维埃，而且要使贫穷困苦的农民离开富裕农民**单独**组织起来。关于现在所急需的这种组织工作的特殊任务和特殊形式问题，我们准备在下一封信里谈。

俄国无产阶级的第二个同盟者就是一切交战国和其他各国的无产阶级。目前他们在颇大程度上受着战争的压制，而代表他们说话的往往是那些同俄国的普列汉诺夫、格沃兹杰夫和波特列索夫一样转到资产阶级方面去的欧洲社会沙文主义者。可是，随着帝国主义战争一个月一个月地进行，无产阶级已经逐渐在摆脱他们的影响，而俄国革命又**必然**会大大加速这一过程。

拥有这两个同盟者的无产阶级，**利用**目前过渡时期的**特点**，就能够而且一定能够首先争得民主共和国，争得农民对地主的彻底胜利，以取代古契柯夫—米留可夫的半君主制，然后再争得唯一能给备受战争折磨的各族人民以**和平**、**面包**和**自由**的**社会主义**。

尼·列宁

载于 1917 年 3 月 21 日和 22 日《真理报》第 14 号和第 15 号（有删节）

全文载于 1949 年《列宁全集》俄文第 4 版第 23 卷

译自《列宁全集》俄文第 5 版第 31 卷第 11—22 页

第 二 封 信
新政府和无产阶级

（1917 年 3 月 9 日〔22 日〕）

今天,3 月 8 日(21 日),我手头的主要文献是一张载有关于俄国革命的综合报道的 3 月 16 日的《泰晤士报》[14],这是英国一家最保守、最富有资产阶级性的报纸。显然,要找到一份对于古契柯夫和米留可夫的政府怀着更大的好感(说得委婉一些)的资料是不容易的。

这家报纸的记者是在星期三,即在 3 月 1 日(14 日)从彼得堡发出的消息,当时还只有**第一届**临时政府,也就是由以罗将柯为首的、包括该报所说的两个"社会党人"克伦斯基和齐赫泽在内的 13 人组成的杜马执行委员会[15]。消息说:

"由古契柯夫、斯塔霍维奇、特鲁别茨科伊、瓦西里耶夫教授、格里姆、维尔纳茨基等 22 位经选举产生的国务会议成员组成的小组,于昨日电告沙皇",恳求沙皇为拯救"王朝"等等计召开杜马并任命一位为"国人所信任"的政府首脑。该记者写道:"今日将抵达这里的皇帝会作何决定,目前还不知道。但有一点是毫无疑问的。如果皇上不能立即满足他的忠顺的臣民中最稳健的人士的愿望,国家杜马临时委员会现在所享有的权势就将全部落入社会党人的手中,社会党人想要建立共和国,但没有能力成立任何有秩序的政府,他们必然会使国家陷入内部的无政府状态和外来的灾难……"

这不是对国家大事很有卓见、很有眼力吗？古契柯夫之流和米留可夫之流的英国同道者（如果不说是领导者）对各种阶级力量和各种阶级利益的对比关系了解得多么清楚！"忠顺的臣民中最稳健的人士"，即君主派的地主和资本家，想把政权抓到自己手中，他们充分意识到，如果不这样做，"权势"就将落入"社会党人"的手中。为什么恰恰是"社会党人"而不是其他什么人呢？因为英国的古契柯夫分子看得很清楚，在政治舞台上**没有**而且也**不可能有**任何其他社会力量。无产阶级实现了革命，它表现了英勇精神，它流了鲜血，它吸引了最广大的劳动人民和贫苦居民群众，它要求面包、和平和自由，它要求共和国，它赞同社会主义。可是，以古契柯夫之流和米留可夫之流为首的一小撮地主资本家，却想违背绝大多数人的意志或意愿，要同**摇摇欲坠的王朝勾结起来**，支持并拯救这个王朝。他们说：陛下，请您任命李沃夫和古契柯夫吧，那时我们一定同王朝携起手来共同对付人民。这就是新政府的政策的全部意义和实质！

但是怎样来为欺骗人民、愚弄人民和践踏绝大多数居民的意志的行为辩护呢？

为此必须采取资产阶级旧的但又万古常新的手法：对人民进行诬蔑。英国的古契柯夫分子就在诬蔑、咒骂、诽谤和诋毁："内部的无政府状态和外来的灾难"，没有能力成立"任何有秩序的政府"！！

不对，可敬的古契柯夫分子！工人想要共和国，而共和国比起君主国来是一种"有秩序"得多的政府。什么东西能保证人民不让第二个罗曼诺夫弄出第二个拉斯普廷来呢？灾难正是继续进行战争带来的，也就是说正是新政府带来的。只有受到农业工人、贫苦的农民和市民支持的无产阶级共和国,才能保证和平,才能给予面包、秩序和自由。

反对无政府状态的叫嚣,无非是为了掩盖资本家的私利,资本家想利用战争和战时公债来发财,想恢复君主制来**反对**人民。

> 记者接着写道:"……昨天,社会民主党发表了一篇反叛性非常强的号召书,这篇号召书已经传遍了全城。他们〈即社会民主党〉是纯粹的学理主义者,但是在目前这样的时候,他们干坏事的力量却是很大的。克伦斯基先生和齐赫泽先生懂得,没有军官和人民之中比较稳健的人士的支持就不能指望避免无政府状态,所以他们不得不重视自己的欠明智的伙伴们,并在不知不觉中推动他们去采取使临时委员会的任务复杂化的立场……"

啊,伟大的英国古契柯夫分子外交官啊!您是多么"不明智地"泄露了真相!

"社会民主党"以及"克伦斯基和齐赫泽不得不重视"的"欠明智的伙伴们",这显然是指 1912 年一月代表会议[16]所恢复的我们党的中央委员会或彼得堡委员会[17],是指那些由于忠于"学理"即**社会主义**的原理、原则、学说和目的而被资产者经常骂为"学理主义者"的"布尔什维克"。被英国古契柯夫分子骂做反叛性的和学理主义的,显然是我们党号召大家为共和国、为和平、为彻底摧毁沙皇君主制、为人民得到面包而斗争的号召书[18]和行动。

给人民以面包和实现和平是反叛,而古契柯夫和米留可夫以部长职位则是"秩序"。这是多么熟悉的陈词滥调呀!

按照英国古契柯夫分子的评论来看,克伦斯基和齐赫泽采取的是什么策略呢?

是动摇的策略:一方面,古契柯夫分子夸奖他们"懂得"(多乖的孩子! 多聪明的孩子!),没有军官和比较稳健的人士的"支持"就不能避免无政府状态(可是我们根据我们的学理,即我们的社会主义学说,过去和现在都一直认为:恰恰是资本家给人类社会带来无政府状态和战争,只有**全部**政权转归无产阶级和贫苦人民,才能使我们摆脱战争,摆脱无政府状态和饥饿!)。—　—　—另一方面,他们又"不得不重视自己的欠明智的伙伴们",即布尔什维克,即由中央委员会恢复和统一的俄国社会民主工党。

究竟是什么力量使克伦斯基和齐赫泽"不得不重视"他们**从来**没有参加过的、总是被他们本人或者他们的代言人("社会革命党人"、"人民社会党人"[19]、"孟什维克组委会分子"等等)辱骂、斥责和宣布为不足挂齿的地下小集团或学理主义者宗派等等的布尔什维克党呢?究竟在什么地方和什么时候看见过在革命时期,在主要是**群众**行动的时期,精神正常的政治家竟会"重视""学理主义者"呢??

我们这位可怜的英国古契柯夫分子糊涂到不能自圆其说的地步了,他既不能完全说谎,又不能完全说出真相,结果就只好暴露了自己。

使克伦斯基和齐赫泽不得不重视由中央委员会统一的社会民主党的,是这个党对无产阶级、对群众的影响。**尽管**早在1914年我们的代表就已经遭到逮捕和被流放到西伯利亚,尽管彼得堡委员会由于在战时进行**反对**战争和反对沙皇制度的秘密工作而遭到疯狂的迫害和逮捕,我们党仍然同群众、同革命无产阶级在一起。

英国的谚语说:"事实是顽强的东西。"请允许我向您提起这句谚语吧,最可尊敬的英国古契柯夫分子!我们党在伟大的革命日子里领导了、至少也是全心全意地帮助了彼得堡工人,这个事实本来**应当**由英国的古契柯夫分子"**自己**"来承认。克伦斯基和齐赫泽曾经**在**资产阶级和无产阶级**之间**摇来摆去的事实,他本来也同样应当承认。格沃兹杰夫之流,即"护国派",社会沙文主义者,帝国主义掠夺性战争的辩护士,现在已经完全追随资产阶级;克伦斯基既已参加内阁,即参加第二届临时政府[20],也就完全跑到资产阶级方面去了;齐赫泽没有跑,他仍旧在资产阶级的临时政府同无产阶级和贫苦人民群众的"临时政府"之间,即在古契柯夫之流和米留可夫之流同工人代表苏维埃和由中央委员会统一的俄国社会民主工党之间**动摇不定**。

因此,革命已经证实我们在号召工人明确分清工人运动中和小资产阶级中各主要党派的阶级差别时所特别坚持的东西,例如我们在大约一年半以前,在1915年10月13日日内瓦《社会民主党人报》[21]第47号上所写的一段话:

"我们和从前一样仍然认为,社会民主党人同民主派小资产阶级一起参加临时革命政府是可以允许的,但只是**不能**同革命沙文主义者一起参加这种政府。我们认为,那些想借推翻沙皇制度来打败德国、掠夺其他国家、巩固大俄罗斯人对俄国其他民族的统治等等的人,是革命沙文主义者。革命沙文主义的基础是小资产阶级的阶级地位。小资产阶级总是在资产阶级和无产阶级之间摇摆。现在,它正在沙文主义(沙文主义甚至妨碍它在民主革命中成为彻底革命的阶级)和无产阶级国际主义之间摇摆。目前在俄国,这个小资产阶级的政治代表是劳动派[22]、社会革命党人、《我们的曙光》杂志(现在的《事业》杂志)[23]、齐赫泽党团[24]、组织委员会、普列汉诺夫先生等等。如果革命沙文主义者在俄国取得胜利,我们就会反对在这场战争中保卫**他们的**'祖国'。我们的口号是:反对沙文主义者,即使他们是革命派和共和派,我们**反对**沙文主义者而

主张国际无产阶级联合起来进行社会主义革命。"①

但是我们还是回头来看一看英国的古契柯夫分子吧。

他接着写道："……国家杜马临时委员会估计到自己所面临的危险,有意识地放弃了逮捕大臣们的最初计划,虽然昨天是可以轻而易举地实现这个计划的。这样,谈判的大门就敞开了,由于这个原因我们〈"我们"＝英国的金融资本和帝国主义〉就可以不经过公社的严峻考验和内战的无政府状态而获得新制度的一切好处……"

古契柯夫分子曾经**拥护**对**他们**有利的内战,现在他们**反对**的则是对人民即对真正大多数劳动人民有利的内战。

"……杜马临时委员会〈这就是地主资本家的第四届杜马委员会!〉代表整个国家,工人代表苏维埃则代表纯粹阶级的利益〈这是外交官的语言,他想用偶尔听到的一点学术名词来掩盖工人代表苏维埃是代表无产阶级和贫民即代表十分之九的居民这一事实〉,但后者在目前这样的危机时刻却有很大的力量,它们两者的关系在审慎的人们中间引起了不少忧虑,因为他们预见到它们之间可能发生后果非常可怕的冲突。

值得庆幸的是,这种危险已被消除,——至少目前已被消除〈请注意这个"至少"!〉,这是靠了克伦斯基先生的威望,他是一位年轻的、很有演说才能的律师,他清楚地懂得〈和齐赫泽不同,齐赫泽也"懂得",但在古契柯夫分子看来,大概不那么清楚吧?〉,为了委员会在工人阶级中的选民〈即为了取得工人的选票和笼络工人〉而有必要同委员会一起行动。""今天〈星期三,3月1日(14日)〉已经签订令人满意的协议25,从而可以避免一切不必要的摩擦。"

---

① 参看本版全集第 27 卷第 54—55 页。——编者注

我们不知道这个协议究竟怎样,是不是**整个**工人代表苏维埃都同意,协议的条件是些什么。英国的古契柯夫分子这一回对**要点**避而不谈。当然啦!这些条件如果很明确,大家都知道,这对资产阶级是不利的,因为那样一来,他们要破坏这些条件就比较困难了!

———

在写好上面这些话以后,我读到两条非常重要的消息。第一,3月20日在巴黎一家最保守、最富有资产阶级性的报纸《时报》26上登载了工人代表苏维埃关于"支持"新政府的一篇号召书27;第二,一家苏黎世报纸(《新苏黎世报》28,3月21日中午第1版)根据一家柏林报纸(《民族报》29)转载了斯柯别列夫3月1日(14日)在国家杜马发表的那篇演说的节录。

工人代表苏维埃的号召书的文字如果没有遭到法国帝国主义者的歪曲,那倒是一个非常值得注意的文件,因为它说明:彼得堡无产阶级,至少在这篇号召书发表的时候主要是处在小资产阶级政治家的影响之下。我要提醒大家,正像我在上面已经指出的那样,我是把克伦斯基和齐赫泽这一类型的人算成小资产阶级政治家的。

在号召书中我们可以看到两种政治主张以及与此相适应的两种口号。

第一,号召书说,政府(新的)是由"稳健的人士"组成的。这是一种奇怪的、很不完备的、纯粹是自由主义而不是马克思主义的说法。我也愿意同意,在一定意义上(我在下一封信中将说明究竟是在什么意义上),任何政府在今天,在革命的第一阶段完成之后,都应当是"稳健的"政府。但是绝对不允许向自己和向人民隐瞒下面的事实:这个政府想继续进行帝国主义战争,它是英国资本的代理人,它想恢复君主制和巩固地主资本家的统治。

号召书声明,一切民主派都应当"支持"新政府,工人代表苏维埃请求并授权克伦斯基参加临时政府。[30] 条件是:实现还在战时就许诺过的各项改革,确保各民族有发展"文化"(仅仅这一点吗??)的"自由"(纯立宪民主党的和自由派的贫乏纲领)和成立一个由工人代表苏维埃的成员和"军人"组成的、对临时政府的活动实行监督的专门委员会[31]。

监督委员会属于第二种主张和第二种口号,下面要专门来谈。

任命克伦斯基这个俄国的路易·勃朗,号召支持新政府,这可以说是背叛革命事业和背叛无产阶级事业的一个典型例子,正是这一类的背叛行为葬送了19世纪的一系列革命,而不管这种政策的领导者和拥护者是多么真诚和对社会主义是多么忠心耿耿。

无产阶级不能够而且也不应当支持进行战争的政府,试图复辟的政府。为了同反动势力进行斗争,为了对罗曼诺夫家族及其拥护者恢复君主制和集结反革命军队的种种可能的尝试进行反击,需要做的决不是支持古契柯夫之流,而是**组织、扩充和巩固无产阶级**民兵,在工人的领导下把人民武装起来。如果不采取这个主要的、基本的、根本的措施,那就既谈不上对恢复君主制和取消或缩小所许诺的自由的种种尝试给予有力的反击,也谈不上坚定地走上一条能获得面包、**和平**和自由的道路。

曾经同克伦斯基一起充当第一届临时政府(13人杜马委员会)成员的齐赫泽,没有参加第二届临时政府,他这样做如果真的是从上述的或类似的原则性的理由出发,那就是他的光荣了。这一点应当坦率地说明。遗憾的是,这种解释是同其他一些事实,首先是同一向跟齐赫泽携手同行的斯柯别列夫的演说矛盾的。

斯柯别列夫是这样说的（如果上面提到的那份资料可信的话），"社会的〈? 显然是社会民主主义的〉集团和工人同临时政府的目的只有细微的相似〈细微的联系〉"，工人要求和平，如果继续进行战争，到春季就非遭受灾难不可，"工人同上流社会〈自由派上流社会〉已经达成了临时的协议（eine vorläufige Waffenfreund-schaft），虽然他们彼此的政治目的有天壤之别"，"自由派必须放弃战争的荒谬（unsinnige）目的"，等等。

这篇演说就是我们在上面提到的《社会民主党人报》的一段话中所讲的那种在资产阶级和无产阶级之间"动摇不定"的一个标本。当自由派还是自由派的时候，他们就**不可能**"放弃"战争的"荒谬"目的，因为这种目的并不是由他们单独决定的，而是由数以亿万计的称霸世界的英法金融资本决定的。不应当去"劝告"自由派，而应当向工人**说明**，为什么自由派陷入了绝境，为什么**他们**被束缚住了手脚，为什么他们既**隐瞒**沙皇同英国及其他国家缔结的条约，又**隐瞒**俄国资本同英法及其他国家的资本的勾结等等。

斯柯别列夫说工人同自由派上流社会达成了某种协议，而他并不反对这种协议，并没有在杜马讲台上说明这种协议对工人的害处，可见他是**赞同**这种协议的。但这是极不应该的。

斯柯别列夫直接或间接地、明里或暗里赞同工人代表苏维埃同临时政府的协议，这表明他向资产阶级摇摆。斯柯别列夫声称工人要求和平，工人的目的同自由派的目的有天壤之别，这表明他向无产阶级摇摆。

我们所研究的工人代表苏维埃号召书中的第二种政治主张才是纯粹无产阶级的、真正革命的和设想十分正确的主张，这就是建立"监督委员会"(我不知道俄文名称是不是这样;我是从法文意译过来的)的主张,就是无产阶级和士兵对临时政府实行监督的主张。

这才是正经事!这才是为人民争取自由、和平和面包而流了鲜血的工人们所应当干的事!这才是使反对沙皇制度、反对君主制和反对君主派古契柯夫和李沃夫之流的任务获得**实际保证**的一个**实际步骤**!这才是俄国无产阶级奋勇前进,超过1848年"授权"路易·勃朗的法国无产阶级的标志!这才是证明无产阶级群众的本能和智慧并不满足于一切激昂慷慨的言词、实行改革和自由的许诺、"工人所委派的部长"的头衔以及诸如此类的装饰门面的东西,而**只是**在有靠山的地方,在无产阶级、觉悟的工人所组织和领导的**武装的**人民群众那里找自己的靠山。

这是在正确的道路上前进了一步,但**仅仅**是第一步。

如果这个"监督委员会"仍然是纯议会性的政治机构,即向临时政府"质询"并从它那里得到答复的委员会,那么它就终究只是一个玩具,它就会一钱不值。

如果它能排除一切困难,立刻建立起一支真正全民的、真正包括全体男女在内的**工人民兵**或**工人民军**,代替已被打垮和已被废除的警察,使**任何**立宪君主制政府或民主共和制政府**无论**在彼得格勒**或**俄国其他任何地方都**不可能**再建立这种警察,那么俄国的先进工人就会真正走上一条不断取得伟大胜利的道路,走这条路就能战胜战争,真正实现据报纸报道在彼得格勒国家杜马前面的广场举行示威的骑兵部队的旗帜上赫然写着的口号:

"世界各社会主义共和国万岁!"

关于我对这种工人民军的想法,我将在下一封信中阐述。

　　我在下一封信中将尽量说明,一方面,建立工人所领导的全民民军才是当前正确的口号,因为它符合俄国革命(以及世界革命)目前所处的特殊的过渡时刻的策略任务,另一方面,这种工人民军要取得成功,首先必须是全民的,必须具有**人人普遍参加的**那种群众性,即真正包括**全体**有劳动能力的男女居民;其次,它必须不仅把纯警察的职能,而且把全部国家机关的职能同军队的职能、对社会的产品生产和分配实行监督的职能结合起来。

尼·列宁

1917 年 3 月 22 日(9 日)于苏黎世

　　附言:上一封信我忘记注明日期,那封信是 3 月 20 日(7 日)写的。

载于 1924 年《布尔什维克》杂志
第 3—4 期合刊

译自《列宁全集》俄文第 5 版
第 31 卷第 23—33 页

第 三 封 信
论无产阶级民兵

（1917 年 3 月 11 日〔24 日〕）

我昨天得出的关于齐赫泽采取动摇策略的结论，已经为今天 3 月 10 日（23 日）的两个文件完全证实了。第一个文件是从斯德哥尔摩用电报拍给《法兰克福报》[32]的我们俄国社会民主工党中央委员会在彼得格勒发表的一篇宣言的摘要。在这个文件中一个字也没有提到支持或者推翻古契柯夫政府；宣言号召工人和士兵组织在工人代表苏维埃的周围，选举代表参加苏维埃，以便为反对沙皇制度，为争取共和国、争取八小时工作制、没收地主的土地和存粮，而主要是为停止掠夺性战争而进行斗争。在这里，特别重要和特别具有现实意义的是我们中央委员会的这样一个完全正确的思想：为了争取和平，必须同**一切交战国的无产者**建立联系。

期待各国资产阶级政府之间的谈判和联系会产生和平，那是欺骗自己和欺骗人民。

第二个文件是一则消息，也是从斯德哥尔摩用电报拍给另一家德国报纸（《福斯报》[33]）的。消息说，齐赫泽杜马党团同劳动团（？Arbeiterfraction）及 15 个工会的代表在 3 月 2 日（15 日）举行了联席会议，并在第二天发表了一篇号召书。号召书有 11 项要点，电讯仅仅介绍了其中的三项：第一项是要求共和国，第七项是要求和平和立即开始和平谈判,第三项是要求"俄国工人阶级能有足够数量的代表参加政府"。

如果这一项属实,那我就懂得资产阶级为什么要夸奖齐赫泽了。我懂得,除了我上面提到的英国古契柯夫分子在《泰晤士报》上恭维齐赫泽之外,为什么法国古契柯夫分子又在《时报》上恭维他。法国百万富翁和帝国主义分子的这家报纸在 3 月 22 日写道:"工人党的领袖们,尤其是齐赫泽先生,正在利用自己的全部影响来抑制工人阶级的愿望。"

的确,提出工人"参加"古契柯夫—米留可夫政府这种要求在理论上和政治上都是荒谬的——作为少数派参加进去,那就意味着充当小卒;"对等地"参加,那是办不到的,因为不可能把继续进行战争这种要求同缔结停战协定和开始和平谈判这种要求调和起来;要作为多数派"参加",那就必须有**推翻**古契柯夫—米留可夫政府的力量。在实践中,提出"参加"这种要求是一种最坏的路易·勃朗主义,这就是说把阶级斗争和阶级斗争的现实环境置于脑后,醉心于极其空洞的响亮词句,在工人中间散布幻想,把**宝贵的**时间白白花费在同米留可夫或克伦斯基的谈判上,却不用来建立**真正**阶级的和革命的力量,建立无产阶级民兵,这种民兵能够**取得**占人口绝大多数的**一切**贫苦居民阶层的**信任**,能够**帮助他们组织起来**,帮助**他们**为争取面包、和平和自由而进行斗争。

齐赫泽和他那个党团(我不说组织委员会的**党**,因为在我所能看到的材料中没有一个字提到组织委员会)的号召书中的这个错误之所以特别令人感到奇怪,是因为像各报所报道的,齐赫泽的最亲密的同道者斯柯别列夫在 3 月 2 日(15 日)的会议上说过这样的话:"俄国正处在第二次革命,真正的〈wirklich,直译是:实际的〉

革命的前夜。"

这才是正确的说法,但是斯柯别列夫和齐赫泽却忘记从这里作出实际的结论。我不能从我所在的这个该死的远方来判断这第二次革命究竟临近到什么程度。斯柯别列夫在当地会看得清楚一些。因此我不给自己提出那些我没有而且也不可能有具体材料来加以解决的问题。我只想强调指出,"局外的见证人",即不隶属于我们党的斯柯别列夫,证实了我在第一封信里作出的**符合事实的**结论:二、三月革命不过是革命的**第一阶段**。俄国目前正处在向革命的下一阶段,也就是向斯柯别列夫所说的"第二次革命"**过渡**的特殊的历史时刻。

如果我们想当马克思主义者,想学习世界各国革命的经验,我们就应当设法了解,这个**过渡**时刻的**特点**究竟是什么,从这个时刻的客观特点中要得出什么样的策略。

时局的特点在于,古契柯夫—米留可夫政府由于以下三种最主要的情况而异常容易地取得了第一次胜利:(1)英法金融资本及其代理人的帮助;(2)军界一部分上层人物的帮助;(3)整个俄国资产阶级在地方自治机关、市政机关、国家杜马和军事工业委员会等机关中都有现成的组织。

古契柯夫政府受到两方面的钳制:一方面它受资本利益的约束,不得不竭力继续进行掠夺性的强盗战争,保护资本和地主的巨额利润和恢复君主制;另一方面它产生于革命并且必须从沙皇制度急剧转向民主制,又受到挨饿的、要求和平的群众的压力,所以不得不说谎话,支吾搪塞,拖延时间,"宣布"和许愿(许愿甚至在物价暴涨时期也是唯一廉价的东西)尽量多些,兑现则尽量少些,一只手拿出让步,另一只手又收回让步。

在一定的条件下,在对新政府最理想的情况下,它依靠整个俄国资产阶级和资产阶级知识界的全部组织才能,能够使崩溃推迟一些。但是就在这种情况下,它也**不能**避免崩溃,因为不抛弃资产阶级关系的基础,不采取革命的措施,不求助于俄国和世界无产阶级宏伟而有历史意义的英雄主义,就**不能**从世界资本主义所产生的帝国主义战争和饥荒这个可怕的妖怪的魔爪中挣脱出来。

由此得出的结论是:我们不能一举推翻新政府,即使我们能够做到这一点(在革命时期可能性的限度可以扩大千百倍),但如果我们**不能使**领导全体城乡广大贫苦群众、半无产阶级和小业主的**无产阶级**像整个俄国资产阶级和整个资产阶级知识界那样出色地**组织起来**的话,我们也无法保持住政权。

不管在彼得格勒是否已经爆发"第二次革命"(我已经说过,认为在国外能够估计出革命成熟的具体速度的想法是十分荒谬的),或者这次革命要推迟一些时间,或者它在俄国某些地区已经爆发(这一点看来已有某些迹象),不管在**何种**情况下,在新的革命的前夜也好,在它爆发的当天也好,在它爆发的第二天也好,口号都必须是**无产阶级组织起来**。

工人同志们! 你们昨天在推翻沙皇君主制时表现出了无产阶级英雄主义的奇迹。在不久的将来(也许就在现在我写这封信的时候),你们为了推翻进行帝国主义战争的地主资本家政权,也一定会再次表现出这种英雄主义的奇迹。你们如果不表现出**无产阶级组织的奇迹**,你们就不可能在这个下一次"真正的"革命中取得**巩固的胜利**!

目前的口号就是组织起来。但是仅仅这样说,就等于什么也没有说,因为一方面,组织起来在**任何时候**都是需要的,也就是说,光是指出必须"组织群众"，还是根本没有说明问题；另一方面，谁仅仅这样说，谁就只不过是自由派的应声虫，因为**自由派**为了巩固自己的统治地位**正是希望工人的眼光不要超出一般**的"合法"（从"正常的"资产阶级社会的观点来看）组织，也就是希望工人**只要**加入自己的党、自己的工会、自己的合作社等等就行了。

工人根据自己的阶级本能懂得，在革命时期，他们**不光是**需要一般的组织，他们还需要与此完全不同的组织，他们正确地走上了1905年我国革命和1871年巴黎公社的经验所指引的道路，建立了**工人代表苏维埃**，并且通过吸引**士兵**代表，自然还通过吸引农村**雇佣**工人代表以至（采取这种或那种形式）全体贫苦农民代表来发展、扩大和加强苏维埃。

在俄国所有地方，为各行各业和各个阶层的无产阶级和半无产阶级群众，或者用经济上不大确切但比较通俗的话来说，为全体被剥削劳动群众建立这一类组织，是一项头等重要、刻不容缓的任务。我在这里先提一下，对于全体农民群众，我们党（关于它在新型的无产阶级组织中的**特殊**作用，我希望在以后的一封信中谈一谈）应当特别建议**单独**成立雇佣工人的苏维埃以及不出售粮食的小农的苏维埃，**与富裕农民分开**，因为没有这个条件，一般说来，就既不可能执行真正的无产阶级政策①，也不可能正确处理关系到千百万人生死存亡的极重要的实际问题，即正确地分配**粮食**和增加粮食生产等问题。

那么请问，工人代表苏维埃应当做些什么呢？我们于1915年

---

① 在农村中现在就将展开一场争夺小农和一部分中等农民的斗争。地主依靠富裕农民的帮助将引导他们去受资产阶级的支配。我们应当依靠农村雇佣工人和贫苦农民的帮助引导他们去同城市无产阶级结成最紧密的联盟。

10 月 13 日在日内瓦的《社会民主党人报》第 47 号上曾经写道:工人代表苏维埃"应当被看成是起义的机关,是革命政权机关"①。

这个从 1871 年巴黎公社和 1905 年俄国革命的经验中得出的理论原理,恰恰应当根据俄国这次革命的这一阶段的实际经验加以阐明并且更具体地加以发挥。

我们需要革命的**政权**,我们需要(在一定的过渡时期内)**国家**。这是我们区别于无政府主义者的地方。革命的马克思主义者同无政府主义者的区别不仅在于我们主张集中的、共产主义的大生产,他们主张分散的小生产。不,区别恰恰表现在政权问题,国家问题上,我们**主张**革命地利用革命的国家形式为实现社会主义而斗争,无政府主义者则加以**反对**。

我们需要国家。但我们需要的**不是**资产阶级到处建立的**那种**国家,从立宪君主国直到最民主的共和国。这也是我们同开始腐烂的老社会党的机会主义分子和考茨基分子之间的区别,这些党歪曲了或者忘记了巴黎公社的教训和马克思、恩格斯对这些教训的分析②。

我们需要国家,但**不是**资产阶级所需要的那种国家,因为它的政权机关如警察、军队、官僚(官吏)是脱离人民并且是同人民对立的。一切资产阶级革命只不过完善了**这个**国家机器,只不过把**它**从这个党的手中交到另一个党的手中。

---

① 见本版全集第 27 卷第 54 页。——编者注

② 我在以后的一封信中或一篇专文中将详细地谈一谈特别是马克思在《法兰西内战》中,恩格斯在该书第 3 版的序言中,马克思在 1871 年 4 月 12 日的信中和恩格斯在 1875 年 3 月 18—28 日的信中所作的这种分析,同时也要谈一谈考茨基 1912 年同潘涅库克辩论所谓"破坏国家"问题时对马克思主义的肆意歪曲(参看本版全集第 31 卷《国家与革命》。——编者注)。

而无产阶级如果想要保卫这次革命的成果和继续前进，想要争得和平、面包和自由，那就应当"**打碎**"（马克思用语）这个"现成的"国家机器，代之以新的国家机器，使警察、军队和官僚同**普遍武装的人民融为一体**。沿着1871年巴黎公社和1905年俄国革命的经验所指引的道路前进的无产阶级，应当把**一切**被剥削的贫苦居民组织起来和武装起来，使他们**自己**能够直接掌握国家政权机关，**自己组织起**这种政权的机构。

俄国工人在第一次革命的第一阶段，即在1917年2—3月，就已经**走上了**这条道路。目前的全部任务就是要清楚地理解这是一条什么样的新道路，就是要勇敢地、坚定不移地沿着这条道路继续前进。

英法两国和俄国的资本家"仅仅"想撤换，甚至只是想"吓唬一下"尼古拉二世，而根本不准备触动旧的国家机器，即警察、军队和官吏。

工人则往前走了，他们打碎了这个机器。现在，不仅英法两国的资本家，而且连德国的资本家，在看到诸如俄国士兵枪杀自己的长官，甚至枪杀拥护古契柯夫和米留可夫的海军将官涅佩宁时，都又恨又怕而**暴跳如雷**。

我说工人打碎了旧的国家机器。确切一些说应该是：**已经开始**打碎这个机器。

我们拿一个具体例子来看。

在彼得格勒和其他许多地方，警察一部分已被歼灭，另一部分则被废除。古契柯夫—米留可夫政府如果**不恢复**警察这种脱离人民的、同人民对立的、由资产阶级指挥的武装人员组成的特殊组织，它不仅**不能**恢复君主制，而且连政权也保持不住。这像白天一样清楚。

另一方面,新政府必须顾及革命的人民,用半让步和许诺来款待他们,拖延时间。所以它采取了敷衍的办法:它在建立"人民的民兵"和由选举产生的政权机关(这真是太好听了! 真是太民主、太革命、太漂亮了!)——**但是……但是**,第一,把人民的民兵置于地方自治机关和市自治机关的监督或指挥之下,即置于根据血腥的尼古拉和绞刑手斯托雷平的法律选举出来的地主和资本家的指挥之下!! 第二,把民兵叫做"人民的"民兵,无非是为了蒙骗"人民",**实际上**并不是号召人民**人人**参加这种民兵,**也不是责成**业主和资本家**按照**职工执行**公务**即民兵执行勤务的**时数和天数付给**他们通常的报酬。

这就是问题的实质所在。古契柯夫之流和米留可夫之流的地主资本家政府就是采取这种办法使"人民的民兵"始终是纸上谈兵,而实际上**资产阶级的**反人民的民兵却在悄悄地逐渐复活,起先由"8 000个大学生和教授"组成(外国报纸这样描写目前彼得格勒的民兵)——这显然是玩具! ——然后逐步由旧的和新的**警察**组成。

不让警察恢复! 不把地方政权交出去! 要建立一支真正全民的、人人普遍参加的、受无产阶级领导的民兵! 这就是当前的任务,这就是当前的口号,而这个口号既符合以后的阶级斗争、以后的革命运动的被正确理解了的利益,又符合任何工人、任何农民、任何被剥削劳动者的民主主义本能,他们不能不切齿痛恨警察、乡警、巡官以及地主资本家对欺压人民的武装人员的指挥权。

他们,古契柯夫之流和米留可夫之流,地主和资本家,需要什么样的警察呢? 他们需要的正是沙皇君主制时代的那种警察。世界上**一切**资产阶级共和国和资产阶级民主共和国，在非常短暂的革命时期过去以后所建立起来或者恢复起来的，**正是这样一种**警察，即脱离人民的、由这样或那样地服从于资产阶级而与人民对立的武装人员组成的特殊组织。

我们无产阶级，全体劳动人民，需要什么样的民兵呢？我们需要真正**人民的**民兵，也就是说，第一，它是由**全体**居民，即由所有成年**男女**公民组成的，第二，它把人民军队的职能同警察的职能、同维持国家秩序和进行国家管理的主要的和基本的机关的职能集于一身。

为了把这些论点讲得更明白些，我举一个非常粗浅的例子。不用说，如果有人以为能够拟定关于建立无产阶级民兵的任何一种"计划"，那是很荒唐的，因为当工人和全体人民真正广泛地实际行动起来的时候，他们所拟定的计划和所作的安排将比任何理论家高明百倍。现在我不提"计划"，我只是想举例说明我的想法。

彼得格勒约有 200 万居民。其中一半以上是从 15 岁到 65 岁的人。我们如果以一半计算，就有 100 万人。即使从中减去四分之一的人，即病人和其他有正当理由目前没有参加公务的人，剩下来的还有 75 万人，假定每 15 天中有 1 天在民兵中执行勤务（执行勤务时间仍从业主那里领取报酬），那就可以组成一支 5 万人的大军。

这才是我们所需要的**那种类型**的"国家"！

这才是名副其实的而不是仅仅口头上的"人民的民兵"。

这才是我们应当走的道路，只有走这条道路，任何特殊的警察、任何脱离人民的特殊的军队才**无法**复活。

这种民兵有百分之九十五将来自工人和农民，它将**真正**表现出绝大多数人民的理智和意志、力量和权力。这种民兵将把全体人民真正武装起来，教他们学习军事，非古契柯夫式地、非米留可夫式地防备反动势力的任何复辟行动以及沙皇代理人的任何阴谋诡计。这种民兵将成为"工兵代表苏维埃"的执行机关，它将获得居民的**绝对的**尊敬和信任，因为它本身就是全体居民的组织。这种民兵将使民主不再是掩盖资本家奴役和嘲弄人民的漂亮招牌，而成为真正**培养群众**参与**一切**国家事务的手段。这种民兵将吸引少年男女参加政治生活，不仅用言语，而且通过行动，通过**工作**对他们进行教育。这种民兵将发挥学者们所说的"福利警察"的作用，如进行卫生监督等等，同时会吸引一切成年妇女参加这类工作。如果不吸引妇女参加公务、参加民兵、参加政治生活，如果不使妇女走出使她们愚钝的家庭圈子和厨房圈子，那就**不能保证真正的自由**，甚至**不能建立民主**，更不用说建立社会主义了。

这种民兵将成为无产阶级民兵，因为工业工人和城市工人将自然而然地在这种民兵中对贫苦群众起指导性的影响，正像他们自然而然地在 1905—1907 年和 1917 年整个人民革命斗争中处于领导地位一样。

这种民兵将保证绝对的秩序和矢志不渝地遵守的同志纪律。同时，在一切交战国都遭到严重危机的时刻，它使我们有可能用真正民主的方式同这种危机进行斗争，正确地迅速地分配粮食和其他物品，贯彻"普遍劳动义务制"。这种制度现在法国人叫做"公民动员制"，德国人叫做"公民服务义务制"。不实行这种制度，就**不可能——事实确实表明不可能——**医治可怕的掠夺性战争已经造成和正在造成的创伤。

难道俄国无产阶级流血仅仅是为了得到一些关于实行政治民

主改革的漂亮诺言吗？难道他们不是要求和争取使**每个**劳动者**立刻**看到和感觉到自己的生活有所改善吗？难道他们不是要使每个家庭都有面包吃吗？不是要使每个小孩都能得到一瓶好牛奶吗？在小孩的需要没有得到保证之前不是不许任何有钱人家的大人多拿牛奶吗？不是要使沙皇和贵族遗留下来的宫殿和富丽堂皇的住宅不致闲置而用来开设济贫院吗？而这许多措施，除了有妇女与男子平等参加的全民民兵以外，又有谁能实行呢？

　　这些措施**还不是**社会主义。它们涉及消费品的分配，而不涉及生产的改组。它们还不是"无产阶级专政"，而只是"无产阶级和贫苦农民的革命民主专政"。目前的问题不在于从理论上把它们分类。假使我们把复杂的、迫切的、迅速发展着的实际革命任务放在狭隘理解的"理论"的普罗克鲁斯提斯床上[34]，而不把理论看做首先是、主要是**行动的指南**，那就大错特错了。

　　俄国工人群众在直接的革命斗争中曾经表现出了勇敢、主动性和自我牺牲精神的奇迹，而现在他们是否有足够的觉悟、毅力和英雄气概来表现"无产阶级组织的奇迹"呢？这一点我们是不知道的，对这一点加以猜测也是没有意义的事情，因为**只有**实际生活才能回答这样的问题。

　　我们所确实知道并且作为一个政党我们应当向群众说明的是，现在世界上有一部力量非常大的历史发动机，它产生空前未有的危机、饥荒和数不清的灾难。这部发动机就是战争，而这场战争是由**两个**交战的营垒的资本家为了掠夺的目的而进行的。这部"发动机"把许多最富裕、最自由和最文明的民族推到了毁灭的边缘。它**迫使**各国人民把最后一点力量都拿出来，使他们陷入不堪忍受的境地，它提上日程的不是实现某种"理论"（这根本谈不上，马克思总是提醒社会主义者不要有这种错觉），而是实施最极端的、切实可行的措施，因为**不采取极端的措施，千百万人就定会立即活活地饿死**。

当客观形势**要求**全体人民采取极端措施的时候，先进阶级的革命热情能够做**很多事情**，这一点是用不着论证的。在俄国，大家对事情的**这个**方面都是亲眼看到和**亲身感触到**的。

重要的是要懂得，在革命时期，客观形势像生活激流一般，迅速而急剧地发生着变化。在每一个时期，我们应当**善于根据**当时形势的**特点**提出自己的策略和最近的任务。在 1917 年 2 月以前，任务是勇敢地进行革命的国际主义宣传，号召群众起来斗争，唤起群众。在二、三月的日子里，形势要求我们有忘我斗争的英雄气概，以便立刻打倒最直接的敌人——沙皇制度。现在我们正处在从革命的这个第一阶段向第二阶段**过渡**的时刻，即从同沙皇制度"搏斗"向同古契柯夫—米留可夫的、地主资本家的帝国主义"搏斗"**过渡**。摆在当前日程上的是**组织**任务，但是，决不能把这项任务刻板地理解成仅仅是建立千篇一律的组织，而应当理解为吸引空前广大的被压迫阶级群众到组织中来，并且由这个组织来执行军事的、行政的、国民经济的任务。

无产阶级已经在用不同的办法来解决这个特殊任务，今后还将这样做。在俄国有些地方，二、三月革命几乎把全部政权交给了无产阶级，在另一些地方，他们可能用"强力"手段来建立和扩大无产阶级民兵，还有些地方，他们大概会争取根据普遍的……选举权立即举行市杜马和地方自治机关的选举，以便当无产阶级组织程度还不够高，士兵和工人的关系还不够密切，农民运动还不够开展，很多很多人对古契柯夫和米留可夫的军事帝国主义政府还没有完全失望,因而以工人代表苏维埃的"政府"代替这个政府的时机还没有到来的时候,在那里建立起革命中心等等。

我们也不会忘记,就在彼得格勒旁边有一个极先进的真正共和制的国家,这就是芬兰,从1905年到1917年,芬兰在俄国革命战斗的掩护下,比较和平地发展了民主制度,并把人民**大多数**争取到社会主义这一边。俄国无产阶级会保证芬兰共和国有充分的自由,直到分离的自由(现在,当立宪民主党人罗季切夫在赫尔辛福斯这样不光彩地结束他为大俄罗斯人争取某些特权的交易**35**的时候,未必还有哪一个社会民主党人在这方面表示犹豫),正因为这样,俄国无产阶级将赢得芬兰工人的**完全**信任以及他们对全俄无产阶级事业的同志式帮助。在艰巨的事业中,错误是不可避免的(我们也不免犯错误),芬兰工人是优秀的组织家,他们将在这方面帮助我们,他们将**按自己的方式**推进建立社会主义共和国的事业。

俄国境内革命取得胜利,——在这种胜利的掩护下芬兰的和平组织工作取得成就,——俄国工人以新的规模转入革命的组织任务,——无产阶级和贫苦居民阶层夺得政权,——西欧社会主义革命得到鼓励和发展,——这就是一定会把我们引向**和平**和**社会主义**的道路。

　　　　　　　　　　　　　　　　　尼·列宁

　　　　　　　　　　1917年3月11日(24日)于苏黎世

载于1924年《共产国际》杂志　　　　译自《列宁全集》俄文第5版
第3—4期合刊　　　　　　　　　　　第31卷第34—47页

第 四 封 信

如何实现和平？

（1917 年 3 月 12 日〔25 日〕）

我现在刚刚（3 月 12 日〔25 日〕）看完《新苏黎世报》（3 月 24日第 517 号）登载的下面一则柏林发来的电讯：

"据瑞典消息：马克西姆·高尔基给政府和执行委员会寄去了一封热情洋溢的贺信。他祝贺人民对反动统治者取得的胜利，并且号召俄国所有的儿子都来帮助建设新的俄国国家大厦。同时他呼吁政府以缔结和约来完成自己的解放事业。他说这不应当是一个随随便便的和约；俄国目前比以往任何时候都没有理由争取缔结随随便便的和约。这应当是一个能够使俄国光荣地存在于世界其他各国人民面前的和约。人类已经流够了血；如果新政府能够迅速缔结和约，那么它不仅对俄国，而且对全人类将会作出极大的贡献。"

报上是这样转述马·高尔基的信的。

读着这封充满流行的庸俗偏见的信，令人感到沉痛。笔者在卡普里岛同高尔基见过几次面，曾一再提醒他，为了他的政治错误还责备过他。高尔基用他无比和蔼的微笑和坦率的声明挡回了这种责备，他说："我知道，我是一个不好的马克思主义者。再说，我们这些艺术家，都是不大能自持的人。"要反驳这种话是不容易的。

毫无疑问，高尔基是一个很大的艺术天才，他给全世界无产阶级运动作出了而且还将作出很多贡献。

但是，高尔基为什么要搞起政治来了呢？

在我看来，高尔基的这封信不仅反映了小资产阶级的极其流行的偏见，而且还反映了一部分受小资产阶级影响的工人的偏见。我们党的**一切**力量，觉悟工人的全部精力，都应当放在同这种偏见作坚持不懈的全面的斗争上。

沙皇政府发动和进行目前这场**帝国主义的**、掠夺性的强盗战争，其目的是为了掠夺和扼杀弱小民族。古契柯夫之流和米留可夫之流的政府是地主资本家的政府，它不得不继续进行而且愿意继续进行**这样一场**战争。建议这个政府缔结民主和约，就无异于向妓院老板宣传行善积德。

现在让我们来说明我们的见解。

什么是帝国主义呢？

我在我的一本小册子《帝国主义是资本主义的最高阶段》（小册子还在革命前就已寄给孤帆出版社，该社接受了并在《年鉴》杂志上发了出版预告）**36**中曾对这个问题作了如下的回答：

"帝国主义是发展到垄断组织和金融资本的统治已经确立、资本输出具有突出意义、国际托拉斯开始瓜分世界、一些最大的资本主义国家已把世界全部领土瓜分完毕这一阶段的资本主义。"（见《年鉴》预告的上述小册子的第 7 章；由于当时还存在着书报检查制度，小册子用的书名是：弗·伊林《最新的资本主义》。）①

问题在于资本已经大大地成长了。为数不多的最大的资本家结成的同盟（卡特尔、辛迪加、托拉斯）握有**亿万**资本并且共同瓜分着整个世界。**整个**世界已经瓜分完毕。战争是由英法和德国这两个最强大的亿万富豪集团**重新瓜分**世界的冲突引起的。

---

① 见本版全集第 27 卷《帝国主义是资本主义的最高阶段》第 7 章《帝国主义是资本主义的特殊阶段》。——编者注

英法资本家集团想首先掠夺德国，夺取德国的殖民地（几乎已经全部夺到手），然后再侵占土耳其。

德国资本家集团则想把土耳其攫为己有，并夺取弱小的邻国（比利时、塞尔维亚、罗马尼亚）来补偿它失去的殖民地。

这就是资产阶级的关于"解放"战争、"民族"战争、"争取权利和正义的战争"的种种谎言以及诸如此类的花招所掩盖的真相，资本家总是用这些东西来愚弄普通的老百姓。

俄国不是用自己的钱打仗的。俄国资本是英法资本的**同伙**。俄国是为了掠夺亚美尼亚、土耳其和加利西亚才进行战争的。

我国现任部长古契柯夫、李沃夫、米留可夫并不是一些偶然得势的人物。他们是整个地主资本家阶级的代表和领袖。他们受资本的利益的**约束**。资本家不能放弃自己的利益，正像一个人不能抓住自己的头发把自己提起来一样。

其次，古契柯夫—米留可夫之流被英法资本所**约束**。他们过去和现在都是用别人的钱来打仗的。他们为了几十亿借款曾经答应**每年**付给**几亿**利息，而这份**贡物**是他们从俄国工人和俄国农民的身上榨取来的。

再次，古契柯夫—米留可夫之流还受同英、法、意、日以及其他资本家强盗集团直接订立的关于这场战争的掠夺目的的**条约**的**约束**。这些条约还是**沙皇尼古拉二世**缔结的。古契柯夫—米留可夫之流为了夺取政权，利用了工人反对沙皇君主制的斗争，**而**对沙皇缔结的**条约**他们却一概承认。

整个古契柯夫—米留可夫政府在自己的宣言中就是这样做的，这项宣言已由"彼得堡通讯社"于3月7日（20日）发电向国外作了报道，它说："政府〈古契柯夫和米留可夫的政府〉将忠实遵守使我国同其他国家联合起来的一切条约。"新任外交部长米留可夫在 1917 年 3 月 5 日（18 日）拍给俄国所有驻外代表的电报中也作了**同样的**声明。

这些条约都是**秘密的**，米留可夫之流**不愿意**公布这些条约有两个原因：(1)他们害怕人民，因为人民不愿意进行掠夺性战争；(2)他们受英法资本的约束，英法资本要求严守条约秘密。但是每一个读报和研究时事的人都知道，在这些条约中说的不外是日本掠夺中国，俄国掠夺波斯、亚美尼亚、土耳其（特别是君士坦丁堡）和加利西亚，意大利掠夺阿尔巴尼亚，法国和英国掠夺土耳其及德国的殖民地，等等。

情况就是这样。

所以，建议古契柯夫—米留可夫政府尽速缔结真诚的、民主的、睦邻的和约，就等于一个善良的乡村"神父"要地主和商人"按照上帝的旨意"生活，慈爱待人，左脸挨了打，再让人家打右脸。地主和商人一面听说教，一面继续压迫和掠夺人民，并且由于"神父"能够很好地安抚"农夫"而感到非常高兴。

凡是在这次帝国主义战争期间用善良的言词向资产阶级政府呼吁和平的人，不管他有没有意识到，都起了与上面完全一样的作用。资产阶级政府有时根本不听这种言论甚至禁止这种言论，有时则允许讲，并且随便许下种种诺言，说他们打仗无非是为了尽速缔结"最公正的"和约，有过错的只是敌方。**向资产阶级**政府呼吁和平实际上是在**欺骗人民**。

为了瓜分土地、市场和租借地而使世界染满鲜血的资本家集团，是**不可能**缔结"光荣的"和约的。他们只可能缔结**可耻的**和约，即**瓜分赃物、瓜分土耳其和殖民地**的和约。

　　此外,古契柯夫—米留可夫政府根本不同意在目前缔结和约,因为**现在**它能够得到的"赃物""**不过**"是亚美尼亚及加利西亚的一部分,而它**还**想掠夺君士坦丁堡,**甚至**从德国人手中夺回一直受沙皇政府最残酷最无耻压迫的波兰。其次,古契柯夫—米留可夫政府实质上只是英法资本的伙计,英法资本**除**了想保住从德国夺来的殖民地**以外**,还想迫使德国归还比利时及法国的一部分。英法资本帮助古契柯夫之流和米留可夫之流废黜尼古拉二世,是为了要他们帮助自己"战胜"德国。

　　那怎么办呢?

　　为了实现和平(更不用说实现真正民主的、真正光荣的和平了),国家政权就应当归**工人和贫苦农民**,而不应当归地主资本家。地主资本家只占人口的微不足道的少数;正如大家所知道的,资本家正在靠战争大发横财。

　　工人和贫苦农民占人口的**绝大多数**。他们在战争中不是发财,而是破产、挨饿。他们既不受资本的约束,也不受资本家强盗集团之间的条约的约束,他们**能够**而且真诚地希望停止战争。

　　如果俄国政权归工兵农代表**苏维埃**,那么这些苏维埃和由它们选出的**全俄苏维埃**就能够而且一定会同意实现我们党(俄国社会民主工党)还在 1915 年 10 月 13 日党中央机关报《社会民主党人报》(该报为了摆脱沙皇书报检查机关的压迫,当时在日内瓦出版)第 47 号上就已拟定的和平纲领①。

　　这个和平纲领大概是这样的:

　　(1)全俄工兵农代表苏维埃(或者暂时代替它的彼得堡苏维

---

　　① 　见本版全集第 27 卷第 53—56 页。——编者注

埃)立即声明,它**不受任何**条约的约束,**不管**是沙皇君主政府的条约**还是**资产阶级政府的条约。

(2)它立即公布**所有**这些条约,使沙皇君主政府以及**一切**资产阶级政府的掠夺目的当众暴露。

(3)它立即公开建议**一切**交战国马上缔结**停战协定**。

(4)它立即向全体人民公布我们工人农民的**媾和条件**:

解放**一切**殖民地;

解放**一切**从属的、被压迫的和没有充分权利的民族。

(5)它声明,决不等待各国资产阶级政府发善心,而是建议各国工人推翻它们,把全部国家政权交给工人代表苏维埃。

(6)它声明,资产阶级政府为了进行这场罪恶的强盗战争所借的数十亿债款,只能由**资本家老爷们自己**去偿还,工人和农民是**不承认**的。为这些借款付利息,就等于向资本家长年累月地交**贡款**,酬谢他们开恩让工人为了资本家瓜分资本主义赃物而互相残杀。

工人代表苏维埃会说:工人和农民们! 你们能同意**每年**付给资本家老爷们**几亿**卢布来奖励他们为瓜分非洲殖民地、土耳其等等而进行的战争吗?

在我看来,为了实现**这些**媾和条件,工人代表苏维埃是会同意向世界上**任何一个**资产阶级政府和**一切**资产阶级政府**开战**的,因为这将是真正正义的战争,因为**一切**国家的**全体**工人和劳动人民**都会帮助这种战争**取得胜利。

德国工人现在看到,俄国这个好战的君主国已被一个**好战的**共和国,一个想要继续进行帝国主义战争并且承认沙皇君主政府缔结的强盗条约的资本家共和国所代替了。

大家自己判断一下,德国工人能信任**这种**共和国吗?

　　大家自己判断一下，如果过去和现在从对伟大的"1905年"革命的生动回忆中吸取了教益的俄国人民，取得充分的自由并把全部国家政权交给工农代表苏维埃，那么，战争还能进行下去吗？资本家在世界上的统治还能保持下去吗？

尼·列宁

1917年3月12日（25日）于苏黎世

载于1924年《共产国际》杂志
第3—4期合刊

译自《列宁全集》俄文第5版
第31卷第48—54页

第 五 封 信

革命的无产阶级国家制度的任务

(1917 年 3 月 26 日〔4 月 8 日〕)

在前几封信中,对目前俄国革命无产阶级的任务大致规定如下:(1)要善于通过最可靠的途径走向革命的下一阶段或者说走向第二次革命,(2)这次革命应当把国家政权从地主资本家(古契柯夫之流、李沃夫之流、米留可夫之流、克伦斯基之流)政府手中夺过来交给工人和贫苦农民的政府。(3)后一政府应当按照工农代表苏维埃的式样组织起来,也就是:(4)它应当打碎,应当彻底铲除一切资产阶级国家中常见的旧的国家机器,即军队、警察和官僚(官吏),(5)代之以不仅是群众性的、而且是人人普遍参加的人民武装组织。(6)只有这样的政府,只有就阶级成分("无产阶级和农民的革命民主专政")和管理机关("无产阶级民兵")来说是这样的政府,才能顺利地解决目前非常困难而又十分迫切的最主要的任务,这就是:争取实现和平,但不是帝国主义的和平,不是帝国主义列强勾结起来瓜分资本家及其政府所夺得的赃物,而是实现真正持久的、民主的和平,这种和平如果没有许多国家的无产阶级革命,是实现不了的。(7)俄国无产阶级要在最近的将来取得胜利,除非具备这样的条件:作为胜利的第一步,工人必须得到为没收全部地主土地(并把全部土地收归国有,如果注意到"104 人"土地纲领[37]

实质上仍然是**农民**的土地纲领)而斗争的绝大多数农民的支持。(8)有了这种农民革命并且以这种农民革命作基础,无产阶级才有可能和有必要同**贫苦**农民联合起来采取进一步的步骤,即对最重要产品的生产和分配实行**监督**,实行"普遍劳动义务制",等等。这些步骤之所以绝对必须采取,则是由战争所造成的和战后时期在许多方面甚至会更加严重的那些情况决定的;这些步骤就其整体和发展来看,就是**向社会主义过渡**,因为在俄国,不采取这些过渡措施,要马上直接实现社会主义是不可能的,但是如果采取了这种过渡措施,实现社会主义就是完全可能的而且是绝对必要的了。(9)在这里提出了一项极其迫切的任务:立刻**在农村中**单独成立工人代表苏维埃,即农业**雇佣**工人苏维埃,而与其他农民代表苏维埃**分开**。

我们根据对俄国和全世界革命的阶级力量的估计以及 1871 年和 1905 年的经验所拟定的纲领简单说来就是这样。

现在我们想对这整个纲领作一总的考察,顺便谈一谈卡·考茨基是怎样看待这个问题的。他是"第二"国际(1889——1914 年)最大的理论家,是目前在各国出现的动摇于社会沙文主义者和革命国际主义者之间的"中派"、"泥潭派"的最著名代表。考茨基在自己的《新时代》杂志**38**(新历 1917 年 4 月 6 日号)上刊登的《俄国革命的前途》一文中,曾谈到这个问题。

考茨基写道:"首先,我们应当弄清摆在革命的无产阶级制度〈国家制度〉面前的任务。"

作者接着写道:"无产阶级最迫切需要的两件东西就是民主和社会主义。"

令人遗憾的是,考茨基把这个完全不容争辩的原理说得十分笼统，以致实质上等于什么也没有说，什么问题也没有阐明。资产阶级的帝国主义政府的成员米留可夫和克伦斯基会乐意赞同这个一般原理，一个赞同原理的前一部分，另一个赞同原理的后一部分……①

载于1924年《布尔什维克》杂志　　　　译自《列宁全集》俄文第5版
第3—4期合刊　　　　　　　　　　　　第31卷第55—57页

---

① 手稿到此中断。——俄文版编者注

第五封《远方来信》的要点³⁹

(1917 年 3 月 26 日〔4 月 8 日〕以前)

不能带着旧党纲去参加立宪会议的选举。旧党纲应作如下修改：

    (1)加上关于帝国主义是资本主义的最后阶段的内容

    (2)关于这场帝国主义战争、帝国主义战争和"保卫祖国"的内容

  ＋**补2**：关于同社会沙文主义者的斗争和分裂的内容

||注意|| (3)加上关于我们需要的那种**国家**以及国家**消亡**的内容。

    (4)修改

     政治纲领**前面**的最后两段(反对君主制以及恢复君主制的措施)

    (5)对政治部分第 3 条补充如下：

     任何官吏不得**由上面**委派

     (参看**恩格斯** 1891 年的批判^①)

  ＋**一切**官吏的薪金：不得超过工人的工资

  ＋有权随时召回**一切**代表和官吏

---

    ① 见《马克思恩格斯文集》第 4 卷第 415—418 页。——编者注

＋(补5)修改关于自决问题的第九条

＋**详细**阐明社会主义革命的国际性

(6)最低纲领中的许多地方要作修改并加以**提高**。

(7)在土地纲领中：

(α)国有化代替地方公有化(我将把自己的1909年被烧毁的有关这一问题的著作**40**的手稿寄往彼得格勒)

(β)变地主田庄为示范农场。

(8)"普遍劳动义务制"(Zivildienstpflicht)

(9)删去支持"**任何反政府**"运动的内容(革命运动则是另一回事)。

(10)更改名称,因为

(α)这个名称不正确

(β)被社会沙文主义者糟蹋了

(γ)在选举中会把人民弄糊涂,因为社会民主党＝齐赫泽、**波特列索夫**之流。

这是《第五封信》的要点。望**立即**归还。

您有没有关于修改最低纲领实践部分的草稿和意见?((我们**不止一次**谈论过这个问题,您还记得吗?))

应当**立即**着手这项工作。

载于1959年《列宁文集》俄文版第36卷

译自《列宁全集》俄文第5版第31卷第58—59页

俄国革命和各国工人的任务

（1917 年 3 月 12 日〔25 日〕）

工人同志们！

那些始终忠于社会主义、没有受野蛮的残暴的战争狂热侵袭的社会党人的预见被证实了。各国资本家之间的世界性的强盗战争所引起的第一个革命爆发了。帝国主义战争，即为了资本家瓜分赃物、为了扼杀弱小民族而进行的战争，**开始**变为国内战争了，即变为工人反对资本家的战争，劳动者和被压迫者反对自己的压迫者、反对皇帝和国王、反对地主和资本家的战争，变为把人类从战争、从群众的贫困、从人压迫人的现象中彻底解放出来的战争了！

俄国工人荣幸地**第一个**开始了革命，也就是开始了被压迫者反对压迫者的唯一合理的正义的伟大战争。

彼得堡工人战胜了沙皇君主制。在反对警察和沙皇军队的英勇斗争中，起义工人赤手空拳地冲向机关枪，把彼得堡卫戍部队的大多数士兵争取到自己方面来。莫斯科和其他城市也有类似情形发生。被自己军队遗弃的沙皇只好投降：签字同意自己和皇太子逊位。他建议把王位传给他的兄弟米哈伊尔。

俄国的地主和资本家靠变革的迅速，靠英法资本家的直接援助，靠彼得堡**全体**工人和人民群众的觉悟不高，靠自己的有组织和有准备，把国家政权夺到了手。俄国新政府即"临时政府"的重要职位，如总理、内务部和陆军部等，分给了十月党人李沃夫和古契柯夫，这帮人曾经尽一切力量帮助血腥的尼古拉和绞刑手斯托雷平扼杀1905年的革命，枪毙和绞杀为土地和自由而斗争的工人和农民。一些次要的部则归了立宪民主党人：外交部归米留可夫，国民教育部归曼努伊洛夫，农业部归盛加略夫。只把一个无足轻重的职位司法部赏给了劳动派分子克伦斯基，因为资本家需要这个空谈家，以便用空洞的诺言安慰人民，用响亮的词句愚弄人民，诱使他们"容忍"地主资本家的政府。这个政府愿意继续同英法资本家勾结起来进行强盗战争——夺取亚美尼亚、君士坦丁堡和加利西亚，使英法资本家**保持住**从德国资本家手中夺来的赃物（全部德属非洲殖民地），同时**夺回**德国资本家**这伙**强盗抢走的赃物（法国的一部分领土、比利时、塞尔维亚、罗马尼亚等等）。

　　自然，工人是不能信任这种政府的。工人是在争取**和平**、**面包**和**自由**的斗争中推翻沙皇君主制的。工人立即就感觉到了，为什么古契柯夫、米留可夫之流能够把工人群众的胜利果实夺过去。因为俄国地主资本家准备和组织得好；因为他们有资本的力量，有俄国资本家和世界上最富有的英法资本家的**财富**。工人立即就懂得了，为了争取和平、面包和自由，劳动者阶级，工人、士兵和农民，必须**组织起来**，团结起来，联合起来，同资本家**分开**，同他们相**对立**。

　　彼得堡工人在战胜沙皇君主制以后，就立即建立起**自己的**组织——**工人代表苏维埃**，并立即着手巩固和扩大这个组织，建立**独立**的士兵代表和农民代表苏维埃。革命才过几天，彼得堡工兵代表苏维埃就拥有了**1 500多名**工人代表和穿军装的农民代表。这个苏维埃博得了铁路职员和全体劳动者群众极大的信任，所以已经开始成为真正的**人民政府**。

甚至古契柯夫—米留可夫的两个最可靠的伙伴和庇护人、英法强盗资本的两个最忠实的警犬——英国资本家最有钱的报纸《泰晤士报》的撰稿人罗伯特·威尔顿和法国资本家最有钱的报纸《时报》的撰稿人沙尔·里韦，一方面在疯狂地咒骂工人代表苏维埃，一方面也不得不承认**俄国有两个政府**。一个是"大家"都承认的(其实是全体**富人**承认的)地主资本家的政府，即古契柯夫之流和米留可夫之流的政府。另一个是"任何人"(富有阶级中的)都**不**承认的工农政府，即力求**在全俄**建立工人代表苏维埃和农民代表苏维埃的彼得堡工兵代表苏维埃。

现在让我们来看一看这两个政府在说什么和做什么吧。

1.地主资本家的政府，李沃夫—古契柯夫—米留可夫的政府在做什么呢？

这个政府任意许下最冠冕堂皇的诺言。它答应给俄国人民最充分的自由，答应召开全民立宪会议来确定俄国的管理形式。克伦斯基和立宪民主党领袖们宣称他们拥护民主共和国。古契柯夫们—米留可夫们在作出革命姿态方面是别人望尘莫及的。做广告十分起劲，可是他们的**行动**怎么样呢？

新政府答应给人民种种自由，实际上却同沙皇家族即王朝进行恢复君主制的谈判。它建议米哈伊尔·罗曼诺夫当摄政王，即当临时皇帝。如果工人不阻止古契柯夫之流和米留可夫之流的行动，俄国早就恢复了君主制。工人们在彼得格勒举行了游行，旗帜上写的是："要土地，要自由！处死暴君！"他们和骑兵在杜马前面的广场会合，高举写着"世界各社会主义共和国万岁！"的旗帜。古契柯夫—米留可夫之流的同盟者米哈伊尔·罗曼诺夫觉察到，在这种情况下最好推辞不干，等待立宪会议把他推上宝座。因此俄国暂时还是共和国。

政府没有把前沙皇关起来。工人却迫使政府逮捕他。政府要把军队指挥权全交给尼古拉·尼古拉耶维奇·罗曼诺夫。工人却迫使政府废黜他。显然，如果没有工兵代表苏维埃，那么地主李沃夫之流—古契柯夫之流明天就会同罗曼诺夫或其他地主合流。

政府在告国民的宣言和在米留可夫拍给俄国所有驻外代表的电报中，宣称将**信守**俄国缔结的**一切**国际条约。这些条约是由被打倒的沙皇签订的。政府不敢公布这些条约，因为第一，它被俄英法资本束缚住了手脚，第二，它害怕人民，如果人民知道，资本家为了夺取君士坦丁堡、扼杀加利西亚等等还要让 500 万或 1 000 万俄国工农到战场上去丧命，人民就一定会把古契柯夫之流和米留可夫之流碎尸万段。

既然人民无法了解资本家为了什么样的地主-沙皇条约要士兵一再去流血的真相，那自由的诺言又有什么价值呢？

既然饥饿威胁着人民，既然人家要把他们蒙住眼睛赶进屠场去为俄英法三国资本家抢劫德国资本家卖命，那么答应给人民种种自由以至建立民主共和国又有什么价值呢？

同时，古契柯夫之流和米留可夫之流的政府正在直接用暴力镇压俄国工人同他们的兄弟即其他国家的工人取得谅解的一切尝试：政府**不准**把革命后在彼得堡复刊的《真理报》[41]、我们俄国社会民主工党中央委员会在彼得格勒发表的宣言以及齐赫泽代表和他那个党团的号召书**携出**俄国国境！！

工人和农民们！你们放心吧，人家答应给你们自由——死的自由,饿死和战死的自由!!

　　新政府在自己的纲领中对农民土地问题和提高工人工资问题**一个字也没有**提到。直到现在没有确定召开立宪会议的任何日期。没有确定进行彼得堡市杜马的任何选举。民兵要归纯粹由资本家和最富有的地主按斯托雷平的法律选出的地方自治机关和市自治机关管辖。要任命地主当省长——这就是你们的"自由"!

　　2. 工农政府在做什么和应当做什么呢? ……①

载于1924年《列宁文集》俄文版　　　　译自《列宁全集》俄文第5版
第2卷　　　　　　　　　　　　　　第31卷第67—71页

---

　　① 手稿到此中断。——俄文版编者注

给《民权报》的声明[42]

(1917 年 3 月 13 日和 16 日〔26 日和 29 日〕之间)

德国各报发表了我在 3 月 19 日(星期一)的一份电报,电文**被歪曲了**。在斯堪的纳维亚我党的一些党员准备启程回俄国,要我就社会民主党应当采取的策略问题发表意见,这份电报就是打给他们的。

我的电文如下:

"我们的策略是:完全不信任新政府,不给新政府任何支持;特别要怀疑克伦斯基;把无产阶级武装起来——这是唯一的保证;立即举行彼得格勒杜马(市议会)的选举;决不同其他党派接近。请将此电告彼得格勒。"

我的这份电报是以一些**侨居国外的**中央委员的名义而不是以中央委员会的名义发出的。我说的不是立宪会议,而是**市政机关**的选举。立宪会议的选举目前还只是一个空洞的诺言。如果政府真正能实现所许诺的自由,那么彼得格勒市杜马的选举就可以而且应当**立即**进行。这种选举会帮助无产阶级建立和巩固它的革命阵地。

尼·列宁

载于 1917 年 3 月 29 日《民权报》第 75 号

译自《列宁全集》俄文第 5 版第 31 卷第 8 页

论俄国社会民主工党在
俄国革命中的任务[43]

(1917 年 3 月 16 日或 17 日〔29 日或 30 日〕)

自 拟 简 介

列宁的报告进行了两个半小时,分为两部分。在第一部分中,列宁扼要地说明了能够而且必然促成沙皇君主制在 8 天内就垮台这一"奇迹"的历史条件。这些条件中最重要的一点就是 1905—1907 年的"大叛乱"。当前左右局势的人物古契柯夫之流和米留可夫之流曾对这次"叛乱"竭力诽谤,而对 1917 年的"光荣革命"则竭力欢呼。但如果 1905 年这场真正深刻的革命没有"翻松土壤",没有使各阶级和各政党看清彼此的行动,没有揭露沙皇匪帮的极其野蛮和残忍的本质,那么 1917 年就不可能这样快取得胜利。

由于各种条件的非常奇特的凑合,各种各样的社会力量才能够在 1917 年联合起来去共同打击沙皇制度。第一,统治和掠夺全世界最凶狠的英法金融资本在 1905 年反对革命,帮助沙皇政府(1906 年给予贷款)扼杀革命。现在它最积极地直接插手革命,策动古契柯夫之流、米留可夫之流先生们和一部分高级军事指挥人员密谋废黜尼古拉二世或强迫他让步。从世界政治和全世界金融资本的角度来看,古契柯夫—米留可夫政府不过是"英法"银行的伙计,不过是继续进行各民族间的帝国主义大厮杀的工具。第二,沙皇君主政府的接连失败淘汰了旧军事指挥人员而代之以新的年轻的即资产阶级的指挥人员。第三,在 1905—1914 年间加紧组织起来并在 1914—1917 年间加快了组织步伐的俄国整个资产阶级,同地主勾结起来反对腐败的沙皇君主政府,想靠掠夺亚美尼亚、君士坦丁堡、加利西亚等地发财。第四,除这些**帝国主义**性质的势力以外,还有强大而深厚的无产阶级运动。无产阶级进行革命,是要求**和平**、**面包**和**自由**,与帝国主义资产阶级毫无共同之处,他们还带领由工农组成的军队的**大多数**前进。帝国主义战争**已经开始**转变为国内战争。

这就造成了当前革命的基本矛盾,这个矛盾使得当前的革命仅仅成为战争引起的第一个革命的**第一**阶段。古契柯夫—米留可夫的地主资本家政府不可能给人民和平、面包或自由。这是一个继续进行强盗战争、公然宣布信守沙皇政府缔结的国际条约即完全以掠夺为目的的条约的政府。这个政府顶多只能把危机**延缓**一下,它决**不能**使国家摆脱饥饿。它也决不会给予自由,尽管它许下许许多多的"诺言"(廉价的诺言),因为它受着地主土地占有制和资本的利益的束缚,它一开始就同王朝**勾结起来**,准备恢复君主制。

因此,为了所谓"同反动势力作斗争"而去"支持"新政府,这是一种最愚蠢不过的策略了。要进行这种斗争,必须**把无产阶级武装起来**,这才是反对沙皇制度和打破古契柯夫之流与米留可夫之流恢复君主制的图谋的唯一切实可靠的保证。

因此,斯柯别列夫代表说得对,他说俄国正处在"第二次革命,真正的(wirklich)革命的前夜"。

　　进行这一革命的民众组织已经建立起来，并且在日益发展。这就是工兵代表苏维埃。英法资本的代理人，《泰晤士报》和《时报》的记者肆意诽谤苏维埃，决不是没有原因的。

　　列宁研究了各报有关工人代表苏维埃的报道，得出结论说，苏维埃中存在着三个派别。第一个是最近似社会爱国主义者的派别。这个派别信任克伦斯基，即那个爱说空话的英雄、古契柯夫和米留可夫手中的傀儡、"路易·勃朗主义"的最坏的代表[44]。克伦斯基用空洞的诺言款待工人，像欧洲社会爱国主义者以及像考茨基之流的社会和平主义者那样尽说漂亮话，在实际行动上却劝导工人"容忍"强盗战争继续进行。俄国帝国主义资产阶级通过克伦斯基的嘴向工人说：我们将给你们共和国和八小时工作制（八小时工作制在彼得堡**已经**实行），我们答应给你们自由，但这一切都是为了要你们帮助我们抢劫土耳其、奥地利，从德帝国主义手中夺取**它的**赃物，保住英法帝国主义的赃物。

　　第二个派别是我们俄国社会民主工党中央委员会。各报都发表了我们中央委员会的《宣言》的摘要（Auszug）。这篇宣言已于3月18日在圣彼得堡出版了。宣言要求建立民主共和国，实行八小时工作制，没收地主的土地以利于农民，没收存粮，立即由工兵代表苏维埃**而不是**由古契柯夫和米留可夫的政府着手进行和平谈判。宣言认为这个苏维埃是真正的革命政府。（列宁补充说，甚至《泰晤士报》记者也说俄国有**两个政府**。）关于立即媾和的谈判，**不**应当同各交战国的资产阶级政府进行，而应当同这些国家的**无产阶级**进行。宣言号召全体工人、农民和士兵选举工人代表苏维埃的代表。

　　这是唯一真正社会主义的、真正革命的策略。

　　第三个派别是齐赫泽和他的朋友们，他们总是**摇摆不定**，这在《泰晤士报》和《时报》时而称赞时而咒骂齐赫泽的评论中也反映得很明显。有一个时候，齐赫泽拒绝参加**第二届**临时政府，宣称战争就**双方**来说都是帝国主义战争等等，这时他执行了无产阶级的政策。有一个时候，齐赫泽参加了**第一届**临时政府（"杜马委员会"），他在自己的号召书的第三条中要求"俄国工人阶级要有足够数量的代表参加政府"（国际主义者参加进行帝国主义战争的政府!!），他（还有斯柯别列夫）呼吁这个**帝国主义**政府着手进行和平谈判（而不是向工人说明这样一个真理：**资产阶级**被离不开帝国主义的金融资本的利益束缚住了手脚），齐赫泽的朋友图利亚科夫和斯柯别列夫在古契柯夫和米留可夫政府授意下前往"安抚"反叛了自由派将军的士兵（他们打死了涅佩宁（Admiral Nepenin），甚至使德帝国主义者也感到**痛惜**!!），——这时，齐赫泽和他的朋友们陷入最糟糕的"路易·勃朗主义"，是在推行**资产阶级**政策，损害革命事业。

　　列宁还抨击了高尔基的社会和平主义的呼吁书，并对这位大艺术家搞政治、重复小资产阶级偏见表示遗憾。

　　在第二部分中，列宁的目的是要说明无产阶级的策略应当是什么样的策略。列宁描述了**当前**历史形势的特点，认为目前正处在一个**过渡**时刻，即从革命的第一阶段向革命的第二阶段过渡，从反对沙皇制度向反对资产阶级、反对帝国主义战争、或者说向实现国民公会过渡，而**只要**政府肯履行它所许下的召开立宪会议的"诺言"，就有可能把立宪会议变为国民公会。

　　根据这种**过渡**情况而制定的当前的特殊任务，就是建立**无产**

阶级的组织。但这不是各国社会主义叛徒——社会爱国主义者和机会主义者——以及考茨基派所满足的老一套的组织，而应当是**革命组织**。这种组织首先必须是全民的，其次必须是把**军事**职能和**国家**职能结合起来的。

在第二国际中占统治地位的机会主义者，歪曲了马克思和恩格斯关于革命时期的国家的学说。考茨基在他同潘涅库克的论战（1912 年）中也离开了马克思的观点。[①] 马克思根据 1871 年巴黎公社的经验教导我们说："工人阶级不能简单地掌握现成的国家机器，并运用它来达到自己的目的。"无产阶级应当**打碎**这个机器（军队、警察、官僚）。[②] 这就是机会主义者（社会爱国主义者）和考茨基派（社会和平主义者）加以反对或掩盖的真理。这就是巴黎公社和俄国 1905 年革命的**最重要的**实际教训。

我们跟无政府主义者不同，我们认为要实现革命的变革就必须有**国家**。但我们跟机会主义者和考茨基派也不同，我们说：我们所需要的不是"现成的"国家机器，不是在最民主的资产阶级共和国中存在的那种国家机器，而是**武装起来和组织起来的工人的直接政权**。这就是**我们**所需要的国家。1871 年的巴黎公社、1905 年和 1917 年的**工人代表苏维埃**实质上就是这样的国家。我们应当在这个地基上展开建设。**不让警察恢复！** 要把民兵建设成为真正**全民的**、由无产阶级领导的**民兵**，成为"我们的国家"，要资本家按

---

① 见本版全集第 31 卷《国家与革命》第 6 章第 3 节《考茨基与潘涅库克的论战》。——编者注

② 参看卡·马克思《路易·波拿巴的雾月十八日》、《法兰西内战》、《致路·库格曼的信》（1871 年 4 月 12 日）以及卡·马克思和弗·恩格斯《〈共产党宣言〉1872 年德文版序言》（《马克思恩格斯文集》第 2 卷第 564—565 页；第 3 卷第 151 页；第 10 卷第 352 页；第 2 卷第 6 页）。——编者注

照工人在民兵中执行勤务的天数付给工人报酬。无产阶级在**昨天**反对沙皇制度的斗争中表现出了**"无产阶级英雄主义的奇迹"**，在**明天**反对古契柯夫之流—米留可夫之流的斗争中也将同样表现出这种奇迹，**除此以外**，他们还应当表现出**"无产阶级组织的奇迹"**。这就是当前的口号！这就是胜利的保证！

推动工人走上这条道路的**客观**条件是：人们在挨饿，必须分配粮食，必须实行"公民服务义务制"，必须争取实现和平。列宁说，我们的媾和条件是：(1)作为革命政府的工人代表苏维埃立即宣布它**不**受沙皇政府和资产阶级所签订的**任何**条约的约束；(2)它立即公布这些卑鄙的掠夺性的条约；(3)它公开建议**各**交战国立即停战；(4)它建议签订以解放**一切**殖民地和**一切**没有充分权利的民族为条件的和约；(5)它宣布不信任各国资产阶级政府并号召各国工人推翻这些政府；(6)它宣布用于战争的债款是资产阶级借的，应由**资本家**偿还。

这就是能把大多数工人和贫苦农民争取到工人代表苏维埃这方面来的政策。没收地主土地是保证能实现的。但**这还不是社会主义**。这是工人和贫苦农民的一个胜利，这个胜利将能保证和平、自由和面包。为了实现**这样**的媾和条件，**我们也**同意进行**革命战争**！列宁提醒说，他在《**社会民主党人报**》第 47 号(1915 年 10 月 13 日)上就已经指出，社会民主党**决不拒绝**这样的革命战争[①]。各国社会主义无产阶级的援助保证会到来。社会爱国主义者的卑鄙号召(如盖得的可耻的信："先争取胜利，后建立共和国")一定会像烟雾一样化为乌有。

---

① 见本版全集第 27 卷第 55 页。——编者注

　　最后报告人高呼:俄国革命万岁! **已经开始的**世界工人革命万岁!

载于 1917 年 3 月 31 日和 4 月 2 日　　　　译自《列宁全集》俄文第 5 版
《民权报》第 77 号和第 78 号　　　　　　　第 31 卷第 72—78 页

共和派沙文主义者的诡计⁴⁵

1917年3月30日

我刚才读了今天(3月30日)《新苏黎世报》第557号(上午第1版)上的一则消息：

"**米兰**3月29日电：据驻圣彼得堡记者报道，在革命时期开始出版的社会党报纸《真理报》的编辑、一个姓**切尔诺马佐夫**的人已经被捕。切尔诺马佐夫在旧制度下原是秘密警察局的暗探，每月领取200卢布津贴。他所领导的那家要求建立社会主义共和国的报纸，显然出于为反动派效劳的目的，猛烈地攻击临时政府。不负责任的人鼓动反对政府，总是使人怀疑他们同旧制度和敌人有勾结。甚至观点显然比临时政府激进的工兵代表苏维埃也唾弃了这些人。"

这则消息是3月29日登载在米兰的一家意大利沙文主义者的报纸《晚间信使报》⁴⁶上的电讯的转述，电讯是3月26日晚间10时30分从彼得堡拍往米兰的。为了向读者说明这次沙文主义者所施展的"欺骗伎俩"(他们惯于施展这种伎俩)的实质，我应当先从更远的一些时候说起。

社会民主党的日报《**真理报**》是"在旧制度下"即从1912年4月到1914年7月在彼得堡出版的。实际上该报是我们俄国社会民主工党**中央委员会的**机关报。当时我作为政治流亡者留居克拉科夫，我几乎每天都从那里写文章寄给该报。几位属于我们党的、因宣传反对帝国主义战争后来被沙皇流放到西伯利亚去的社会民主党杜马代表巴达耶夫、穆拉诺夫、彼得罗夫斯基、沙果夫和萨莫伊洛夫(1914年夏天以前,还有马林诺夫斯基)经常到克拉科夫来,所以我们常常商量怎样指导报纸的问题。

不言而喻,沙皇政府不仅动用一切力量,即指派暗探包围发行量将近6万份的《真理报》,而且还竭力在报社人员中间安插奸细。在党内化名"米龙"的切尔诺马佐夫就是奸细中的一个。他在骗取信任后于1913年当上了《真理报》的秘书。

我同这些代表一起观察切尔诺马佐夫的活动,我们首先得出的一个结论,就是他在自己的文章中损害了我们这一派的声誉;其次,我们认为他在政治上是否诚实值得怀疑。

但是要找一个人来代替是不容易的,何况代表团同克拉科夫联系要么是通过秘密通信,要么是由代表们自己到克拉科夫来,而代表们自己到克拉科夫来又不能很经常。直到1914年春天,我们才把罗森费尔德(加米涅夫)调到彼得堡,1914年底,他也同我们的代表们一起被沙皇流放到西伯利亚去了。

罗森费尔德(加米涅夫)受命**解除**切尔诺马佐夫的职务,他也确实把切尔诺马佐夫的一切职务完全**解除**了。切尔诺马佐夫被免职了。我们的中央委员会责令对切尔诺马佐夫的可疑行迹进行**调查**,但是没有收集到确凿的材料,因此彼得堡的同志不敢**宣布**他是奸细,只是把他开除出了《真理报》。

切尔诺马佐夫,当然还有其他奸细,曾经帮助沙皇把我们的代表流放到西伯利亚,这是毋庸置疑的事。

1916年11月13日我们从彼得堡的我党"中央委员会俄国局"得到消息说,切尔诺马佐夫又企图混到秘密组织里来,"俄国局"把"米龙"以及另一个同他有联系的人开除出了组织,并且"今后对所有继续同他发生关系的人都要这样处置"。

我们的回答当然是：切尔诺马佐夫入党是不能容许的，因为在上述代表参加下，中央委员会已经作出决定把他开除了。

在旧制度即沙皇制度**统治下**出版的、在战前即 1914 年 7 月被沙皇扼杀的旧《真理报》的历史，就是这样。

有人会问，切尔诺马佐夫是否又直接或间接地参加了革命**以后**在彼得格勒开始出版的**新**《真理报》呢？关于这个问题我一点也不知道，因为自革命开始以来，古契柯夫—米留可夫政府不许我打电报给《**真理报**》，自然也不让《**真理报**》打电报给我。我甚至不知道，中央委员会俄国局是否还安然存在，加米涅夫和代表们是否已到达彼得堡。他们是知道米龙的，要是米龙利用人员变动的机会重新混进来，他们立即就会把他清洗出去。**47**

法国社会沙文主义的报纸《人道报》3 月 28 日引用了《小巴黎人报》**48**似乎从彼得堡收到的电讯。在这一电讯中，称切尔诺马佐夫为"激进社会民主党报纸《真理报》的**前编辑**"。

我相信，读者现在会明白，古契柯夫—米留可夫及其同伙的政府是怎样的背信弃义，其斗争手法是怎样的卑鄙下流。他们想诽谤我们党，说我们党"**同旧制度和敌人有勾结**"。这个政府及其朋友之所以仇视和诽谤我们党，是因为我们还在 1915 年 10 月 13 日就在我们的报纸《社会民主党人报》（在日内瓦出版）第 47 号上声明过，我们还是要**无条件地**反对帝国主义战争，即使**这次**战争不是由沙皇政府进行的，而是由**革命沙文主义的即共和沙文主义的**俄国政府进行的①。

古契柯夫—米留可夫的政府正是**这样的**政府，因为它承认了

---

①　见本版全集第 27 卷第 55 页。——编者注

沙皇政府同英、法帝国主义缔结的**掠夺性**条约，并且在这次战争中抱着**抢劫的**目的（夺取亚美尼亚、加利西亚和君士坦丁堡等地）。

尼·列宁

（明天寄给《民权报》和《前进报》[49]）

载于 1917 年 4 月 5 日《民权报》
第 81 号

译自《列宁全集》俄文第 5 版
第 31 卷第 79—82 页

俄国社会民主工党
中央国外委员会的决定

(1917 年 3 月 18 日〔31 日〕)

俄国社会民主工党中央国外委员会决定接受罗伯特·格里姆同志关于让希望回国的侨民取道德国返回俄国的建议。[50]

中央国外委员会确认：

(1)谈判是由罗·格里姆同志和中立国的一个政府成员霍夫曼部长进行的,后者认为由瑞士正式出面是不可能的,其唯一理由是英国政府无疑会认为这是破坏中立,因为英国不希望放走国际主义者；

(2)罗·格里姆的建议是完全可以接受的,因为不论属于哪一个政治派别,不论对"保卫祖国"问题、对俄国继续进行战争还是缔结和约问题等等抱什么态度,都保证有通行的自由；

(3)这项建议的基础是用俄国侨民交换被拘留在俄国的德国人的计划,侨民没有任何理由拒绝在俄国进行宣传以促成这一交换的实现；

(4)罗·格里姆同志曾向政治流亡者的各派代表转述了这项建议,同时他声明这是当前唯一的办法,并说在目前条件下这是完全可以接受的；

(5)我们已尽了全力说服各派的代表,要他们务必接受这一建

议,绝对不容许拖延;

(6)遗憾的是,有些派别的代表主张再等一等,我们不能不认为这一决定是极端错误的,对俄国革命运动是极端有害的。

据此,中央国外委员会决定把我们已经接受建议并将立即动身这两点告诉我党全体党员,请求他们把所有希望回国的人登记下来,并把本决定的副本分发给其他派别的代表。

尼·列宁[①]

1917 年 3 月 31 日于苏黎世

载于《由中央委员会统一的俄国
社会民主工党党员会议记录
(1917 年 4 月 8 日)》传单

译自《列宁全集》俄文第 5 版
第 31 卷第 83—84 页

---

① 在这个决定上签名的除列宁外还有格·叶·季诺维也夫。——俄文版编者注

告被俘同志书⁵¹

（1917 年 3 月中旬）

同志们！俄国的革命已经爆发了。

彼得格勒和莫斯科的工人又一次当了伟大的解放运动的先锋。他们宣布举行政治罢工。他们举着红旗走上街头。他们像狮子一般同沙皇的警察、宪兵和没有立刻转向人民的一小部分军队搏斗。仅仅在彼得格勒这个城市就有 2 000 多人伤亡。俄国工人用自己的鲜血换得了我国的自由。

工人的要求是：**面包、自由、和平**。

工人要求**面包**，这是因为在俄国，也像在几乎所有参加这场掠夺性战争的国家一样，人民在挨饿。

工人要求**自由**，这是因为沙皇政府利用战争的机会把整个俄国彻底变成了一所大监狱。

工人要求**和平**，这是因为俄国工人也像其他国家比较觉悟的工人一样，不愿再为一小撮富人的利益卖命，不愿再进行这场由戴王冠的或不戴王冠的强盗所发动的罪恶战争。

彼得堡卫戍部队和莫斯科卫戍部队的大多数士兵都转到起义工人方面来了。穿军装的工人和农民亲热地向不穿军装的工人和农民伸出手来。优秀的军官也参加了革命。甘愿与人民为敌的军官则被士兵枪毙了。

革命是由工人和士兵完成的。但是政权,正如以往历次革命那样,一开始就被资产阶级夺去了。地主资本家占绝大多数的国家杜马,尽了最大努力谋求同沙皇尼古拉二世妥协。甚至在彼得格勒街头内战已经非常激烈的最后时刻,国家杜马还接连不断地致电沙皇,请求他作一些小小的让步,以便保住他的王冠。不是国家杜马(地主和富人的杜马),**而是起义的工人和士兵推翻了沙皇**。但是新的临时政府却是国家杜马任命的。

这个临时政府是由自由派资本家和大地主的代表组成的。担任政府要职的有:李沃夫公爵(大地主和最温和的自由派分子)、亚·古契柯夫(斯托雷平的同伙,曾经赞同用军事法庭对付革命者)、捷列先科(最大的糖厂主,百万富翁)、米留可夫(过去和现在一直在为沙皇尼古拉及其匪帮迫使我国参加的这场掠夺性战争辩护)。邀请"民主派"克伦斯基参加新政府,仅仅是为了制造"人民"政府的假象,仅仅是为了在古契柯夫之流和李沃夫之流干反人民**勾当**的时候,能有一个"民主派"空谈家出来向人民说些响亮而空洞的**话**。

新政府想继续进行强盗战争。它是俄国、英国和法国资本家的伙计,而这三个国家的资本家同德国资本家一样,都要非"打到底"不可,想争到一份最称心的赃物。这个政府不想给也不可能给俄国和平。

新政府不愿意把地主的土地夺过来交给人民,它不愿意把战争的重担加在富人的肩上。因此,它不可能给人民面包。工人和贫苦居民都得照旧挨饿。

新政府是由资本家和地主组成的。它不愿意给俄国充分的自由。它曾经在起义的工人和士兵的压力下答应召开立宪会议来解

Россійская Соціаль-Демократическая Рабочая Партія
Пролетарии всѣхъ странъ, соединяйтесь!

ТОВАРИЩАМЪ, ТОМЯЩИМСЯ ВЪ ПЛѢНУ.

Товарищи! Въ Россіи произошла революція.

Рабочіе Петрограда и Москвы снова выступили застрѣльщиками великаго освободительнаго движенія. Они объявили политическую забастовку. Они вышли на улицу съ красными знаменами. Они дрались, какъ львы, съ царской полиціей, жандармеріей и той небольшою частью войскъ, которая не сразу перешла на сторону народа. Убитыхъ и раненыхъ въ одномъ Петроградѣ насчитываютъ болѣе 2000 человѣкъ. Своею кровью русскіе рабочіе купили свободу нашей страны.

Требованія рабочихъ были: *хлѣба, свободы, мира.*

Хлѣба—потому что народъ въ Россіи голодаетъ, какъ и во всѣхъ почти странахъ, участвующихъ въ нынѣшней грабительской войнѣ.

Свободы—потому что царское правительство, пользуясь войной, окончательно превратило всю Россію въ одну сплошную тюрьму.

Мира—потому, что рабочіе Россіи, какъ и болѣе сознательные рабочіе другихъ странъ, не хотятъ больше умирать за интересы кучки богачей, не хотятъ болѣе вести преступную войну, начатую коронованными и не-коронованными разбойниками.

Большинство солдатъ петербургскаго и московскаго гарнизоновъ перешли на сторону возставшихъ рабочихъ. Рабочіе и крестьяне въ солдатскихъ мундирахъ братски подали руку рабочимъ и крестьянамъ безъ мундировъ. Лучшая часть офицерства примкнула къ революціи. Офицеровъ, пожелавшихъ идти противъ народа, солдаты разстрѣляли.

Революцію сдѣлали рабочіе и солдаты. Но власть и въ этотъ разъ, какъ и въ другихъ революціяхъ, на первыхъ порахъ захватила буржуазія. Государственная Дума, въ которой огромное большинство принадлежитъ помѣщикамъ и капиталистамъ, всѣми силами старалась помириться съ царемъ Николаемъ II. Еще въ послѣднюю минуту, когда на улицахъ Петрограда уже кипѣла гражданская война, Государственная Дума посылала царю телеграмму за телеграммой, умоляя его пойти на маленькія уступки и тѣмъ сохранить свою корону. Не Государственная Дума—Дума помѣщиковъ и богачей—а *возставшіе рабочіе и солдаты низвергли царя.* Но новое временное правительство назначено Государственной Думой.

Это временное правительство состоитъ изъ представителей либеральныхъ капиталистовъ и крупныхъ земельныхъ собственниковъ. Главныя посты въ немъ принадлежатъ: князю Львову (крупный помѣщикъ и умѣреннѣйшій либералъ), А. Гучкову (горячему сторонику Столыпина, въ свое время одобрявшій военные суды противъ революціонеровъ), Терещенко (крупнѣйшій сахарозаводчикъ-милліонеръ), Милюкову (всегда защищалъ и защищаетъ теперь грабительскую войну, въ которую нашу страну втравили царь Николай съ его шайкой). «Демократъ» Керенскій приглашенъ въ новое правительство только для того, чтобы создать видимость «народнаго» правительства, чтобы имѣть «демократическаго» краснобая, который говорилъ-бы народу громкія, но пустыя, слова, въ то время, какъ Гучковы и Львовы будутъ дѣлать анти-народное дѣло.

Новое правительство хочетъ продолженія разбойничьей войны. Оно является прикащикомъ русскихъ, англійскихъ и французскихъ капиталистовъ, которые—какъ и нѣмецкіе капиталисты—хотятъ непремѣнно «додраться» и выторговать себѣ лучшіе куски добычи. Оно не хочетъ и не можетъ дать Россіи мира.

Новое правительство не хочетъ отнять у помѣщиковъ ихъ земли въ пользу народа, оно не хочетъ возложить тяготъ войны на богачей. Оно не можетъ-поэтому дать народу хлѣба. Рабочіе и бѣдное населеніе вообще-вынуждены попрежнему голодать.

Новое правительство состоитъ изъ капиталистовъ и помѣщиковъ. Оно не хочетъ дать Россіи полной свободы. Подъ давленіемъ возставшихъ рабочихъ и солдатъ оно обѣщало созвать Учредительное Собраніе, которое рѣшило-бы какъ устроить Россію. Оно оттягиваетъ назначеніе выборовъ въ Учредительное Собраніе, желая выиграть время и потомъ обмануть народъ, какъ это не разъ въ исторіи дѣлали подобныя правительства. Оно не хочетъ созданія въ Россіи демократической республики. Оно хочетъ только, вмѣсто плохого царя Николая II, посадить на престолъ якобы «хорошаго» царя Михаила. Оно хочетъ, чтобы власть въ Россіи имѣлъ не самъ народъ, а новый царь вмѣстѣ съ буржуазіей.

Таково новое правительство.

Но въ Петроградѣ рядомъ съ этимъ правительствомъ постепенно организуется другое правительство. Рабочіе и солдаты образовали Совѣтъ рабочихъ и солдатскихъ депутатовъ. Каждая тысяча рабочихъ или солдатъ выбираетъ одного депутата. Этотъ совѣтъ засѣдаетъ въ Таврическомъ дворцѣ въ числѣ болѣе чѣмъ 1000 уполномоченныхъ И онъ является дѣйствительно народнымъ представительствомъ.

1917 年列宁《告被俘同志书》传单第 1 页
（按原版缩小）

决怎样治理俄国的问题。但是它一再拖延立宪会议的选举，企图赢得时间，然后像历史上这类政府多次做过的那样，制造蒙蔽人民的骗局。它不愿意在俄国建立民主共和国。它只愿意让所谓"好"沙皇米哈伊尔代替坏沙皇尼古拉二世坐王位。它希望俄国的政权由新沙皇和资产阶级共同掌握而不是由人民自己掌握。

新政府的情况就是这样。

但是在彼得格勒，除这个政府以外，还逐渐组织起另一个政府。工人和士兵建立了工兵代表苏维埃。每一千个工人或士兵选出一名代表。这个苏维埃现在在塔夫利达宫举行会议，出席的代表达 1 000 多人。工兵代表苏维埃是真正人民的代表机关。

这个苏维埃一开始可能犯这样或那样的错误。但是它一定会大声地威严地要求和平、面包和民主共和国。

工兵代表苏维埃努力争取**立即**召开立宪会议，让士兵参加选举，参加解决战和的问题。苏维埃要做到把沙皇和地主的土地转交给农民。苏维埃要的是共和国，关于指定一个"仁慈的"新沙皇的议论它连听也不想听。苏维埃要求所有男女都享有普遍的、平等的选举权。苏维埃达到了逮捕沙皇和皇后的目的。苏维埃想设立一个监察委员会，这个委员会将检查新政府的每一项措施，而且实际上将成为一个政府。苏维埃力求同其他一切国家的工人联合起来，齐心协力地打击资本家。大批的革命工人已经出发到前线去，以便利用所享有的自由，同士兵商量如何一致行动，如何结束战争，如何保障人民的权利，如何巩固在俄国争得的自由。社会民主党的报纸《真理报》已在彼得格勒复刊，它将帮助工人完成上述各项重大任务。

同志们，目前的情况就是这样。

你们这些受苦的俘虏不能袖手旁观。你们应当作好准备,也许不要多久,一项重要的任务就将落到你们的肩上。

俄国自由的敌人有时就打你们的主意。他们说:现在约有200万士兵当了俘虏;只要士兵们回到祖国以后站到沙皇这一边,我们又能把尼古拉或他的"心爱的"御弟扶上宝座。历史上常有这样的事情:昨天的敌人同已被推翻的国王言归于好以后,就把战俘交给这个国王,好让他们帮助他反对本国人民……

同志们! 你们要在一切条件允许的地方讨论我们祖国发生的重大事件。你们要大声宣布,你们同一切优秀的俄国士兵站在一起,不要沙皇,你们要求建立自由的共和国,要求把地主的土地无偿地交给农民,要求实行八小时工作制,要求立即召开立宪会议。你们要声明你们是站在彼得格勒工兵代表苏维埃这一边的,要声明你们回到俄国以后,决不保卫沙皇,而要反对沙皇,决不保卫地主和富人,而要反对地主和富人。

你们要在一切条件允许的地方组织起来,要采取实现上述要求的办法,并向落后的同志说明在我们的国家里发生了多么伟大的事件。

你们在战前、战时和被俘期间受尽了苦难。现在,我们正迎着美好的日子前进。自由的曙光已经出现了。

你们要作为一支革命的军队、人民的军队而不是沙皇的军队回到俄国去。1905年的时候,从日本回来的战俘都成了优秀的自由战士。

你们回到祖国以后将分散到全国各地。你们要把自由的消息带到每一个边远的角落去,带到每一个受尽了饥饿、凌辱和捐税负担之苦的俄国农村去。你们要开导农民兄弟,就是说你们要克服农村的愚昧无知,号召贫苦农民支援城乡工人的光荣斗争。

俄国工人在争取到共和国以后,一定会同各国工人联合起来,勇敢地带领全人类走向**社会主义**,走向这样一种制度,在这种制度下不再有富人和穷人,一小撮富人不能再把千千万万人变成他们的雇佣奴隶。

同志们! 一有可能,我们就要赶回俄国,投入我们的工人和士兵兄弟们的斗争。但是就在那里我们也决不会忘掉你们。我们一定会尽力从自由的俄国寄书报给你们,告诉你们国内的消息。我们会要求给你们送去足够的钱和面包。我们还会对起义的工人和士兵说:你们是可以依靠你们被俘的兄弟们的。他们是人民的儿子,他们一定会同我们一起投入争取自由、争取共和国、反对沙皇的战斗。

《社会民主党人报》编辑部

1917 年印成传单　　　　　　　　　译自《**列宁全集**》俄文第 5 版
　　　　　　　　　　　　　　　　　第 31 卷第 60 — 66 页

俄国社会民主工党（由中央委员会统一的）

全世界无产者，联合起来！

给瑞士工人的告别信[52]

（1917 年 3 月中旬）

瑞士工人同志们：

当我们，由中央委员会统一的俄国社会民主工党（有别于由组织委员会统一的**同一名称的另一个党**）的党员们，将要离开瑞士返回俄国，到我们的祖国去继续进行革命的国际主义工作的时候，我们谨向你们致以同志的敬礼，并对于你们对待外侨的同志态度表示深切的同志的谢意。

瑞士的"格吕特利分子"[53]这些**公开的**社会爱国主义者和机会主义者，和其他各国的社会爱国主义者一样，从无产阶级阵营跑进资产阶级阵营，这些人**公开**要求你们起来反对外国人对于瑞士工人运动的有害影响，在瑞士社会党[54]的领袖中占多数的**隐蔽的**社会爱国主义者和机会主义者也以**隐蔽的**形式推行同样的政策，而我们应当声明，我们从采取国际主义立场的、革命的、社会主义的瑞士工人方面博得了热烈的同情，我们从与他们的同志式的交往中汲取了许多教益。

我们对待瑞士运动中那些必须长期参加当地的运动才能了解的问题一向是格外谨慎的。但是我们中间约有 10—15 个曾经当

1917 年列宁《给瑞士工人的告别信》手稿第 1 页

（按原稿缩小）

过瑞士社会党党员的人,认为自己有责任在国际社会主义运动的共同的、根本的问题上坚决捍卫我们的观点,即"齐美尔瓦尔德左派"[55]的观点,既坚决反对社会爱国主义,也坚决反对所谓的"中派",即瑞士的罗·格里姆、弗·施奈德、雅克·施米德之流,德国的考茨基、哈阿兹、"工作小组"[56],法国的龙格、普雷斯曼之流,英国的斯诺登、拉姆赛·麦克唐纳之流,意大利的屠拉梯、特雷维斯及其同伙,以及上面提到的俄国的"组织委员会"的党(阿克雪里罗得、马尔托夫、齐赫泽、斯柯别列夫之流)。

我们同瑞士革命的社会民主党人有过亲密的合作,他们的一部分人团结在《自由青年》杂志[57]的周围,他们草拟了并且散发了举行全党投票的理由书(用德文和法文写成),要求在1917年4月召开党代表大会来解决对待战争的态度问题,他们把青年派和"左派"关于军事问题的决议案[58]提交在特斯举行的苏黎世州代表大会,他们于1917年3月在瑞士法语区的若干地方刊印并散发了法德两种文字的传单《我们的媾和条件》,如此等等。

我们向这些曾经同我们亲密合作过的思想一致的同志致以兄弟般的敬礼。

我们一向确信,英国的帝国主义政府决不会让俄国的国际主义者返回本国,因为这些人毫不妥协地反对古契柯夫—米留可夫及其同伙的帝国主义政府,毫不妥协地反对俄国继续进行**帝国主义**战争。

说到这里,我们应当简单地谈一下我们对俄国革命的任务的看法。我们认为这样做很有必要,尤其是因为我们能够而且应当通过瑞士工人向德国工人、法国工人和意大利工人讲几句话,这些国家的工人同瑞士人民语言相通,而且瑞士人民直到现在还享受着和平的幸福和较多的政治自由。

　　我们现在仍然恪守我们在我党中央机关报《社会民主党人报》1915年10月13日第47号（当时在日内瓦出版）上所作的声明。声明里说，假使俄国革命取得胜利，**共和派**政府执掌政权，这个政府想继续联合英法帝国主义资产阶级进行以夺取君士坦丁堡、亚美尼亚、加利西亚等地为目的的**帝国主义**战争，那我们就要坚决反对这个政府，我们就要**反对**在**这种**战争中"保卫祖国"①。

　　与此类似的局面已经出现了。曾经同尼古拉二世的兄弟进行恢复俄国君主制谈判的、由**君主派**李沃夫和古契柯夫担任最主要的和关键性职位的俄国新政府，试图用"德国人应当推翻威廉"（对呀！但是为什么不加上一句英国人、意大利人等等应当推翻本国国王，俄国人应当推翻本国的君主派李沃夫和古契柯夫呢??）这一口号来欺骗俄国工人。这个政府试图利用这个口号，又**不公布**沙皇政府同法英等国缔结的而为**古契柯夫—米留可夫—克伦斯基的政府所认可了的**帝国主义的掠夺性条约，把自己同德国进行的**帝国主义**战争说成是"防御的"（即甚至从无产阶级的观点来看也是正义的、合理的）战争，而把保卫俄英等国资本的凶恶的帝国主义掠夺目的说成是"保卫"俄罗斯共和国（俄国**还没有**这个共和国，李沃夫之流和古契柯夫之流甚至**还没有答应**建立共和国！）。

　　最近有几篇电讯指出，俄国公开的社会爱国主义者（如普列汉诺夫先生、查苏利奇先生、波特列索夫先生等等）同"中派"党，"组织委员会"的党，齐赫泽和斯柯别列夫之流的党在"只要德国人没有推翻威廉，我们的战争就是防御的战争"这个口号的基础上有了

---

　　①　见本版全集第27卷第55页。——编者注

某种接近。如果电讯内容属实，那我们就要用加倍的力量去同齐赫泽、斯柯别列夫之流的党进行斗争（我们**过去就**经常对该党的机会主义的摇摆不定的政治行动进行斗争）。

我们的口号是：不给古契柯夫—米留可夫政府任何支持！谁说支持这个政府对于防止沙皇制度的复辟是必要的，谁就是欺骗人民。恰恰相反，正是古契柯夫的政府**已经进行了**恢复俄国君主制的谈判。**只有**把无产阶级武装起来和组织起来，才能**制止**古契柯夫及其同伙**恢复**俄国的君主制。只有俄国**和全欧洲**忠于国际主义的革命无产阶级才能使人类摆脱帝国主义战争的惨祸！

我们决不闭眼不看摆在俄国无产阶级革命的国际主义先锋队面前的巨大困难。在我们所处的这个时期，可能发生极其迅速而急剧的转变。我们在《社会民主党人报》第47号上直接而明确地回答了一个自然而然产生的问题：假使革命使我们党**立即**掌握了政权，那么我们党要做哪些事情呢？我们的回答是：（1）我们将立刻向**各**交战国建议媾和；（2）我们将宣布我们的媾和条件：立刻解放**一切**殖民地和**一切**被压迫的或没有充分权利的民族；（3）我们将立刻着手解放受大俄罗斯人压迫的各民族，并把这一事业进行到底；（4）我们一秒钟也不怀疑，这些条件是德国君主派资产阶级，甚至是德国共和派资产阶级所**不能接受的**，而且这**不仅**对德国来说是如此，就是对英法两国的资本家政府来说也是如此。

我们将被迫进行反对德国资产阶级，而且不仅仅是反对德国一国资产阶级的革命战争。**我们一定会进行这种战争**。我们不是和平主义者。我们反对资本家为分赃而进行的帝国主义战争，但是我们一向认为，如果革命无产阶级断然拒绝**对于社会主义可能**是必要的革命战争，那是荒谬绝伦的。

　　我们在《社会民主党人报》第 47 号上所描述的任务是非常艰巨的。这个任务只有靠无产阶级同资产阶级进行多次阶级大搏斗才能解决。但不是我们的急躁心情，不是我们的愿望，而是帝国主义战争所造成的**客观条件**使全人类陷于绝境，使全人类要作出抉择：或者再让几百万人丧生，并让整个欧洲文化遭到彻底毁灭；或者在**一切**文明国家里使政权转到革命无产阶级手中，实现社会主义革命。

　　俄国无产阶级十分荣幸的是，帝国主义战争在客观上必然引起的一系列革命由它来**开始**。但是我们绝对没有这样的想法：俄国无产阶级是各国工人中间最优秀的革命无产阶级。我们清楚地知道，俄国无产阶级的组织、修养和觉悟程度都**不及**其他国家的工人。并不是特殊的素质而只是特殊的历史条件使得俄国无产阶级**在某一时期，可能是很短暂的时期**内成为全世界革命无产阶级的先锋。

　　俄国是一个农民国家，是欧洲最落后的国家之一。在这个国家里，社会主义**不可能立刻直接**取得胜利。但是，在贵族地主的大量土地没有触动的情况下，在有 1905 年经验的基础上，俄国这个国家的农民性质**能够**使俄国资产阶级民主革命具有巨大的规模，并使我国革命变成全世界社会主义革命的**序幕**，变成进到全世界社会主义革命的一级**阶梯**。

　　这些思想已经被 1905 年的经验和 1917 年春季的变革完全证实了。我们党就是在争取实现这些思想、不调和地反对其他一切政党的斗争中形成的，我们今后还将为实现这些思想而奋斗。

　　社会主义在俄国不可能立刻直接取得胜利。但是农民群众**能够**彻底实行不可避免的、条件已经成熟的土地革命，直到**没收**地主的广袤无垠的全部土地。我们过去一直提这个口号，现在我们党的中央委员会和我们党的报纸《**真理报**》也在彼得堡提出了这个口号。无产阶级将为实现**这个**口号而斗争，同时它决不忽视农业雇佣工人以及跟随他们的贫苦农民同斯托雷平（1907—1914年）土地"改革"**59**后力量得到加强的**富裕农民**之间发生激烈的阶级冲突的必然性。决不能忘记，104个农民代表既在第一届杜马（1906年）也在第二届杜马（1907年）提出了革命的土地法草案，要求一切土地收归国有，交给按彻底的民主制原则选出的地方委员会支配。

这种变革本身还决不是社会主义的。但是它会极其有力地推动全世界的工人运动。它会大大巩固俄国社会主义无产阶级的阵地及其对农业工人和贫苦农民的影响。它会使城市无产阶级能够依靠这种影响来发展"工人代表苏维埃"这样的革命组织，用它们来代替资产阶级国家的旧的压迫工具——军队、警察、官吏，并实施（在无比严酷的帝国主义战争和战争后果的压力下不得不实施）一系列革命措施来对产品的生产和分配进行**监督**。

俄国无产阶级单靠自己的力量是不能胜利地**完成**社会主义革命的。但它能使俄国革命具有浩大的声势，从而为社会主义革命创造极好的条件，这在某种意义上说就意味着社会主义革命的**开始**。这样，俄国无产阶级就会使自己**主要的**、最忠实的、最可靠的战友——**欧洲**和美洲的**社会主义**无产阶级易于进入决战。

帝国主义资产阶级丑恶的走狗，如德国的谢德曼之流、列金之流、大卫之流，法国的桑巴、盖得和列诺得尔及其同伙，英国的费边派和"拉布分子"**60**，在欧洲社会主义运动中确实取得了暂时的胜利，就让意志不坚的人去悲观失望吧。我们则坚信，全世界工人运动的这一**污点**很快就会被革命的浪潮冲洗掉。

德国无产阶级群众在 1871 — 1914 年这数十年的欧洲"沉寂时期"中进行了顽强的、坚持不懈的、不屈不挠的组织工作,给人类和社会主义作出了很多贡献,现在他们的情绪又**沸腾起来**了。代表德国社会主义的未来的,决不是叛徒谢德曼之流、列金之流、大卫之流,也不是动摇不定的、没有气节的、受"平静"时期的陈规束缚的政治家哈阿兹先生、考茨基先生以及诸如此类的人。

德国社会主义的未来属于培养了卡尔·李卜克内西、建立了"斯巴达克派"[61]、在不来梅《工人政治》[62]上进行过宣传的那个派别。

帝国主义战争的客观条件,保证了革命不会局限于俄国革命的**第一阶段**,不会局限于俄国这一个国家。

德国无产阶级是俄国和全世界无产阶级革命的最忠实最可靠的同盟军。

当我们党在 1914 年 11 月提出"变帝国主义战争为国内战争"(被压迫者反对压迫者并争取社会主义的国内战争)这一口号的时候,社会爱国主义者曾报以敌视和恶毒的嘲笑,"中派"社会民主党人则报以不信任的、怀疑的、不置可否的、等待观望的缄默。德国的社会沙文主义者、社会帝国主义者大卫把这个口号叫做"疯狂的"口号,俄国的(和英法的)社会沙文主义即口头上的社会主义实际上的帝国主义的代表普列汉诺夫先生,则称这个口号是一出"梦幻般的滑稽剧"(Mittelding zwischen Traum und Komödie)。而中派的代表则避而不谈或者庸俗地讥笑这是"空中楼阁"。

现在,在 1917 年 3 月以后,只有瞎子才会看不到这一口号的正确性。变帝国主义战争为国内战争的口号**正在成为**事实。

正在兴起的欧洲无产阶级革命万岁！

这封信是受回国同志、俄国社会民主工党（由中央委员会统一的）党员的委托而写的，并由他们在 1917 年 4 月 8 日（新历）的会议上通过。

尼·列宁

载于 1917 年 5 月 1 日《青年国际》
杂志第 8 期

译自《列宁全集》俄文第 5 版
第 31 卷第 87—94 页

答《政治报》记者⁶³

(1917 年 3 月 31 日〔4 月 13 日〕)

我们的朋友们不想发表任何谈话。到达这里的人通过《政治报》向报界和舆论界转交了一份关于回国情况的公报,以代替谈话。

最重要的是我们能够尽快回到俄国,——列宁激动地说。——每一天都很宝贵。一些国家的政府千方百计地阻挠我们回国。

你们会见过德国党的同志吗?

没有。来自柏林的威廉·扬松打算在靠近瑞士边界的林根会见我们。但普拉滕拒绝了他,并友好地向他暗示:这是想避免会见给扬松带来不愉快。

载于 1917 年 4 月 14 日《政治报》第 85 号

译自《列宁全集》俄文第 5 版第 31 卷第 95 页

答瑞典社会民主党左派代表弗·斯特勒姆

(1917 年 3 月 31 日〔4 月 13 日〕)

　　说弗雷德里克·斯特勒姆违背俄国人的愿望,没有让《社会民主党人报》[64]的代表出席会议,这是公然的捏造。列宁对斯特勒姆提出的问题回答说:

　　我们完全不信任布兰亭先生。如果**你们**信任他,你们可以邀请他的代表。

载于 1917 年 4 月 15 日《政治报》第 86 号

译自《列宁全集》俄文第 5 版第 31 卷第 96 页

在与瑞典社会民主党左派
举行的会议上的讲话[65]

(1917 年 3 月 31 日〔4 月 13 日〕)

报　　道

列宁代表俄国同志对接待表示感谢,并说,即将召开的俄国社会党代表大会将提出一项国际性的建议。与瑞典同志,特别是与《政治报》将保持密切联系。

载于 1917 年 4 月 15 日《政治报》　　　　译自《列宁全集》俄文第 5 版
第 86 号　　　　　　　　　　　　　　　　第 31 卷第 97 页

在芬兰车站广场上
向工人、士兵和水兵发表演说

(1917 年 4 月 3 日〔16 日〕)

报 道

在街头,列宁同志站在装甲车上,向不仅使俄国摆脱了沙皇专制制度,而且在国际范围内开创了社会革命的俄国革命无产阶级和俄国革命军队致敬,他指出,全世界无产阶级正满怀希望注视着俄国无产阶级的英勇的步伐。

整个人群跟随装甲车来到克舍辛斯卡娅宫前,群众集会就在这里继续进行。

载于 1917 年 4 月 5 日《真理报》第 24 号

译自《列宁全集》俄文第 5 版第 31 卷第 98 页

四月提纲初稿

(1917 年 4 月 3 日〔16 日〕)

提　纲：

(1)对战争的态度。

不对"革命护国主义"作任何让步。

(2)"要求临时政府""放弃侵略"。

(α)对临时政府的态度。

(β)对工人代表苏维埃的态度。

(补 2)对工人代表苏维埃的批评。

(3)不要议会制共和国，而要工人、雇农、农民和士兵代表苏维埃的共和国。

> (α)废除军队、官吏、警察。
> (β)给官吏的薪金。

(4)从革命的第一阶段向第二阶段过渡的时期中宣传、鼓动和组织的任务的特殊性。最大限度的合法性。

赞成**只是**"出于不得已才进行战争"、"不是为了侵略而进行战争"的真心诚意的、但受资产阶级欺骗的人，以及资产阶级对这种人的欺骗。

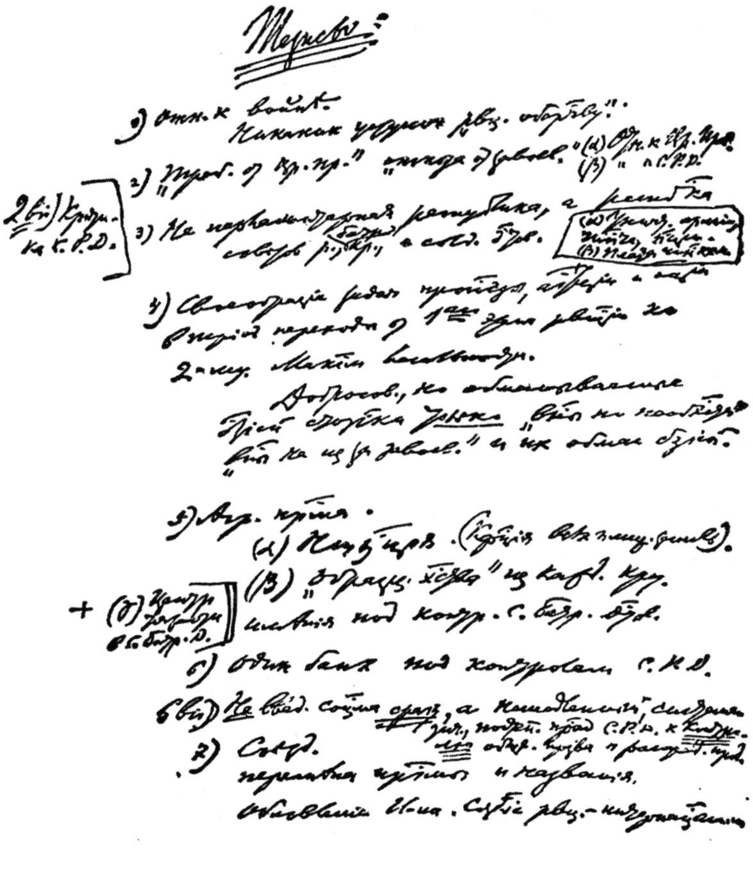

1917 年 4 月 3 日(16 日)列宁《四月提纲初稿》手稿

(按原稿缩小)

(5)土地纲领。

　　(α)国有化。(没收地主的全部土地。)

　　(β)在雇农代表苏维埃的监督下把各个大田庄改建成
　　　"示范农场"。

　+(γ)重点放在雇农代表苏维埃。

(6)一个由工人代表苏维埃监督的银行。

(补6)**不是一下子**实施社会主义，而是立刻有系统地、逐步地
　　过渡到由工人代表苏维埃**监督**社会的产品生产和
　　分配。

(7)代表大会。

　　修改党纲和更改党的名称。

　　革新国际。建立革命的国际的……①

载于1928年《列宁文集》俄文版　　　　　　译自《列宁全集》俄文第5版
第7卷　　　　　　　　　　　　　　　　　第31卷第99—100页

---

　　① 　手稿到此中断。——俄文版编者注

在出席全俄工兵代表苏维埃 会议的布尔什维克代表的 会议上的报告[66]

(1917 年 4 月 4 日〔17 日〕)

我已经拟了一个提纲,现在准备再作一些说明。由于时间不够,我不能作详细的系统的报告。

一个基本的问题是对战争的态度问题。读一读关于俄国的报道,再看一看这里的实际情况,就会看到最突出的一点就是:护国主义占上风,社会主义的叛徒占上风,群众受了资产阶级的欺骗。显而易见,我们俄国社会主义运动的情况同其他国家的情况一样:宣扬护国主义,鼓吹"保卫祖国"。所不同的是,任何地方都没有我们这里自由,因此我们对整个国际无产阶级负有责任。新政府尽管答应要实行共和制,但是它同前政府一样,是帝国主义政府,是彻头彻尾的帝国主义政府。

"一、这次战争从俄国方面来说,在李沃夫之流的新政府的条件下,无疑仍然是掠夺性的帝国主义战争,因为这个政府是资本主义性质的;在我们对这次战争的态度上,决不允许对'革命护国主义'作丝毫让步。

觉悟的无产阶级只有在下列条件下,才能同意进行真正能够证明革命护国主义是正确的革命战争:(1)政权转到无产阶级以及跟随无产阶级的贫苦农民手中；(2)不是在口头上而是在实际上放弃一切兼并；(3)真正同资本的一切利益完全断绝关系。

拥护革命护国主义的广大阶层的群众无疑是真心诚意的，他们认为只是出于不得已才进行战争，而不是为了侵略去进行战争；他们是受了资产阶级的欺骗。因此，我们必须特别细致地、坚持不懈地、耐心地向他们说明他们的错误，说明资本与帝国主义战争的不可分割的联系，反复证明，要缔结真正民主的非强制的和约来结束战争，就**非推翻资本不可**。

要在作战部队中广泛宣传这种观点。

举行联欢。"

——在新政府仍然是帝国主义政府的条件下，在我们对战争的态度上决不允许对护国主义作丝毫让步。群众是根据实际，而不是从理论上来看问题的，他们说："我要保卫祖国，而不要侵占别人的土地。"什么时候才可以把战争看做自己的战争？在完全放弃兼并的时候。

群众不是从理论上，而是根据实际来看问题的，我们的错误就在于总是从理论上来看问题。觉悟的无产者可以同意进行真正能够证明革命护国主义是正确的革命战争。对于广大士兵群众，应当根据实际提出问题，别的办法是不行的。我们决不是和平主义者。但基本问题是：哪个阶级在进行战争？同银行联系着的资本家阶级除了进行帝国主义战争，不可能进行任何别的战争。工人阶级却能够。斯切克洛夫、齐赫泽把什么都忘记了。只要读一读工人代表苏维埃的决议，你就会感到惊奇，那些自称为社会党人的人怎么能提出这样的决议[67]。

从野蛮的暴力手段极其迅速地转到最巧妙的欺骗手段，这是俄国的独特之处。基本条件应该是：**不是在口头上而是在实际上放弃兼并**。《社会民主党人报》说，把库尔兰并入俄国就是兼并，《言语报》**68**对此发出了狂叫。然而兼并就是把任何具有民族特点的国家归并进来，就是违反一个民族的愿望而把它（只要它感到自己是另一个民族，有没有不同的语言无关紧要）归并进来。《言语报》的见解是好多世纪以来形成的大俄罗斯人的偏见。

只有同国际资本完全断绝关系，才能结束战争。制造战争的并不是个别人，而是国际金融资本。同国际资本断绝关系，并不是轻而易举的事情，要结束战争也不是轻而易举的事情。要想单方面停止战争，那是幼稚的、天真的……　齐美尔瓦尔德、昆塔尔**69**……　在维护国际社会主义的荣誉方面，我们比任何人都负有更大的责任。很难解决……

广大群众中的确有护国主义情绪，他们认为**只是出于不得已**才进行战争，而不是为了侵略去进行战争，因此，我们必须特别细致地、坚持不懈地、耐心地向他们说明，要想缔结非强制的和约来结束战争，就非推翻资本不可。必须广泛地、以最大的规模来宣传这种思想。士兵们要求具体回答如何结束战争的问题。但是，向人们许愿说单凭个别人的善良愿望就能结束战争，那是政治上的骗术。必须提醒群众。革命是件困难的事情。不犯错误是不可能的。错误就在于我们（没有揭露？）革命护国主义的根底。革命护国主义就是背叛社会主义。不能局限于……　我们应当承认错误。怎么办？应当做说明工作。怎样使……不知道什么是社会主义的人……　我们不是江湖骗子。我们只能根据群众的觉悟程度办事。即使因此而不得不处于少数地位，也只好如此。可以暂时放弃领导地位，不要害怕处于少数。群众说他们不愿侵略别人，我相信这是真话。古契柯夫和李沃夫说不愿侵略别人，那是在骗人。工人说要保卫祖国，那是出于被压迫者的本能。

　　"二、俄国当前形势的特点是从革命的第一阶段**向**革命的**第二阶段过渡**，第一阶段由于无产阶级的觉悟和组织程度不够，政权落到了资产阶级手中，第二阶段则应当使政权转到无产阶级和贫苦农民手中。

　　这个过渡的特点是：一方面有最大限度的合法性（**目前**在世界各交战国中，俄国是最自由的国家），另一方面没有用暴力压迫群众的现象，而且群众对这个资本家政府，对这个和平与社会主义的死敌，抱着不觉悟的轻信态度。

　　这种特点要求我们，在刚刚觉醒过来参加政治生活的极广大的无产阶级群众中进行党的工作时必须善于适应这种**特殊**条件。"

　　为什么没有掌握政权？斯切克洛夫说因为这个，因为那个。这都是胡说。问题在于无产阶级的觉悟和组织程度不够。这一点应当承认；物质力量虽然掌握在无产阶级手里，但是资产阶级却是自觉的和有准备的。这是一件怪事，但是必须公开地、坦率地承认这个事实，并且向人民说明，没有掌握政权是因为没有组织起来和没有觉悟……　千百万人破产，千百万人死亡。一些最先进的国家正奄奄一息，因此它们面临的问题就是……

　　从第一阶段向第二阶段——政权转归无产阶级和农民——过渡的特点是：一方面有最大限度的合法性（目前俄国是世界上最自由、最先进的国家），另一方面群众对政府抱着不觉悟的轻信态度。甚至我们的布尔什维克也有轻信政府的。这只能用革命的狂热来解释。这是会断送社会主义的。同志们，你们对政府就抱着轻信态度。如果是这样，那我们就走不到一起。我宁愿处于少数。一个李卜克内西要比斯切克洛夫、齐赫泽之类的110个护国派分子更可贵。要是你们同情李卜克内西，但又（同护国派）有一点点瓜葛，那就等于背叛国际社会主义。只要我们离开那些人……一切被压迫者就会接近我们，因为战争会使他们接近我们，他们没有别的出路。

对人民讲话不要故作高深，要通俗易懂。人民有权……——必须适应……转变，但这是需要的。我们的路线将被证明是正确的。

"三、不给临时政府任何支持；指出它的所有诺言，特别是关于放弃兼并的诺言，完全是谎话。要进行揭露，而不是'要求'**这个**政府即资本家政府**不再是**帝国主义政府，这种要求是散布幻想，是不能容许的。"

——《**真理报**》要求**政府**放弃兼并。要求资本家政府放弃兼并，这是荒谬的，是肆意嘲弄……

从科学观点来看，这简直是弥天大谎，对此整个国际无产阶级，整个……　是承认错误的时候了。贺词、决议都已经够多了，是动手干的时候了。必须实事求是地、冷静地……

"四、必须承认这样的事实：在大多数工人代表苏维埃中我们党处于少数地位，比起受资产阶级影响并把这种影响带给无产阶级的**一切**小资产阶级机会主义分子的**联盟**——从人民社会党人、社会革命党人起直到组织委员会（齐赫泽、策列铁里等）、斯切克洛夫等等止——暂时还处于较弱的少数地位。

要向群众说明：工人代表苏维埃是革命政府**唯一可能的**形式，因此，当**这个**政府还受资产阶级影响时，我们的任务只能是耐心地、系统地、坚持不懈地、特别要根据群众的实际需要来**说明**他们的策略的错误。

只要我们还是少数，我们就要进行批评，揭示错误，同时宣传全部国家政权归工人代表苏维埃的必要性，使群众从实际经验中纠正自己的错误。"

——我们布尔什维克惯于发挥最大的革命性。但这还不够，还必须有分析问题的能力。

真正的政府是工人代表苏维埃。不这样想就等于陷入无政府主义泥潭。我们党在工人代表苏维埃中处于少数，这是公认的事实。必须向群众说明，工人代表苏维埃是唯一可能的政府，是除巴黎公社外世界上从未有过的政府。可是工人代表苏维埃中大多数人持护国主义立场，那怎么办？那也只好由它了。我们只有耐心地、坚持不懈地、系统地说明他们的策略是错误的。

只要我们还是少数，我们就要进行批评，使群众不再受骗。我们不希望群众相信我们的诺言。我们不是江湖骗子。我们希望群众**从实际经验中**来纠正自己的错误。

工人代表苏维埃的号召书中，没有一个渗透阶级意识的字眼。全部是空话！危害一切革命的唯一东西，就是空话，就是对革命人民的曲意逢迎。整个马克思主义教导我们不要受革命空话的影响，特别是在这种空话大为流行的时候。

"五、不要议会制共和国（从工人代表苏维埃回到议会制共和国是倒退了一步），而要从下到上遍及全国的工人、雇农和农民代表苏维埃的共和国。

废除警察、军队和官吏。①

一切官吏应由选举产生，并且可以随时撤换，他们的薪金不得

_____

① 即以普遍的人民武装代替常备军。

超过熟练工人的平均工资。"

——这是法国巴黎公社得出的教训,这个教训被考茨基忘记了,而工人们又在1905年和1917年提供给我们。这些年的实际经验告诉我们,决不能让警察恢复,决不能让旧军队恢复。

必须修改纲领,它已经陈旧了。工兵代表苏维埃就是向社会主义迈出的一步。决不应当有任何的警察、军队和官吏。召开立宪会议,可是由谁来召开?写决议只不过是为了束之高阁或者当椅子垫来坐。要是明天就召开立宪会议,我是很高兴的,但是相信古契柯夫会召开立宪会议,那就太天真了。关于要迫使临时政府召开立宪会议的那些话,都是空话,完全是骗人的。搞了革命,可是警察原封未动;搞了革命,可是一切官吏等等都原封未动。这就是历次革命垮台的原因。工人代表苏维埃是唯一能召开立宪会议的政府。我们大家都抓住工人代表苏维埃,但对它并不理解。我们正在从这种形式向后退,退到跟着资产阶级跑的国际那里去。

资产阶级共和国解决不了(战争)问题,因为这个问题只有在国际范围内才能得到解决。我们并不许诺解放……但是我们说,只有通过这种形式(工兵代表苏维埃),这才能做到。除了工人和雇农代表苏维埃,不能有别的什么政府。谈论巴黎公社,人们是不会懂的。但是如果说要用工人和雇农代表苏维埃代替警察,要学会管理,那谁也不会来妨碍我们,——(人们就都会懂的)。

管理艺术是任何书本上都找不到的。要试一试,犯点错误,才能学会管理。

"六、在土地纲领上,应把重点移到雇农代表苏维埃。

没收地主的全部土地。

把国内**一切**土地收归国有,由当地雇农和农民代表苏维埃支配。单独组织贫苦农民代表苏维埃。把各个大田庄（其面积约100俄亩至300俄亩，根据当地条件和其他条件由地方机关决定）建成示范农场，由雇农代表苏维埃进行监督，由公家出资经营。"

——什么是农民？我们不知道，没有统计材料，但是我们知道他们是一种力量。

只要他们取得了土地，那可以相信，他们是不会再交出来了，也不会来征求我们的意见。纲领的轴心已经转移，重点是雇农代表苏维埃。要是俄国农民解决不了革命问题，那德国工人会来解决。

坦波夫的农夫……

一俄亩不必纳税，两俄亩缴一个卢布，三俄亩缴两个卢布。我们一把土地拿到手，地主就再夺不回去了。

建立在公有基础上的农场。

必须单独组织贫苦农民代表苏维埃。有富裕农夫，也有雇农。雇农即使有了土地，还是无法建立农场。必须把大田庄建成公有的示范农场，由雇农代表苏维埃经营。

大田庄是有的。

"七、立刻把全国所有银行合并成一个全国性的银行，由工人代表苏维埃进行监督。"

——银行是"公共簿记的形式"（马克思语）[1]。战争教人们精打细算，大家都知道银行在搜括人民的资财。银行是国民经济的神经和焦点。我们无法把银行掌握在自己手里，但我们可以宣传把银行合并起来，由工人代表苏维埃进行监督。

---

[1]　见《马克思恩格斯文集》第7卷第686页。——编者注

"八、我们的**直接**任务并不是'实施'社会主义,而只是立刻过渡到由工人代表苏维埃**监督**社会的产品生产和分配。"

——实际生活和革命使立宪会议退居次要地位。法律重要的不在于写在纸上,而在于由谁执行。无产阶级专政是有了,但是不知道怎样运用。资本主义已经转变成国家资本主义…… 马克思……只有实际上已经成熟的东西……

"九、党的任务:

(1)立刻召开党代表大会;

(2)修改党纲,主要是:

(a)关于帝国主义和帝国主义战争;

(b)对国家的态度以及**我们**关于'公社国家'①的要求;

(c)修改已经陈旧的最低纲领;

(3)更改党的名称②。

十、革新国际。

发起建立革命的国际,同**社会沙文主义者**和'**中派**'③相对立的国际。"

——**总的结论**。

工人代表苏维埃已经成立,它享有很高的威信。大家都本能

---

① 即由巴黎公社提供了原型的那种国家。

② 社会民主党的正式领袖在世界**各地**都背叛社会主义,投奔资产阶级了(如"护国派"和动摇的"考茨基派"),所以我们不应再叫"社会民主党",而应改称共**产党**。

③ 所谓"中派"就是国际社会民主党中摇摆于沙文主义者(="护国派")和国际主义者之间的那个派别,即德国的考茨基之流,法国的龙格之流,俄国的齐赫泽之流,意大利的屠拉梯之流,英国的麦克唐纳之流等等。

地支持它。这种设施所包含的革命思想,要比一切**革命空话**所包含的多得多。如果工人代表苏维埃能够把管理权掌握在自己手里,那自由事业就能得到保障。你们可能会制定出一些最理想的法律,但由谁去执行呢?还不是那些官吏,但他们是同资产阶级搅在一起的。

必须对群众说明,现在不是要"实现社会主义",而是要促其实现(?)。资本主义已经向前发展了,成了军事资本主义,即不是战前的那种资本主义了。

基于策略上的结论,必须进而采取实际的步骤。必须立即召开党代表大会,必须修改党纲。党纲中很多东西都已经陈旧了。必须修改最低纲领。

我个人建议更改党的名称,把党改名为**共产党**。"共产党"这个名称人民是会理解的。大部分正式的社会民主党人都背弃了、背叛了社会主义……　只有李卜克内西一个社会民主党人……　你们怕否定印在脑子里的旧东西。但是要换洗衣服,就得脱去脏衬衫,穿上干净的衬衫。为什么要抛弃全世界斗争的经验呢?全世界大部分社会民主党人已经背叛社会主义,转到本国政府方面去了(如谢德曼、普列汉诺夫、盖得)。怎样才能使谢德曼同意……　这种观点是会断送社会主义的。打电报向谢德曼提出停战……——这是骗人的事情。

"社会民主党"这个词不确切。不要死抓住已经完全陈腐了的旧字眼不放。要是你们愿意建立新的政党……那一切被压迫的人们就都会靠拢你们。

在齐美尔瓦尔德和昆塔尔占优势的是中派……《工人报》。我们要向你们证实,全部经验表明……　我们声明,我们已成立左派,并与中派断绝了关系。或者你们谈的是国际,那就实行……或者你们……

世界各国都有齐美尔瓦尔德左派。群众应该看清楚,社会主义运动已经在世界范围内分裂了。护国派已经背弃了社会主义。只有李卜克内西一个人……　整个未来是属于他的。

听说俄国有联合的趋势,即与护国派联合。这是对社会主义的背叛。我认为,宁可像李卜克内西那样单枪匹马,1个对110个。

载于1924年11月7日《真理报》
第255号

译自《列宁全集》俄文第5版
第31卷第103—112页

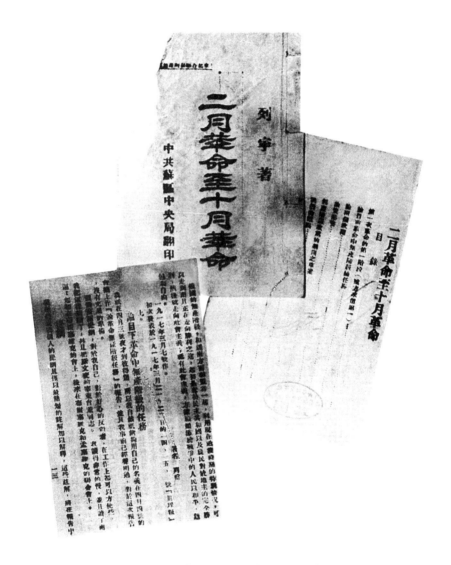

1933年中共苏区中央局翻印的列宁文集
《二月革命至十月革命》的封面、目录和该书所载
《无产阶级在这次革命中的任务》一文的首页

论无产阶级在这次革命中的任务[70]

(1917年4月4日和5日〔17日和18日〕)

4月3日夜里我才回到彼得格勒,所以我在4月4日的会议上作关于革命无产阶级任务的报告时,当然只能用我个人的名义,并且预先声明没有充分准备。

为了使我自己和**诚实的**反对者便于工作,我唯一能做到的,就是准备了**书面**提纲。我宣读了这份提纲,并把它交给了策列铁里同志。当时我读得非常慢,而且读了**两次**,第一次是在布尔什维克的会议上,后来一次是在布尔什维克和孟什维克的联席会议上。

现在我把我的这份提纲交去付印,只加了一些极其简短的注释,而在作报告时,这些注释要发挥得详尽多了。

提　纲

1. 这次战争从俄国方面来说,在李沃夫之流的新政府的条件下,无疑仍然是掠夺性的帝国主义战争,因为这个政府是资本主义性质的;在我们对这次战争的态度上,决不允许对"革命护国主义"作丝毫让步。

觉悟的无产阶级只有在下列条件下,才能同意进行真正能够证明革命护国主义是正确的革命战争:(1)政权转到无产阶级以及跟随无产阶级的贫苦农民手中；(2)不是在口头上而是在实际上放弃一切兼并；(3)真正同资本的一切利益完全断绝关系。

拥护革命护国主义的广大阶层的群众无疑是真心诚意的，他们认为只是出于不得已才进行战争，而不是为了侵略去进行战争；他们是受了资产阶级的欺骗。因此，我们必须特别细致地、坚持不懈地、耐心地向他们说明他们的错误，说明资本与帝国主义战争的不可分割的联系，反复证明，要缔结真正民主的非强制的和约来结束战争，就**非推翻资本不可**。

要在作战部队中广泛宣传这种观点。

举行联欢。

2. 俄国当前形势的特点是从革命的第一阶段**向**革命的**第二阶段过渡**，第一阶段由于无产阶级的觉悟和组织程度不够，政权落到了资产阶级手中，第二阶段则应当使政权转到无产阶级和贫苦农民手中。

这个过渡的特点是：一方面有最大限度的合法性（**目前**在世界各交战国中，俄国是最自由的国家），另一方面没有用暴力压迫群众的现象，而且群众对这个资本家政府，对这个和平与社会主义的死敌，抱着不觉悟的轻信态度。

这种特点要求我们，在刚刚觉醒过来参加政治生活的极广大的无产阶级群众中进行党的工作时必须善于适应这种**特殊**条件。

3. 不给临时政府任何支持；指出它的任何诺言，特别是关于放弃兼并的诺言，完全是谎话。要进行揭露，而不是"要求"**这个**政府即资本家政府**不再是**帝国主义政府，这种要求是散布幻想，是不能容许的。

4. 必须承认这样的事实：在大多数工人代表苏维埃中我们党

处于少数地位,比起受资产阶级影响并把这种影响带给无产阶级的**一切**小资产阶级机会主义分子的**联盟**——从人民社会党人、社会革命党人起直到组织委员会(齐赫泽、策列铁里等)、斯切克洛夫等等止——暂时还处于较弱的少数地位。

要向群众说明:工人代表苏维埃是革命政府**唯一可能的**形式,因此,**当这个**政府还受资产阶级影响时,我们的任务只能是耐心地、系统地、坚持不懈地、特别要根据群众的实际需要来**说明**他们的策略的错误。

只要我们还是少数,我们就要进行批评,揭示错误,同时宣传全部国家政权归工人代表苏维埃的必要性,使群众从实际经验中纠正自己的错误。

5. 不要议会制共和国(从工人代表苏维埃回到议会制共和国是倒退了一步),而要从下到上遍及全国的工人、雇农和农民代表苏维埃的共和国。

废除警察、军队和官吏。①

一切官吏应由选举产生,并且可以随时撤换,他们的薪金不得超过熟练工人的平均工资。

6. 在土地纲领上,应把重点移到雇农代表苏维埃。

没收地主的全部土地。

把国内**一切**土地收归国有,由当地雇农和农民代表苏维埃支配。单独组织贫苦农民代表苏维埃。把各个大田庄(其面积约100俄亩至300俄亩,根据当地条件和其他条件由地方机关决定)建成示范农场,由雇农代表进行监督,由公家出资经营。

---

① 即以普遍的人民武装代替常备军。

7.立刻把全国所有银行合并成一个全国性的银行，由工人代表苏维埃进行监督。

8.我们的**直接**任务并不是"实施"社会主义，而只是立刻过渡到由工人代表苏维埃**监督**社会的产品生产和分配。

9.党的任务：

　　(1)立刻召开党代表大会；

　　(2)修改党纲，主要是：

　　　　(a)关于帝国主义和帝国主义战争；

　　　　(b)对国家的态度以及**我们**关于"公社国家"①的要求；

　　　　(c)修改已经陈旧的最低纲领；

　　(3)更改党的名称②。

10.革新国际。

发起建立革命的国际，同**社会沙文主义者**和"**中派**"③相对立的国际。

为了使读者了解为什么我要特别强调诚实的反对者(这样的"事例"是罕见的例外)，我请读者把下面戈尔登贝格先生的反对意见同这个提纲比较一下，他说：列宁"在革命民主派的队伍中竖起了内战的旗帜"(转引自普列汉诺夫先生的《统一报》**71**第5号)。

---

① 即由巴黎公社提供了原型的那种国家。

② 社会民主党的正式领袖在世界**各地**都背叛社会主义，投奔资产阶级了(如"护国派"和动摇的"考茨基派")，所以我们不应再叫"社会民主党"，而应改称共**产党**。

③ 所谓"中派"就是国际社会民主党中摇摆于沙文主义者(＝"护国派")和国际主义者之间的那个派别，即德国的考茨基之流，法国的龙格之流，俄国的齐赫泽之流，意大利的屠拉梯之流，英国的麦克唐纳之流等等。

这岂不是奇谈吗？

我写的、宣读的和反复说明的是："拥护革命护国主义的**广大阶层**的**群众**无疑是真心诚意的……他们是受了资产阶级的欺骗。因此，我们必须**特别**细致地、坚持不懈地、**耐心地**向他们说明他们的错误……"

而资产阶级中那班既**不**属于拥护护国主义的**广大阶层**也**不**属于护国主义**群众**的、自称社会民主党人的先生们，竟然聪明地把我的观点转述成这样："在革命民主派的队伍中〈!!〉竖起了〈!〉内战〈无论在提纲或报告中，没有一个字提到内战!〉的旗帜〈!〉……"

这是一种什么行为呢？这同鼓吹大暴行有什么区别呢？这同《俄罗斯意志报》**72**有什么区别呢？

我写的、宣读的和反复说明的是："工人代表苏维埃是革命政府**唯一可能的**形式，因此我们的任务只能是耐心地、系统地、坚持不懈地、特别要根据群众的实际需要来**说明**他们的策略的错误……"

而某些反对者却把我的观点说成是号召"在革命民主派的队伍中进行内战"!!

我抨击临时政府，是因为它不但**没有**确定近期召开立宪会议的日期，甚至根本没有确定召开的日期，只是用些诺言来搪塞。我曾一再说明，**没有**工兵代表苏维埃，立宪会议的召开是没有保证的，是不可能成功的。

有人硬把一个观点加在我的头上，说我反对尽快召开立宪会议!!!

如果不是几十年的政治斗争教会我把反对者的诚实看做罕见的例外，那我也许要把这种话叫做"梦话"了。

　　普列汉诺夫先生在他的报纸上把我的讲话叫做"梦话"。真是好极了,普列汉诺夫先生! 但是请看看,你自己在论战中是多么愚蠢、笨拙和迟钝。假使我讲了两个钟点的"梦话",为什么几百个听众会听得下去呢? 其次,为什么你的报纸竟用整栏篇幅来叙述这些"梦话"呢? 这是你根本无法自圆其说的。

　　当然,喊叫、谩骂、哀号,比起试着叙述、解释和回忆马克思和恩格斯在1871年、1872年和1875年**怎样**谈论巴黎公社的经验①以及无产阶级需要**哪种**国家来,要容易得多。

　　曾经是马克思主义者的普列汉诺夫先生,大概不愿意再想起马克思主义了吧。

　　罗莎·卢森堡1914年8月4日把**德国**社会民主党叫做"一具发臭的死尸",我引用了她的话。而普列汉诺夫先生们、戈尔登贝格先生们等等却"叫起屈来了"……为了谁呢? 为了那些被叫做沙文主义者的**德国**沙文主义者!

　　可怜的俄国社会沙文主义者,口头上的社会主义者,实际上的沙文主义者,已经头脑发昏了。

载于1917年4月7日《真理报》　　　　译自《列宁全集》俄文第5版
第26号　　　　　　　　　　　　　　第31卷第113—118页

---

　　① 参看卡·马克思《法兰西内战》和卡·马克思1871年4月12日和17日给路·库格曼的信,卡·马克思和弗·恩格斯《共产党宣言》1872年德文版序言,卡·马克思《哥达纲领批判》,弗·恩格斯1875年3月18—28日给奥·倍倍尔的信(《马克思恩格斯文集》第3卷第151—167页,第10卷第352—353、353—354页,第2卷第5—6页,第3卷第414、443—446页)。——编者注

我们是怎样回来的[73]

(1917 年 4 月 4 日〔17 日〕)

社会主义报刊已经透露消息,说英法政府不让侨居国外的国际主义者返回俄国。

已经回国的各党派 32 个侨民(其中有 19 个布尔什维克,6 个崩得分子,巴黎国际主义报纸《我们的言论报》[74]的 3 个拥护者)认为有责任作如下声明:

我们掌握着若干文件,只要这些文件一从斯德哥尔摩寄来(由于瑞典俄国边界处于英国政府代表的控制之下,我们把文件留在斯德哥尔摩了),我们将立即公之于众。这些文件将使大家能够清楚地看到上述"盟国"政府在这个问题上所起的丑恶作用。[75]对此我们只想补充一点:有 23 个团体(其中包括中央委员会、组织委员会、社会革命党人、崩得[76]等等)的代表参加的苏黎世侨民撤退委员会,曾在一致通过的决议中公开证实了下述事实,即英国政府决定不让侨居国外的国际主义者返回祖国参加反对帝国主义战争的斗争。

革命一开始,侨民就看清了英国政府的这一意图。当时社会革命党的代表(马·安·纳坦松)、俄国社会民主工党中央委员会的代表(格·季诺维也夫)、俄国社会民主工党组织委员会的代表(尔·马尔托夫)、崩得的代表(科索夫斯基)在一起开会,提出了一个计划(尔·马尔托夫提出的),以遣返在俄国的德奥被拘留人员作为交换条件,让侨民取道德国回国。

就此,曾向俄国发出了若干封电报,并通过瑞士社会党人采取了实现这一计划的步骤。

发到俄国的电报,显然是被我们的临时"革命政府"(或者是它的拥护者)压下了。

我们等俄国的答复等了两个星期,这以后我们才决定自己来实现上述计划(有些侨民决定再等一等,他们认为还不能肯定临时政府真会不设法使全体侨民回国)。

这件事情由瑞士国际主义者社会党人弗里茨·普拉滕负责进行。他同德国驻瑞士大使签订了一项确切的书面协议。条款的原文我们将在以后公布。其要点如下:(1)所有侨民,不管对战争的看法如何,均可回国。(2)侨民所乘车厢享有治外法权,不经普拉滕准许,任何人不得进入车厢。护照和行李不受任何检查。(3)回国侨民必须在俄国宣传回国侨民要与数量相等的德奥被拘留人员交换。

德国社会民主党多数派想同回国侨民接触的一切尝试,都被后者坚决拒绝了。一路上由普拉滕护送我们。他本来决定和我们一起到彼得格勒,但是在俄国边界上(托尔尼奥)他被阻留了。我们希望这只是暂时的。一切谈判都是在许多外国的国际主义者社会党人的参加下和同他们意见完全一致的情况下进行的。在关于回国事宜的议定书上签字的有:两个法国社会党人即洛里欧和吉尔波,李卜克内西派的一个社会党人(哈特施坦),以及瑞士社会党人普拉滕,波兰社会民主党人勃朗斯基,瑞典社会民主党议员林德哈根、卡尔松、斯特勒姆、图雷·涅尔曼等等。

　　这些国际主义者同志们对我们说:"假如卡尔·李卜克内西现在在俄国,米留可夫们是会乐意把他放回德国的;现在,贝特曼-霍尔韦格之流放你们这些俄国国际主义者回国了。你们要干的事情就是回到俄国去既同德帝国主义又同俄帝国主义作斗争。"我们认为他们说得很对。我们要向工兵代表苏维埃执行委员会提出关于回国情况的报告。我们希望该委员会能够争取到释放相等数量的被拘留人员,首先释放有名的奥地利社会党人奥托·鲍威尔,并且使所有侨民,不只是社会爱国主义者,都能回到俄国。现在,凡是比《言语报》左一些的报纸都不准出境,甚至工兵代表苏维埃告全世界工人的宣言也不准送到国外报刊发表,我们希望执行委员会也设法消除这种闻所未闻的现象。

载于 1917 年 4 月 5 日《真理报》
第 24 号和《消息报》第 32 号

译自《列宁全集》俄文第 5 版
第 31 卷第 119—121 页

在彼得格勒苏维埃执行委员会
会议上就取道德国问题的发言

（1917 年 4 月 4 日〔17 日〕）

记 录

为了消除资产阶级报刊散播的谣言，有必要通过季诺维也夫同志提出的决议案。他建议发表声明，要让一切派别的侨民通行。我们没有承担任何义务。我们只答应，回国后将吁请工人促成这次交换。如果你们认为交换是正确的，那你们也就驳斥了一切谣言。否则，你们就会为进行诋毁和诽谤提供借口……

载于 1925 年《彼得格勒工兵代表苏维埃。记录》一书

译自《列宁全集》俄文第 5 版第 31 卷第 122 页

为论证四月提纲写的要点

（1917 年 4 月 4 日和 12 日〔17 日和 25 日〕之间）

（1）目前有经济破产的危险，**因此**排除资产阶级是错误的。

（这是资产阶级的结论。愈接近破产，愈迫切需要排除资产阶级。）

（2）无产阶级没有组织起来，软弱无力，没有觉悟。

（很对。因此全部任务在于：同那些麻醉群众、要群众信任资产阶级的所谓社会民主党人，即**小资产阶级**领袖（齐赫泽、策列铁里、斯切克洛夫）进行斗争。

不是和这些小资产者（齐赫泽、斯切克洛夫、策列铁里）联合，而是**粉碎**这个**危害**无产阶级革命的社会民主党。）

（3）现阶段是资产阶级革命，因此不需要"社会主义的试验"。

（这是彻头彻尾的资产阶级的论断。谁也没有说要做"社会主义的试验"。具体的马克思主义的原理要求现在不仅要考虑阶级，而且要考虑制度。）

用甜言蜜语扼杀革命的先生们（齐赫泽、策列铁里、斯切克洛夫）把革命拉向后退，**从工人代表苏维埃退到**资产阶级"单一政权"，退到通常的资产阶级议会制共和国。

我们应当巧妙地、谨慎地、循循善诱地引导无产阶级和贫苦农民**前进**，从"两个政权"**进到**工人代表苏维埃掌握**全部政权**，这就是马克思所说的公社,1871年试验过的公社。

问题不在于走得多快,而在于往哪里走。

问题不在于工人是否经过训练,而在于**怎样**训练他们和**为什么**训练他们。

工人代表苏维埃关于战争等等的宣言和号召书,不过是麻醉人民的极其空洞和虚伪的小资产阶级谰言,因此我们的任务,正像我已经说过的,首先是启发群众,使群众摆脱齐赫泽、斯切克洛夫、策列铁里之流的**资产阶级**影响。

工人代表苏维埃的即齐赫泽、策列铁里、斯切克洛夫等人的"革命护国主义"是极端有害的(因为是用甜言蜜语掩盖起来的)沙文主义思潮,它**企图**使群众容忍临时革命政府。

愚钝的,不觉悟的,被齐赫泽、策列铁里、斯切克洛夫之流的先生们欺骗的群众,不理解战争是政治的继续,不理解战争是由**各国政府**进行的。

必须讲清楚,只有改变政府的**阶级性质**,"人民"才能停止战争或改变战争的性质。

载于1933年1月21日《真理报》第21号

译自《列宁全集》俄文第5版第31卷第123—124页

两 个 世 界

(1917 年 4 月 5 日〔18 日〕)

资本家的报纸,像《言语报》和《新时报》[77]之类,都登载了攻击我们取道德国的文章,文内居心叵测地暗示,回国侨民说不定在帮助德帝国主义者。[①]

《工兵代表苏维埃消息报》[78]全文登载了昨天《真理报》发表的报告[②],这个报告是我们回国后第一天就向工兵代表苏维埃执行委员会提出的;除报告外,《消息报》还登载了执行委员会的一个决定。《工兵代表苏维埃消息报》编辑部就这个决定作了如下的报道:

> "执行委员会听取了祖拉博夫和季诺维也夫两位同志的报告,决定立即向临时政府进行交涉,同时采取措施使所有侨民都能迅速获准返回俄国,而不管他们的政治见解和对战争的态度怎样。同政府交涉的结果如何,我们将于日内发表。——编辑部"

你们看,这就是一幅小的——非常小但非常典型的——两个世界的图景。一个是资本家、《言语报》、《俄罗斯意志报》和《新时报》的世界,他们对社会党人含沙射影无耻诽谤;另一个是革命民

---

① 著名的(臭名昭著的)《俄罗斯意志报》在攻击我们的文章中提供了与《言语报》精神一致的"材料"。米留可夫之流先生们与这样的人为伍不觉得可耻吗?

② 《言语报》敢不敢登这个报告呢?

主派、工人代表和士兵代表的世界，他们沉着、坚定、郑重地决定
"采取措施"。采取措施干什么呢？做临时政府**没有**做的工作！

难道这不就是对临时政府的斥责吗？

难道这不是他们应得的斥责吗？

请注意，执行委员会知道布尔什维克同它**在政治上**有分歧，但
它还是通过了这个决议。对资本家来说，这是进行诽谤的借口。
人类的尊严在资本家的世界里是找不到的。

载于 1917 年 4 月 6 日《真理报》　　　译自《列宁全集》俄文第 5 版
第 25 号　　　　　　　　　　　　　　第 31 卷第 125—126 页

路易·勃朗主义

(1917 年 4 月 8 日〔21 日〕)

法国社会主义者路易·勃朗在 1848 年革命中所以声名狼藉，是因为他从阶级斗争的立场转到了小资产阶级空想的立场，而这种用貌似"社会主义"的词句装饰起来的空想，实际上只是有助于资产阶级加强其对无产阶级的影响。路易·勃朗期待资产阶级的帮助，希望并且促使人们希望资产阶级**能够**帮助工人"组织劳动"——这个含混不清的术语大概是想用来表现"社会主义的"意向吧。

现在，路易·勃朗主义在俄国右翼"社会民主党"即组织委员会的党内取得了完全的胜利。齐赫泽、策列铁里、斯切克洛夫以及其他许多目前是彼得格勒兵工代表苏维埃的领袖们，亦即最近结束的全俄苏维埃会议的领袖们，正是采取了路易·勃朗的立场。

这些领袖与国际"中派"即与考茨基、龙格、屠拉梯以及其他许多人的观点接近，他们在当代政治生活的一切重大问题上，正是采取了路易·勃朗的小资产阶级立场。就拿战争问题来说吧。

无产阶级的观点就是对战争作出明确的**阶级**评价，毫不妥协地反对这场帝国主义战争，即反对各资本主义国家（**不管是君主制的或是共和制的**）集团**之间**为了瓜分资本主义赃物而进行的战争。

小资产阶级的观点与资产阶级的观点（公然为战争辩护，明目

张胆地"保卫祖国",即保卫**本国**资本家的"利益",保卫**他们**兼并的
"权利")不同之处,就是小资产者"鄙弃"兼并,"斥责"帝国主义,
"要求"资产阶级在保持世界帝国主义的联系和资本主义经济制度
的情况下不再成为帝国主义的资产阶级。小资产者只是讲讲这种
好心的、无关痛痒的、空洞的大话,**实际上却束手无策地跟着**资产
阶级跑,口头上在某些方面对无产阶级表示一点"同情",实际上却
仍然依从资产阶级,不能理解或者不愿理解,只有走打碎资本主义
枷锁的道路,才能使人类摆脱帝国主义。

　　"要求"资产阶级政府"**郑重宣布**"放弃兼并,——这对小资产
者来说是最大的勇敢,也是"齐美尔瓦尔德的"彻底反帝的典范。
不难看出,这是一种最坏的路易・勃朗主义。首先,只要多少有点
经验的资产阶级政客,在任何时候都不难顺口说出一些"漂亮的"、
精彩的、响亮的、空洞的、不负任何责任的话,来"一般地"反对兼
并。而一碰到**实际问题**,他们就可以像最近《言语报》那样变个戏
法,厚着脸皮说,库尔兰(现在为资产阶级德国的帝国主义强盗所
兼并)**不是俄国兼并的土地!!**

　　这是极其令人愤慨的戏法,是资产阶级对工人的不可容忍的
欺骗,因为只要稍微有点政治常识的人都会承认,库尔兰**过去一直
是俄国兼并的土地。**

　　我们现在向《言语报》提出公开、直接的挑战:(1)请它在人民
面前给"兼并"下个政治定义,这个定义应能毫无例外地适用于世
界上的**一切**兼并,无论是德国的、英国的或俄国的,无论是过去的
或现在的;(2)请它明确指出,在它看来,什么叫做**不是**在口头上而
是在实际上**放弃兼并**。请它对"在实际上放弃兼并"下个政治定
义,这个定义不仅能适用于德国人,而且能适用于英国人和曾经进

行过兼并的一切民族。

我们可以断定,《言语报》要么对我们的挑战采取躲避态度,要么在全体人民面前被我们揭穿。正是由于《言语报》提到了库尔兰问题,我们的争论才不是理论上的争论,而是实际问题的争论,是最迫切、最紧急、最现实的争论。

其次,就暂且假定,资产阶级的部长们都是善良的楷模,古契柯夫之流、李沃夫之流、米留可夫之流等等都真心诚意地**相信**可以在保存资本主义的条件下放弃兼并,而且**愿意**放弃兼并。

甚至就暂且这样假定,作这种路易·勃朗式的假定。

试问,一个成年人能不能只满足于人们对他们自己的**看法**而不检验他们的**行为**呢? 一个马克思主义者能不能把愿望、声明同客观实际**不**区别开来呢?

不,不能。

兼并靠的是金融资本,银行资本,帝国主义资本的各种联系。兼并的现代经济基础**就在于此**。从这个意义上来说,兼并就是"投入"被兼并国家的千万个企业的亿万资本获得政治上有保证的**利润**。

不采取坚决的步骤打碎资本的枷锁,即使有放弃兼并的愿望,也是**做不到**的。

这是不是意味着,像《统一报》、《工人报》[79]以及我国小资产阶级中其他一些"路易·勃朗分子"准备得出而且已经得出的结论那样,**不**应当采取坚决的步骤推翻资本,应当容忍一点小规模的兼并呢?

不。**应当采取坚决的步骤推翻资本**。应当**完全**依靠绝大多数工人和贫苦农民的觉悟和组织性,巧妙地逐步地采取这些步骤。

不管怎样必须采取这些步骤。俄国许多地方的工人代表苏维埃已经开始这样做了。

目前的任务就是要同路易·勃朗分子，即同齐赫泽、策列铁里、斯切克洛夫们，同组织委员会的党以及社会革命党等等坚决划清界限。要向群众说明，如果群众看不清这种小资产阶级空想的危害，不同觉悟的工人联合起来，采取谨慎稳妥而又坚决果断的走向社会主义的步骤，路易·勃朗主义就一定会断送下一步革命的成果，甚至会断送自由的成果。

没有社会主义，就**不能**使人类摆脱战争和饥饿，就**免不了**还会有千千万万人的死亡。

载于 1917 年 4 月 8 日《真理报》　　　　　译自《列宁全集》俄文第 5 版
第 27 号　　　　　　　　　　　　　　　　　第 31 卷第 127—130 页

论两个政权

(1917 年 4 月 8 日〔21 日〕)

一切革命的根本问题是国家政权问题。不弄清这个问题，便谈不上自觉地参加革命，更不用说领导革命。

我国革命中一个非常显著的特点，就是革命造成了**两个政权并存的局面**。这一事实是需要首先认清的；不认清这个事实，就不能前进。对于旧"公式"，例如布尔什维主义的旧"公式"，要善于补充和修改，因为这些经实际证明大体上是正确的公式，具体实现的结果**却成了**另一个样子。关于两个政权并存的局面，以前**谁**也没有想到，而且也不可能想到。

两个政权并存是怎么回事呢？就是除临时政府即**资产阶级**政府外，还形成了**另一个**尽管还很软弱、还处于萌芽状态、但毕竟确实存在而且在日益成长的**政府**，即工兵代表苏维埃。

这另一个政府的阶级成分是什么呢？是无产阶级和农民（穿了军装的农民）。这个政府的政治性质怎样呢？它是革命的专政，就是说，是这样的一个政权，它直接依靠用革命的方法夺取，依靠下面人民群众的直接的创举，而**不依靠**集中的国家政权颁布的**法律**。这完全不是欧美先进国家中迄今最常见的那种一般类型的资产阶级议会制民主共和国政权。人们总是忘记这一点，不深入思考这一点，而这却是全部实质的所在。**这个政权和 1871 年的巴黎**

公社是**同一类型的**政权,其基本标志是:(1)权力的来源不是议会预先讨论和通过的法律,而是来自下面地方上人民群众的直接的创举,用流行的话来说,就是直接的"夺取";(2)用全民的直接武装代替脱离人民的、同人民对立的机构即警察和军队;在这种政权下,国家的秩序由武装的工农**自己**,即武装的人民**自己**来维持;(3)官吏,官僚,或者也由人民自己的直接政权取代,或者至少要接受特别的监督,变成不仅由人民选举产生、而且一经人民要求即可**撤换的**官吏,处于普通的受委托者的地位;他们从占有能领取资产阶级高薪的"肥缺"的特权阶层,变为特殊"兵种"的工人,其报酬**不超过熟练工人的一般工资**。

巴黎公社这一特殊的国家类型的**实质**就在于此,而且**仅仅**在于此。普列汉诺夫之流(背叛了马克思主义的真正沙文主义者)和考茨基之流("中派"分子,即摇摆于沙文主义和马克思主义之间的分子)先生们,以及所有一切现在居统治地位的社会民主党人、社会革命党人等等,都把这种实质忘掉了和歪曲了。

他们空话连篇,装聋作哑,推托躲避,千百次地相互祝贺革命成功,但是不愿意**想一想**,工兵代表苏维埃**究竟是什么**。他们不愿意看到一个明显的真理:既然存在着这种苏维埃,**既然**它们是政权,那在俄国也就存在着巴黎公社**类型的**国家。

我强调了"既然"这两个字。因为这还只是萌芽状态的政权。它同资产阶级临时政府达成了直接的协议,作了许多实际的让步,是它自己把阵地**不断让给**资产阶级的。

为什么会这样呢?是因为齐赫泽、策列铁里、斯切克洛夫之流犯了"错误"吧?没有的话。只有庸人才会这样想,马克思主义者是不会这样想的。原因在于无产者和农民的**觉悟**和组织程度**不**

够。上述领袖们的"错误"在于他们采取小资产阶级的立场，在于他们不去启发工人的意识，反而**模糊**他们的意识，不去打破小资产阶级的幻想，反而**诱发**这种幻想，不使群众摆脱资产阶级的影响，反而**加强**这种影响。

由此可以清楚地看出，为什么我们的同志也犯了这么多的错误，竟"简单地"提出这样的问题：是不是应当马上推翻临时政府？

我的回答是：（1）应该推翻它，因为它是寡头的、资产阶级的政府，不是全体人民的政府，它**不会**给人民和平、面包和充分的自由；（2）但是不能马上推翻它，因为它有同工人代表苏维埃，首先是同彼得格勒苏维埃这样一个主要的苏维埃达成的直接的和间接的、形式的和实际的**协议**作依靠；（3）决不能用寻常的方法去"推翻"，因为它依靠**第二个**政府即工人代表苏维埃对资产阶级的"**支持**"，而这第二个政府是直接反映大多数工农的意识和意志的唯一可能的革命政府。比工人、雇农、农民和士兵代表苏维埃更高更好类型的政府，人类还没有创造出来，我们至今还没有见过。

觉悟的工人要取得政权，必须把大多数群众争取过来，因为**在**没有对群众使用暴力的**时候**，没有别的办法可以取得政权。我们不是布朗基主义者，我们不主张由少数人夺取政权。我们是马克思主义者，我们主张用无产阶级的阶级斗争来反对小资产阶级的狂热，反对沙文主义—护国主义，反对空谈，反对依赖资产阶级。

我们要建立无产阶级的共产主义政党；拥护布尔什维主义的优秀分子已经创造了这个政党的各种因素；我们要团结起来进行无产阶级本阶级的工作，无产者和**贫苦**农民就会愈来愈多地转到我们方面来。因为**实际生活**将时时打破"社会民主党人"齐赫泽、策列铁里、斯切克洛夫之流，以及"社会革命党人"这些更"地道的"

小资产者等等的小资产阶级幻想。

资产阶级主张资产阶级的单一政权。

觉悟的工人主张工人、雇农、农民和士兵代表苏维埃的单一政权，主张用**启发**无产阶级意识、使它**摆脱**资产阶级影响的办法而不是用冒险行动来取得单一政权。

小资产阶级——"社会民主党人"、社会革命党人等等——则摇摆不定，**妨碍**这种启发和摆脱的工作。

这就是决定我们任务的实际的**阶级的**力量对比。

载于1917年4月9日《真理报》
第28号

译自《列宁全集》俄文第5版
第31卷第145—148页

论 策 略 书[80]

（1917 年 4 月 8 日和 13 日〔21 日和 26 日〕之间）

说　　明

1917 年 4 月 4 日，我在彼得格勒就标题所点出的问题先在布尔什维克的会议上作了一次报告。当时到会的都是全俄工兵代表苏维埃会议的代表，他们就要回到各地去，因此不容我有任何拖延。会议结束后，主席格·季诺维也夫同志代表全体到会同志向我提议，要我随即在准备讨论俄国社会民主工党统一问题的布尔什维克代表和孟什维克代表的联席会议[81]上再作一次报告。

不管立刻再作一次报告对我来说有多么困难，既然**我自己的同志和孟什维克**都有这种要求，而他们又因归期在即，确实不容我拖延，我也就没有权利推辞了。

在报告会上，我把我那篇发表在 1917 年 4 月 7 日《真理报》第 26 号上的提纲①念了一遍。

无论提纲或是我的报告，在布尔什维克内部和《真理报》编辑部都引起了一些分歧。经过多次商谈，我们一致认为，最好把这些

---

①　我把登在这一号《真理报》上的提纲连同简要注释附在这封信的后面。（见本卷第 113—118 页。——编者注）

分歧拿出来**公开**讨论，这样，可以给将在 1917 年 4 月 20 日在彼得格勒召开的我党（由中央委员会统一的俄国社会民主工党）全国代表会议提供材料。

为了执行这个展开讨论的决定，我把下面这几封**信**刊印出来，在这些信里，我并不想对问题作**全面的**研究，而只想提出对于工人阶级运动的**实际**任务有特别重要意义的几个主要论据。

────────

第 一 封 信
对形势的估计

马克思主义要求我们对每个历史关头的阶级对比关系和具体特点作出经得起客观检验的最确切的分析。我们布尔什维克总是努力按照这个要求去做，因为要对政策作科学的论证，这个要求是绝对必需的。

马克思和恩格斯总是说，"我们的学说不是教条，而是行动的指南"①，他们公正地讥笑了背诵和简单重复"公式"的做法，因为公式至多只能指出**一般的**任务，而这样的任务必然随着历史过程中每个特殊**阶段**的**具体的**经济和政治情况而有所改变。

现在，革命无产阶级的政党应该根据哪些确切肯定的客观**事实**来确定自己的任务和活动方式呢？

在登载于 1917 年 3 月 21 日和 22 日《真理报》第 14 号和第 15

────────

① 参看《马克思恩格斯文集》第 10 卷第 557 页。——编者注

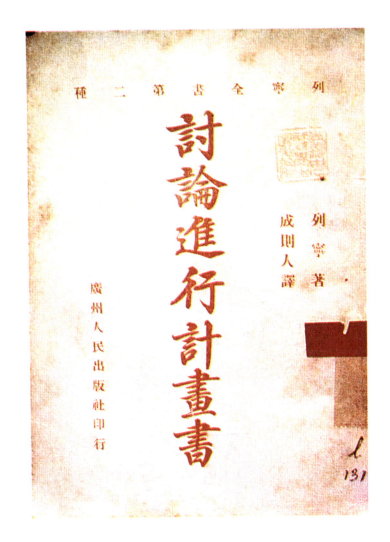

列寧全書第二種

討論進行計畫書

列寧 著

成則人 譯

廣州人民出版社印行

中国共产党创办的人民出版社 1921 年在上海出版的
列宁《论策略书》中译本（当时译《讨论进行计划书》）

号上的我的第一封《远方来信》(《第一次革命的第一阶段》)中,以
及在我的提纲里,我指出"俄国当前形势的特点"是从革命的第一
阶段向第二阶段**过渡**。因此我认为,**这一**时期的基本口号或"当前
任务"就是:"工人们,你们在反对沙皇制度的国内战争中,显示了
无产阶级的人民的英雄主义的奇迹,现在你们应该显示出无产阶
级和全体人民组织的奇迹,以便为革命第二阶段的胜利作好准
备。"(《真理报》第 15 号)①

第一阶段的内容是什么呢?

就是国家政权转到资产阶级手中。

1917 年二、三月革命以前,俄国的政权是掌握在一个旧阶级
即以尼古拉·罗曼诺夫为首的农奴主-贵族-地主阶级的手里。

这次革命后,政权转到了**另一个**阶级,即**资产阶级**这个新阶级
手里。

无论从革命这一概念的严格科学意义来讲,或是从实际政治
意义来讲,国家政权从一个**阶级**手里转到另一个**阶级**手里,都是**革
命**的首要的基本的标志。

就这一点来说,俄国资产阶级革命或资产阶级民主革命**已经
完成了**。

这里,我们会听到喜欢把自己称做"老布尔什维克"的那些反
对者的喧嚷声:难道我们不是向来都说只有"无产阶级和农民的革
命民主专政"才能完成资产阶级民主革命吗?难道土地革命这一
资产阶级民主革命已经完成了吗?难道事实不正相反,土地革命
不是**还没有**开始吗?

---

① 见本卷第 20 页。——编者注

　　我回答说：布尔什维克的口号和主张**总的说来**已得到历史充分的证实；但是**具体**实现的结果与任何人所能想象的**不同**，它要新奇得多，特殊得多，复杂得多。

　　忽略或忘记这一事实，就会重蹈我党历史上不止一次起过可悲作用的"老布尔什维克"的覆辙，他们只会无谓地背诵**记得烂熟的**公式，而不去**研究**新的生动现实的特点。

　　"无产阶级和农民的革命民主专政"在俄国革命中**已经**实现了①，因为这个"公式"所预见到的只是**阶级的对比关系**，而不是**实现**这种对比关系、这种合作的**具体政治机构**。"工兵代表苏维埃"——这就是已由实际生活所实现的"无产阶级和农民的革命民主专政"。

　　这个公式已经过时了。实际生活已经把它从公式的世界导入现实的世界，使它有血有肉，使它具体化，从而使它变了样。

　　现在提到日程上的已是另一个任务，新的任务：使这个专政**内部**的无产阶级分子（反护国主义的、国际主义的、"公社派的"即主张过渡到公社的分子）同**小业主**或**小资产阶级**分子（齐赫泽、策列铁里、斯切克洛夫、社会革命党人等等革命护国派，即反对走向公社，主张"支持"资产阶级和资产阶级政府的人）实行分裂。

　　现在谁只谈"无产阶级和农民的革命民主专政"，谁就是落在生活的后面，因而实际上**跑到**小资产阶级方面去反对无产阶级的阶级斗争，这种人应当送进革命前的"布尔什维克"古董保管库（也可以叫做"老布尔什维克"保管库）。

　　无产阶级和农民的革命民主专政已经实现了，但是实现得非

　　① 在一定的形式和一定的程度上。

常奇特，有许多十分重大的变异。关于这些变异，我将在以后的一封信中专门谈到。现在必须弄清一个不容置辩的真理，这就是马克思主义者必须考虑生动的实际生活，必须考虑**现实**的确切事实，而不应当抱住昨天的理论不放，因为这种理论和任何理论一样，至多只能指出基本的、一般的东西，只能**大体上**概括实际生活中的复杂情况。

"我的朋友，理论是灰色的，而生活之树是常青的。"①

谁**按旧方式**提出资产阶级革命的"完成"问题，谁就是为死教条而牺牲活的马克思主义。

按照旧方式，结论是：**继**资产阶级的统治**之后**，才可能和应当是无产阶级和农民的统治，他们的专政。

但是生动的实际生活中已经产生了**另外一种**情况，产生了一种非常奇特的、崭新的、从未有过的**两种统治互相交错**的情况。现在同时并存的**一方面是**资产阶级的统治（即李沃夫和古契柯夫的政府），**另一方面是**无产阶级和农民的革命民主专政，后者**自愿**把政权让给资产阶级，自愿做资产阶级的附属品。

因为不要忘记，彼得格勒的政权实际上是在工人和士兵的手里，新政府**没有**而且也无法对他们施加暴力，——无论警察、脱离人民的军队或是权势极大的**居于人民之上**的官吏，都**不存在**。这是事实。这正是反映了巴黎公社类型国家的特征的事实。这个事实是旧公式包括不了的。应当善于使公式适应实际生活，而不是重复一些已经失去意义的关于**一般**"无产阶级和农民的专政"的词句。

---

① 见约·沃·歌德《浮士德》第1部第4场《浮士德的书斋》。——编者注

我们再从另一个角度来看一下这个问题，以便把问题说得更清楚。

马克思主义者不应该离开分析阶级关系的正确立场。现在执政的是资产阶级。而农民群众难道不**也是**另一阶层、另一类型、另一性质的资产阶级吗？怎么能得出结论说**这一**阶层**不能**取得政权来"完成"资产阶级民主革命呢？为什么这是不可能的呢？

老布尔什维克往往是这样议论的。

我的回答是：这是完全可能的。但是，马克思主义者在分析形势时，**不应当从可能出发**，而应当从现实出发。

现实告诉我们这样的事实：自由地选举出来的士兵和农民的代表，自由地进入了第二个政府即附属政府，自由地补充、发展和完善着这个政府。同时，他们又同样自由地把政权**让给了**资产阶级——这是一种丝毫没有"违背"马克思主义的理论的现象，因为我们向来知道，并曾屡次指出，资产阶级所以能够维持，**不仅依靠暴力**，而且还依靠群众的不觉悟、守旧、闭塞和无组织。

在今天这样的现实面前，不顾事实，只谈"可能性"，简直是太可笑了。

农民取得全部土地和全部政权，这是可能的。我不仅没有忘记这种可能，没有把自己的眼界局限于今天，而且我在直接地确切地表述土地纲领时还估计到一种**新**现象，即贫雇农和农民业主之间发生着更深刻的分裂。

但是也有另一种可能：也许农民会听从社会革命党这种小资产阶级政党的劝告；这种小资产阶级政党受了资产者的影响，转向护国主义，劝告人们等待立宪会议，虽然这个会议直到现在连召开的日期都还没有确定!①

可能,农民会继续**保持**他们同资产阶级的协议,保持他们目前通过工兵代表苏维埃不仅在形式上而且在实际上同资产阶级达成的协议。

有各种各样的可能。忘记土地运动和土地纲领,将是极大的错误。但是忘记**现实**,同样会是极大的错误,因为现实向我们表明了资产阶级同农民已达成**协议的事实**,或者用更确切的、少带法律含义而多带经济和阶级含义的话来说,就是资产阶级同农民已实行**阶级合作**的事实。

只有这一事实不再成为事实,只有农民离开资产阶级,夺取土地、夺取政权来反对资产阶级,只有那时,才是资产阶级民主革命的新阶段,而这一点要留待以后专门去谈了。

一个马克思主义者只想到将来可能有这样的阶段,而忘记在农民同资产阶级达成**协议**的**现在**自己所负的责任,他就会变成一个小资产者。因为他在实际上会鼓动无产阶级去**信任**小资产阶级("它,这个小资产阶级,这些农民,在资产阶级民主革命的范围内就一定会同资产阶级分开")。他只想到"可能"有一个愉快而甜蜜的未来,那时农民**不再**是资产阶级的尾巴,社会革命党人、齐赫泽、策列铁里、斯切克洛夫之流**不再**是资产阶级政府的附属品,他只想到"可能"有这样一个愉快的未来而忘记了**不愉快的现在**,忘记了农民目前还是资产阶级的尾巴,社会革命党人和社会民主党人目

---

① 为了使我的话不被人误解,我马上要预先声明:我绝对赞成雇农和农民**苏维埃立刻**夺取**全部**土地,但是,它们**自己**要严格遵守秩序和纪律,丝毫不能毁坏机器、建筑物和牲畜,万万不能破坏经济和粮食生产,而要**加强**生产,因为士兵需要**加倍**的粮食,人民也不应当再挨饿。

前还在充当资产阶级政府的附属品,充当李沃夫"陛下"的反对派**82**。

我们上面所假设的这种人,很像甜蜜蜜的路易·勃朗和媚人的考茨基分子,决不像一个革命的马克思主义者。

但是,我们会不会有陷入主观主义的危险,会不会有想"跳过"尚未完成的(农民运动尚未失去作用的)资产阶级民主革命而进到社会主义革命的危险呢?

如果我说"不要沙皇,而要**工人政府**"**83**,那就有这种危险。但是我说的**不是**这个,而是别的。我是说,在俄国,**除了**工人、雇农、士兵和农民代表苏维埃外,**不能**有别的政府(资产阶级政府除开不算)。我是说,目前俄国的政权**只能**从古契柯夫和李沃夫的手里转到这些苏维埃的手里,而在这些苏维埃中,占大多数的**恰巧**是农民和士兵,如果不用生活上的、习俗上的、职业上的说法,而用阶级的说法,用科学的马克思主义的用语来说,那么占大多数的恰巧是小资产阶级。

在我的提纲中,绝对保险一点也没有跳过尚未失去作用的农民运动或整个小资产阶级运动,一点也没有由工人政府"夺取政权"的**儿戏**,一点也没有布朗基主义的冒险行动,因为我直接提到了巴黎公社的经验。正像大家所知道的,也正像马克思在1871年、恩格斯在1891年所详细论述过的①,这种经验完全排斥布朗基主义,完全根据大多数人的**自觉**行动,充分保证**大多数人**实行直接的、绝对的统治和发挥群众的积极性。

我在提纲中非常明确地把问题归结为要在工人、雇农、农民和

---

① 参看《马克思恩格斯文集》第3卷第151—167、99—112页。——编者注

士兵代表苏维埃**内部扩大影响**。为了避免对这一点产生任何怀疑，我在提纲中**两次**着重指出，必须进行耐心的、坚持不懈的、"**根据群众的实际**需要"的"说明"工作。

愚昧无知的人或普列汉诺夫先生这类马克思主义的叛徒，可以叫喊什么无政府主义、布朗基主义等等。谁只要肯思索和学习，谁就不能不知道，布朗基主义是主张由少数人夺取政权，而工人等等代表苏维埃却**明明**是**大多数**人民的公开的直接的组织。在这样的苏维埃**内部**扩大影响，自然不会而且绝对**不会**陷入布朗基主义的泥潭。这样做，也不会陷入无政府主义的泥潭，因为无政府主义就是否认在从资产阶级统治向无产阶级统治**过渡**的时期**必须有国家和国家政权**。而我则用丝毫不会引起误会的明确态度，**坚决主张**在这个时期必须有国家，不过根据马克思的学说和巴黎公社的经验，这种国家不是通常的资产阶级议会制国家，而是**没有**常备军、**没有**同人民对立的警察、**没有**居于人民之上的官吏的国家。

普列汉诺夫先生在他的《统一报》上拼命地叫喊无政府主义，这只不过是再次证明他背离了马克思主义。我在《真理报》(第26号)上曾向普列汉诺夫挑战，要他谈一谈马克思和恩格斯在1871、1872、1875年在国家问题上是怎样教导的①，普列汉诺夫先生对于这个问题的实质只能是默不作答，只能像被激怒了的资产阶级那样咆哮一通。

前马克思主义者普列汉诺夫先生，**完全**不懂马克思主义关于国家的学说。顺便提一下，在他那本论无政府主义的德文小册

---

① 参看本卷第118页。——编者注

子**84**里,就已经可以看出这种不懂的迹象了。

＊　　　　　＊　　　　　＊

现在我们来看一看,尤·加米涅夫同志在《真理报》第27号上的一篇短评中是怎样表述他同我的提纲和上述意见的"分歧"的。这可以帮助我们更确切地了解我的提纲和上述意见。

加米涅夫同志写道:"至于列宁同志的总公式,我们认为是不能接受的,因为它的出发点是承认资产阶级民主革命**已经完成**,并且指望这个革命立刻转变为社会主义革命……"

这里有两大错误:

第一,资产阶级民主革命"完成"的问题**提得**不正确。这种抽象的、简单的、单色的(如果可以这样说的话)提法,是**不符合客观现实的**。谁**这样**提问题,谁**现在**只是问"资产阶级民主革命是否已经完成",谁就无法了解极其复杂的至少是"**两色**"的现实。这是从理论上说。而在实践上,他就是向**小资产阶级的革命性**举手投降。

确实是这样。现实告诉我们,**一方面**是政权转到了资产阶级手中(通常的资产阶级民主革命已经"完成"),**另一方面**,除了现实的政府外,还存在着一个附属政府,它就是"无产阶级和农民的革命民主专政"。这后一个"也是政府",它**自己**把政权让给了资产阶级,**自己**使自己依附于资产阶级政府。

加米涅夫同志的"资产阶级民主革命还没有完成"这一老布尔什维克的公式,有没有包括这种现实呢?

没有。这个公式已经过时了,已经完全不适用了,已经僵死了。要使它复活是徒劳无益的。

第二,一个实际问题。我们不知道,现在在俄国是否还能建立一个**脱离**资产阶级政府的**单独的**"无产阶级和农民的革命民主专政"。马克思主义的策略不能建筑在情况不明的基础上。

如果这样的专政还有可能，那么，走向这种专政的路只有一条，就是立刻坚决地、彻底地使运动中的无产阶级共产主义分子同小资产阶级分子分离。

为什么呢？

因为整个小资产阶级不是偶然地而是必然地转向了沙文主义（＝护国主义），"支持"资产阶级，依赖资产阶级，**害怕**撇开资产阶级等等。

这个小资产阶级现在已经能够取得政权，但是它**不愿意**，那怎么才能"推动"它去执掌政权呢？

只有使无产阶级的共产主义政党分离出来，**摆脱**这些小资产者的畏缩心理，进行无产阶级的阶级斗争。只有无产者不是在口头上而是在实际上摆脱小资产阶级的影响而团结起来，才能使小资产阶级觉得脚下发"烫"，在一定条件下**不得不**把政权拿过来；甚至古契柯夫和米留可夫（也是在一定的情况下）也会赞成齐赫泽、策列铁里、社会革命党人和斯切克洛夫掌握无限权力，建立单一政权，因为这些人毕竟都是"**护国派**"！

谁立即迅速而彻底地使苏维埃中的无产阶级分子（即无产阶级的共产主义政党）同小资产阶级分子分离，谁就是在下述两种可能情况下正确地反映运动的利益，**一种情况**是俄国还会出现一个单独的、自主的、不服从于资产阶级的"无产阶级和农民的专政"，**一种情况**是小资产阶级不能摆脱资产阶级，永远（也就是一直到社会主义来临）摇摆于资产阶级和我们之间。

谁只是根据"资产阶级民主革命还没有完成"这个简单的公式行事，谁就像是在保证小资产阶级一定能够不依赖资产阶级。这样做他也就是在目前乖乖地向小资产阶级投降。

附带说一下，关于无产阶级和农民的专政的"公式"，不妨回忆一下我在《两种策略》（1905 年 7 月）中特别强调的一段话（《十二年来》第 435 页）：

"无产阶级和农民的革命民主专政，同世界上一切事物一样，有它的过去和未来。它的过去就是专制制度、农奴制度、君主制、特权……　它的未来就是反对私有制的斗争，雇佣工人反对业主的斗争，争取社会主义的斗争……"①

加米涅夫同志的错误就在于，他到了 1917 年，还只看到无产阶级和农民的革命民主专政的**过去**。而**实际上**，这个专政的**未来**已经开始，因为雇佣工人和小业主这两者的利益和政策**实际上**已经出现了分歧，并且是在"护国主义"、在对待帝国主义战争的态度这样的极重要的问题上出现了分歧。

这里我要涉及加米涅夫同志上述议论中的第二个错误。他责备我，说我的公式"指望""这个革命〈资产阶级民主革命〉立刻转变为社会主义革命"。

这是不对的。我不但没有"指望"我们的革命"立刻转变"为**社会主义**革命，而且还直接提醒不要有这种想法，我在提纲的第 8 条中直截了当地说："……我们的**直接**任务并**不是**'实施'社会主义……"②

一个指望我们的革命立刻转变为社会主义革命的人，是不可能反对把实施社会主义当做直接任务的，这不是很明显吗？

不仅如此。即使是在俄国建立"公社国家"（即按照巴黎公社

---

① 见本版全集第 11 卷第 67—68 页。——编者注
② 见本卷第 116 页。——编者注

类型建立起来的国家)，也**不能**"立刻"办到，因为这需要所有(或大多数)苏维埃中的**大多数**代表都清楚地认识到社会革命党人、齐赫泽、策列铁里、斯切克洛夫等人的策略和政策的全部错误和全部危害。而我十分明确地声明过，我在这方面只"指望""耐心的"说明(如果要实现"立刻"就能实行的转变，还用得着耐心吗?)！

加米涅夫同志有点"不耐心地"说过了头，他重复了资产阶级对巴黎公社的偏见，似乎巴黎公社想"立刻"实施社会主义。实际上不是这样。可惜的是公社迟迟没有实施社会主义。公社的真实本质并不在资产者通常寻找的那些地方，而在于它创立了一种特殊的**国家**类型。这样的国家在俄国**已经**诞生，这就是工兵代表苏维埃！

加米涅夫同志没有深入思考**事实**，思考**目前存在的**苏维埃的意义，思考苏维埃在类型上、在社会政治性质上同巴黎公社国家的一致，他不去研究**事实**，却开始谈论我似乎"指望""立刻"会发生的事情。很遗憾，他是在重演许多资产者的故伎：不让人们注意迫切的、现实的、实际生活提出来的问题，如**什么是**工兵代表苏维埃，它按类型来说是否**高于**议会制共和国，它是否**更有益**于人民，是否**更民主**，是否**更有利**于斗争(例如同缺粮作斗争)等等，而引导人们去注意"指望立刻转变"这种空洞的、貌似科学而实际毫无内容的、教授们感兴趣的毫无生气的问题。

这是一个空洞的虚构的问题。我所"指望"的**仅仅是**，无非是：工人、士兵和农民在处理增加粮食生产、改善粮食分配、改善士兵给养等等**实际**困难问题上，会比官吏和警察高明。

我深信，工兵代表苏维埃会比议会制共和国更快更好地发挥人民**群众**的主动性(关于这两种国家类型的比较，在另一封信里再详谈）。它们会更好地、更实际地、更正确地决定怎样才能采取走向社会主义的**步骤**以及究竟能够采取哪些走向社会主义的**步骤**。对银行实行监督，把所有银行合并为一个银行，这**还不是**社会主义，但这是**走向**社会主义的一个**步骤**。今天，德国的容克和资产者正采取这种步骤来对付人民。明天，只要兵工代表苏维埃掌握全部国家政权，它就会更好得多地采取这种步骤来为人民谋福利。

是什么东西**迫使**我们采取这种步骤的呢？

是饥荒，经济失调，即将临头的崩溃，战争的惨祸，以及战争给人类带来的惨痛的创伤。

加米涅夫同志在他的短评的结尾说："在广泛的讨论中，他希望自己的观点能够被接受，这是革命的社会民主党唯一可能接受的观点，因为革命的社会民主党希望继续成为而且应该始终成为无产阶级革命群众的党，而不至于变成共产党员宣传员的小团体。"

我认为，从这些话里可以看出，他对形势的估计是非常错误的。加米涅夫同志把"群众的党"和"宣传员的小团体"对立起来。但是要知道，"群众"现在正好感染上"革命"护国主义的狂热。在这种时候，一个国际主义者能够抵制"群众的"狂热，不是比"希望继续"同群众"在一起"，即一起感染上流行病要更体面些吗？难道我们没有看到，在欧洲各交战国里，沙文主义者不也是借口希望"继续同群众在一起"来为自己辩护吗？难道不应该在一定时期内站在少数地位来反对"群众的"狂热吗？为了把无产阶级的路线从"群众的"护国主义的和小资产阶级的狂热中**解脱**出来，宣传员的工作不正好是目前的中心工作吗？？把无产阶级群众和非无产阶级群众搅在一起,不分析群众内部的阶级差别,这正是护国主义得以流行的条件之一。轻蔑地谈论**无产阶级**路线的"宣传员的小团体",恐怕不太妥当吧。

1917 年 4 月由彼得格勒波涛
出版社印成单行本

译自《列宁全集》俄文第 5 版
第 31 卷第 131—144 页

无产阶级在我国革命中的任务

（无产阶级政党的行动纲领草案）[85]

（1917 年 4 月 10 日〔23 日〕）

俄国现在所处的历史关头有下列基本特征：

这次革命的阶级性

1. 仅仅代表一小撮操纵全部国家机器（军队、警察、官吏）的农奴主-地主的旧沙皇政权已经被打碎和废除，但还没有被彻底摧毁。君主制还没有正式废除。罗曼诺夫匪帮还在策划保留君主制的阴谋。农奴主-地主的大土地占有制还没有消灭。

2. 俄国的国家政权已经转到一个新的**阶级**，即资产阶级和资产阶级化的地主手里。**就这一点来说**，俄国的资产阶级民主革命已经完成。

掌握了政权的资产阶级，同那些在 1906—1914 年间异常热心地拥护血腥的尼古拉和绞刑手斯托雷平的公开君主派（如古契柯夫和其他一些比立宪民主党人更右的政治家）缔结了同盟。李沃夫之流的资产阶级新政府，企图而且已经开始同罗曼诺夫家族就在俄国恢复君主制问题进行谈判。这个政府在革命词句的掩护下,任命旧制度的拥护者担任国家要职。这个政府把国家机器的全部机构(军队、警察、官吏)交给资产阶级,力求使整个机构的改革愈少愈好。新政府已开始竭力阻挠群众的革命创举,不让人民**从下面**夺取政权(这是革命真正胜利的**唯一**保障)。

直到现在,这个政府连召开立宪会议的日期都还没有确定。它并不触动地主土地占有制这一农奴主沙皇制度的物质基础。对金融垄断组织、大银行、资本家的辛迪加和卡特尔等等的活动,它根本不想去调查、公布和监督。

新政府中有决定意义的最主要的部长职位(内务部、陆军部,即指挥军队、警察、官吏,指挥压迫群众的全部机构的司令部),都属于明显的君主派和大地主土地占有制的拥护者。立宪民主党人,这些昨天的共和派,违背自己意愿的共和派,只得到一些不能直接**指挥**人民、同国家政权机构没有直接关系的次要职位。劳动派代表和"也是社会党人"的亚·克伦斯基,除了用响亮的词句麻痹人民的警惕性,转移人民的注意力,根本不起任何作用。

由于这一切原因,即使在对内政策上,资产阶级新政府也不配享有无产阶级的丝毫信任,而无产阶级也不应当予以任何支持。

————

新政府的对外政策

3. 由于客观条件,现在对外政策提到了首要地位;新政府在对外政策方面是继续进行帝国主义战争的政府,是为了瓜分资本主义赃物,为了扼杀弱小民族而同英法等帝国主义强国勾结起来进行战争的政府。

新政府屈从于俄国资本及其强有力的保护者和主子即世界上最富有的英法帝国主义资本的利益，违反由兵工代表苏维埃代表俄国绝大多数民族十分明确地表达出来的愿望，没有采取任何实际步骤去制止各民族为资本家的利益而互相残杀。它甚至不公布那些明明具有掠夺内容（瓜分波斯，抢劫中国，抢劫土耳其，瓜分奥地利，夺取东普鲁士，夺取德国殖民地等等）、明明把俄国和英法帝国主义强盗资本联结在一起的秘密条约。它**承认**沙皇政府缔结的这些条约；数百年来，沙皇政府比其他专制魔王掠夺和压迫了更多的民族，它不仅压迫大俄罗斯民族，而且玷污和腐蚀大俄罗斯民族，使它变成屠杀其他民族的刽子手。

新政府在承认这些可耻的掠夺性条约以后，违反由工兵代表苏维埃代表俄国大多数民族明白提出的要求，不向交战的各国人民建议立刻停战。它只是用一些冠冕堂皇、有声有色、但毫无内容的宣言和词句来敷衍搪塞，这样的宣言和词句在资产阶级的外交家口里，一向是用来欺骗被压迫人民中轻信而幼稚的群众的。

4.因此，新政府在对外政策方面不配享有丝毫信任，不仅如此，向它继续提出要求，要它表达俄国各族人民的和平意志，要它放弃兼并等等，实际上也只是欺骗人民，让人民空抱不能实现的希望，阻碍人民觉醒，间接使人民容忍战争继续打下去，而这一战争的真正社会性质，则不是由善良的愿望决定的，而是由进行战争的政府的阶级性质，由这个政府所代表的阶级同俄、英、法等等帝国主义金融资本的联系，以及由这个阶级所实行的**真正的实际政策**决定的。

Россійская Соціаль-Демократическая Рабочая Партія.

Пролетаріи всѣхъ странъ, соединяйтесь!

Н. Ленинъ.

Задачи пролетаріата въ нашей революціи.

ПРОЕКТЪ ПЛАТФОРМЫ ПРОЛЕТАРСКОЙ ПАРТІИ.

Петербургъ.
1917.—Сентябрь.

Типографія „Трудъ", Т-во „Рабочая Печать", Кавалергардская, 40.

1917 年列宁《无产阶级在我国革命中的任务》小册子封面
（按原稿缩小）

两个政权并存的特殊局面和
它的阶级意义

5.我国革命最主要的特点,最需要慎重对待的特点,就是在革命胜利后的最初几天内形成了**两个政权并存的局面**。

所谓两个政权并存,就是说有**两个**政府同时存在:一个是主要的、真正的、实际的、掌握全部政权机关的资产阶级政府,即李沃夫之流的"临时政府";另一个是补充的、附加的、"监督性的"政府,即彼得格勒工兵代表苏维埃,它没有掌握国家政权机关,但是它直接依靠显然是绝大多数的人民,依靠武装的工人和士兵。

两个政权并存的局面的阶级根源和它的阶级意义在于:1917年3月的俄国革命不仅推翻了整个沙皇君主制,不仅把全部政权交给了资产阶级,而且**已经到达**无产阶级和农民的革命民主专政。彼得格勒和其他地方的工兵代表苏维埃就是这样的专政(即不是依靠法律而是依靠武装的居民群众的直接力量的政权),就是无产阶级和农民的专政。

6.俄国革命的另一个非常重要的特点,就是显然得到大多数地方苏维埃信任的彼得格勒兵工代表苏维埃,竟**自愿**把国家政权交给资产阶级及**其**临时政府,自愿把首位**让给**临时政府,同它达成支持它的协议,而自己则只是充当监视和监督立宪会议的召开(召开的日期,临时政府直到今天都还没有宣布)的角色。

这种史无前例的异常独特的情况,使**两种**专政**交织在一起**:一种是资产阶级专政(因为李沃夫之流的政府是一种专政,就是说,是既不依靠法律，也不依靠预先表示出来的民意，而是依靠暴力夺取的一种政权，而且这种夺取是由一定的阶级即资产阶级来实现的）；另一种是无产阶级和农民的专政（工兵代表苏维埃）。

毫无疑问，这种"交织"是**不能**长久保持下去的。一国之内**决不能有**两个政权。其中必有一个要化为乌有。现在，俄国的整个资产阶级已经在各处拼命用各种办法排除、削弱和消灭兵工代表苏维埃，以求建立资产阶级的单一政权。

两个政权并存的局面只是反映了革命发展中的一个**过渡**时刻，这时革命已超出了一般的资产阶级民主革命的范围，**但是还没有到达**"纯粹的"无产阶级和农民的专政。

这种过渡的不稳定的局面的阶级意义（以及阶级原因）在于：我国革命也同其他一切革命一样，要求群众有高度的英雄气概和自我牺牲精神来同沙皇制度作斗争，同时一下子就把数量空前的普通人**卷进了运动**。

一切真正的革命，其科学的和实际政治的主要标志之一，就是积极、自动和有效地参加政治生活，参加**国家制度建设**的"普通人"非常迅速地、急剧地增加起来。

俄国就是这样。俄国正在沸腾。在政治上沉睡了 10 年、因受沙皇制度残酷压迫和替地主工厂主做苦工而在政治上受压抑的千百万群众，现在**已经觉醒过来并渴望干预**政治了。这是些什么人呢？大部分是小业主，小资产者，即处在资本家和雇佣工人之间的那些人。在欧洲各国中，俄国是最富有小资产阶级性的国家。

汹涌的小资产阶级浪潮吞没了一切，它不仅在数量上而且在思想上压倒了觉悟的无产阶级，就是说，用小资产阶级的政治观点感染了和俘虏了非常广大的工人群众。

小资产阶级过的生活是业主式的，不是无产阶级式的（就其在社会**生产**中的**地位**而言），所以它在生活上依赖资产阶级，在思想方式上也跟着资产阶级走。

对资本家即对和平与社会主义的死敌抱着不觉悟的轻信态度，这就是俄国**群众**的政治现状的特点，这就是在欧洲一个最富有小资产阶级性的国家的社会经济基础上以革命速度**产生出来**的现象。这就是临时政府和工兵代表苏维埃之间达成"**协议**"的**阶级**根源（我要强调说：我所指的，不是形式上的协议，而是**事实上的**支持，默默达成的协议，轻信地不觉悟地让出政权）；这种协议给了古契柯夫之流一块肥肉，给了他们真正的政权，而苏维埃所得到的只是克伦斯基之流的许诺、尊敬（暂时的）、恭维、空话、保证和奉承。

俄国无产阶级的人数较少，觉悟和组织程度不够，这是造成这种情况的另一个原因。

一切民粹主义党派，一直到社会革命党人，都始终是小资产阶级的党派，组织委员会的党（齐赫泽、策列铁里等等）也是一样；非党的革命者（斯切克洛夫等）同样随波逐流，或者没有抵挡住、没有来得及抵挡住这种浪潮。

————

从上述情况中产生的策略特点

7. 马克思主义者必须注重客观事实，注重群众和阶级，而不是注重个别人物等等，在马克思主义者看来，上述实际情况的特点必然造成**当前**策略的特点。

这种特点提出了一个首要的任务，就是要把"酸醋和苦汁掺入到革命民主词句的甜水中去"（这是我们党中央委员泰奥多罗维奇同志昨天在彼得格勒全俄铁路职工代表会议[86]上说的，这句话说得非常中肯）。要进行批评，**说明**小资产阶级的社会革命党和社会民主党的错误，训练和团结**觉悟的无产阶级**共产党的成员，使无产阶级从"普遍的"小资产阶级狂热中**解脱**出来。

这**好像**"只是"一种宣传工作。其实这是**最实际的革命**工作，不如此就不能把革命推向前进，因为目前革命所以停顿，所以被空话阻塞而在"原地踏步"，并**不是由于外界的阻碍**，并**不是由于资产阶级使用暴力**（古契柯夫暂时还只是威胁说要使用暴力来对付士兵群众），而是**由于群众的轻信的不觉悟**。

只有同这种轻信的不觉悟作斗争（斗争的方法只能是并且应当是用同志的态度在思想上进行说服，指出**实际生活的经验**等），我们才能从**猖獗一时的革命空话**中解脱出来，才能真正提高无产阶级的觉悟，提高群众的觉悟，发扬群众**在地方上**大胆坚决的首创精神，促使他们自动地去实现、发展并巩固自由、民主和全部土地归全民所有的原则。

8. 全世界资产阶级和地主的政府的经验创造了**两种**保持对人民压迫的方法。第一种是使用暴力。尼古拉·罗曼诺夫一世（刑棍尼古拉）和尼古拉二世（血腥的尼古拉）已把这种屠杀方法淋漓尽致地表演给俄国人民看了。但是还有另一种方法，这种方法已被受过多次大革命和群众革命运动"教训的"英法资产阶级修饰得非常精巧。这种方法就是欺骗，恭维，说空话，无数的许诺，小恩小惠，小处让步，大处不放等等。

　　俄国当前的特点就是从第一种方法极其迅速地转到第二种方法，从用暴力压迫人民转到**恭维**人民，用诺言欺骗人民。猫儿瓦西卡边听边吃。米留可夫和古契柯夫把持着政权，维护资本的利润，为了俄国资本和英法资本的利益而进行帝国主义战争，同时用空洞的诺言、堂皇的宣言、娓娓动听的声明来敷衍齐赫泽、策列铁里、斯切克洛夫这类"厨子"的高谈阔论，尽管这些"厨子"在那里不断地威胁、劝告、央求、恳请、要求、慷慨陈词……　猫儿瓦西卡边听边吃。[87]

　　这种轻信的不觉悟和不觉悟的轻信，必然会日益消失，特别是对无产者和**贫苦**农民更是这样，因为实际生活（他们的社会经济地位）教他们不要信任资本家。

　　小资产阶级的领袖们"应该"教导人民信任资产阶级。无产者应该教导人民不信任资产阶级。

―――――

革命护国主义和它的阶级意义

　　9."几乎把一切"都吞没了的小资产阶级浪潮，它的最大最鲜明的表现要算是**革命护国主义**了。正是革命护国主义是俄国革命向前发展和取得胜利的死敌。

　　谁在这一点上失足而不能自拔，谁就谈不上革命。不过群众的失足和领袖不同，因此，他们的解脱方法也**不一样**，他们是经过另一条发展道路、经过另一种方法求得解脱的。

　　革命护国主义一方面是群众受资产阶级欺骗的结果，是农民和一部分工人轻信的不觉悟的结果，另一方面也是小业主的利益和观点的反映，因为小业主从兼并和银行利润中得到一定的好处，他们"神圣地"保卫着以残害其他民族来腐蚀大俄罗斯人的沙皇制度的传统。

资产阶级欺骗人民，利用了高尚的革命自豪感，把事情说成似乎由于革命的这一阶段，由于古契柯夫—米留可夫的准共和国代替了沙皇君主国，战争的**社会政治**性质在俄国方面就发生了变化。人民也就相信了（暂时地相信了）这种谎言，这在很大程度上是由于旧的偏见，即认为除了大俄罗斯民族以外俄国的其他民族都是大俄罗斯人的某种私有财产或世袭领地。沙皇制度卑鄙地腐蚀大俄罗斯民族，使大俄罗斯人习惯于把其他民族都看成一种下等人，"理应"受大俄罗斯支配，这种腐蚀作用是不能**一下子**就消除的。

我们要**善于**向群众说明，决定战争的社会政治性质的，不是某些个人、集团以至某些民族的"善良愿望"，而是进行战争的那个**阶级**的地位，那个阶级的**政治**（战争是这一政治的继续），资本这一在现代社会中占统治地位的经济力量的**种种联系**，国际资本的**帝国主义性质**，俄国在财政、银行、外交上对英法等国的依赖等等。要巧妙地用群众易懂的话说明这个道理，**并不是一件容易的事**，我们谁也不能不出差错地一下子就做到这一点。

但是我们宣传的方向，确切些说，我们宣传的内容，应该是这样，而且只能是这样。不管用多么漂亮的话，用怎样的"实际"理由来辩护，对革命护国主义作丝毫让步都是**背叛社会主义**，都是彻底背弃**国际主义**。

"打倒战争"的口号当然是正确的，但是它没有估计到当前任

务的特点,没有估计到必须用**另一种方法去对待**广大群众。我看,
这个口号就同"打倒沙皇"的口号一样,"想当年"笨拙的鼓动家带
着"打倒沙皇"的口号贸然闯到农村,结果挨了一顿打。革命护国
主义的广大拥护者**是真心诚意的**——不是指个人,而是指阶级来
说,也就是说,他们所属的**阶级**(工人和贫苦农民),在兼并和扼杀
别的民族方面**确实**得不到什么好处。这与资产者和"知识分子"先
生们的情况不同,这些人明明知道不放弃资本的统治就**不能**放弃
兼并,却还要用漂亮的词句、无边无际的许诺、多不胜数的担保来
无耻地欺骗群众。

　　护国主义的广大拥护者把问题看得非常简单平常,他们说:
"我并不愿意兼并,但是德国人向**我**'闯过来了',因此我维护的是
正义的事业,而完全不是什么帝国主义的利益。"对于这种人,我们
应该向他再三解释,告诉他问题不在于他个人的愿望,而在于群
众的、**阶级的**、政治的关系和条件,在于战争同资本利益、同国际
银行网的联系等等。只有这样反对护国主义,才是严肃的,才有
希望取得成效——也许不会很快取得,但这种成效会是牢固而
可靠的。

————

怎样才能结束战争?

　　10. 战争不是"凭愿望"就能结束的。靠单方面的决定是结束
不了战争的。像一个护国派士兵所说的"把刺刀往地上一插",是
结束不了战争的。

靠各国社会党人的"协议"、全世界无产者发起的"行动"、各国人民的"意志"等等，是结束不了战争的。所有这类充满在护国派、半护国派、半国际主义派报纸的文章中的词句，所有这类充满在无数的决议、号召书、宣言以及兵工代表苏维埃的决议中的词句，无非是小资产者的空洞的、天真的、善良的愿望而已。关于"表达各国人民的和平意志"、关于无产阶级**轮番**发起革命行动（继俄国无产阶级之后，按"顺序"该是德国无产阶级）等等词句，是最有害不过的了。这一切都是路易·勃朗主义，都是甜蜜的幻想，都是玩"政治运动"游戏，实际上是再现关于猫儿瓦西卡的寓言。

虽然战争确实**只**有利于资本家强盗，只会使他们发财，但战争并不是由资本家强盗的恶念造成的。战争是由半个世纪以来全世界资本的发展、全世界资本的千丝万缕的联系造成的。不推翻资本的权力，不把国家政权转到**另一个**阶级即无产阶级手中，就**不能跳出帝国主义战争**，**不能争得民主的非强制的和约**。

1917 年二、三月的俄国革命，是变帝国主义战争为国内战争的开端。这次革命迈出了停止战争的**第一步**。但是只有迈出**第二步**，即把国家政权转到无产阶级手中，才能**保证**停止战争。这将是在全世界"突破战线"——突破资本利益的战线的开始；无产阶级只有突破**这条**战线，**才能**使人类摆脱战争的惨祸，给人类带来持久和平的幸福。

俄国革命既然创立了工人代表苏维埃，**也就**把俄国无产阶级推上了这种"突破"资本"战线"的阵地。

————

在我国革命中兴起的
一种新的国家类型

11. 工兵农等等代表苏维埃目前还没有为人们所理解，这不仅表现在大多数人还不明白苏维埃的阶级意义及其**在俄国**革命**中**的作用，而且表现在他们还不明白苏维埃是一种新的国家形式，确切些说，是一种新的**国家类型**。

最完善最先进的资产阶级国家类型是**议会制民主共和国**：权力属于议会；国家机器，管理的机构和机关，和往常一样，有常备军、警察以及实际上从不撤换、拥有特权、居于人民**之上**的官吏。

但是从 19 世纪末开始的革命时代，产生了一种**更高**类型的民主国家；根据恩格斯的说法，这种国家从某些方面来看已经不成其为国家，"已经不是原来意义上的国家"[①]。这就是巴黎公社类型的国家，它以人民自己的直接武装**代替了**脱离人民的军队和警察。巴黎公社的实质**就在于此**。资产阶级的著作家们曾谩骂和诽谤巴黎公社，错误地认为巴黎公社打算立刻"实施"社会主义。

1905 年和 1917 年的俄国革命**开始**建立的正是这种国家类型。由全俄人民代表立宪会议或由苏维埃会议统一起来的工兵农等等代表苏维埃共和国，现在在我国**已经出现了**。它的出现是由于千百万人民的主动，是由于人民**按照自己的方式**自动地创立民主制度，既不等待立宪民主党人的教授先生们拟定资产阶级议会

---

① 见《马克思恩格斯文集》第 3 卷第 414 页。——编者注

制共和国的法律草案,也不等待小资产阶级"社会民主党"中的老学究和老顽固(如普列汉诺夫先生或考茨基)放弃他们对马克思主义国家学说的歪曲。

与无政府主义不同,马克思主义承认在任何革命时期,特别是在从资本主义到社会主义的过渡时期,**必须有**国家和国家政权。

与普列汉诺夫先生和考茨基之流的小资产阶级机会主义的"社会民主主义"不同,马克思主义认为在上述时期需要的,**不是**通常的资产阶级议会制共和国,而是巴黎公社那样的国家。

巴黎公社类型的国家和旧类型的国家之间的主要区别如下:

从资产阶级议会制共和国回到君主国是非常容易的(历史证明了这一点),因为整个压迫机器——军队、警察、官吏仍然原封不动。而公社和工兵农等等代表苏维埃则**打碎**并铲除这个机器。

资产阶级议会制共和国限制并压抑**群众**自主的政治生活,不让群众自下而上地直接参加全部国家生活的**民主**建设。工兵代表苏维埃则与此相反。

工兵代表苏维埃再现了巴黎公社所创造的那种国家类型,马克思曾把这种国家类型叫做"终于发现的**可以**使劳动在经济上获得解放的政治形式"①。

通常有人反驳说:俄国人民还没有条件"实施"公社。这是农奴主的论调,他们也曾经说过:农民还没有条件享受自由。**凡是**在经济现实中和在绝大多数人民的意识中还没有绝对成熟的改革,公社即工农代表苏维埃都没有"实施",也不打算"实施",而且也不应当实施。经济破坏和战争造成的危机愈深,就愈需要最完善的

_____

① 见《马克思恩格斯文集》第3卷第158页。——编者注

政治形式，以便**更容易地**医治战争给人类带来的可怕的创伤。俄国人民的组织经验愈少，就愈应当坚决**着手人民自己**的组织建设，而不是专靠一批资产阶级政客和占据"肥缺"的官吏去做。

我们愈迅速抛弃普列汉诺夫先生和考茨基之流的冒牌马克思主义的旧偏见，愈热心帮助人民立刻在各地建立工农代表苏维埃并使其支配**全部**生活，李沃夫之流先生们愈拖延立宪会议的召开，人民就会愈容易选择（通过立宪会议，如果李沃夫迟迟不召开立宪会议，那就不通过它）工农代表苏维埃共和国。人民自己进行新的组织建设，起初难免不犯错误，但是犯错误而不断前进，总比**等待**李沃夫先生召集法学教授来草拟关于召开立宪会议、关于永远保存资产阶级议会制共和国和扼杀工农代表苏维埃的法律要好。

只要我们组织起来并作好宣传，那么，不仅无产者而且十分之九的农民也会起来反对恢复警察，反对从不撤换的、拥有特权的官吏，反对脱离人民的军队。新的国家类型的实质就在这里。

12. 用民兵代替警察，这是在整个革命进程中产生出来并正在俄国大多数地方实行的改革。我们应该向群众说明，在大多数通常的资产阶级革命中，这种改革往往只是昙花一现；资产阶级，甚至最民主最共和的资产阶级，也总是恢复专制制度下的那种脱离人民、受资产者指挥、惯于多方压迫人民的旧式警察。

不让警察恢复，只有一种办法，就是建立全民的民兵，把它和军队融合起来（用普遍的人民武装代替常备军）。从15岁到65岁（可以大体上以此为少年和老人参加的年龄标准）的男女公民，人人应当参加民兵。资本家应当按照雇佣工人和仆人等等在民兵中执行公务的天数付给他们报酬。不仅要吸引妇女独立地参加一般政治生活，而且应当吸引她们参加经常的人人要担任的公务，否则，不仅社会主义，就连完备而稳固的民主制度也无从谈起。至于护理病人、照料流离失所的孩子、注意饮食卫生等等的"警察"职能，除非妇女享有实际上的而不是纸上的平等，是根本不能完满实现的。

不让警察恢复；发动全体人民的组织力量来建立人人参加的民兵，——这就是无产阶级为捍卫、巩固和发展革命而应当在群众中进行宣传的任务。

————

土地纲领和民族纲领

13. 现在我们无法确切知道，俄国农村在最近是否会展开强大的土地革命。我们无法知道，农民中近年来确已加深的阶级分化，即一部分人成为雇农、雇佣工人和贫苦农民（"半无产者"），另一部分人成为富裕农民和中等农民（资本家和小资本家），究竟达到了怎样的程度。这样的问题，要靠实际经验，也只能靠实际经验来解决。

但是，**为了**俄国农民土地革命的**利益**，我们无产阶级政党不仅绝对必须立即提出土地纲领，而且绝对必须宣传那些立刻可以实现的实际措施。

我们应当要求**全部**土地国有化，就是说，把全国一切土地收归国家中央政权所有。这个政权应该规定移民用地的数量等等，定出保护森林、改良土壤等等的法律，严禁土地所有者（国家）和租地者（农户）之间有任何中介行为（严禁土地转租）。但是**支配土地的**

权力以及规定**地方上**占用土地的**条件**,都应完全由各区域和各地方的**农民代表苏维埃**掌握,而绝不应操在官僚、官吏的手里。

为了提高粮食生产的技术和增加产量,为了发展合理化的大农场和对它们实行社会监督,我们应当在农民委员会内部争取把没收来的地主田庄都改建成大规模的示范农场,由**雇农代表苏维埃**负责监督。

社会革命党人中充满了小资产阶级的词藻和政策,特别是什么"消费"土地份额、"劳动"土地份额以及"土地社会化"等等空谈;与之相反,无产阶级政党应当说明,在商品生产条件下小经济制度**决不能**使人类摆脱群众生活贫困和遭受压迫的状况。

无产阶级政党不是一定要立刻把农民代表苏维埃拆散,但它应当说明,必须组织单独的雇农代表苏维埃和单独的贫苦农民(半无产者)代表苏维埃,或者至少要组织**这种阶级地位**的代表,作为总的农民代表苏维埃中单独的党派,举行单独的定期会议。否则,民粹主义者说到农民时的那些小资产阶级的甜言蜜语,就会成为富裕农民欺骗贫苦群众的护身符,而富裕农民只不过是**资本家**的一个变种而已。

许多社会革命党人和工兵代表苏维埃按照资产阶级自由派的或完全是官吏的腔调进行宣传,劝告农民在立宪会议召开以前不要夺取地主土地,不要进行土地改革,与之相反,无产阶级政党应当号召农民立刻自动地实行土地改革,并根据当地农民代表的决定立刻没收地主土地。

同时,特别重要的是坚持必须**增加**食品生产,以供应前方士兵和城市,严禁任何损坏牲畜、工具、机器和建筑物等现象发生。

14.在民族问题上,无产阶级政党首先应当坚持宣布并坚持立刻实行的，就是一切受沙皇制度压迫、被强迫并入或被强迫留在俄国疆界内的各大小民族，即被兼并的民族，都享有同俄国分离的充分自由。

没有真正实现分离的自由，任何放弃兼并的声明和宣言都不过是资产阶级对人民的欺骗，或是小资产阶级的天真愿望。

无产阶级政党力求建立尽可能大的国家，因为这对劳动者是有利的；它力求各民族彼此**接近以至进一步融合**，但是它不想通过暴力，而只想通过各民族工人和劳动群众的兄弟般的自由联合来达到这个目的。

俄罗斯共和国愈民主，它组建成为工农代表苏维埃共和国愈顺利，**各民族劳动群众自愿**趋向这种共和国的力量就愈大。

分离的完全自由，最广泛的地方自治（和民族自治），详尽规定保障少数民族权利的办法，——这就是革命无产阶级的纲领。

————

银行和资本家的辛迪加的国有化

15.在一个小农国家里，只要绝大多数居民还没有觉悟到必须进行社会主义革命，无产阶级政党就决不能提出"实施"社会主义的目的。

但是，只有躲在"准马克思主义"词句下的资产阶级诡辩家，才会以这个真理为借口，替那种不执行实际上业已成熟的迫切革命措施的拖延政策进行辩护，而这类措施**在战时已有许多资产阶级国家实行了**，因为这是同日益逼近的经济的彻底崩溃和饥荒作斗争所绝对必要的。

实行土地国有化、把一切银行和资本家的辛迪加收归国有或至少由工人代表苏维埃**立刻加以监督**等等措施,决不是"实施"社会主义。应当绝对坚持实现这些措施,并尽量用革命方法来实现。这些措施只是走向社会主义的步骤,在经济上完全可以实现;不采取这些措施,就不可能医治战争的创伤,不可能防止即将临头的破产;革命的无产阶级政党决不会不去侵犯那些正是靠"战争"大发横财的资本家和银行家的空前的高额利润。

————

社会党国际的状况

16. 俄国工人阶级的国际义务正是在现时特别突出地提到了首要地位。

现在,只有懒汉才不拿国际主义发愿起誓,连沙文主义护国派,连普列汉诺夫先生和波特列索夫先生,连克伦斯基都自称为国际主义者。所以无产阶级政党更有责任把真正的国际主义和口头上的国际主义作一个鲜明、确切、清晰的对照。

只向各国工人发表宣言,空口担保自己忠于国际主义,企图直接或间接地规定各交战国革命无产阶级发起行动的"顺序",硬要在各交战国社会党人之间订立**关于**革命斗争的"协议",忙于召开社会党代表大会**以开展**和平运动,如此等等,所有这些主张、企图或计划,无论它们的炮制者怎样真诚,但从**客观**意义来看,都只是空话,**至多**不过是天真的善良愿望,只能为沙文主义者**欺骗**群众打掩护。在玩弄议会欺诈手段方面最圆滑、最老练的**法国**社会沙文主义者早就打破了纪录,他们一方面高喊空前响亮的和平主义和国际主义的词句,**同时**又极其可耻地背叛社会主义和国际,加入进行帝国主义战争的内阁,投票赞成军事拨款**或公债**(像齐赫泽、斯柯别列夫、策列铁里、斯切克洛夫近来在俄国所做的那样),反对**本国的**革命斗争等等。

好心肠的人常常忘记世界帝国主义大战的严峻而又险恶的环境。这种环境容不得空谈,而且会嘲弄天真甜美的愿望。

真正的国际主义只有一种,就是进行忘我的工作来发展**本国的**革命运动和革命斗争,支持(用宣传、声援和物质来支持)无一例外的**所有国家的同样的**斗争、同样的路线,而且**只支持这种斗争、这种路线**。

除此以外,其他一切都是欺人之谈和马尼洛夫精神[88]。

战争爆发两年多来,国际社会主义运动和工人运动在**所有**国家都造成了三种派别;谁要是离开**现实的**基础,不承认这三种派别的存在,不对它们进行分析,不为真正的国际主义派进行彻底斗争,他一定会软弱无力,束手无策,陷入错误。

三种派别如下:

(1)社会沙文主义者,即口头上的社会主义者,实际上的沙文主义者;这些人同意在帝国主义战争中(首先是在这次帝国主义战争中)"保卫祖国"。

这些人是我们的**阶级**敌人,他们已经转到资产阶级方面去了。

各国正式社会民主党的正式领袖大多数都是这样。这就是俄国的普列汉诺夫先生之流,德国的谢德曼之流,法国的列诺得尔、盖得、桑巴等,意大利的比索拉蒂之流,英国的海德门、费边社分子和"拉布分子"(指"工党"的领袖们),瑞典的布兰亭之流,荷兰的特鲁尔斯特拉和他的党,丹麦的斯陶宁格和他的党,美国的维克多·伯杰及其他"保卫祖国派"等等。

(2)第二派即所谓"中派",这些人摇摆于社会沙文主义者和真正的国际主义者之间。

所有"中派"分子都赌咒发誓,说他们是马克思主义者,是国际主义者,说他们赞成和平,赞成对政府多方施加"压力",从多方面"要求"本国政府"表达人民的和平意志",赞成各种各样有利于和平的运动,赞成没有兼并的和约等等,**同时也赞成同社会沙文主义者讲和平**。"中派"赞成"团结一致",反对分裂。

"中派"是小资产阶级的善良空话的王国,口头上是国际主义,实际上是胆怯的机会主义,向社会沙文主义者讨好。

问题的关键在于"中派"不相信用革命来反对本国政府的必要性,不宣传革命,不进行忘我的革命斗争,而捏造各种最卑鄙的——听起来好像是绝顶"马克思主义的"——**借口**来躲避革命。

社会沙文主义者是我们的**阶级敌人**,是工人运动中的**资产者**。他们是那些**客观上被资产阶级收买**(用优厚的工资、荣耀的职位等等)的工人阶层和集团,他们帮助**本国**资产阶级掠夺和扼杀弱小民族,帮助他们**为瓜分资本主义的赃物而进行争斗**。

"中派"是一些被腐朽的合法性侵蚀了的、被议会制度的环境等等败坏了的守旧派,是习惯于待遇优厚的职位和"安稳的"工作的官吏。从历史上和经济上来讲,他们并不代表一个**特殊的**阶层,而只是代表工人运动从过去的阶段即从 1871—1914 年的阶段**向新阶段的过渡**;过去的阶段给了无产阶级许多宝贵的东西,特别是在无产阶级所必需的一门艺术方面,这门艺术就是广泛而又广泛地进行缓慢的、坚持不懈的、有系统的组织工作；从第一次世界帝国主义大战开创了**社会革命的纪元**那时起，新**阶段**的到来**在客观上**就成为必然的了。

"中派"的主要领袖和代表卡尔·考茨基，是第二国际(1889—1914年)最有威望的人物，是彻底毁坏马克思主义、毫无气节、从1914年8月起就非常可鄙地动摇和叛变的典型。"中派"就是考茨基、哈阿兹、累德堡和帝国国会中的所谓"工作小组"，法国的龙格、普雷斯曼和整个所谓"米诺利特"（少数派）**89**，英国的菲力浦·斯诺登、拉姆赛·麦克唐纳和"独立工党"**90**的其他许多领袖以及一部分英国社会党**91**的领袖，美国的莫里斯·希尔奎特以及其他许多人，意大利的屠拉梯、特雷维斯、莫迪利扬尼等，瑞士的罗伯特·格里姆等，奥地利的维克多·阿德勒之流，俄国的组织委员会的党——阿克雪里罗得、马尔托夫、齐赫泽、策列铁里等等。

自然，个别人有时会不知不觉地从社会沙文主义立场转到"中派"立场，或者从后者转到前者。每个马克思主义者都知道，虽然个别人可以从一个阶级随意转到另一个阶级，但阶级是各不相同的；同样，虽然个别人可以从一个派别随意转到另一派别，虽然有人力求**融合**各个派别，但政治生活中的**派别**是各不相同的。

(3)第三派是真正的国际主义者，表现得最明显的是"齐美尔瓦尔德左派"（我们把他们1915年9月发表的宣言作为附录转载于后，使读者能够通过原件了解这一派别的产生）。

这一派的主要特点就是他们既同社会沙文主义也同"中派"彻底决裂。他们进行忘我的革命斗争来反对**本国的**帝国主义政府和**本国的**帝国主义资产阶级。他们的原则是"主要的敌人在本国"。他们坚决反对社会和平主义者的甜言蜜语（社会和平主义者是口头上的社会主义者,实际上的资产阶级和平主义者;资产阶级和平主义者梦想**不打破资本的枷锁和统治而获得永久的和平**),反对利用种种**借口**来否认**因**这次战争而进行无产阶级革命斗争和无产阶级社会主义革命是可能的、适当的和及时的。

这派最有名的代表,在德国是"斯巴达克派"即"国际派",卡尔·李卜克内西就是它的成员。卡尔·李卜克内西是这一派别和真正无产阶级的**新**国际的最有名望的代表。

卡尔·李卜克内西号召德国工人和士兵**把枪口转向本国**政府。卡尔·李卜克内西曾在国会(帝国国会)的讲台上公开发出这一号召。随后他又到柏林一个最大的广场——波茨坦广场上,向示威群众散发秘密印成的传单,号召"打倒政府"。他被逮捕并被判处**苦役**。他现在被关在德国的苦役监狱里,在德国少说也有**几百个真正的**社会主义者因反对战争而被监禁。

卡尔·李卜克内西在他的演说和信件中,不仅**同他本国的**普列汉诺夫之流、波特列索夫之流(即谢德曼之流、列金之流、大卫之流,等等)作无情的斗争,**而且同他本国的中派**即同他们的齐赫泽、策列铁里(即考茨基、哈阿兹、累德堡之流)作无情的斗争。

在 110 个议员中,只有卡尔·李卜克内西和他的朋友奥托·吕勒两个人破坏了纪律,破坏了同"中派"和沙文主义者的"团结一致",**反对全体议员**。只有李卜克内西**一个人代表社会主义**,代表无产阶级事业,代表无产阶级革命。除他以外,**整个德国社会民主党**,正像罗莎·卢森堡(她也是"斯巴达克派"的成员和领袖之一)所正确形容的那样,已变成了一具**发臭的死尸**。

德国另一个真正的国际主义者团体是不来梅的报纸《工人政治》。

　　堪称真正的国际主义者的,在法国有洛里欧和他的朋友们(布尔德朗和梅尔黑姆已堕落到社会和平主义),以及在日内瓦出版《明日》杂志[92]的法国人昂利·吉尔波;在英国,有《工联主义者报》[93]及英国社会党和独立工党的**部分**党员(如罗素·威廉斯,他曾公开号召同**背叛**社会主义的领袖们分裂),有苏格兰的国民教师社会党人**马克林**,他因从事反战的革命斗争而被英国资产阶级政府判处**苦役**,因同一罪名而入狱的还有几百个英国社会党人。他们,只有他们,才是**真正的**国际主义者;在美国,有"社会主义工人党"[94]以及机会主义"社会党"[95]内那些从 1917 年 1 月开始出版《国际主义者周报》[96]的人;在荷兰,有出版《论坛报》的"论坛派"(潘涅库克、赫尔曼·哥尔特、怀恩科普、罕丽达·罗兰-霍尔斯特,后者曾是齐美尔瓦尔德的中派,现在已转向我们)[97];在瑞典,有青年党或左派党[98],党的领袖有林德哈根、图雷·涅尔曼、卡尔松、斯特勒姆、塞·霍格伦,霍格伦曾在齐美尔瓦尔德亲自参加建立"齐美尔瓦尔德左派"的工作,现因进行反战的革命斗争而被判罪入狱;在丹麦,有特里尔和他的朋友们,他们退出了以斯陶宁格**部长**为首的完全变成**资产阶级**政党的丹麦"社会民主党"[99];在保加利亚,有"紧密派"[100];在意大利,最接近国际主义的是党的书记康斯坦丁诺·拉查理和中央机关报《前进报》的编辑塞拉蒂;在波兰,有拉狄克、加涅茨基和其他由"边疆区执行委员会"统一起来的社会民主党的领袖;此外还有罗莎·卢森堡、梯什卡和其他由"总执行委员会"[101]统一起来的社会民主党的领袖;在瑞士,有一些左派,他们草拟了举行"全民投票"的理由书(1917 年 1 月)同**本**国的社会沙文主义者和"中派"作斗争,1917 年 2 月 11 日,他们在特斯举行的社会党苏黎世州代表大会上提出了原则上革命的反战决议;

在奥地利,有弗里德里希·阿德勒的左派青年朋友,其中一部分人常在维也纳的"卡尔·马克思"俱乐部内活动,极其反动的奥地利政府现已查封了这个俱乐部,这个政府还因弗·阿德勒英勇地——但欠考虑地——枪击首相而对他进行迫害;以及其他等人。

问题不在于细微差别,就是在左派中也有不同的细微差别。问题在于**派别**。问题的全部实质在于:在残酷的帝国主义战争时代,要做一个真正的国际主义者是不容易的。这样的人很少,但是**只有**他们才代表社会主义的整个未来,**只有**他们才是**群众的领袖**,而不是腐蚀群众的人。

在社会民主党人以至所有社会主义者中间的改良派和革命派的区别,在帝国主义战争这种环境中客观上必然要起变化。谁如果只限于向资产阶级政府"要求"缔结和约或"要求"它"表达各国人民的和平意志"等等,他**在实际上**就是堕落到改良派的立场。**因为战争问题**在客观上只能用**革命手段**来解决。

除无产阶级革命外,没有其他办法可以摆脱战争而缔结民主的非强制的和约,可以使各国人民从发"战争"财的资本家老爷们**亿万**利息的盘剥下解放出来。

可以而且应当要求资产阶级政府实行各种各样的改良,但是不能陷入马尼洛夫精神和改良主义去要求那些与帝国主义资本有千丝万缕联系的人们和阶级**斩断**这些联系;而不斩断这些联系,用战争反对战争的一切议论都只是空洞的骗人的词句。

"考茨基派"即"中派"是口头上的革命家,实际上的改良主义者,是口头上的国际主义者,实际上的社会沙文主义者的帮凶。

齐美尔瓦尔德国际的破产
——必须建立第三国际

　　17.齐美尔瓦尔德国际一开始就站到动摇的"考茨基派"即"中派"的立场上,这就使**齐美尔瓦尔德左派**不得不立刻划清界限,分离出来,发表**自己的**宣言(在瑞士用俄文、德文、法文刊印)。

　　齐美尔瓦尔德国际的主要缺点,它**破产**(因为它在思想上和政治上已经破产了)的原因,就是在同社会沙文主义、同以在海牙(荷兰)的王德威尔得、胡斯曼等等为首的社会沙文主义旧国际彻底决裂的问题上,在这样一个实际**决定一切的**极其重要的问题上动摇不定。

　　在我国还有人不知道,齐美尔瓦尔德多数派**就是考茨基派**。而这正是一个不能不考虑到的基本事实,现在西欧已经都知道这个事实。就连沙文主义者,德国的极端沙文主义者海尔曼,即极端沙文主义的《开姆尼茨报》的编辑兼由帕尔乌斯出版的极端沙文主义的《钟声》杂志[102]的撰稿人海尔曼(自然也是个"社会民主党人",而且是热烈主张社会民主党"团结一致"的人),也不得不在报刊上承认,中派或"考茨基派"和**齐美尔瓦尔德多数派**就是一个东西。

　　到1916年底和1917年初,这个事实被完全确认了。虽然昆塔尔宣言[103]斥责了社会和平主义,但**整个齐美尔瓦尔德右派,整个齐美尔瓦尔德多数派**,堕落到社会和平主义方面去了,如:考茨基之流在1917年1月和2月的一系列演说;法国的布尔德朗和梅尔黑姆同社会沙文主义者**一致**投票赞成社会党的和平主义决议（1916年12月通过）和"劳动总联合会"的和平主义决议[104]（劳动总联合会是法国工会的全国性组织，该决议也是在1916年12月通过的）；意大利的屠拉梯之流也是这样，他们全党采取了社会和平主义的立场，而屠拉梯本人在1916年12月17日的演说中，甚至"滑到了"（当然不是偶然的）用**民族主义**词句掩饰帝国主义战争的地步。

齐美尔瓦尔德代表会议和昆塔尔代表会议的主席罗伯特·格里姆，在1917年1月，同**他**党内的社会沙文主义者（格罗伊利希、普弗吕格尔、古斯塔夫·弥勒等）联合起来**反对**真正的国际主义者。

在1917年1月和2月举行的各国**齐美尔瓦尔德派**的两次会议上，有一些国家的左派国际主义者，如国际青年组织书记和出色的国际主义报纸《青年国际》[105]的编辑明岑贝格，我党中央的代表季诺维也夫，波兰社会民主党（"边疆区执行委员会"）代表卡·拉狄克，"斯巴达克派"的成员、德国社会民主党人哈特施坦等，曾正式痛斥齐美尔瓦尔德多数派这种口是心非的两面派行为。

俄国无产阶级得到的很多；在世界任何地方工人阶级都还没有机会像在俄国那样发挥出那么大的革命力量。但是多得者应当多予。

再不能容忍齐美尔瓦尔德的泥坑了。再不能为了齐美尔瓦尔德的"考茨基派"而同普列汉诺夫之流、谢德曼之流的沙文主义国际保持藕断丝连的关系了。应该立刻同这个国际断绝关系。留在齐美尔瓦尔德**只**应该是为了了解情况。

正是我们，正是现在，应当毫不迟延地建立起革命的无产阶级的新国际，或者确切些说，我们应当不怕公开承认，这个国际已经建立并且在活动了。

这就是我在上面一一提到的那些"真正的国际主义者"的国际。他们，只有他们，才是革命国际主义群众的代表，而不是腐蚀群众的人。

如果说这样的社会主义者为数尚少，那么就请每个俄国工人问一问自己：在1917年二、三月革命的前夜，俄国的觉悟的革命者多不多呢？

问题不在于数量，而在于正确反映真正革命的无产阶级的主张和政策。问题的实质不在于"宣布"国际主义，而在于即使在最困难的时候也能够做一个真正的国际主义者。

我们不要欺骗自己，不要对订立协议和召开国际代表大会抱希望。只要帝国主义战争继续打下去，国际间的往来就会被帝国主义资产阶级军事专政的铁钳钳住。不得不容忍工人代表苏维埃这个附加的政府的"共和主义者"米留可夫，在1917年4月也没有准许瑞士社会党人、瑞士社会党书记、参加过齐美尔瓦尔德代表会议和昆塔尔代表会议的国际主义者弗里茨·普拉滕进入俄国（虽然他的妻子是俄国人，他是来探望妻子的亲属的，又因他在里加参加过1905年的革命，为此坐过俄国的监狱，并为获准出狱曾向沙皇政府缴纳过保释金，他来是想取回这笔保释金的。），既然"共和主义者"米留可夫竟能够在1917年4月的俄国做出这种事来，那么现在资产阶级关于缔结没有兼并的和约等等的诺言、词句和宣言究竟有什么价值，也就可想而知了。

英国政府拘留托洛茨基应当怎样解释呢？不让马尔托夫离开瑞士，想把他骗到英国，使他遭到同托洛茨基一样的命运，这又应当怎样解释呢？

我们不要陷入幻想，不要自己骗自己。

既然事实证明，一些忠于国际主义的社会党人连从斯德哥尔摩进入我国都得不到许可，**连他们的信件都不准寄来**（尽管战时书报检查机关是完全可以用最严密的手续来审查这些信件的），那么，"等待"召开国际代表大会或会议就无异于**背叛**国际主义。

我们党不应当"等待"，应当立刻**建立**第三国际，这样一来，在德国和英国监狱中的千百个社会主义者就可以轻松地喘一口气了；成千上万正在举行罢工和示威而使威廉这个恶棍和强盗畏惧的德国工人，就可以在**秘密**传单上看到我们的决定，看到我们对卡尔·李卜克内西（并且只是对他）的兄弟般的信任，看到**我们现在**也决心同"革命护国主义"作斗争；他们看到了这一切，就会更加坚定自己的革命国际主义信念了。

多得者应当多予。**现在**世界上没有一个国家有俄国这样的自由。我们利用这种自由，不是为了鼓吹支持资产阶级或资产阶级的"革命护国主义"，而是要勇敢地、忠实地、本着无产阶级的和李卜克内西的精神去**建立第三国际**，建立同社会沙文主义者这些叛徒以及"中派"这些动摇分子势不两立的国际。

18. 根据上述情况，关于俄国社会民主党人绝对谈不到统一的问题，就不必多费唇舌了。

宁可像李卜克内西那样只剩下两个人——**这就是说和革命无产阶级在一起**——也丝毫不能有同组织委员会的党，同齐赫泽和策列铁里统一的想法，因为这些人甘愿同《工人报》的波特列索夫结成联盟，在工人代表苏维埃执行委员会中投票赞成公债**106**，他们已经堕落到"护国主义"的立场了。

让死人自己去埋葬自己的尸首吧![107]

谁想**帮助**动摇分子，首先要自己不动摇。

————

我们党应当用什么名称，
在科学上才是正确的，在政治上才是
有助于启发无产阶级意识的？

19. 现在谈一谈最后一个问题，就是我们党的名称问题，我们应该像马克思和恩格斯那样称自己为**共产党**。

我们应该重复说，我们是马克思主义者，我们是以《共产党宣言》为依据的。社会民主党在下面主要两点上歪曲和背叛了这个宣言：(1)工人没有祖国，因此，在帝国主义战争中"保卫祖国"就是背叛社会主义；(2)马克思主义关于国家的学说被第二国际歪曲了。

"社会民主党"这个名称**在科学上**是不正确的，马克思曾经屡次——例如在 1875 年的《哥达纲领批判》中——指出这一点，恩格斯在 1894 年又更通俗地重复谈过这一点。① 人类从资本主义只能直接过渡到社会主义，即过渡到生产资料公有和按每个人的劳动量分配产品。我们党看得更远些：社会主义必然会逐渐成长为共产主义，而在共产主义的旗帜上写的是："各尽所能，按需分配"。

这是我的第一个论据。

————

① 参看《马克思恩格斯文集》第 3 卷第 425—450 页，第 4 卷第 448—449 页。——编者注

第二个论据：我们党（**社会民主党人**）的名称的后半部，在科学上也是不正确的。民主是一种**国家**形式，而我们马克思主义者是反对**任何**国家的。

第二国际（1889—1914 年）的领袖们，像普列汉诺夫先生、考茨基等等，把马克思主义庸俗化和歪曲了。

与无政府主义不同，马克思主义认为，为了向社会主义过渡，**国家是必需的**，但（正是在这一点上与考茨基之流不同）这种国家**并不是指**通常的资产阶级议会制民主共和国**那样的国家**，而是指1871 年巴黎公社以及 1905 年和 1917 年工人代表苏维埃那样的国家。

我的第三个论据是：**现实生活**，革命，**实际上已经**在我国创立了这种新"国家"，虽然它还处在幼弱的萌芽状态，可是这种国家已经不是原来意义上的国家了。

这**已经**是群众的实践问题而不只是领袖们的理论了。

原来意义上的国家是由脱离人民的武装队伍来控制群众。

我们这个**诞生中的**新国家也是国家，因为我们需要武装队伍，需要**最严格的秩序**，需要用暴力来**无情地**镇压君主派和古契柯夫-资产阶级的一切反革命尝试。

但是，我们这个**诞生中的**新国家已经**不是**原来意义上的国家，因为在俄国许多地方，这种武装队伍就是**群众自己**，就是全体人民，而不是那些居于人民之上、脱离人民、拥有特权、实际上从不撤换的人。

要向前看，不要向后看，不要看通常是资产阶级的那种民主，这种民主通过旧的**君主制的**管理机关即警察、军队和官吏来巩固资产阶级的统治。

要向前看正在诞生的新的民主,这种民主已经不成其为民主,因为民主就是人民的统治,而武装的人民是不能自己统治自己的。

民主这个词用于共产党,不仅仅在科学上不正确。这个词在目前,在1917年3月以后,已成为遮住革命人民眼睛的**眼罩**,**妨碍**他们自由、大胆、自动地建设新的东西——工农等等代表苏维埃,即"国家"的**唯一政权**,一切国家"消亡"的前驱。

我的第四个论据,就是应当考虑到世界社会主义运动的客观形势。

现在的形势已和1871—1914年不同,那时马克思和恩格斯曾有意识地容忍了"社会民主"这个不正确的、机会主义的用语。因为**当时**,在巴黎公社失败之后,历史把缓慢的组织教育工作提上了日程。此外别无他法。无政府主义者当时(现在还是)不仅在理论上而且在经济上和政治上都是根本错误的。无政府主义者对时局作了错误的估计,不了解当时的世界形势:英国工人被帝国主义的利润所腐蚀,巴黎公社遭到失败,德国的资产阶级民族运动刚刚(1871年)胜利,半农奴制的俄国仍然沉睡不醒。

马克思和恩格斯正确地估计了时局,了解了当时的国际形势,了解了要**慢慢**开始社会革命的任务。

我们也应该了解新时代的任务和特点。我们决不要重蹈那些可怜的马克思主义者的覆辙,马克思在谈到这些人时说过:"我播下的是龙种,而收获的却是跳蚤。"①

资本主义转变为帝国主义,在客观上就必然产生帝国主义战争。战争使全人类**濒临深渊**,使全部文化濒于毁灭,并且不知还会

---

① 参看《马克思恩格斯全集》第1版第3卷第604页。——编者注

使多少百万人走向粗野和死亡。

除无产阶级革命外，**没有别的出路**。

当这个革命开始的时候，当这个革命怯懦地、不坚决地、不自觉地、对资产阶级过分信任地迈出最初几步的时候，大多数的（这是真情，这是事实）"社会民主党"领袖、"社会民主党"议员、"社会民主党"报纸——要知道影响群众的正是这种**工具**——**背叛了**社会主义，**出卖了**社会主义，跑到"本国"资产阶级方面去了。

群众惶惑不安，糊里糊涂，受了**这些**领袖的欺骗。

我们如果仍旧沿用这个同第二国际一样腐朽了的陈旧名称，就是鼓励这种欺骗，助长这种欺骗！

就让"许多"工人去真诚地**理解**社会民主党吧。现在是学习区别主观的东西和客观的东西的时候了。

主观上，这些工人社会民主党人是无产阶级群众最忠实的领袖。

而全世界的客观形势却是这样：我们党的旧名称**便于**人们欺骗群众，**阻碍**运动前进，因为群众在每种报纸上，在每个议会党团中处处见到那些说话最响亮、行动最引人注目的**领袖**，而这些人"也是社会民主党人"，他们都"主张"同社会主义的叛徒，同社会沙文主义者"团结一致"，他们都拿着"社会民主党"所开的旧期票要求兑现……

反对的理由是什么呢？"……会把我们同无政府共产主义者混淆起来……"

为什么我们不怕同社会民族主义者和社会自由主义者混淆起来，不怕同法兰西共和国激进社会党人[108]这个用资产阶级手段欺骗群众最高明最狡猾的资产阶级政党混淆起来呢？"……群众已经习惯了,工人已经'爱上了'**自己的**社会民主党……"

　　这就是唯一的理由,但正是这个理由把马克思主义科学,把明天的革命任务,把世界社会主义运动的客观形势,把第二国际的可耻破产,把包围着无产者的那帮"也是社会民主党人"的家伙对实际事业的破坏都丢开不管了。

　　这是墨守成规,不求进取和因循守旧的理由。

　　而我们是要改造世界。我们要结束这场有数万万人卷进去、有千百亿资本利益纠缠在内的世界帝国主义战争,而这场战争除了进行人类史上最伟大的无产阶级革命,是不能用真正民主的和约来结束的。

　　可是我们又自己怕自己。我们还舍不得脱掉那件"穿惯了的"、"可爱的"脏衬衫……

　　现在已经是丢掉脏衬衫、穿上整洁的衣服的时候了。

1917 年 4 月 10 日于彼得格勒

后　　记

　　由于经济破坏和彼得堡各印刷厂窝工，我这本小册子已经过时了。小册子是在 1917 年 4 月 10 日写成的，今天已经是 5 月 28 日了，可是还没有出版！

　　小册子是作为一个行动纲领**草案**来写的，准备在我党即俄国社会民主工党（布尔什维克）全国代表会议**召开以前**，用来宣传我的一些观点。小册子曾经用打字机打了若干份，在会前和会上发给一些党员，也总算起了它的一部分作用。现在，1917 年 4 月 24—29 日的代表会议已经开过了，代表会议的决议也早已公布（见《士兵真理报》**109** 第 13 号增刊），细心的读者不难看出，我的小册子有不少地方成了这些决议的初稿。

　　现在我只希望在涉及这些决议的场合，小册子对阐明这些决议多少会有些帮助。另外我还想谈两个问题。

　　在第 27 页上我建议，留在齐美尔瓦尔德只是为了了解情况①。代表会议没有同意我这个意见，因此我不得不对关于国际的决议案投反对票。现在已经十分清楚，代表会议犯了错误，事变的进程会很快地纠正这个错误。我们留在齐美尔瓦尔德，也是在推迟第三国际的建立（虽然这违反我们的意愿）；我们不摆脱在思

――――――――――
　　①　参看本卷第 175—176 页。——编者注

想上和政治上已经死亡的齐美尔瓦尔德这个沉重的包袱,就是间接地阻碍第三国际的建立。

现在我们党的处境(在全世界所有工人党的面前)正是要求我们**必须**立即建立第三国际。**现在**除了我们,谁也做不到这一点,而拖延是有害的。如果我们留在齐美尔瓦尔德只是为了了解情况,我们就能立刻放手去建立第三国际(同时,只要情况允许,还可以**利用一下**齐美尔瓦尔德)。

可是现在,由于代表会议的错误,我们只好消极地等待,至少要等到1917年7月5日(即齐美尔瓦尔德代表会议召开的日子;只要它不**再来**一次延期,就是万幸!它已经延期一次了……)[110]

不过,代表会议闭幕后我党中央委员会一致通过的、登在5月12日《真理报》第55号上的一项决议把错误纠正了一半。决议说,如果齐美尔瓦尔德去同部长们商量问题,我们就退出齐美尔瓦尔德。[①] 我愿表达如下希望:一旦我们召开"左派"(即"第三派","真正的国际主义者";见上面,第23—25页[②])的第一次国际会议,另一半错误将会很快得到纠正。

我要谈的第二个问题,是关于1917年5月6日成立的"联合内阁"[111]。在这个问题上,小册子**好像**更是过时了。

其实正是在这个问题上,小册子一点也没有过时。它的**一切**论述都是以**阶级**分析为依据的,这种分析对交出6个部长给10个资本家部长做人质的孟什维克和民粹主义者来说,像火一样可怕。既然小册子的一切论述是以阶级分析为依据的,它就没有过时,因为策列铁里和切尔诺夫之流加入内阁,只不过**稍微**改变了一下彼

---

① 见本版全集第30卷第66页。——编者注
② 见本卷第170—173页。——编者注

得格勒苏维埃同资本家政府协议的**形式**，而我在小册子第 8 页上曾有意强调，"我所指的，不是形式上的协议，而是事实上的支持"①。

事情愈来愈清楚：策列铁里和切尔诺夫之流不过是资本家的人质，"革新了的"政府无论在对外政策或对内政策上，根本不想而且也不会履行自己的任何漂亮诺言。切尔诺夫和策列铁里之流在政治上已经自杀，他们已经成了资本家实际扼杀革命的帮手。而克伦斯基则已堕落到对群众使用暴力的地步（参看小册子第 9 页："古契柯夫还只是威胁说要使用暴力来对付群众"②，而克伦斯基竟**已经来**实现这种威胁了……）[112]切尔诺夫和策列铁里之流，已经使自己以及自己的孟什维克党和社会革命党在政治上自杀。这一切，人民是会看得愈来愈清楚的。

联合内阁只是我的小册子简要分析过的我国革命根本阶级矛盾发展中的过渡现象。这种现象不会长久存在。不是后退到全面的反革命，就是前进到使政权转到另外的阶级手中。在革命时期，在世界帝国主义大战的环境中，站在原地不动是不可能的。

尼·列宁

1917 年 5 月 28 日于彼得堡

1917 年 9 月由彼得格勒波涛
出版社印成单行本

译自《列宁全集》俄文第 5 版
第 31 卷第 149—186 页

---

① 见本卷第 155 页。——编者注
② 见本卷第 156 页。——编者注

在伊兹迈洛夫团的大会上
对士兵的讲话

(1917 年 4 月 10 日〔23 日〕)

昨天在伊兹迈洛夫士兵大会上,季诺维也夫同志和我都讲了话。我在彼得格勒委员会鼓动员讲完之后,讲了如下的话:

士兵同志们! 国家制度问题现在提到日程上来了。目前掌握国家政权的资本家,想建立资产阶级议会制共和国,即建立这样的国家制度,在这种制度下,没有沙皇,但是统治权属于资本家,他们通过警察、官吏、常备军等等旧机构来管理国家。

我们想建立更符合人民利益、更民主的另一种共和国。彼得格勒的革命工人和士兵推翻了沙皇制度,彻底肃清了首都的警察。全世界工人都非常高兴和满怀希望地把俄国的革命工人和士兵看做全世界工人阶级解放大军的先进部队。革命一经开始,就应当把它巩固和继续下去。不许警察恢复! 全国自下而上,从最偏僻的乡村到彼得格勒各街区的全部政权,都应当归工人、士兵、雇农和农民等等代表苏维埃。作为国家的中央政权的,应当是把这些地方苏维埃统一起来的立宪会议,或人民会议,或苏维埃会议,问题倒不在于名称。

管理国家的不应当是警察,不应当是对人民不负责的、居于人民之上的官吏,不应当是脱离人民的常备军,**而**应当是由苏维埃联合起来的**普遍武装的人民自己**。正是他们才会建立起必要的秩序,正是这样的政权,工农才不仅会**服从它**,**而且会尊敬它**。

只有这样的政权,只有兵农代表苏维埃自己,才能够不顾地主的利益,不用官僚的方式来解决重大的土地问题。土地不应当属于地主。农民委员会应当立即夺回地主的土地,同时严格保护一切财物免遭损坏,设法**增加**粮食生产,以便更好地保障对前线士兵的供应。一切土地应当属于全体人民,而由地方农民代表苏维埃支配。雇农和贫苦农民为了使富裕农民(也是资本家)不能欺负和欺骗自己,必须自己独立地商讨问题,团结起来,联合起来,或者单独成立自己的雇农代表苏维埃。

决不让警察恢复,决不把国家政权和国家管理权交给不是由选举产生的、不能撤换的而又领取资产阶级高薪的官吏。要自己联合起来,团结起来,组织起来,不轻信任何人,只相信自己的智慧和经验。只有这样,俄国才能以坚定的、整齐的、正确的步伐前进,去把我国和全人类从战争的惨祸和资本的压迫下解放出来。

我国政府,资本家政府,仍然在为资本家的利益继续作战。以戴王冠的强盗威廉为首的德国资本家和其他**一切**国家的资本家,都在为瓜分资本的利润,为争夺世界霸权而进行战争。亿万人民和几乎一切国家都卷入了这场罪恶的战争,数千亿资本投入了"有利可图的"企业,给人民带来死亡、饥饿、破产和粗野,给资本家则带来骇人听闻的暴利。要摆脱这场可怕的战争和缔结真正民主的非强制的和约,只有一条道路,就是全部国家政权转到工兵代表苏维埃手中。工人和贫苦农民不愿维护资本的利润和掠夺弱小民族，他们一定能够真正实现资本家只在口头上承诺的东西，即缔结足以保障一切民族获得自由的可靠的和约来结束战争。

载于 1917 年 4 月 12 日《真理报》
第 30 号

译自《列宁全集》俄文第 5 版
第 31 卷第 187—189 页

俄国的政党和无产阶级的任务[113]

(1917 年 4 月上旬)

再 版 序 言

这本小册子是 1917 年 4 月初联合内阁还没有成立时写的。从那时起已经过了许多时间,但是在以后的各个革命阶段里,无论在 1917 年 5 月 6 日产生的"联合内阁"时期,或在 1917 年 6 月(和 7 月)孟什维克和社会革命党人联合起来反对布尔什维克的时期,或在科尔尼洛夫叛乱时期,以及在 1917 年十月革命和革命以后的时期,各主要政党的基本特点都表现了出来,并且得到了证实。

俄国革命的整个进程,证明小册子对各主要政党及其**阶级基础**的论述是正确的。目前西欧的革命发展表明,西欧各主要政党的基本关系也是这样。各国的社会沙文主义者(口头上的社会主义者,实际上的沙文主义者)以及德国的考茨基分子和法国的龙格分子等等,都扮演着孟什维克和社会革命党人的角色。

尼·列宁

1918 年 10 月 22 日于莫斯科

本文试把主要的问题放在前面,次要的问题放在后面,用问答方式说明俄国当前的政治形势和各个政党对它的估计。

问：(1)俄国的政党有哪几大类?

答: 一、(比立宪民主党更右的)。比立宪民主党更右的政党和集团。

二、(立宪民主党)。立宪民主党(立宪民主党即人民自由党)以及同这个政党相近的集团。

三、(社会民主党和社会革命党)。社会民主党、社会革命党以及同它们相近的集团。

四、("布尔什维克")。一个应该叫做**共产党**的政党,现在它叫做"由中央委员会统一的俄国社会民主工党",通常叫做"布尔什维克"。

问：(2)这些政党代表哪些阶级? 它们反映哪些阶级的观点?

答: 一、(比立宪民主党更右的)。农奴主-地主,资产阶级(资本家)中最落后的阶层。

二、(立宪民主党)。整个资产阶级,即资本家阶级和资产阶级化的即变成了资本家的地主。

三、(社会民主党和社会革命党)。小业主,中小农民,小资产阶级以及一部分受资产阶级影响的工人。

四、("布尔什维克")。觉悟的无产者,雇佣工人以及跟随他们的贫苦农民(半无产者)。

问:(3)它们对社会主义的态度怎样?

答:一、(比立宪民主党更右的),二、(立宪民主党)。绝对
仇视社会主义,因为它威胁资本家和地主的利润。

三、(社会民主党和社会革命党)。赞成社会主义,但认
为考虑社会主义并立即采取实际步骤来实现社会主
义为时尚早。

四、("布尔什维克")。赞成社会主义。认为工人等等代
表苏维埃必须立即采取切实可行的步骤来实现社会
主义。①

问:(4)它们现在想建立什么样的国家制度?

答:一、(比立宪民主党更右的)。想建立立宪君主制,让官
吏和警察拥有无限权力。

二、(立宪民主党)。想建立资产阶级议会制共和国,
即在保留旧官吏和旧警察的情况下来巩固资本家
的统治。

三、(社会民主党和社会革命党)。想建立为工农实行某
些改良的资产阶级议会制共和国。

四、("布尔什维克")。想建立工兵农等等代表苏维埃共
和国。废除常备军和警察而代之以普遍的人民武
装;官吏不仅由选举产生,而且可以撤换,他们的薪
金不得超过熟练工人的工资。

问:(5)它们对罗曼诺夫王朝复辟的态度怎样?

---

① 关于这些步骤,见问20、22。

答：一、（比立宪民主党更右的）。赞成，但是由于害怕人民，
干得非常隐蔽、谨慎。

二、（立宪民主党）。古契柯夫之流有力量时，立宪民主
党曾经赞成尼古拉的兄弟或儿子登基；而当人民显
示出力量时，他们就持反对态度。

三、（社会民主党和社会革命党），四、（"布尔什维克"）。
绝对反对以任何形式复辟君主制。

问：（6）它们对夺得政权的态度怎样？它们把什么叫做秩
序，把什么叫做无政府状态？

答：一、（比立宪民主党更右的）。如果沙皇或英武的将军夺
得政权，那么，这就是天命，就是秩序，此外都是无政
府状态。

二、（立宪民主党）。如果资本家夺得政权，即使是用暴
力夺得的，那也是秩序；如果夺得政权不利于资本
家，那就是无政府状态。

三、（社会民主党和社会革命党）。如果工兵等等代表苏
维埃单独掌握全部政权，那就有造成无政府状态的
危险。暂时还是让资本家掌握政权，工兵代表苏维
埃只掌握"联络委员会"。

四、（"布尔什维克"）。全部政权只应归工人、士兵、农民
和雇农等等代表苏维埃。应当立刻把对千百万群众
的宣传、鼓动和组织工作引向这一目的。①

问：（7）是否应当支持临时政府？

---

①　所谓无政府状态，就是否认任何国家政权，而工兵代表苏维埃也是国家政权。

答：一、（比立宪民主党更右的），二、（立宪民主党）。绝对
　　应当支持，因为临时政府是目前唯一能保护资本家
　　利益的政府。

　　三、（社会民主党和社会革命党）。应当支持，但是有条
　　件：它必须履行同工兵代表苏维埃达成的协议并出
　　席"联络委员会"的会议。

　　四、（"布尔什维克"）。不应当支持，让资本家去支持它
　　好了。我们应当**训练**全体人民去实现工兵等等代表
　　苏维埃单独掌握全部政权。

问：（8）赞成单一政权还是赞成两个政权？

答：一、（比立宪民主党更右的），二、（立宪民主党）。赞成
　　资本家和地主的单一政权。

　　三、（社会民主党和社会革命党）。赞成两个政权：工兵
　　代表苏维埃"监督"临时政府。考虑不掌握政权监督
　　能否有效，是有害的。

　　四、（"布尔什维克"）。赞成自下而上遍及全国的工兵农
　　等等代表苏维埃的单一政权。

问：（9）是否应当召开立宪会议？

答：一、（比立宪民主党更右的）。不应当召开，因为这会损
　　害地主的利益。搞不好农民会在立宪会议上决定要
　　夺回地主的全部土地。

　　二、（立宪民主党）。应当召开，但是不要规定日期。还
　　得多多同法学教授们商量，因为第一，倍倍尔早就说
　　过，法学家是世界上最反动的人物；第二，一切革命
　　的经验教导我们，把人民自由的事业托付给教授，事

业就会被葬送。

　　三、(社会民主党和社会革命党)。应当召开,而且要快些召开。应当规定日期,这一点我们在"联络委员会"里已经说过 200 次了,明天我们还要最后说 201 次。

　　四、("布尔什维克")。应当召开,而且要快些召开。但是保证它召开并且开得成功的条件只有一个:增加工兵农等等代表苏维埃的数量,加强它们的**力量**,组织和**武装**工人群众。这是唯一的保证。

问:(10)国家是否需要通常的那种警察和常备军?

答: 一、(比立宪民主党更右的),二、(立宪民主党)。需要,绝对需要,因为这是资本家进行统治的唯一可靠的保障;像各国经验所教导我们的那样,在必要时,这样很容易使共和国回到君主国去。

　　三、(社会民主党和社会革命党)。一方面,也许不需要。另一方面,实行根本变革是否过早? 不过我们要在"联络委员会"里谈一谈。

　　四、("布尔什维克")。绝对不需要。要立刻无条件地在各地建立普遍的人民武装,使人民同民兵、军队融合起来;资本家应当按照工人在民兵中执行勤务的天数付给工资。

问:(11)国家是否需要通常的那种官吏?

答: 一、(比立宪民主党更右的),二、(立宪民主党)。绝对需要。十分之九的官吏应当是地主和资本家的子弟。他们应当仍旧是一伙事实上不能撤换的、享有特权的人物。

三、（社会民主党和社会革命党）。马上就提出巴黎公社在实践中提出的问题，未必适当。

四、（"布尔什维克"）。绝对不需要。一切官吏和任何代表，不仅要由选举产生，而且可以随时撤换。他们的薪金不得超过熟练工人的工资。要用全民的民兵及其分队来代替（逐步地）官吏。

问：（12）军官是否应当由士兵选举？

答：一、（比立宪民主党更右的），二、（立宪民主党）。不应当。这对地主和资本家是有害的。如果没有别的办法对付士兵，可以暂时答应他们实行这种改良，然后尽快地取消。

三、（社会民主党和社会革命党）。**应当**。

四、（"布尔什维克"）。不仅应当选举，而且军官和将领的每一个行动都应当受到专门选出的士兵代表的监督。

问：（13）士兵自动撤换长官是否有好处？

答：一、（比立宪民主党更右的）。二、（立宪民主党）。绝对有害。古契柯夫已经禁止这样做。他已经威胁说要使用暴力。应当支持古契柯夫。

三、（社会民主党和社会革命党）。有好处。但是还没有弄清楚，应当先撤换长官，然后找"联络委员会"呢，还是相反。

四、（"布尔什维克"）。从各方面来说都有好处，都有必要。士兵只听从选举出来的当权者，只尊重这样的当权者。

问：(14)赞成还是反对这次战争？

答：一、（比立宪民主党更右的），二、（立宪民主党）。绝对赞成，因为它给资本家带来空前多的利润，并且能靠离间工人、唆使工人自相残杀来巩固资本家的统治。我们要欺骗工人，把战争叫做防御的战争，说它的目的就是推翻威廉。

三、（社会民主党和社会革命党）。我们一般地反对帝国主义战争，但是我们甘愿受人欺骗，把支持古契柯夫—米留可夫之流的帝国主义政府所进行的帝国主义战争叫做"革命护国主义"。

四、（"布尔什维克"）。绝对反对一切帝国主义战争；反对**一切**进行帝国主义战争的资产阶级政府，其中包括我国临时政府；绝对反对俄国的"革命护国主义"。

问：(15)赞成还是反对沙皇同英法等国缔结的掠夺性国际条约（扼杀波斯，瓜分中国、土耳其、奥地利等国）？

答：一、（比立宪民主党更右的），二、（立宪民主党）。完全而且绝对**赞成**。同时决不能公布这些条约，因为一方面英、法帝国主义资本及其政府不容许这样做，另一方面俄国资本也不能把自己的肮脏勾当公之于众。

三、（社会民主党和社会革命党）。反对，但我们还是希望用"联络委员会"和多次群众"运动"来"影响"资本家政府。

四、（"布尔什维克"）。反对。全部任务就是要向群众说明：在这方面对资本家政府抱任何希望都是肯定要落空的，必须使政权转归无产阶级和贫苦农民。

问：（16）赞成还是反对兼并？

答：一、（比立宪民主党更右的），二、（立宪民主党）。要是德国资本家和他们的强盗领袖威廉实行兼并，那我们反对。要是英国资本家实行兼并，那我们不反对，因为他们是"我们的"盟国。要是我们的资本家实行兼并，把沙皇奴役过的各个民族强迫留在俄国疆界内，那我们**赞成**，我们**不**把这叫做兼并。

三、（社会民主党和社会革命党）。反对兼并，但我们还是希望从资本家政府那里也能争取到放弃兼并的"诺言"。

四、（"布尔什维克"）。反对兼并。资本家政府放弃兼并的一切诺言完全是欺骗。要揭穿这种欺骗有一个方法，就是要求解放受**本国的**资本家压迫的民族。

问：（17）赞成还是反对"自由公债"？

答：一、（比立宪民主党更右的），二、（立宪民主党）。绝对赞成，因为它有利于进行帝国主义战争，即各资本家集团**争夺**世界霸权的战争。

三、（社会民主党和社会革命党）。**赞成**，因为"革命护国主义"的错误立场注定使我们公开背离国际主义。

四、（"布尔什维克"）。反对，因为目前的战争仍然是帝国主义战争，是资本家与资本家结成同盟，为了资本家的利益而进行的战争。

问：（18）赞成还是反对由各国资本家政府来表达人民的和平意志？

答：一、（比立宪民主党更右的），二、（立宪民主党）。赞成，因为法国共和派社会沙文主义者的经验再好不过地表明，用这种办法可以欺骗人民，因为嘴上怎么讲都可以，而实际上干的是，我们从德国人那里抢来的东西（他们的殖民地）要抓住不放，但是**这些**德国强盗抢走的东西我们却一定要夺过来。

三、（社会民主党和社会革命党）。**赞成**，因为我们还没有丢掉小资产阶级对资本家的许多不切实际的希望。

四、（"布尔什维克"）。反对，因为觉悟的工人对资本家不抱**任何**希望，我们的任务是向群众说明，对他们抱希望是不切实际的。

问：**（19）是否应当推翻一切君主**？

答：一、（比立宪民主党更右的），二、（立宪民主党）。不应当，不应当推翻英国、意大利等等盟国的君主，只应当推翻德国、奥地利、土耳其、保加利亚等国的君主，因为战胜了他们，我们的利润就会增加十倍。

三、（社会民主党和社会革命党）。应当规定"顺序"，并且必须从推翻威廉开始；至于推翻各盟国的君主，则不妨等一等。

四、（"布尔什维克"）。革命是不能规定顺序的。只应当帮助**真正**的革命者，在一切国家里毫无例外地推翻**一切**君主。

问：**（20）农民是否应当立刻夺取地主的全部土地**？

答：一、（比立宪民主党更右的），二、（立宪民主党）。无论如何不应当。应当等到召开立宪会议。盛加略夫已经解释过：资本家夺取沙皇的政权，这是伟大而光荣的革命，而农民夺取地主的土地，那是越轨行动。[①]要成立调解委员会，委员中地主和农民人数对等，主席则由官吏充当，就是说，还是由资本家和地主充当。

三、（社会民主党和社会革命党）。最好叫农民等到召开立宪会议。

四、（"布尔什维克"）。应当立刻夺取全部土地；通过农民代表苏维埃规定最严格的制度。粮食和肉类的生产应当增加——士兵的伙食应当改善。绝对不允许损害牲畜、农具等等。

问：(21)是否可以只由农民代表苏维埃来处理土地和农村的一切事务？

答：一、（比立宪民主党更右的），二、（立宪民主党）。地主和资本家总是反对农民代表苏维埃单独掌握农村中的全部政权。但是如果已经没有办法摆脱这些苏维埃的话，那么当然就只好由它们来处理一切事务了，因为富农也就是资本家。

三、（社会民主党和社会革命党）。暂时不妨只由农民代表苏维埃来处理一切事务，虽然社会民主党人"原则上"并不否认农业雇佣工人单独建立组织的必要。

四、（"布尔什维克"）。不能只由一般的农民代表苏维埃来处理一切事务，因为富农就是资本家，他们总想欺

---

① 见本卷第232页。——编者注

侮或欺骗雇农、日工和贫苦农民。必须立即建立这
几类农村居民的单独组织,或设在农民代表苏维埃
内,或作为单独的农业工人代表苏维埃。

问:(22)人民是否应当把最大最强的资本家垄断组织,如银
行、厂主辛迪加等等拿到自己手里?

答: 一、(比立宪民主党更右的),二、(立宪民主党)。无论
如何不应当,因为这会损害地主和资本家的利益。

三、(社会民主党和社会革命党)。一般地讲,我们赞成
把这样的组织交给全体人民掌握,可是现在考虑和
准备实现这一点为时尚早。

四、("布尔什维克")。应当立刻让工人代表苏维埃、银
行职员代表苏维埃等等**作好准备**,以便着手采取切
实可行的步骤,首先把所有银行合并为一个国家银
行,然后由工人代表苏维埃对银行和辛迪加实行监
督,最后把它们收归国有,就是说归全民所有。

问:(23)各国人民现在需要什么样的社会党国际,以争取和
实现各国工人的兄弟般的联盟?

答: 一、(比立宪民主党更右的),二、(立宪民主党)。一般
说来,任何社会党国际对资本家和地主都是有害的
和危险的,不过,要是德国的普列汉诺夫即谢德曼能
够同俄国的谢德曼即普列汉诺夫意见一致,达成协
议,要是他们能够互相剖白社会主义的心迹,那我们
资本家也许应当欢迎站在**各自**政府方面的**这种**社会
党人的**这种**国际。

三、(社会民主党和社会革命党)。需要一个把谢德曼之

流、普列汉诺夫之流和"中派"(即动摇于社会沙文主
义和国际主义之间的那些人)等等都联合在内的社
会党国际。成分愈混杂,就愈"团结一致":伟大的社
会主义团结万岁!

四、("布尔什维克")。各国人民所需要的,只是那种把真
正革命的工人(他们能够制止各民族间的可怕的和罪
恶的大厮杀)联合起来的国际,这种国际才能把人类
从资本的枷锁下解放出来。只有像被囚禁在苦役监
狱里的德国社会党人卡尔·李卜克内西这样的人(集
团、政党等等),只有这些奋不顾身地反对**本国**政府、
本国资产阶级、**本国**社会沙文主义者、**本国**"中派"的
人,才能够而且应当立刻组成各国人民所需要的国际。

问:**(24)是否有必要鼓励交战国的士兵在前线联欢?**

答:一、(比立宪民主党更右的),二、(立宪民主党)。没有
必要。这有损于地主和资本家的利益,因为这会加
速人类摆脱地主和资本家的压迫。

三、(社会民主党和社会革命党)。有必要。这是有益
的。但是我们并非都一致深信,这种鼓励联欢的工
作应当立即在所有交战国里进行。

四、("布尔什维克")。有必要。这是有益的,必须的。
绝对必须立即在一切交战国里鼓励交战**双方的**士兵
举行联欢。

问:**(25)侨民是否应当取道英国回俄国?**[114]

答:一、(比立宪民主党更右的)和二、(立宪民主党)。绝对
应当。英国拘留像托洛茨基这样的反战的知名国际

主义者,我们资本家将会感到由衷的高兴,但是为了避人耳目,我们将给英国资本家政府发一份合乎礼仪的电报,请他们费心告知,是否由于令人不快的误会而发生了拘留事件。

三、(社会民主党和社会革命党)。应当。如果英国拘留3人,我们就通过最强烈的抗议书,并把这一问题在"联络委员会"中提出。

四、("布尔什维克")。绝对不应当。英国一定会拘留反战的国际主义者或不准他们出境。无论是合乎礼仪的电报,还是措辞严厉的抗议书,都不足以使英国资本家感到害怕;他们是讲究实际的人。必须打倒英国资本家,我们坚信,从世界帝国主义战争中发展起来的世界工人革命一定会把他们打倒。

问:(26)侨民是否应当取道德国回俄国?

答:一、(比立宪民主党更右的)和二、(立宪民主党)。绝对不应当。因为,第一,这样他们固然可以非常安全和迅速地回到俄国。但是,第二,这样做是可耻的、不道德的,有辱于真正俄罗斯人的心灵。如果那些富人,譬如自由派教授马克西姆·柯瓦列夫斯基,通过同显贵人物的关系并通过政府,即使是沙皇政府,来交换俄德双方的被拘留人员,那就是另外一回事了。企图不通过政府,而通过中立国的左派社会党人来进行这种交换是极不道德的。

三、(社会民主党和社会革命党)。甚至连拥护普列汉诺夫的捷依奇也不怀疑取道德国回国的社会党人是正直的人,用鼓吹大暴行来反对他们是绝对不容许的。但是,是否应当取道德国,我们还没有决定。一方面,是不是先开展揭露米留可夫的"运动",是不是先等一等,看看我们的老百姓愚昧到什么程度,看看他们对《俄罗斯意志报》关于大暴行的鼓吹会相信到什么程度。另一方面,在英国拘留托洛茨基以及马尔托夫发出愤慨的电报以后,看来只好承认必须取道德国。

四、("布尔什维克")。应当取道德国,但要遵守下列条件:(1)应由中立国的社会党人与帝国主义政府交涉并签订关于过境的议定书,以便把事情公开,让人们都知道,并且完全经得起检查;(2)已经回国的人必须立即向既受到彼得格勒大多数士兵和工人信任又受到他们尊敬的工兵代表苏维埃执行委员会作出报告。

问:(27)什么颜色的旗帜符合各个政党的本性和实质?

答:一、(比立宪民主党更右的)。黑色,因为这是真正的黑帮。

二、(立宪民主党)。黄色,因为这是一些真心实意为资本效劳的工人的国际旗帜。

三、(社会民主党和社会革命党)。粉红色,因为他们的整个政策都是玫瑰露的政策。

四、("布尔什维克")。红色,因为这是全世界无产阶级革命的旗帜。

　　这本小册子是在 1917 年 4 月初写的。现在,在 1917 年 5 月 6
日以后,在成立了"新的"联合政府以后,这本小册子是不是已经过
时了? 我的答复是:

　　没有,因为联络委员会实质上并没有消灭,只不过搬到另一间
屋子,同部长先生们在一起了。切尔诺夫之流和策列铁里之流虽
然搬进另一间屋子,但是他们的政策和他们的党的政策并没有
改变。

正文载于 1917 年 4 月 23、26、27 日
(5 月 6、9、10 日)《浪潮报》第 20、22、
23 号

再版序言载于 1918 年莫斯科共产党
人出版社出版的尼·列宁《俄国的
政党和无产阶级的任务》一书

译自《列宁全集》俄文第 5 版
第 31 卷第 191—206 页

资本家的无耻谎言

(1917 年 4 月 11 日〔24 日〕)

资本家的报纸用造谣撒谎、鼓吹大暴行来反对《真理报》,在这方面,《言语报》可以同它自己也不能不蔑视的《俄罗斯意志报》相媲美。但事情还不止于此。

现在资本家政府的部长们也开始用《俄罗斯意志报》的语言说话了。《言语报》今天引用了涅克拉索夫部长在 4 月 9 日立宪民主党莫斯科会议上说的一句话:

"目前从石岛大街115发出的鼓吹暴力的声音,实在可怕。"

部长先生学着《俄罗斯意志报》的样子,无耻地造谣撒谎,欺骗人民,躲在大暴行制造者背后帮助大暴行制造者,不敢直截了当地指出一个名字、一家报纸、一个讲演人或一个政党。

部长先生宁可这样躲躲闪闪地暗示,以为别人或许听不懂!

但是,任何一个有政治常识的人都会懂得,部长先生指的是俄国社会民主工党的中央机关报《真理报》和它的同道者。

部长先生,"人民自由党"的党员先生,您是在撒谎。鼓吹暴力的是古契柯夫先生,是他威胁说要惩办那些主张撤换当权者的士兵。鼓吹暴力的是同您友好的《俄罗斯意志报》,也就是鼓吹大暴行的"共和派"的那家鼓吹大暴行的报纸。

《真理报》和它的同道者不但没有鼓吹暴力,反而极其明确和肯定地指出,现在我们工作的整个重心是向无产阶级群众**说明**他们的无产阶级的任务,这是与受沙文主义狂热感染的小资产阶级不同的。

只要**你们**这些资本家先生们,古契柯夫之流,还只是用暴力来威胁,只要你们还没有使用暴力,只要工兵代表苏维埃还存在,**只要你们还没有把你们对苏维埃的威胁**(例如米留可夫先生的合作者《泰晤士报》记者威尔顿先生毫不掩饰地发表过的那种威胁)付诸行动,只要你们还没有对群众使用暴力,那么我们真理派就要声明而且要再三声明,我们认为工兵代表苏维埃是**唯一可能的**政府形式。

争取在无产阶级群众中间扩大影响,争取在工兵代表苏维埃内部扩大影响,**说明**苏维埃策略上的错误,说明沙文主义(="革命护国主义")狂热的欺骗性,——这就是我们全体真理派、我们全党在目前,在**你们**这些操纵着军队指挥人员的资本家先生还**没有开始使用暴力**以前所实行的策略。

涅克拉索夫部长先生对这一点知道得很清楚,这甚至可以从《言语报》自己不得不引用的那些话中看出来。部长先生学着《俄罗斯意志报》的样子,想用造谣、诽谤、迫害以及大暴行的威胁来**阻碍**我们平心静气地说明真理。

涅克拉索夫之流先生们,这是办不到的,绝对办不到的!

工人和士兵想知道真相,想弄清战争、和平和国家制度的问题。他们是一定会弄清这些问题的。

载于1917年4月12日《真理报》第30号

译自《列宁全集》俄文第5版第31卷第207—208页

"自 由 公 债"[116]

(工人代表苏维埃布尔什维克党团
拟定的决议草案)

(1917 年 4 月 11 日〔24 日〕)

工兵代表苏维埃
关于第四次"自由公债"的决议

鉴于目前的战争是一场掠夺性的帝国主义战争,鉴于这场战争的性质没有因为俄国政权转到资本家的临时政府手中而有丝毫改变,鉴于决定战争真正目的的、协约大国的秘密条约至今仍然有效,工兵代表苏维埃对发行所谓"自由公债"表示最坚决的抗议,并拒绝支持企图把这场只对帝国主义资产阶级有利的战争拖延下去的临时政府。

如果世界各国工人投票赞成各资产阶级政府为了进行帝国主义战争而发行的公债,那就无法摆脱战争的惨祸,而一切关于全世界无产阶级的兄弟团结、关于国际主义等等的词句,也就会变成十足虚伪的空话。

在投票赞成公债的同时提出愿意缔结没有兼并的和约的愿望、声明、宣言等等,这特别清楚地表明,使第二国际垮台的言行不一具有极大的危害性。

　　只要政治的和经济的权力还没有转到无产阶级和贫苦农民阶层手中,只要战争的目的仍然由资本的利益所决定,工人们就拒绝赞成对俄国革命的自由没有好处而只有害处的新公债。

　　工兵代表苏维埃同时承认给军队供应一切必需品需要经费,并且不愿意让自己的兄弟们有一时一刻的挨饿,因此它认为,用于资本家战争的开支,应当由在这场战争中已经赚取并在继续赚取亿万卢布的资本家承担,必需的费用只应当从资产阶级和地主的腰包中取得。

载于 1917 年 4 月 13 日《真理报》
第 31 号

译自《列宁全集》俄文第 5 版
第 31 卷第 209—210 页

告士兵和水兵书

(1917 年 4 月 11 日和 14 日〔24 日和 27 日〕之间)

士兵同志们！水兵同志们！

资本家的各种报纸,从《言语报》到《俄罗斯意志报》,都对我和其他 30 位侨民取道德国回国一事发起了最无耻的造谣诽谤运动。

资本家的报纸都无耻地造谣,硬说或者暗示说,我们从德国政府那里得到了某些不可容许的或不寻常的恩惠,尽管我们认为这个政府同进行这场战争的一切资本家政府一样,也是万恶的强盗政府。

那些同沙皇时代的达官显贵有"关系"的富人们,譬如米留可夫之流的朋友、自由派教授柯瓦列夫斯基,通过俄国沙皇政府经常同德国政府进行谈判,以便交换德俄的俘虏。

为什么因进行反对沙皇的斗争而流亡国外的侨民,就没有权利**撇开**政府来进行关于交换俄国人和德国人的谈判呢?

为什么米留可夫之流的政府,不准和我们同行的、同德国政府签订了交换协定的瑞士社会党人弗里茨·普拉滕进入俄国呢?

政府制造谣言,说普拉滕是德国人的朋友。这是诽谤。普拉滕是工人的朋友,是**各国**资本家的敌人。

资本家制造谣言,说我们主张同德国单独媾和,说我们在斯德哥尔摩已经或者打算同那些站在**本国**政府方面的德国社会党人磋商。

这是造谣诽谤。我们同这样的社会党人根本没有磋商过，而且今后也不会同他们磋商。我们认为，帮助**本国**资本家进行这场罪恶战争的社会党人都是社会主义的叛徒。

只有像被德国强盗政府判处苦役的卡尔·李卜克内西那样起来反对**本国**资本家的社会党人，**才是**我们的朋友。

我们希望的不是同德国单独媾和，我们希望的是**一切**民族之间实现和平，希望的是**各国**的工人战胜**各国**的资本家。

俄国资本家像德国资本家诽谤李卜克内西那样地诬蔑诽谤我们。资本家造谣，说我们希望工人同士兵不和和敌对。

这是胡说！我们希望工人和士兵**团结**起来。我们想对工兵代表苏维埃的委员们**说明，全部**国家政权必须由**这些**苏维埃掌握。

资本家诽谤我们，他们已无耻到这种地步，甚至没有一家资产阶级报纸转载过《工兵代表苏维埃消息报》发表的我们所作的关于我们回国情况的报告和工兵执行委员会的决定。

每个工人和每个士兵都了解**自己的**工兵代表苏维埃。我们在回国的第二天就向这个苏维埃的执行委员会作了报告。这个报告登在《消息报》第 32 号上。① 为什么**没有一张**资本家报纸转载这个报告呢？

因为这些报纸在散布谣言和诽谤，它们害怕我们向执行委员会作的报告会揭穿骗子们的把戏。

为什么没有一家报纸登载执行委员会关于我们回国报告的**决定**，即发表在同一天《消息报》上的决定呢？

---

① 见本卷第 119—121 页。——编者注

因为这个决定揭穿了资本家及其报纸的骗局，要求政府采取措施使侨民回国。

苏维埃的《消息报》发表了反对英国人拘留托洛茨基的抗议书，发表了祖拉博夫揭穿米留可夫的谎言的一封信[117]，发表了马尔托夫一份同样内容的电报。

士兵们和水兵们！不要相信资本家的谎言和诽谤！要揭穿这些对《消息报》上发表的真实情况保持缄默的骗子！

载于1925年《列宁文集》俄文版第4卷

译自《列宁全集》俄文第5版第31卷第224—226页

战争和临时政府

(1917 年 4 月 13 日〔26 日〕)

> ……我们终于迫使临时政府放弃了兼并。
>
> 摘自 4 月 4 日尤·斯切克洛夫
> 在塔夫利达宫的演说
>
> ……不论对"没有兼并的和约"这一口号的态度如何,
> 决不能忽视各盟国一致公认的……原则
>
> 摘自帕·米留可夫的演说(4 月
> 11 日《言语报》)

　　临时政府的领袖们一步步地暴露了自己对战争的真正政策。临时政府的臭名远扬的宣言[118],就已经一面在口头上"放弃"兼并,一面又说"我们"和英法政府缔结的条约仍然有效。过了两星期,我们又在外交部长米留可夫先生的机关报《言语报》上看到:

米留可夫的声明

　　外交部长帕·尼·米留可夫在莫斯科逗留期间,曾在人民自由党党员大会上作了如下的声明:

　　临时政府关于战争目的的宣言,并不包含媾和条件,它只包含我们盟国的国务活动家早已再三宣布过的一般原则。媾和条件只能根据伦敦协约、同我们盟国协商一致拟定出来。不论对"没有兼并的和约"这一口号的态度如何,决不能忽视各盟国一致公认的波兰、亚美尼亚恢复统一的原则,决不能不注意满足奥地利斯拉夫人的民族愿望。(**1917 年 4 月 11 日(24 日)《言语报》第 83 号**)

外交部长米留可夫的这一声明,毫无疑问会在所有的外国报纸上登载出来,并且**会助长**德国的好战情绪。米留可夫是在帮助德帝国主义者在德国煽起沙文主义,**米留可夫是在帮助威廉二世把掠夺性的战争进行"到底"**。

现在我们来分析一下米留可夫先生的声明。米留可夫说,临时政府关于战争目的的宣言(也就是尤·斯切克洛夫由于可怜的误解而称之为放弃兼并的那篇宣言)并不包含媾和条件,而"只包含我们盟国的国务活动家早已再三宣布过的**一般原则**"。把它翻译成平常的话就是:放弃兼并,这只是庄严的词句,只是"一般原则",只是空话,空话,空话。这种话"我们的"盟国也不知说过多少。至于真正的"媾和"条件,这完全是另外一回事。

有一个国务活动家,如果我们没有弄错的话,就是俾斯麦,他曾经说过,外交家嘴里的"**原则上**"接受,**实际上**就是拒绝。米留可夫正是这样。"原则上"他反对兼并,实际上他赞成兼并,因此他主张把战争进行"到底"。

米留可夫先生向我们声明:庄严的词句还不是媾和条件。

那么他的媾和条件是什么呢?

这些条件在伦敦协约中已有规定。米留可夫要我们依据的正是这个协约。

这个协约(条约)是谁签订的呢? 是沙皇尼古拉二世和英法资本家签订的! 这就是说,沙皇匪帮签订的条约仍然有效。这就是说,我们是在为沙皇匪帮和"盟国"银行家所缔结的这些掠夺性条约作战。

占领波兰、亚美尼亚,占领奥地利的一些地区(关于君士坦丁堡,米留可夫先生这次不置一词),——这就是米留可夫先生的和平纲领的实质。

对外交部长米留可夫的最近这一声明，工人代表苏维埃的多数派领袖们会怎样评论呢？他们至多会以"联络"委员会的名义对米留可夫的这些话"提出警告"…… 尤·斯切克洛夫和尼·齐赫泽"终于"争取到的"临时政府"的放弃"兼并"，究竟到哪里去了呢？

俄国根本没有两个政权。工人代表苏维埃只是对临时政府实行好心的监督。如果相信报纸的报道，尼·谢·齐赫泽在明斯克军人代表大会[119]上就是这样说的。

看看这种好心的监督已把我们弄到什么地步！扩大战火的人仍然在用俄国的名义说话。他们在用没有兼并的和约这类空泛的言论来敷衍工人和士兵，暗中却执行着只对一小撮发战争财的亿万富翁有利的政策。

工人和士兵同志们！请你们在一切会议上宣读和说明上面提到的米留可夫的声明吧！你们要声明，你们不愿意为沙皇尼古拉二世所签订的、仍被米留可夫奉为神圣的秘密协约（条约）去送命！

载于1917年4月13日《真理报》第31号

译自《列宁全集》俄文第5版第31卷第211—213页

踩着《俄罗斯意志报》的脚印走

(1917 年 4 月 13 日〔26 日〕)

《俄罗斯意志报》甚至遭到了立宪民主党人的鄙弃,可是学它那套手法的人却越来越多了。请看看普列汉诺夫先生的《统一报》吧。普列汉诺夫先生想"揭露"《真理报》,就抓住列宁的提纲的第一条,摘出战争从俄国方面来说仍然是掠夺性的帝国主义战争这句话,然后扬扬自得地问道:

"可是从德国方面来说又当怎样呢? 关于这一点列宁未置一词。"

正是这样写的,一字不差。读到这里,简直叫人不敢相信自己的眼睛。难道普列汉诺夫先生真的已经完全堕落到《新时报》和《俄罗斯意志报》的地步了吗? 简直令人难以置信,但事实就是这样的。

普列汉诺夫先生无耻到了极点。他非常熟悉在国外出版的布尔什维克的书刊。他清楚地知道,所有的布尔什维克无论在演说中、文章中还是在决议中都曾无数次声明:战争从德国方面来说,像从其他所有交战的"大"国方面来说**一样**,是掠夺性的帝国主义战争。德国的资本家和他们那个戴王冠的强盗——元首威廉,也同其他国家的资本家一样,是一群帝国主义野兽。

再说一遍,任何一个识字的人,只要对布尔什维克稍微有些了解,都不会不知道我们的见解是怎样的。普列汉诺夫先生也是很清楚的。他知道季诺维也夫和列宁在国外合写的一本小册子《社会主义与战争》①，在瑞士还出过德文版，并且秘密地运进德国。这本小册子在谈到德国时，直截了当地指出，德国是为了"掠夺竞争国"而进行掠夺性战争的，德国是一个"**年轻强壮的强盗**"，"**德帝国主义者无耻地破坏了比利时的中立**，这和其他交战国随时随地所做的一样，只要需要就践踏一切条约和义务"；"考茨基把以下两者无原则地调和起来：一方面是社会沙文主义的基本思想——承认在这次战争中保卫祖国，另一方面是对左派作表面的让步"；"机会主义沙文主义者的堕落和叛变行为，在**任何地方**都没有达到德国那样的程度"。

普列汉诺夫先生对这些是很清楚的，可是他竟堕落到采用《新时报》和《俄罗斯意志报》的手法，煞费苦心想把真理派说成是亲德派。

普列汉诺夫先生为了嘲笑马克思主义，接着又抓住是谁对谁**宣战**的问题。

普列汉诺夫先生忘记了，在马克思主义者看来，战争是代表一定阶级的一定政府所推行的**政治的继续**。

尼古拉二世和威廉二世都代表着本国的反动阶级和资本家阶级，近几十年来他们都推行了掠夺别国的政策，例如掠夺中国、扼杀波斯、蹂躏和瓜分土耳其，这些都是事实。如果普列汉诺夫先生翻过——哪怕只是翻一翻——近几十年的外交史和对外政策史，他就不能不看到这一点，他就不敢否认这一点。

尼古拉二世和威廉二世进行这场战争，正是**继续**推行这种同

---

① 见本版全集第 26 卷第 319—363 页。——编者注

两国银行资本有密切关系的帝国主义掠夺政策。

既然战争是两个掠夺者和压迫者集团为了分赃,为了解决**谁该扼杀更多的**民族、**谁该掠夺更多的**东西而进行的,那么对于**这场**战争来说,谁先发动、谁先宣战之类的问题也就没有任何意义了(无论是经济的还是政治的意义)。

普列汉诺夫先生(完全同德国的普列汉诺夫之流即谢德曼之流等等一模一样)已经堕落到俗不可耐、极其平庸的资产阶级沙文主义者的地步,他不想知道(或者向来就不知道):战争是政治的继续,战争和政治是同一定阶级的利益相联系的,应当分析哪些阶级在进行战争,它们在为什么而战。

无耻地大肆造谣,掩饰尼古拉二世的掠夺政策(李沃夫之流并没有改变这种政策,他们甚至承认了沙皇签订的条约!),——这就是普列汉诺夫先生的全部智慧。

觉悟的工人和觉悟的士兵是不会听信这种谎言的。

载于1917年4月13日《真理报》　　　译自《列宁全集》俄文第5版
第31号　　　　　　　　　　　　　第31卷第214—216页

说 谎 同 盟

(1917 年 4 月 13 日〔26 日〕)

资产阶级报刊有一种手法在任何时候和任何国家都流行最广,并具有"万无一失"的效用。这就是造谣,喧嚷,叫嚣,一再重复谎言,这样"总会给人留下一点印象"。

《言语报》写道,"列宁在克舍辛斯卡娅宫叫嚣,声嘶力竭地叫嚣"。许多报纸都说,"列宁参加了莫杰恩120群众大会,站在屋顶上演讲"。

这完全是谎言。列宁并没有参加莫杰恩群众大会。列宁根本没有叫嚣,他只对布尔什维克和孟什维克作过**一次**报告,给《真理报》这张小小的报纸写了几篇短文。

叫嚣的是资本家和他们的报刊,正是他们"声嘶力竭地叫嚣",竭力想**用自己的喊声压倒别人**,不让人们听到真话,用谩骂和喊叫的声浪淹没一切,**妨碍**别人作切实的**说明**。

这就是资本家以及普列汉诺夫先生这类完全投靠资本家的可怜的社会党人目前的真正企图。

《言语报》在今天那篇特别"具有国家重要意义的"社论中,又大喊大叫地反对"鼓吹无政府状态",而每一个对所见所闻加以思考的人都非常清楚,这是在自己打自己的嘴巴。

"……伟大的革命摧毁了原有的全部政权组织……" 不对,还远不是全部。"只有人民的(广义地说)心理发生根本变化,更确切些说,只有产生出一种新的心理,即承认政权的必要性和服从政权的义务,政权组织才能得到恢复。"

这显然是撒谎,显然是资本家同斥骂无政府状态的普列汉诺夫先生们、切列万宁先生们等等结成了说谎同盟。

无论在科学上或在实际的日常用语中,都无可争辩地确认,所谓无政府主义,就是**否认**从资本主义到社会主义的过渡时期必须**有国家**。

社会主义导致国家的"消亡",马克思主义是这样教导的,这是联合起来造谣撒谎的米留可夫之流、普列汉诺夫之流、切列万宁之流不会不知道的。

真理派或列宁是不是否认**现在**必须有**国家**呢?是不是否认必须有"政权组织"呢?是不是否认有"服从政权的义务"呢?

除说谎者同盟外,一切有知识的人都清楚地知道他们并没有否认。

无论是《真理报》或列宁都极其明确地说过,并且再三说过,我们都绝对肯定,不仅现在,而且在以后从资本主义向社会主义过渡的历史时期,国家和政权组织都是必需的。

只有说谎同盟才会否认这一点或者看不到这一点。

问题在于我们**向人民推荐的是什么样的**"政权组织"。

不是旧政权组织,不是警察、官吏、常备军,而是新政权组织,即**工兵农等等代表苏维埃**。

这种苏维埃已经存在,已经在革命中诞生,所有的人甚至资本家政府都已**承认它是半个政权**。

而且我们说得非常明确,**这种苏维埃是革命政府唯一可能的**形式。

还要怎样说才算更明确呢？

既然是"唯一可能的"，这就是说，只要没有人对群众使用暴力，就**只**应当进行解释工作。

真理派**都**承认"政权的必要性和服从政权的义务"，并就此向人民进行宣传。

米留可夫之流、普列汉诺夫之流、切列万宁之流等等造谣，是为了使人民看不到真相，是想回避**主要之点**，即**这种**或**那种**政权组织的阶级性质问题。

这就是问题的实质。

资本家把工人等等代表苏维埃叫做"**无政府状态**"，因为**这种**政权组织事先并没有无条件地给人民套上资本家的枷锁，而是给他们自由和秩序，同时使他们有可能和平地逐渐地向社会主义过渡。

资本家所不满意的和深恶痛绝的就是这一点，而且只是这一点。因此就出现了说谎同盟，出现了滔滔不绝的诽谤和恶狠狠的号叫。

因此《言语报》才会在上述社论中隐蔽地躲躲闪闪地鼓吹**大暴行**，号召人们"起来反抗"，不要"漠不关心"、"消极坐视"等等。

先生们，既然人民大多数都拥护你们，既然你们同苏维埃（我们曾清楚地说过，现在那里占多数的**不是我们**）有巩固的联盟，既然这样，先生们，你们害怕什么呢？ 你们为什么要造谣呢？

我们只是想向工人和贫苦农民**说明**他们策略上的错误。我们认为**苏维埃**是唯一可能的政权。我们宣传政权的必要性和服从政权的义务。

你们害怕什么呢？ 你们为什么要造谣呢？

你们害怕的正是真理。你们造谣是为了用大暴行、诬蔑、暴力、诽谤来**阻碍**别人**说明**真理。

我们的某些对手也已经看出这一点。请看看今天的《人民事业报》**121**，看看这张有克伦斯基部长参加的社会革命党机关报吧。

这张报纸谈到了《俄罗斯意志报》和《言语报》的最忠实的盟友普列汉诺夫，说："……这种言论，这种斗争方法，我们已经在《俄罗斯意志报》上看惯了。可是在社会党人的文章中看到这些东西，凭良心说，实在令人难过和痛心……"

我们的对手是这样写的。

那些民主主义良心复苏了的民主主义者是这样写的。

要使米留可夫之流、普列汉诺夫之流、切列万宁之流感到羞耻，是毫无希望的；既然普列汉诺夫使用的这种极端沙文主义的、诬蔑诽谤性的、杀气腾腾的手段，甚至遭到有克伦斯基部长参加的报纸的唾弃，那么我们可以说：

使用这种手段的英雄们已经到了穷途末路了。

载于 1917 年 4 月 14 日《真理报》　　　译自《列宁全集》俄文第 5 版
第 32 号　　　　　　　　　　　　　　　　第 31 卷第 217—220 页

重要的揭露

（1917 年 4 月 13 日〔26 日〕）

有克伦斯基部长亲自参加的《人民事业报》，在今天的社论中坦白地宣称："我们《人民事业报》从在我们看来很有权威的人士方面获悉，上述照会〈即关于放弃兼并和赔款政策的照会〉目前尚未发出。"

由此可见，那些说"我们已经迫使政府放弃了兼并"并且真是这样想的工兵代表苏维埃的委员及其拥护者是错了。

同志们和公民们！请你们读一读，反复地读一读我们提到的《人民事业报》的这一声明，细细想一想它的意义吧！

社论接着说：

"而古契柯夫先生附和皇宫广场上的他那位渴求兼并君士坦丁堡和两个海峡的好战同事，在告罗马尼亚战线部队书中提出了必须彻底击溃德奥的口号……"

《人民事业报》既然**知道**米留可夫渴求兼并，为什么不把这一点说得更详细些呢？难道人民的事业不要求《人民事业报》说得更明白更坦率些吗？

社论在结尾提到"我们临时政府中好战的**那一部分人**"。

再说一遍，难道人民的事业不要求《人民事业报》把姓名和事实、事实和姓名和盘托出吗？

载于 1917 年 4 月 14 日《真理报》
第 32 号

译自《列宁全集》俄文第 5 版
第 31 卷第 221—222 页

银行和部长

(1917 年 4 月 13 日〔26 日〕)

前外交大臣、现任中央军事工业委员会副主席 H.H.波克罗夫斯基当了俄罗斯对外贸易银行的董事。前大臣会议主席弗·尼·科科夫佐夫伯爵也当了该银行的董事。

昨天晚报上的这个消息使我们很高兴。

今天是部长,明天是银行家;今天是银行家,明天是部长。不论今天或明天,他们都主张"把战争进行到底"。

这种情形不仅在俄国,而且在资本统治着的一切地方都有。一小撮掌握着整个世界的银行家在靠战争发财。

也许有人会对我们说:可是要知道,波克罗夫斯基和科科夫佐夫都是旧制度下的大臣,而今天我们是生活在革新了的俄国。

我们可以提出以下问题作为答复:

那么现任部长古契柯夫、捷列先科、柯诺瓦洛夫加入了多少家银行(当经理、股东、实际上的老板)?

银行的职员同志(附带说一句,他们应该赶快组织自己的联合会)如果能收集这方面的材料在工人报刊上发表出来,那可是做了一件好事。

载于 1917 年 4 月 14 日《真理报》第 32 号

译自《列宁全集》俄文第 5 版第 31 卷第 223 页

反对大暴行制造者

告彼得格勒工人、士兵和全体居民书[122]

(1917 年 4 月 13 日或 14 日〔26 日或 27 日〕)

公民们！沙皇大臣普罗托波波夫所创办的、连立宪民主党人都鄙视的《俄罗斯意志报》，正在鼓吹大暴行来对付我们党，对付《真理报》，对付我们的列宁同志和季诺维也夫同志，对付设在克舍辛斯卡娅宫的我们党的彼得堡委员会。我们接到许多口头通知和书面通知，说有人威胁要用暴力，要用炸弹等等来对付我们。

改扮成"共和派"的资本家们，从革命的第一天起就力图煽起工人和士兵之间的敌对情绪。起初他们诬蔑工人，说工人存心要让军队挨饿。现在又在竭力诋毁《真理报》。

现在我们要诉诸彼得格勒革命工人和士兵的荣誉感，我们声明：

我们不仅从来没有直接地或间接地威胁说要用暴力来对付某些人，相反地，我们经常声明，我们的任务是向全体人民**说明**我们的观点，我们认为全体工人和士兵选出的**工兵代表苏维埃**是**唯一可能的**革命政府。

取道德国回国的**各党派**的同志，**在回国的第二天**就向**全体工**人和士兵的受托人即工兵代表苏维埃**执行委员会**作了**报告**。在这个执行委员会中有齐赫泽、策列铁里、斯柯别列夫和斯切克洛夫等人。

同志们！工兵代表苏维埃的这些领袖，在很多地方不同意我们对国家制度问题的看法。他们不会偏袒我们。

执行委员会是怎样做的呢？

它在自己的《消息报》(1917年4月5日第32号)上**全文发表**了我们取道德国回国的报告。

这个报告列举了一切事实，并举出了瑞士和瑞典这两个中立国的、**审查过**我们的议定书的外国社会党人的**姓名**。

执行委员会作了什么决定呢？它对列宁等人取道德国回国有没有加以谴责或者哪怕表示不满呢？

没有。《消息报》编辑部在那一号报纸上对执行委员会的决定作了如下的报道：

> "执行委员会听取了祖拉博夫和季诺维也夫两位同志的报告，决定立即向临时政府进行交涉，同时采取措施使所有侨民都能迅速获准返回俄国，而不管他们的政治见解和对战争的态度怎样。同政府交涉的结果如何，我们将于日内发表。——**编辑部**"

任何人都会看到，这里**没有**一句责难列宁和他的同志的话。这里对临时政府提出了**警告**，决定**采取措施**使临时政府不再阻挠侨民返回俄国。

此后，**马尔托夫**的电报和**托洛茨基**在英国的被拘留，都证明米留可夫对付英法两国(这两国都把本国的国际主义者社会党人监禁起来)是软弱无力的，要不就是他**不想**采取认真的措施。

在战争期间，俄国人和德国人交换过几十次。国务会议的成员柯瓦列夫斯基就是拿一个奥地利人交换回来的，如此等等。政府为有钱人安排过多次交换。为什么现在的政府不愿为侨民安排交换呢？原因是它想使许多战士没有可能参加革命斗争。

《俄罗斯意志报》以及踩着它的脚印走的一些报纸如《言语报》和《统一报》在做些什么呢？

它们继续进行诬蔑，唆使那些无知的人对某些人施加暴力，它们既**不登载**报告，也**不登载**执行委员会的决定！……

我们向工兵代表苏维埃执行委员会提出了许多社会党人的姓名，侨民回国的每一个步骤都是经过他们审查和同意的。他们就是**法国**社会党人洛里欧和吉尔波，**瑞士**社会党人普拉滕，**瑞典**社会党人林德哈根（斯德哥尔摩市市长）、卡尔松、斯特勒姆、涅尔曼，**德国卡尔·李卜克内西派**的社会党人哈特施坦，**波兰**社会党人勃朗斯基。

《俄罗斯意志报》、《言语报》、《统一报》的这种行动，就是给用武力、大暴行、炸弹进行威胁的黑暗势力当帮凶。

士兵和工人同志们！

我们提醒你们要警惕《俄罗斯意志报》、《言语报》、《统一报》的先生们，我们再三声明：我们主张向全体人民**说明各**党派的观点，我们认为应当**尊重**兵工代表苏维埃。

如果临时政府、《言语报》、普列汉诺夫先生不满意工兵代表苏维埃执行委员会的做法，那他们为什么**不公开提出来呢？为什么不要求纠正呢？**为什么害怕转载《工兵代表苏维埃消息报》第32号所登载的东西呢？究竟为什么呢？因为他们企图制造混乱！

如果将来使用了某种暴力手段，那我们认为，这要由竟敢**不登**报告和执行委员会的决定并进行卑鄙诬蔑的《俄罗斯意志报》、《言语报》、《统一报》等的编辑和撰稿人负责。

亚·费·克伦斯基部长亲自参加的《人民事业报》已经指

出,上述报纸所用的手段是在帮助大暴行制造者(《人民事业报》第 23 号)。

应该让米留可夫之流、阿姆菲捷阿特罗夫之流、普列汉诺夫之流知道,如果由于他们的诬蔑而导致使用暴力,那首先遭殃的将是他们自己。

打倒鼓吹大暴行的行为! 打倒隐瞒执行委员会的决定而进行诬蔑和欺骗的英雄!

士兵和工人同志们! 你们一定不会让大暴行来破坏人民的自由! 你们一定会争取到对**你们的**兵工代表苏维埃的决定的**尊重**!

俄国社会民主工党中央委员会

俄国社会民主工党彼得堡委员会

载于 1917 年 4 月 15 日《真理报》
第 33 号

译自《列宁全集》俄文第 5 版
第 31 卷第 227—230 页

公民们！应当懂得
各国资本家采取的手法是什么！[123]

(1917 年 4 月 14 日〔27 日〕)

今天《言语报》社论的最后一段话是这样的：

"德国政府在努力维持德国的内部团结并离间各协约国。而我们的'真理派'却千方百计地在破坏革命俄国的团结，唆使俄国政府去反对英法盟国政府。我们难道没有权利说，列宁的'一帮人'是在替冯·贝特曼-霍尔韦格和威廉二世效劳吗？"

不，资本家先生们，你们没有权利这样说。正是我们真理派，而且只有我们，不仅没有去维持德国的内部团结，而且**恰好相反，是在破坏这种团结。**

这是事实，俄国的资本家先生们无论用什么谎话都抹杀不了这个事实。

事实是，我们真理派，而且只有我们，要求德国社会党人立即无条件地同德国的普列汉诺夫之流即谢德曼之流分裂，同德国的"中派"即不敢在原则上断然同谢德曼之流决裂的动摇分子分裂。

事实是，我们真理派，而且只有我们，主张**只**同两个德国社会党人的派别（"斯巴达克派"和"工人政治派"）团结，这两个派别都赞同卡尔·李卜克内西的政策，即**破坏德国内部团结的政策。**卡尔·李卜克内西的政策是**在实际上**而不是在口头上破坏**德国的**资本家和工人的"内部团结"。

卡尔·李卜克内西清楚地认识到，德国资本家和他们的威廉是帝国主义者，也就是强盗。还在齐美尔瓦尔德代表会议召开期间（1915年9月），他就写过一封信给代表会议，这封信没有发表，因为当时李卜克内西还是一个有合法身份的人，但是所有参加齐美尔瓦尔德代表会议的人都知道这封信[124]。

这封信号召：不要国内和平，要国内战争。

这就是**我们的**同道者卡尔·李卜克内西所宣传的德国的"内部团结"。这就是我们在我们真理派（季诺维也夫和列宁）的小册子《社会主义与战争》的德译本中所宣传的东西。①

卡尔·李卜克内西不仅这样说了，而且这样做了。他在德国国会讲坛上号召德国士兵掉转枪口对准**自己的**德国政府，后来他又参加街头示威游行，散发"打倒政府"的革命传单。

赞同我们真理派的政策的卡尔·李卜克内西，就是这样"在努力维持德国的内部团结"。正因为这样，他现在还在苦役监狱中受折磨。

不仅所有德国资本家的报刊都直截了当地把卡尔·李卜克内西叫做卖国贼和叛徒，而且所有德国普列汉诺夫之流的报纸也都比较明显地指责他是叛徒或无政府主义者。

一切国家的资本家大肆造谣，尽情诽谤、辱骂和斥责像德国的卡尔·李卜克内西和俄国的真理派那样的社会党人，说他们是叛徒，因为他们**破坏**了工人同**本国的**资本家、同本国的普列汉诺夫之流、同本国的"中派"分子的"内部团结"，**使各国工人**为了停止掠夺

---

① 见本版全集第26卷第319—363页。——编者注

性的帝国主义强盗战争，为了使全人类摆脱资本的枷锁而**团结起来**。

德国的资本家诬蔑卡尔·李卜克内西和他的朋友们是叛徒。在德国，我们的同志卡尔·李卜克内西还不止一次地受到暴徒施加私刑的威胁。甚至连德国的普列汉诺夫——社会沙文主义者大卫也曾谈到这一点。俄国的资本家诬蔑真理派是叛徒。英国的资本家诬蔑苏格兰的国民教师马克林是叛徒，他也因犯了卡尔·李卜克内西和我们真理派所犯的**同样的**"叛逆"罪行而在苦役监狱里受折磨。

法国的共和派资本家政府，把法国的**康坦**和俄国的拉耶夫关在监狱里，因为他们印发了"要争取和平"的传单。

《言语报》的先生们，部长先生们，革命政府的委员先生们！把我们真理派关进苦役监狱吧，或者建议俄国人民把我们关进苦役监狱吧！这样，你们才是真正模仿"盟国"（对沙皇尼古拉二世来说是盟国，因为是**他**签订的同盟条约！）资本主义英国的政策，英国就是把他们的真理派关在苦役监狱里的。

打倒**各**国的工人和资本家的"内部团结"，因为这种"团结"使人类遭受了而且还在遭受着那种为了资本家的利益而进行的帝国主义强盗战争的惨祸！

全世界**一切**不仅在口头上同情卡尔·李卜克内西而且在实际上执行反对**本国**资本家的政策的社会主义者和工人的团结万岁！

载于1917年4月15日《真理报》第33号

译自《列宁全集》俄文第5版第31卷第231—233页

是地主和农民的"自愿协议"吗？

（1917 年 4 月 14 日〔27 日〕）

昨天我们报纸的社论提到的盛加略夫部长的那份电报，今天在《日报》[125]上登载出来了，原文如下：

"读了拉年堡委员会关于播种谷物的决定后，我认为有责任声明，不遵照国家法律擅自解决土地问题是不能容许的。越轨行动会造成国家的不幸，会引起纠纷，使自由事业遭到危险。按照法律解决土地问题，是立宪会议的事情。目前，各地在乡粮食委员会下面设立土地问题调解室，以便土地耕作者和土地占有者达成自愿协议。关于租用荒地的问题也正在加紧研究。为了维持公共秩序，我要求按临时政府的各项决定行事，不要擅自作出其他类似法律的决定。"

如果显然占人口绝**大多数**的农民没有权利作出自己的决定并加以执行，而必须等待地主和农民达成**"自愿协议"**，这算是"民主"和"人民自由"吗？

一个地主有 2 000 俄亩土地，而**300 个农户**也只有 2 000 俄亩土地。俄国的情况大体上就是这样。300 个农民必须等待一个地主的"自愿"同意！！

士兵同志们，这对吗？

载于 1917 年 4 月 15 日《真理报》
第 33 号

译自《列宁全集》俄文第 5 版
第 31 卷第 234 页

诽谤者大合唱中的正直呼声

(1917 年 4 月 14 日〔27 日〕)

今天《小报》**126**登载了前方第四汽车医疗队的一群士兵告全体士兵同志书,要求调查列宁等人取道德国回国的情况。

这是从造谣诬蔑、肮脏诽谤、鼓吹大暴行的逆流中冲出来的正直呼声。的确,每一个公民都有权利**而且有义务**要求调查任何一件有社会意义的事实。

这是正直的人们(不是大暴行制造者)所采取的正当的办法。

列宁和**所有**同他一起回来的**各党派成员**,在回国的第二天就**立刻**采取了这个办法。他们向工兵代表苏维埃执行委员会作了关于回国情况的**报告**①,在报告中举出了瑞士和瑞典两个中立国的一些社会党人的**姓名**,这些社会党人在关于回国事宜的议定书上签过字,并且审查过**所有的**文件。在执行委员会中有齐赫泽、策列铁里、斯柯别列夫、斯切克洛夫等人。他们决定在《消息报》上发表上述报告和执行委员会的决定。

在审议报告以后决定:"执行委员会听取了祖拉博夫和季诺维也夫两位同志的报告,决定立即向临时政府进行交涉,同时采取措施使所有侨民都能迅速获准返回俄国,而不管他们的政治见解和对战争的态度怎样。"

---

① 见本卷第119—121 页。——编者注

这两个文件都登载在 1917 年 4 月 5 日《**苏维埃消息报**》第 32 号上。

不转载这个报告和决定，而鼓吹大暴行，这是公平合理的吗？

前方第四汽车医疗队的同志们**不讨论**《消息报》刊登的文件就急于"痛斥"回国者，骂他们是"叛徒"，"诅咒"他们，对他们大加辱骂，这样做对吗？

这不正是无政府主义，不正是**号召人们不尊重**工人和士兵选出来的执行委员会委员吗？

载于 1917 年 4 月 15 日《真理报》第 33 号

译自《列宁全集》俄文第 5 版第 31 卷第 235—236 页

俄国社会民主工党(布)
彼得格勒市代表会议文献[127]

（1917 年 4 月）

1

关于目前形势和
对临时政府的态度的报告

（4 月 14 日〔27 日〕）

（1）

记　　录

我们比其他政党确切得多地预先规定了政治路线，并用决议形式把它固定了下来。生活给我们创造了崭新的形势。革命者所犯的一个主要错误，就是往后看，只看过去的革命。可是生活却提供了很多新东西，必须把它们纳入事变的整个链条之中。

我们十分正确地确定了革命的动力。事变已经证实了我们布尔什维克的老的原理，但我们的不幸是有些同志想始终当一个"老"布尔什维克。从前，群众运动只包括无产阶级和农民。西欧资产阶级一向是反对革命的。这在我们看来是习以为常的情况。

现在完全不同了。帝国主义战争使欧洲资产阶级发生分裂,结果英法资本家出于帝国主义的目的成了俄国革命的拥护者。英国资本家直接同古契柯夫、米留可夫以及高级军事指挥人员策划阴谋。英法资本家站到革命方面来了。欧洲报纸接二连三地报道英法派遣使节去同古契柯夫之类的"革命家"进行谈判。这是从前没有预料到的革命同盟者。这使革命出现了任何人都想不到的情况。我们得到的同盟者不仅有俄国资产阶级,而且有英法资本家。我在国外作的一个报告中也谈到过这一点①,当时一个孟什维克对我说,我们以前错了,因为情况表明,要使革命成功,是需要资产阶级的。我回答他说,要使革命在8天内胜利,他们才是"需要"的。要知道,米留可夫早在革命以前就声明过,如果要通过革命才能走向胜利,那他就反对胜利。米留可夫的这句话是不应当忘记的。

　　总之,革命第一阶段的发展情况,是任何人也没有预料到的。布尔什维克对于"保卫祖国"的可能性问题曾作过这样的回答:如果资产阶级沙文主义者的革命获得胜利(《社会民主党人报》第47号),保卫祖国也同样是不可能的。② 目前情况特殊的地方,就在于有两个政权。在外国,现在任何一种比《言语报》左的报纸都不能入境,英法资产阶级的报纸又大谈临时政府掌握全部权力,而工兵代表苏维埃只是"一团糟",因此关于两个政权并存的局面谁也没有确切的概念。我们只是在这里,在本国,才知道工兵代表苏维埃已把政权交给临时政府了。工兵代表苏维埃是无产阶级和士兵的专政的体现,而士兵大多数是农民。这也就是无产阶级和农民的专政。可是,这个"专政"已同资产阶级妥协了。因此需要重新

---

① 见本卷第64—65页。——编者注
② 见本版全集第27卷第55页。——编者注

审查"老的"布尔什维主义。既成的局势表明,无产阶级和农民的专政同资产阶级政权交织在一起了。情况异常特殊。从来没有过这样的革命:革命无产阶级和农民的代表尽管握有武装,却和资产阶级结成同盟,尽管握有政权,却把政权让给了资产阶级。资产阶级掌握着资本的力量和组织的力量。但是令人奇怪的是工人竟然还能很有组织。俄国资产阶级革命已经完成,因为政权已落入资产阶级手中。对此"老布尔什维克"反驳道:"它还没有完成,因为还没有无产阶级和农民的专政。"然而,工兵代表苏维埃就是这样的专政。

土地运动可能有两条发展道路。农民会夺取土地,而农村无产阶级和富裕农民之间的斗争则不会展开。但是这种可能性很小,因为阶级斗争是不会停滞不前的。现在只重复我们在1905年所说的,而不谈农村的阶级斗争,那就是背叛无产阶级事业。

现在,我们从一些农民代表大会的决议中就看到一种等待立宪会议解决土地问题的思想,这是听从立宪民主党人的富裕农民的胜利。农民已在夺取土地,社会革命党人却阻止他们,劝他们等待立宪会议。必须把立即夺取土地的要求和建立雇农代表苏维埃的宣传工作结合起来。资产阶级民主革命已经完成。土地纲领必须按新的方式实行。现在我们这里进行的大私有者和小私有者争夺政权的斗争,将来在乡村中也会发生。农民单有土地是不够的。无马的农户增加了很多。现在只有我们在开展土地革命,向农民宣传立刻夺取土地。夺取土地应当有组织地进行,不得损坏财物。可见,土地运动还只是一种预测,而不是事实。马克思主义者的任务是向农民阐明土地纲领问题;要把纲领的重点放在建立雇农代表苏维埃上。但是也应当有准备,农民可能像工兵代表苏维埃一样,去同资产阶级联合。因此,土地运动还应当开展。富裕农民自然会倾向资产阶级,倾向临时政府。他们可能比古契柯夫还要右。

资产阶级政权暂时是胜利了。农民的经济地位使他们不同于地主。农民需要的不是土地所有权,他们需要的是雇农代表苏维埃。谁劝农民等待立宪会议,谁就是欺骗农民。

我们的任务是要离开小资产阶级泥潭去开辟一条阶级路线,因为资产阶级正巧妙地干着自己的事,他们可以许下各种各样的诺言,实际上却在执行自己的阶级政策。

工兵代表苏维埃中的对比关系使政权落到了临时政府手中,社会党人自己则局限于"联络委员会"。这个政府固然由它那个阶级的最好的受托人组成,但政府毕竟是代表一个特定的阶级。小资产阶级已完全屈服于它。我们要是不划分出一条无产阶级路线,就是背叛无产阶级事业。资产阶级总是用欺骗或暴力来实现自己的统治。现在盛行的是阿谀和欺骗,这使革命沉寂下去。资产阶级只是在次要问题上作些让步。而在主要问题(土地革命)上,他们什么也不做。在俄国,除布尔什维克以外,全都沾染上革命护国主义,它处处占了上风,谁看不见这一点,谁就是无视事实,而所谓革命护国主义,就是放弃一切社会主义原则而去维护那种用"保卫祖国"的空话掩盖起来的大资本的掠夺利益,就是放弃小资产阶级已有的阵地。我谈到过"真诚的"革命护国派群众,那不是就道德范畴来说的,而是就阶级的含义来说的。工兵代表苏维埃所代表的那些阶级并不从掠夺战争中得到好处。欧洲的情况则不同。在那里,人民备受压迫,连极端机会主义的和平主义者所受的迫害也往往比我们真理派所受的厉害得多。在我国,工兵代表苏维埃不是靠暴力,而是靠群众的信任来贯彻自己的革命护国主义立场。欧洲则完全是个军事监狱。资本在那里残酷地统治着。在整个欧洲，应当推翻资产阶级，而不应当规劝资产阶级。在俄国，士兵是武装起来了，但他们甘愿受人欺骗，同意所谓只是为了"防御"威廉的进攻。在欧洲，没有"真诚的"革命护国派，这跟俄国不同。在俄国，人民由于愚昧无知、因循守旧，由于习惯于忍受棍棒，由于传统，把政权让给了资产阶级。斯切克洛夫、齐赫泽在表面上是领袖，但实际上是资产阶级的尾巴；尽管他们有种种美德，有马克思主义的知识等等，但他们在政治上已经僵死了。在我们这里，政权掌握在带有护国主义情绪的士兵手中。资本家的客观阶级地位是一回事。他们是在为自己而打仗。士兵，也就是无产者和农民，则是另一回事。夺取君士坦丁堡他们有兴趣吗？没有，他们的阶级利益同战争势不两立！因此，他们是可以教育和说服的。目前政治形势的关键，就是要善于向群众说明真理。当我们还没有向士兵或不觉悟的群众讲清"打倒战争"的口号的意义时，我们还不能认为革命群众等等是我们的"支柱"。

什么是工兵代表苏维埃呢？它的阶级意义就是直接的政权。当然，我们这里还没有充分的政治自由。但是像俄国现在这样的自由，如今在其他任何地方都还没有。"打倒战争"并不是扔掉刺刀。这是要使政权转到另一个阶级手里。当前整个方针的重心就是要阐明这一点。布朗基主义是依靠少数人夺取政权。我们完全不同。我们还占少数，我们认识到必须争取多数。我们和无政府主义者不同，我们认为向社会主义过渡必须有国家。巴黎公社给我们工人代表苏维埃类型的国家提供了范例，提供了有组织的武装起来的工人直接掌握政权的范例，提供了工农专政的范例。苏维埃的作用，这种专政的意义，就在于用有组织的暴力对付反革命,靠大多数人的力量保卫革命的胜利果实,以利于大多数人。一个国家不能有两个政权。苏维埃是一种国家类型,在这种国家里不可能有警察。这里人民自己管理自己,因而不可能回到君主制去。军队和人民应当融为一体,这才是自由的胜利! 人人应当掌握武器。为了保住自由,全体人民都必须武装起来,——公社的实质就在这里。我们不是无政府主义者,无政府主义者否认国家组织,即否认暴力,尤其是否认有组织的武装起来的工人自己的国家,否认通过他们的苏维埃实现的国家组织。生活使无产阶级和农民的专政同资产阶级专政交织在一起。下一阶段将是无产阶级专政,但是无产阶级还没有充分组织起来,还没有充分觉悟,应当启发他们觉悟。要在全国建立这样的工兵农代表苏维埃,这是生活的要求。别的出路是没有的。这也就是巴黎公社! 工人代表苏维埃不是资产阶级所希望的那种职业组织。人民的看法不同,而且比较正确,他们把它看做政权。他们看到,工人代表苏维埃取得胜利才是摆脱战争的出路。这是一种可以走向社会主义的国家类型。一小批人夺取政权是不够的。俄国革命已更进了一步:除苏维埃以外,不可能有别的政权。资产阶级正是害怕这一点。只要苏维埃还没有取得政权,我们就不会把政权拿过来。但是必须由有生力量去推动苏维埃执掌政权。否则我们就不能摆脱资本家靠欺骗人民而进行的战争。现在所有的国家都处于崩溃的边缘;这一点是必须认识到的;除了社会主义革命以外,没有别的出路。政府是必须推翻的,但不是所有的人都正确地理解这一点。临时政府的政权有工人代表苏维埃作为依靠,因此要"简单地"推翻它是不行的。这个政府可以推翻,而且应当推翻,但要在苏维埃中取得多数。要么前进,使全部政权归工兵代表苏维埃,要么后退,退到帝国主义战争去,别的道路是没有的。考茨基否认战争时期进行革命的可能性。实际生活已经驳倒了他。

至于实行银行国有、对银行实行监督的问题,只要政权由工人掌握,这在经济上是可能的,在经济上不会有任何障碍。不言而喻,既然这样看无产阶级的任务,就根本谈不上同"护国派"联合。

关于党的新名称:"社会民主党"这个名称是不恰当的,在科学上是不正确的。马克思和恩格斯不止一次地谈到过这一点。他们"容忍了"这个名称,那是因为1871年以后形成了一种特殊的形势:必须**慢慢地**训练人民群众,革命还没有提上日程。民主也是国家,而巴黎公社已更进了一步。目前全世界实际面临的问题是向社会主义过渡的问题。社会民主党人普列汉诺夫和全世界的其他社会沙文主义者背叛了社会主义。我们应当称做"共产党"。

(2)

报　道

旧的传统公式(无产阶级和农民的专政)已经不再适应变化了的情况。革命民主专政已经实现,但是形式和我们预定的不同,它和帝国主义资产阶级专政交织在一起。帝国主义战争把一切都打乱了。它使革命的狂热反对者英法资本家(还有高级军事指挥人员和反革命资产阶级上层分子)变成了帮助革命取得胜利的人物。

正是这种历史上特殊的、各种情况的凑合,造成了两个专政:资产阶级专政和革命民主专政。在组织方面人民从来没有赶上过资产阶级;在俄国,人民建立了自己的有组织的政权,但同时人民却还没有达到政治上的独立。由此就造成了两个政权并存的局面,造成了士兵群众中小资产阶级多数和一部分工人对临时政府抱不觉悟的轻信态度,造成了革命民主派对资产阶级专政心甘情愿的服从。形势的特点在于,群众的不觉悟状态妨碍在无产阶级政策方面形成稳定的和自觉的多数(其他各种政治派别已经完全转到小资产阶级立场上去了)。革命民主派是由十分复杂的成分(就其阶级**地位**和**利益**而言,完全各不相同!)所组成的。他们分成以下的阶层:在农村中有靠11月9日法令而巩固了自己地位的富裕农民,以及只有一匹马的和没有马的贫苦农民;在城市中有靠近工人阶级的各阶层和小私有者。无产者、**半**无产者从小资产阶级中分离出来是不可避免的,但革命联盟中私有者的团结,其力量有可能胜过群众在无产阶级口号下组织起来的力量。因此并不排除政权将仍然被资产阶级所把持,而不转到工兵代表苏维埃手中。结论:我们当前的任务不是推翻临时政府(因为这个政府现在依靠小资产阶级群众和一部分工人群众的**信任**而维持着),而是细致地解释阶级任务和进行组织工作。

记录载于1925年《俄国社会民主工党(布)彼得格勒市代表会议和全国代表会议(1917年4月)》一书

报道载于1917年4月25日(5月8日)《真理报》第40号

译自《列宁全集》俄文第5版第31卷第237—246页

2

关于目前形势的报告的总结发言

（4 月 14 日〔27 日〕）

交换意见后，证明分歧是存在的。我不能回答所有的问题。

关于老的布尔什维主义。加里宁替老的布尔什维主义辩护。而他也得出结论说，我们当前的策略是对的。另外一种意见，则最明显地暴露出小资产阶级策略的倾向。

一个历来的提法：将革命进行到底。指的是什么样的革命呢？1905 年的客观情况是：无产阶级和农民是唯一的革命因素，立宪民主党人则拥护君主制。目前护国主义表明农民转向小资产阶级策略。在这种情况下，将革命进行到底已没有意义。革命已把小资产阶级和其他革命分子在护国主义的基础上联合起来了。

无产阶级和农民的专政的未来如何？持护国主义观点的小资产阶级农民可能拥护君主制。

从布尔什维主义路线中产生一条新的路线。小资产阶级和大资产阶级联合起来了。我们是以各个阶级的利益不同为出发点的。雇农一定会反对帝国主义战争。私有者农民则一定会拥护护国主义。

护国主义表明，小资产阶级已经离开工人阶级而转到大资产阶级方面去了。部分地依靠在城市做工来维持生活的贫苦农民不需要这场战争。这个阶级一定会反对战争。

老的布尔什维主义应当抛弃。必须把小资产阶级的路线同雇佣无产阶级的路线区分开来。空喊什么革命人民,对克伦斯基来说是合适的,但对革命无产阶级并不合适。在尼古拉已被赶下台的时候当革命者,哪怕当民主主义者,并不是什么大功劳。革命民主毫无用处;那不过是空话。它是掩饰而不是揭露各阶级利益的矛盾。布尔什维克应当使工人和农民认识到这种矛盾的存在,而不应当掩盖这种矛盾。既然帝国主义战争会使无产阶级和农民在经济上遭到侵袭,这些阶级就一定会起来反对这场战争。

建立工兵农代表苏维埃网——这是当前的任务。现在整个俄国已经布满地方自治机关。公社也可以采取自治机关的形式。废除警察和常备军,人人武装起来,——这一切都可以通过地方自治来实现。我所以提工人代表苏维埃,不过是因为它已经存在罢了。

有人说,应当"占有"无产阶级。齐赫泽、临时政府和其他一些人正在这样做,他们喊着关于革命民主的响亮词句。布尔什维克应当把无产阶级和小资产阶级区分开,而让克伦斯基去说"革命民主"、"革命人民"之类的空话吧。俄国的民主是帝国主义的。有人说我们把我们的工作归结为文化工作。这是不对的。通过关于立宪会议的决议等等,这是"占有"无产阶级。

现在的任务,就是废除常备军、官吏和警察,人人武装起来。

立宪会议扼杀不了革命,因为现在已经没有人提到它了,而且谁也不打算召开它了。只有社会革命党人才会"要求"召开立宪会议。

这场战争是世界性的战争。是某些特定的阶级在进行这场战争，它是由银行资本造成的。只有使政权转到另一个阶级手中，才能使战争停下来。只要政权还保持在统治阶级手里，和平是改变不了任何东西的。

应当向无产阶级指出，要通过具体措施来推进革命。推进革命，就是要自动实现自治。民主的扩大并不妨碍自治，它使我们的任务能够实现。要结束战争，只有使政权转到另一个阶级手中（俄国已经最接近这一点），但无论如何不能靠各国资本家用交换被压制的民族的办法来实现停战。公社完全适合农民的情况。公社就是完全的自治，就是排除任何来自上层的监督。十分之九的农民一定会拥护这一措施。

如果农民拿到土地，资产阶级有可能容忍土地国有化。我们无产阶级政党应当声明，光有土地还养活不了人。要耕种土地，还必须建立公社。我们应当是集中主义者，但也有这样的时候，这项任务需要转到地方上去解决，我们就应该容许地方发挥最大的主动性。立宪民主党人已经像做官的样子了。他们对农民说："等待立宪会议吧。"只有我们的党提出了确实能把革命推向前进的口号。工人代表苏维埃完全能够在地方上建立公社。问题在于无产阶级是否有足够的组织能力，这一点事先无法估计，要在实践中学习。

托洛茨基主义是"不要沙皇，而要工人政府"。这是不对的。小资产阶级是存在的，决不能把它一笔勾销。但它有两部分。它的贫苦部分是跟工人阶级走的。

战争。靠和平主义来结束战争，这是空想。可以缔结帝国主义和约来结束战争。但群众不要这样的和平。战争是阶级政治的继续，要改变战争的性质，只有变换掌权的阶级。

　　把党的名称叫做共产党,从理论上说是正确的。其他国家的左派社会党人力量太弱了。我们应当采取主动。

载于1925年《俄国社会民主工党
(布)彼得格勒市代表会议和全国
代表会议(1917年4月)》一书

译自《列宁全集》俄文第5版
第31卷第247—249页

3

在讨论关于对临时政府的态度的
决议时发表的两点反驳意见

（4 月 15 日〔28 日〕）

（1）

有了昨天的讨论,我只想简短地谈一点意见。决议指出了出路在哪里。决定局势的关键不仅在于临时政府中有一定阶级的代表,而且在于它有工人代表苏维埃作为依靠。因此,结论不是我们应当屈从于这个小资产阶级,而是应当组织独立的集团,但这不是为了离开小资产阶级,而是为了推动它前进。夺取全部土地,就是革命人民的前进。用民兵代替常备军,也是前进。

（2）

加米涅夫同志转到齐赫泽和斯切克洛夫的政策上去了。如果我们不说,当然谁也不会说临时政府在拖延召开立宪会议。所有的人都想进行战争。这里涉及到反革命的组织问题。在革命时期实行监督是一个骗局。选举的日子有 3 天时间就可以确定。用列举"罪过"的办法我们可以为鼓动工作提供确切的材料。在联络委员会里不可能找到真理。不掌握政权就无法进行监督。用决议等等来监督，完全是胡说。说监督意味着消除小资产阶级幻想，那是糊涂思想。

载于 1925 年《俄国社会民主工党
(布)彼得格勒市代表会议和全国
代表会议(1917 年 4 月)》一书

译自《列宁全集》俄文第 5 版
第 31 卷第 250 页

4

关于对临时政府的态度的决议

（不晚于 4 月 14 日〔27 日〕）

代表会议认为：

（1）临时政府按其阶级性质来说，是地主和资产阶级的统治机关；

（2）临时政府和它所代表的阶级在经济上和政治上同俄国帝国主义和英法两国帝国主义有不可分割的联系；

（3）临时政府只是在革命无产阶级的压力下，某些方面也是在小资产阶级的压力下才部分地执行它所宣布的纲领；

（4）正在组织起来的资产阶级和地主反革命力量，在临时政府旗帜的掩护下，在它的公开纵容下，已经开始向革命民主派进攻；

（5）临时政府拖延立宪会议的选举日期，阻挠人民普遍武装，反对把全部土地交给人民，强迫人民接受地主解决土地问题的办法，阻挠八小时工作制的实行，纵容军队中的反革命鼓动（古契柯夫之流的鼓动），策动高级军事指挥人员来对付士兵等等；

（6）同时，这个政府目前依靠把绝大多数工人和士兵（即农民）联合起来的彼得格勒工兵代表苏维埃的信任，而且在某种程度上还依靠同它直接达成的协议；

（7）临时政府在对外政策和对内政策上的每一个步骤，不仅会使城乡无产者和半无产者而且会使小资产阶级广大阶层看清这个政府的真正性质。

代表会议决定：

(1)为了使全部国家政权转到工兵代表苏维埃或其他直接表达人民意志的机关手中,必须进行长期的工作来启发无产阶级的阶级意识和团结城乡无产者来反对小资产阶级的动摇,因为只有这样做才能真正保证全体革命人民胜利前进;

(2)为此,必须在工兵代表苏维埃内部进行各方面的工作,增加苏维埃的数量,加强苏维埃的力量,使苏维埃内部我们党的一些无产阶级国际主义小组团结起来;

(3)加紧组织我们社会民主党的力量,以便在革命的社会民主党的旗帜下掀起革命运动的新浪潮。

载于1917年4月18日(5月1日)　　　译自《列宁全集》俄文第5版
《真理报》第35号　　　　　　　　　　第31卷第251—252页

5

在讨论市政选举问题时
发表的两点反驳意见[128]

(4月22日〔5月5日〕)

(1)

既然我们实行比例选举制,那么联盟也就没有什么用处;少数是有保障的。我坚决反对加里宁同志的说法,因为同小资产阶级,同沙文主义者结成联盟,是不可想象的。有一点点要同资本家所支持的小资产阶级结成联盟的想法,就是叛卖社会主义。我们要同谁联盟呢,同《国际》的出版人[129]吗?但是这个杂志还没有出版,因此我们对他们还不了解。齐赫泽是最恶劣的护国主义掩护者。在巴黎出版报纸的托洛茨基,还没有说明白他是赞成还是反对齐赫泽。我们一向反对齐赫泽,因为他是沙文主义的精巧的掩护者。托洛茨基始终没有说清楚。我们凭什么知道拉林(《国际》的出版人)执行的不是同样的策略呢?

我们应当提出明确的纲领。现在斗争是在三类政党之间进行:第一类是强盗和杀人犯的政党;第二类是用美丽的词句掩护这些强盗的政党;第三类政党不给强盗以任何赞助,它揭穿所有的错误,包括工兵代表苏维埃执行委员会的错误。

苏维埃的过错不在于它没有取得政权,而在于它教给人民坏的东西,高喊什么它击败了政府。

(2)

我坚决赞成把那些同沙文主义决裂的孟什维克候选人列入我们的名单。这不是联盟。俄国是党派组织非常鲜明的国家。关于纲领:重要的是有报酬的民兵问题、粮食问题和税收问题。

载于1925年《俄国社会民主工党
(布)彼得格勒市代表会议和全国
代表会议(1917年4月)》一书

译自《列宁全集》俄文第5版
　第31卷第253—254页

6

关于市政选举的决议

（4 月 22 日〔5 月 5 日〕以前）

市政纲领决不能只限于市政问题,特别在目前革命时期更是这样。

市政纲领对于目前政治生活中的一切根本问题,特别是战争问题和无产阶级对待中央政权的态度问题,也都应该有明确的回答。

在民兵、粮食、住宅和税收这一类市政问题上,我们不能期待小资产阶级政党会同意采取那些制止战争和消除战争后果的必要的革命措施。

由于上述这些原因,我们必须在无产阶级政党的原则纲领的旗帜下单独参加选举,并向人民说明以下三大类政党的根本区别：(1)立宪民主党和比他们更右的政党；(2)小资产阶级政党(民粹主义者)和一部分受资产阶级影响的工人的政党(孟什维克护国派)；(3)革命无产阶级的政党(布尔什维克)。

按比例代表制进行的选举的技术规定,使得结成联盟在技术上成为多余之举。

最好在实际工作的基础上尽量同真正摒弃革命护国主义、拒绝支持临时政府的孟什维克接近,增进彼此的了解。只要在基本问题上取得相当一致的意见,我们就可以和这样的同志共同提出名单。必须提出有关市政纲领的具体建议,特别是在由资本家付给报酬的无产阶级民兵问题上。

载于 1917 年 5 月 2 日(15 日)
《真理报》第 46 号

译自《列宁全集》俄文第 5 版
第 31 卷第 255—256 页

7

关于对社会革命党、社会民主党(孟什维克)、一批所谓"无派别"社会民主党人以及诸如此类的政治流派的态度的决议草案

(4 月 22 日〔5 月 5 日〕以前)

(1)社会革命党、孟什维克社会民主党等等在绝大多数情况下站到"革命护国主义"立场,投票赞成公债,这实际上就是支持古契柯夫、李沃夫之流的资本家帝国主义政府所进行的帝国主义战争;(2)这些政党都**支持**临时政府,支持这个在对内对外政策上都代表资本利益并采取反革命立场的政府;(3)这些政党甘愿受资本家的欺骗,同时自己又拿一些虚无缥缈的希望来欺骗人民,说什么不掌握国家政权而向临时政府提出"要求"、对它实行"监督"等等,也可以改变这个资本家政府的阶级本性,使这个政府放弃资本家目前需要的帝国主义政策和侵犯自由的反革命措施;(4)由于这种欺骗而产生的、被上述政党所促成的无产者和半无产者阶级意识的模糊,在群众对资本家(现在资本家的主要手段是欺骗和阿谀奉承)完全采取轻信的不觉悟态度的情况下,就成了革命停滞和地主资产阶级反革命势力有可能击败革命的主要原因。——有鉴于此,代表会议决定:

　　(1)认为投票赞成公债同维护整个革命护国主义立场一样,无疑地是彻底背叛社会主义,彻底背叛无产阶级阶级斗争和国际主义原则,也就是背叛各国工人为反对各国资本家而结成兄弟联盟的原则;

　　(2)认为上述各党派代表小资产阶级的利益和观点,用资产阶级的影响来腐蚀无产阶级;

　　(3)认为这些党派执行支持临时政府和拥护革命护国主义等等的政策,从无产阶级的阶级立场转到了小资产阶级立场,因此,同它们(作为一个整体来说)实行联合是绝对不可能的;

　　(4)个别的地方工人团体,虽然同孟什维克等等接近,但是愿意坚持国际主义立场,反对"革命护国主义",反对投票赞成公债等等,对于这样的工人和团体,我们党的政策应该是支持他们,同他们接近,在他们彻底放弃背叛社会主义的小资产阶级立场的基础上同他们联合。

载于1925年《俄国社会民主工党(布)彼得格勒市代表会议和全国代表会议(1917年4月)》一书

译自《列宁全集》俄文第5版第31卷第257—258页

8

在提出关于战争的决议时的讲话

（4月22日〔5月5日〕）

关于战争的决议是在委员会里起草的，但还没有最后完成。我想，这个决议完全拟好以后，将提交全党代表会议，而现在，我建议把现有的决议宣读一下。

决议分三部分：(1)战争的客观原因，(2)革命护国主义和(3)怎样结束战争。

载于1925年《俄国社会民主工党（布）彼得格勒市代表会议和全国代表会议(1917年4月)》一书

译自《列宁全集》俄文第5版第31卷第259页

9

关于战争的决议草案[130]

（不晚于 4 月 14 日〔27 日〕）

一

目前的战争，从两个交战国集团来说，都是帝国主义战争，就是说，是资本家为了争夺世界霸权、为了分赃、为了金融资本即银行资本获得有利的市场、为了扼杀弱小民族而进行的战争。

俄国的国家政权从尼古拉二世转到古契柯夫、李沃夫等人的政府手中，转到地主和资本家的政府手中，从俄国方面来说战争的这种阶级性质和意义并没有改变而且也不可能改变。

事实非常明显，新政府进行的仍然是帝国主义战争，即侵略性的强盗战争，这表现在它不仅没有公布前沙皇尼古拉二世同英法等国资本家政府签订的秘密条约，而且正式承认了这些条约。新政府这样做，并没有征询人民的意见，显然是有意欺骗人民，因为大家知道，前沙皇签订的这些秘密条约是彻头彻尾的强盗条约，它们允许俄国资本家掠夺中国、波斯、土耳其、奥地利等等。

因此，无产阶级政党如果不彻底背弃国际主义，就是说，不彻底破坏世界各国工人在反对资本压迫的斗争中形成的兄弟团结，就决不能支持目前的战争、目前的政府和它发行的公债，不管这些公债的名称多么响亮。

现政府答应放弃兼并,即不再侵占别国或强迫任何民族留在俄国疆界以内,这也是完全不可信的。因为第一,同俄、英、法银行资本有千丝万缕联系并维护其利益的资本家,只要他们还是资本家,还没有放弃投入公债、租让企业和军工企业等等的数十亿资本的利润,他们就不会在这次战争中放弃兼并。第二,新政府为了欺骗人民而表示放弃兼并之后,却又于1917年4月9日通过米留可夫之口在莫斯科声明,它不会放弃兼并。第三,有克伦斯基部长参加的《人民事业报》揭露说,米留可夫甚至没有把他的放弃兼并的声明发往国外。

因此,为了提醒人民不要相信资本家的空洞诺言,代表会议声明必须严格区别口头上的放弃兼并和真正的放弃兼并,真正的放弃兼并,也就是立即公布一切掠夺性的秘密条约和对外政策方面的一切文件,立即使遭受资本家阶级(他们还在继续执行使我国人民蒙受耻辱的前沙皇尼古拉二世的政策)压迫的、被强行并入俄国的、不享有充分权利的各民族获得彻底解放。

二

现在俄国的一切民粹主义党派(人民社会党人、劳动派分子、社会革命党人)和机会主义的孟什维克社会民主党(组织委员会即齐赫泽、策列铁里等)以及大多数无党派革命者,几乎都醉心于所谓"革命护国主义",这种"革命护国主义",就其阶级意义来说,一方面代表着同资本家一样靠压迫弱小民族来攫取利润的小资产阶级、小业主和富裕农民的利益和观点,另一方面,它是资本家欺骗人民群众,不公布秘密条约而用许愿和花言巧语来敷衍搪塞的结果。

必须承认,"革命护国派"的广大群众是真诚的,就是说,他们**的确**不愿意兼并、掠夺和压迫弱小民族,**的确**希望**各**交战国缔结一个民主的非强制的和约。这一点是必须承认的,因为城乡无产者和半无产者(即完全靠或部分靠出卖劳动力给资本家来维持生活的那些人)的阶级地位使这些阶级从资本家的利润中得不到好处。

因此,代表会议一方面认为,绝对不允许对"革命护国主义"作任何让步,让步在实际上意味着完全背弃国际主义和社会主义,另一方面又同时声明,只要俄国资本家和他们的临时政府还只是用暴力威胁人民(例如,古契柯夫颁发了一个臭名昭彰的命令,威胁说要惩办擅自撤换长官的士兵),只要资本家还**没有**用暴力来对付自由组织起来的、可以自由地撤换和选举**一切**当权者的工人、士兵、农民和雇农等等代表苏维埃,我们党就宣传不使用暴力,完全用同志的说服方法来反对"革命护国主义"的严重而致命的错误,也就是要说明这样一个真理:广大群众对和平与社会主义的死敌资本家的政府抱着不觉悟的轻信态度,这在目前的俄国是迅速结束战争的主要障碍。

三

怎样才能尽快结束,不是以强制的和约而是以真正民主的和约结束这场由资本家掀起的,使全人类濒于破产、饥饿和毁灭的罪恶的强盗战争,是一个最重要的问题,对于这个问题,代表会议确认:

以为**任何一**国的士兵单方面拒绝继续作战,单方面停止军事行动,"把刺刀往地上一插"就可以结束这场战争,这是十分荒谬的。

我们党将耐心地坚持不懈地向人民说明这样一个真理:战争是由**政府**进行的,战争总是同一定阶级的政治有不可分割的联系,因此,**只有**使全部国家政权转到真正不愿意维护资本家利润、真正能够消灭资本压迫的**阶级**即转到无产者和半无产者阶级手里,才能用真正民主的、非强制的和约结束这场由尼古拉二世之类戴王冠的强盗和资本家这些不戴王冠的强盗所掀起的战争。

只有这个阶级才能**真正**放弃兼并,挣脱金融资本即银行资本的罗网,在一定条件下,不是口头上而是**实际上**把掠夺性的战争变成无产阶级革命的战争,变成不是为了扼杀弱小民族而是为了使**全世界**工农摆脱资本枷锁的战争。

代表会议再一次抗议资本家对我党进行的无耻诽谤,他们说我们赞同和德国单独媾和。我们认为德国资本家同俄、英、法等国的资本家一样是强盗,而德皇威廉同尼古拉二世以及英、意、罗等国的君主一样是戴王冠的强盗。我们不仅用俄文说明了我们的这一观点,而且在季诺维也夫和列宁合写的《社会主义与战争》这本小册子的德译本中也用德文说明了这个观点①。

此外,我党中央机关报的这两位编辑同志,曾于1915年10月13日在日内瓦出版的《社会民主党人报》第47号上代表我党声明:如果在战争期间革命使我党取得了政权,那我们会立即向德国和**全世界人民**公开建议缔结非强制的即民主的和约;

---

① 见本版全集第26卷第319—363页。——编者注

如果德英法等国资本家拒绝缔结这种和约,那我们就自己进行革命战争,号召全世界工人同我们联合行动。①

代表会议完全确认这项声明。

代表会议认为,现在世界上任何一个交战国,都没有俄国这样的自由,都没有工兵农等等代表苏维埃这样的革命群众组织;

因此,世界上任何一个地方的全部国家政权都不可能这样容易、这样和平地转到真正的人民大多数即工人和贫苦农民手中。

代表会议声明,士兵粮饷的来源不应当靠发行使资本家发财的公债,而应当取自向资本家征收的高额所得税和财产税。

代表会议声明,在有宣传鼓动充分自由的条件下,在人民大多数还没有理解这次战争同资本家的利益有不可分割的联系的时候,要尽快地停止各民族间的这场大厮杀,就只有一种切实可行的办法。

这种办法就是在前线举行士兵联欢。

代表会议认定,甚至绝对捍卫资本家利益的《新时报》在4月12日发自基辅的电讯中也已承认,前线士兵已经开始联欢。士兵代表向彼得格勒工兵代表苏维埃报告的一系列消息也证实了这一点。

俄德两国的士兵,即两国穿军服的无产者和农民开始联欢了,这向全世界表明,这些受资本家压迫的阶级的可靠嗅觉提示了停止各民族间大厮杀的正确途径。

所谓联欢我们认为就是:第一,要印刷俄德两种文字的号召书,在前线散发;第二,通过翻译人员在前线举行俄德两国士兵的

---

① 参看本版全集第27卷第53—56页。——编者注

群众大会,不许**两**国资本家和大多数属于资本家阶级的将领和军官阻挠群众大会,没有士兵直接的特别许可,甚至不许他们参加大会。

在这种号召书中和这种群众大会上应当说明对战争与和平的上述看法,应当指出,只要德俄两国的国家政权完完全全转到工兵代表苏维埃手中,全人类立刻就可以松一口气,因为这会真正保证尽快结束战争,保证各国人民间实现持久的真正民主的和平,从而保证世界各国向社会主义过渡。

载于 1927 年《列宁全集》俄文   译自《列宁全集》俄文第 5 版
第 2、3 版第 20 卷   第 31 卷第 260——265 页

士兵和土地

（1917年4月15日〔28日〕）

大多数士兵来自农民。任何一个农民都知道地主过去和现在是怎样压迫人民的。那么,地主的力量在哪里呢?

在于土地。

地主拥有几千万俄亩土地。因此,数百万农户只好去受地主的奴役,没有别的路可走。

只要地主还占有几千万俄亩土地,任何"自由"都不能对农民有所帮助。

地主的全部土地必须交给人民,国家的全部土地必须转归全体人民。土地应该由各地的农民和雇农代表苏维埃支配。

怎样才能做到这一点呢? 应该按照城市工兵代表苏维埃的式样,立刻在全俄国每一个农村里毫无例外地建立农民和雇农代表苏维埃。如果农民和雇农自己不团结起来,**自己**不掌握自己的命运,那么,世界上任何人都帮助不了他们,任何人都无法把他们从地主的奴役下解放出来。

为了使农民自己能够在各地立即夺取地主的全部土地,正确地支配土地,同时维持良好的秩序,避免任何财物遭到损坏,士兵必须帮助农民。

农民、士兵和工人在全国占绝大多数。这个多数**希望**立刻把全部土地转交给农民代表苏维埃。**只要**他们很好地组织起来(团结起来,联合起来),**只要**他们有觉悟,**只要**他们武装起来,那么谁也阻挡不住他们。

士兵们! 你们要帮助全体工人和全体农民联合起来和武装起来!

士兵们! 你们自己也要更牢固地联合起来,更紧密地同工人和农民联合在一起! 不要让别人夺走你们手中的武装力量!

这样,只有这样,人民才能得到全部土地,才能摆脱地主的奴役。

载于 1917 年 4 月 15 日《士兵真理报》创刊号

译自《列宁全集》俄文第 5 版第 31 卷第 266—267 页

在米哈伊洛夫练马场举行的
装甲营士兵大会上的演说

（1917 年 4 月 15 日〔28 日〕）

报　　道

有人指责我们这些坚持国际社会主义观点的社会民主党人取道德国回俄国，说我们是人民事业的叛徒，自由的叛徒，说我们被德国人收买了。

是谁在这么说？是谁在散布这种诽谤和谎言？

凡是看工人报纸的士兵和工人同志都知道，1917 年 4 月 5 日《工兵代表苏维埃消息报》第 32 号上登载过苏维埃的一个决定，这个决定是在听取了季诺维也夫同志和祖拉博夫同志关于如何取道德国回到国内的报告后作出的。

苏维埃有没有责备我们呢？没有。苏维埃究竟是怎么说的呢？它作了答复，它要求临时政府采取紧急措施使国外所有的俄国政治流亡者不受阻挠地回到俄国。

列宁同志接着指出，临时政府至今没有采取任何措施，因此我们那些侨居国外的社会党人同志没有能够回到俄国。为什么？只是因为从这场骨肉相残的大厮杀中得到好处的英国，不愿意让我们那些向这场战争宣战的、要求和平的社会党人同志过境。英国人把英国自己的一名社会党人[131]关在监狱里，也把我们的托洛茨基同志(他在1905年曾担任工人代表苏维埃主席)抓起来关在监狱里。

所有想打这场战争的资本家和地主的政府——法国政府也好,德国政府也好,意大利政府也好,它们过去和现在都是这么干的。它们把一切反对战争的社会党人投进监狱,关在那里。

在这种情况下,能够取道英国回国吗?不能。所以只好求助于也主张和平的瑞士社会党人普拉滕。

这样做的结果如何呢?

列宁及其一行被允许过境了,但是能够证明我们没有同德国人发生任何联系的见证人普拉滕同志却没有被批准进入俄国。

问题到底在哪里呢?

问题在于这场每个月都在夺走几十万人生命的战争是资本家进行的,战争对他们有利,战争给他们带来好处,因此各国资本家,包括威廉这个强盗和掠夺者在内,把所有希望和平、争取和平的人关进监狱,并对社会党人造谣中伤。

接着,列宁同志详细解释了战争的原因和战争的目的。他指出,工人阶级和贫苦农民过去不愿意、现在也不愿意打这场战争和其他战争。他详细地论述了什么是工兵代表苏维埃,什么是有工厂主古契柯夫和地主参加的临时政府。

必须给予支持和帮助的不是临时政府,而是唯一合法的政府——工兵代表苏维埃,因为只有这个政府才代表人民的利益。

载于1917年4月18日(5月1日)《士兵真理报》第2号

译自《列宁全集》俄文第5版第31卷第268—269页

农民代表大会

（1917 年 4 月 15 日〔28 日〕）

从 4 月 13 日起，在塔夫利达宫举行各农民组织和农民代表苏维埃的代表大会[132]，大会的目的是制定召开全俄农民代表苏维埃的条例和建立地方农民代表苏维埃。

据《人民事业报》报道，参加大会的有 20 多个省的代表。

大会通过了关于必须尽快自下而"上"地组织"农民"的决议。大会认为"各活动地区的农民代表苏维埃"是"组织农民的最好形式"。

为召开目前举行的这次代表大会而成立的临时委员会委员贝霍夫斯基指出，代表着 1 200 万有组织的成员或 5 000 万居民的莫斯科合作社代表大会[133]，决定用建立全俄农民代表苏维埃的办法来组织农民。

这是一件具有极重要意义的事情，必须全力予以支持。如果它能立即付诸实现，如果农民不顾盛加略夫的意见，不是按照他所说的同地主达成"自愿协议"，而是按照多数人的决定把全部土地立刻拿到自己手里，那就不仅有利于士兵，使他们获得更多的粮食和肉类，而且有利于自由事业。

因为农民自己组织起来——一定要自下而上，不要官吏，不要地主及其走狗的"监督和监视"——是革命取得胜利、自由取得胜利、俄国从地主的压迫和奴役下获得解放的最可靠的唯一的保证。

毫无疑问，我党全体党员、全体觉悟工人将全力支持农民代表苏维埃的建立，关心这种苏维埃数量上的增加和力量上的巩固，并将努力使这种苏维埃按照彻底的、严格的、无产阶级的阶级方针进行工作。

为了进行这种工作，必须在一般农民苏维埃**内部**把无产阶级分子（雇农、日工等）单独团结起来，或者（有时**还要**）组织单独的雇农代表苏维埃。

我们这样做并不是要分散力量；相反，为了加强和扩大运动，必须把最**"下等的"**（用地主和资本家的话来说）阶层，或正确些说阶级发动起来。

为了推进运动，必须使运动摆脱资产阶级的影响，竭力消除这个运动中不可避免的小资产阶级的弱点、动摇和错误。

必须以同志的说服方式来进行这项工作，不要超越事变的进程，不要急于在组织上把农村中的无产者和半无产者**自己**还没有充分意识到、考虑到、理解到和感觉到的东西"固定"下来。但这项工作必须进行，必须立刻在各地开始进行。

应当提出来引起农民**注意**的实际要求、口号，确切些说，建议，必须是现实生活中首要的迫切问题。

第一个问题是土地问题，农村无产者主张立刻把**全部**土地毫无例外地转交给全体人民，立刻把土地交由地方委员会支配。但土地是不能吃的。千百万没有耕马、没有农具、没有种子的农户不会因土地转交给"人民"而得到什么好处。

应当立刻把这样一个问题提出来讨论并采取实际措施加以解决：如何使大农场在农艺师和雇农代表苏维埃的领导下，选用最好的机器和种子,采用最先进的耕作技术,尽可能作为大规模的企业继续经营下去。

我们不能向农民,更不能向农村的无产者和半无产者隐瞒:在保存商品经济和资本主义的条件下,小经济是**不能使人类摆脱群众贫困的**;必须**考虑**如何向公共经营的大农场过渡,必须**立刻着手来实行这种过渡**,教导群众**并向群众学习**用些什么切实可行的办法来实现这种过渡。

另一个极重要、极迫切的问题是国家制度和国家管理问题。只是宣传民主,宣布和决定实行民主,委托代表机构中的人民"代表"去实行民主是不够的。要立即**建立**民主,由群众自己从下面发挥主动性,有成效地参与**全部**国家生活,而不要来自上面的"监视",不要官吏。

用普遍的人人参加的人民武装,用普遍的人人参加的——一定要有妇女参加的——**民兵**代替警察、官吏和常备军,这就是能够而且应当立即着手进行的实际工作。群众在这件事上愈主动、办法愈多,胆子愈大、愈有创造性,就愈好。不仅农村的无产者和半无产者,大概全体农民的十分之九都会拥护我们,如果我们能够用实际生活中的生动例子和教训来简单明了地阐明我们以下的建议:

——不让警察恢复;

——不让那些实际上不能撤换的、属于地主阶级或资本家阶级的官吏所享有的无限权力恢复;

——不让脱离人民的常备军恢复,这种常备军是剥夺自由和复活君主制的一切行动的最可靠保证;

——教导人民,直到最下层的人民学会管理国家的艺术,其办法是不仅仅从书本上学,而是要立刻普遍地转向实践,转向运用群众的经验。

需要自下而上的民主,需要没有官吏、没有警察、没有常备军的民主。由全民的普遍武装的**民兵**来担任公务——这就是无论沙皇、威武的将军或资本家都夺不走的那种自由的保证。

载于1917年4月16日《真理报》
第34号

译自《列宁全集》俄文第5版
第31卷第270—273页

关于侨民回国

(1917 年 4 月 15 日〔28 日〕)

今天各报登载了一份由帕·波·阿克雪里罗得、尔·马尔托夫、梁赞诺夫、卢那察尔斯基、纳坦松署名的电报,这份电报说:"**我们断定,取道英国回俄国是绝对不可能的。**"

另一份由第二届杜马的代表曼德尔贝格,以及赖歇斯贝格教授、费利克斯·柯恩、乌斯京诺夫、巴拉巴诺娃、安德龙尼科夫等署名的电报说:

"我们认为出路在于俄德政府达成协议······**交换**被拘留人员······以释放同回国侨民数量相等的拘留在俄国的**德国**非军事人员作为交换条件。"

《俄罗斯意志报》和《统一报》的先生们怎么不把这些侨民也说成是德国间谍呢?

载于 1917 年 4 月 16 日《真理报》第 34 号

译自《列宁全集》俄文第 5 版第 31 卷第 274 页

在彼得格勒工兵代表苏维埃士兵部会议上的发言[134]

(1917 年 4 月 17 日〔30 日〕)

1

关于士兵代表苏维埃
执行委员会的决议的发言

列宁说,他看过了执行委员会和委员会关于他的活动的决议,并决定在《真理报》上就这个决议发表自己的文章,而现在,他想简要地回答一下对他的责难。他感到有四个问题要给予回答:(1)形式上的问题,(2)土地问题,(3)政府问题,(4)战争问题。

关于第一个问题,他对决议中没有提到他取道德国回国一事表示欢迎,因为这表明,执行委员会已经同意委员会中对这件事避而不谈的那两部分人的观点。他念了决议中的一段话:"……认为所谓列宁派的宣传……",并声明他对列宁派的宣传承担全部责任。为了回答决议中的这一责难,必须弄清楚上面提到的三个问题。列宁接着解释了这些问题。关于土地问题,他主张把全部土地无偿地转交给劳动群众使用;他谈到根据农民委员会的决定进行转交的问题,同时提到盛加略夫那份把夺取土地称为越轨行动的电报。这种论调是错误的,因为既然这是根据村委员会的决定进行的,那就是合法的夺取。如果以为来自彼得格勒的宣传能对农民产生影响,这就太天真了,那是不可能的。土地问题将在各地解决。由于饥荒日益逼近,必须立即夺取土地。同地主达成自愿协议是荒唐的,不能要求300个农户去同一个地主达成协议,而在俄国欧洲部分两者的比例就是如此。

(有人提议限制发言时间。有人赞成,有人反对。经过表决,发言时间限制为30分钟。)

列宁说,如果会议愿意的话,他可以换一个时间再作解释,但他也能在20分钟内结束解释。

关于国家制度和国家管理的问题,他说,我们不需要有官吏、资本家和军队的共和国,我们需要的是人民共和国。自下而上的工人、农民和雇农代表苏维埃,这就是理想的管理机构。政权应当掌握在人民手中。关于战争问题,列宁声明,他从来没有谈过补充连的问题,并且对此根本不了解。[135]所以他只谈战争问题。我国政府完全是由资本家组成的,进行战争是为了满足资本家的要求,只有通过工人群众的革命才能结束这种战争。我们的盟国提出的义务是掠夺性的,这些义务涉及的完全是分赃问题;兼并是同资本相联系的,只要还没有把资本夺到手,那就放弃不了兼并。他认为德国资本家和我国资本家是一路货,他把威廉看成是吸血鬼,所以当然谈不上与他单独媾和,那样做是荒谬的。资本家挑起了战争,他们不可能结束战争,为了结束战争,需要有工人革命。列宁派反对单独媾和。他们早在1915年就声明过这一点,他们说,无产阶级在掌握政权并公布一切条约之后,应当向全世界提议媾和。①
如果有人拒绝这种媾和,无产阶级就将发动革命战争。只有若干
国家的工人起来革命,才能结束战争。只有通过工人革命才能实
现普遍的和平。结束战争的切实办法是:在前线举行联欢,加强工
人、农民和雇农代表苏维埃政权。只有通过这些办法,才能实现工
人革命和普遍的和平。

2
对问题的回答

(1)夺回库尔兰就是一种兼并,因为这样做的话,德国就有权
夺回自己的殖民地。应该让一个民族有权自己决定怎样生活。在
资本主义世界中,总是按实力进行分配的,——谁强谁就多得。不
应当为争夺库尔兰而战,但应当为争取让库尔兰自由决定自己的
归属而战。

(2)关于夺取银行和货币。列宁号召不要擅自夺取,而要按照
大多数人的决定来夺取。(有人喊道:"你们的理论会导致原始状
态。")——不会!(有人问:"如果其他国家想媾和,该怎么
办?")——开展工人革命,在前线举行联欢。

策略——应当看看实际生活将如何发展。实际生活的经验是
最好的东西。必须发展俄国革命,使政权掌握在工人、农民和雇农
的代表手中。(又有人问:"你们在德国宣传过这一点吗?")——我

① 见本版全集第 27 卷第 53—56 页。——编者注

们，即我和季诺维也夫，在国外出版过一本小册子[136]，内容就是现在所讲的，我们曾经用德文出版，德国社会党人在德国传播了这本小册子。

载于 1917 年 4 月 18 日《统一报》   译自《列宁全集》俄文第 5 版
第 17 号(非全文)   第 31 卷第 275—277 页

我们的观点

答士兵代表苏维埃执行委员会的决议

(1917 年 4 月 17 日〔30 日〕)

4 月 16 日各报登载了以下的决议:

"士兵代表苏维埃执行委员会讨论了同志们提供的情况,即目前打着革命旗帜甚至是社会民主党旗帜的破坏性宣传,包括所谓列宁派的宣传广为流行的情况,认为这种宣传同来自右面的任何反革命宣传一样有害,同时又认为,只要这种宣传还只是宣传,就不能对它采取镇压办法,因此,士兵代表苏维埃执行委员会认为极其需要采取各种办法,用我们的宣传和鼓动去抵制这种宣传。我们应当竭力使我们的组织具有足够的力量,以便在任何时候都可以用我们的行动去对抗来自任何方面的反革命行动。我们恳切希望执行委员会**137**在报刊上特别是在部队中展开有计划的鼓动去同破坏性宣传作斗争。"

如果我们把这个决议同我们引用的《消息报》(4 月 17 日)社论斥责这种"可耻而又可恶的诬蔑"的声明对照一下,我们就会立刻看到,在这个问题上**实际**已经形成了一种政治上的分野:

《俄罗斯意志报》是专事诬蔑的机关报,普列汉诺夫先生的《统一报》是重复"这种斗争方法"的报纸,《人民事业报》则是这两种情况的**证人**。

士兵代表苏维埃执行委员会采取的是**另一种**立场,它直截了当地声明:"只要宣传还只是宣传,就不能采取镇压办法。"

正因为这样,我们才全文转载了执行委员会的决议,并且认为对它的实质作一番分析是有益的。

这个决议说列宁的宣传"同来自右面的任何反革命宣传一样有害"。

现在我们来看看以下三种宣传的实质性区别:(1)来自右面的反革命宣传,(2)**赞成**临时政府和主张支持临时政府的宣传,(3)我们的宣传。

右派想推翻临时政府并恢复君主制。

临时政府**答应**按照同彼得格勒工兵代表苏维埃达成的协议行事。

我们的宣传:全部国家政权**只**应当转到工兵农等等代表苏维埃手中,因为这些苏维埃显然代表着绝大多数人民。为此我们要作"说明"(像列宁在回国的第二天就在他的提纲中所明确谈到的那样)①,使大多数人民了解这种政权转移的必要性。

总之,右派主张君主政权。资本家主张资本家政权(因为临时政府就是资本家政府);他们答应按照同工兵代表苏维埃达成的协议行事。

我们要使大多数人民相信,政权**只**应当归工兵等等代表苏维埃。

非常明显,**即使**从主张同临时政府达成协议的人的观点来看,也不能把我们的宣传说成"同来自右面的任何反革命宣传一样有害"。因为主张达成协议的人现在依靠的正是大多数人民!他们怎么能够把我们**说服**大多数人掌握全部政权的宣传,说成是"同来自右面的宣传一样有害"呢?

_____

① 见本卷第 115 页。——编者注

这显然是矛盾的。

士兵代表苏维埃未必能长久为它们的执行委员会的这种观点辩护。

我们再往下看。

实质上,我们的分歧在哪里呢?

主要是三点:

(1)关于土地。我们主张农民按照当地大多数农民自己的决定,立刻夺取**全部**土地,以此来增加士兵所需的粮食和肉类的生产。

临时政府主张农民同地主达成"协议",也就是主张300个农民同一个地主达成"协议"。

让我们看看,在这个问题上,大多数人民是赞成我们还是赞成临时政府。

(2)我们主张建立这样的共和国,这个共和国从下到上没有警察,也没有常备军(根据我们的信念,应当用全体人民普遍的武装来代替它),没有实际上不能撤换的、享受优厚的资产阶级薪俸的官吏。我们主张一切官吏完全由选举产生,随时可以撤换,领取同无产者一样的工资。

临时政府主张恢复通常的那种警察,主张有常备军,有通常的官吏。

(3)临时政府主张把由血腥的尼古拉发动的**这样一场**战争继续下去。临时政府主张承认**沙皇**所缔结的掠夺性秘密条约,**不问民意如何**,甚至不公布那些条约。

我们反对这种战争,反对承认条约,反对不公布条约。

我们向一切国家的人民建议缔结能够毫无例外赋予所有民族

以自由的非强制的即真正民主的和约来结束这场战争。我们要向人民证明，为了缔结真正非强制的和约来结束战争，必须使国家政权完完全全转到工兵代表苏维埃手中。

因为只要政权掌握在资本家和地主（古契柯夫、李沃夫、米留可夫）手中，战争实际上就依然受资本家控制，关于没有兼并的和约的一切诺言就依然只是诺言，全世界工人群众必然不信任资本家政府；这就是说，战争就会一天天拖延下去。

有人问：如果在俄国，政权转到了工兵代表苏维埃手中，而在德国却**没有**发生这种既会推翻威廉二世，**也会推翻德国的古契柯夫之流、米留可夫之流**的革命（因为即使德国的古契柯夫之流、米留可夫之流代替了德国的尼古拉二世，战争也是丝毫不会改变的），那该怎么办呢？

我们的回答是：工兵代表苏维埃手中的政权将是人民大多数的政权，而这个多数就是工人和贫苦农民。他们从兼并中**确实**得不到好处，他们将不是在口头上而是**在实际上**放弃兼并，他们**实际上**将不再是资本家利润的守卫者。

在这种条件下，**我们也同意**进行反对任何一个国家的资本家的革命战争，因为这实际上将是反对任何资本的利益而不是维护一个国家的资本家的利益的战争。

有人问：如果不能把刺刀往地上一插就结束战争，那么，实际上怎样才能立即加速和平事业的到来呢？

我们的回答是：把刺刀往地上一插，一个交战国单方面拒绝打仗，是不可能结束战争的。为了加速和平的到来，立即可以采取的切实可行的办法（除工人进行革命战胜资本家以外）只有一个，而且只能有一个，就是士兵在前线举行联欢。

我们应该立刻拿出一切力量全面地无条件地帮助前线**两个交**战集团的士兵举行联欢。

这种联欢已经开始了。让我们来帮助它吧。

这就是我们的观点。我们坚信，大多数人民**不会**把它说成"同来自右面的任何反革命宣传一样有害"。

载于1917年4月18日(5月1日)   译自《列宁全集》俄文第5版
《真理报》第35号   第31卷第278—282页

他们是怎样听任资本家摆布的

(1917 年 4 月 20 日〔5 月 3 日〕)

大资本家和银行的报纸《金融报》[138]在 4 月 17 日的社论中出色地揭露了一个极重要的事实,这就是:社会革命党、孟什维克社会民主党等政党怎样同临时政府达成臭名远扬的"协议",把自己的手脚束缚起来听任资本家摆布。

下面就是这篇社论的全文:

左派和公债

临时政府发行的自由公债在左派中间没有激起像大多数居民对公债表现出来的那种热情。

左派报纸分成了三派。列宁的《真理报》明确地反对公债,反映了布尔什维克的观点。普列汉诺夫的《统一报》坚决支持公债。最后,其他社会党人的机关报,如《工人报》、《土地和自由报》、《人民意志报》等,则采取了"中间的"立场:既不同于前者,也不同于后者,既不赞成公债,也不反对公债。兵工代表苏维埃的立场也是这样,它在原则上曾经决定支持公债,但目前又怀疑和动摇起来了。《日报》做得对,不久前它斥责了这个包括孟什维克和社会革命党人在内的中央最强大的集团所采取的不明确的两面立场。

似乎是为了证明这种斥责的正确,昨天兵工代表苏维埃重新提出了一度已经解决的公债问题,并且又得出了一种意见。尼·谢·齐赫泽通知说,过几天政府将发表一个新文件,详尽地阐明它在对外对内政策问题上的立场。尼·谢·齐赫泽建议,在这以前暂缓对支持公债问题进行审议。

左派的这种立场引起人们的猜疑是自不待言的。要知道,总得有人来管理国家并实行灾难深重的俄国迫切期待的那些改革。

二者必居其一：或者是现政府得到左派的信任，这就是说，直到目前政府丝毫没有破坏它所承担的义务；或者是它得不到这种信任。在后一种情况下，左派既然不支持临时政府，那他们自己就不仅应当担当起"监督"政府的责任，而且应当担当起管理国家的全部重任，对人民和历史负责。如果他们不能对临时政府所做的事情提出任何责难，那他们自然就没有理由等待它发表新文件，而应当全力支持它。无论如何不容许模棱两可，隐晦暧昧，吞吞吐吐，这种做法一方面丝毫没有减轻临时政府的责任，临时政府甚至不能在历史面前以自己的孤立无援为借口，另一方面，这实际上又使它丧失广大民主派群众的支持而处于困难的境地。

社会主义派别的优点在于他们一贯直率。社会主义政党的政策是同暧昧的态度、庸人的无气节和弹性的机会主义不相容的。目前在公债问题上，俄国社会主义的一些中央集团背弃了这些传统的原则，走上了十月党人的动摇不定的道路。舆论有权向他们呼吁：要直截了当地说明自己对待公债的立场，开诚布公地表明自己是赞成公债还是反对公债，从而对临时政府履行自己道义上的义务：或者使它能够依靠左派，或者确认自己同它有分歧。

银行巨头是些讲实际的人。他们对政治有着清醒的看法：既然你答应支持资本家政府（它正在进行帝国主义战争），那你就得认购公债。

不错！社会革命党和孟什维克党把自己的手脚束缚了起来，乖乖地投降了资本家。"过几天""政府将发表一个新文件，详尽地〈!!??〉阐明〈其实早就说得清清楚楚了！〉它在对外对内政策问题上的立场"的诺言，是一个空洞的诺言。

任何"文件"，不管是声明、保证或宣言，都改变不了事情的本质。而事情的本质是：李沃夫、古契柯夫、米留可夫之流的资本家政府代表资本的利益，为这种利益所束缚，不能摆脱（即使它愿意也无法摆脱）帝国主义掠夺性的兼并政策。

借助于空洞而无约束力的言词来"**依靠**""左"派，也就是说想借助左派的威信来巩固自己的帝国主义政策而实际上却不在这方面作丝毫的让步，——这就是我们的帝国主义政府想做的，这就是齐赫泽和他的朋友们在客观上帮助它做的。

"十月党人的动摇不定"——这是一句流行的话，这句话就是那些看清了事情本质的政治家对社会革命党人和孟什维克的路线所作的既切合实际又极其正确的评价。

载于1917年4月20日(5月3日)　　　　译自《列宁全集》俄文第5版
《真理报》第36号　　　　　　　　　第31卷第283—285页

论无产阶级民兵

(1917 年 4 月 20 日〔5 月 3 日〕)

4 月 14 日我们的报纸登载了下诺夫哥罗德省卡纳维诺的通讯,这篇通讯说,"**几乎所有的工厂都建立了由厂方付给报酬的工人民兵**"。

如通讯所报道的,卡纳维诺区有 16 个工厂,将近 3 万名工人(铁路工人除外),这就是说,该区已经有不少大企业建立了由资本家付给报酬的工人民兵。

建立由资本家付给报酬的工人民兵,这无论从实际上或者从原则上来看都是具有很大意义的——可以毫不夸大地说是具有极大的、决定的意义的——措施。如果这一措施不成为普遍的措施,不贯彻到底,不在全国范围内实行,那么革命就得不到保障,革命的成果就保不住,革命的进一步发展就**不可能**。

资产阶级共和派和地主共和派之所以成为共和派,是因为他们确信**不这样**就不可能对人民发号施令,他们力求建立一个君主制成分尽可能多的即像法国那样的共和国,谢德林曾把这种共和国称做没有共和派的共和国**139**。

目前,地主和资本家看到了革命群众的力量,他们主要的一件事就是**保住**旧制度的最重要的机关,保住旧的压迫工具:警察、官吏和常备军。他们力求把"民兵"变为一种旧式的部队,即一些不大的、脱离人民的、尽量亲近资产阶级的、受资产阶级出身的人指挥的武装部队。

社会民主党的最低纲领要求用普遍的人民武装代替常备军。但是欧洲大多数正式的社会民主党人和我们孟什维克的大多数领袖"忘记了"或者是抛弃了党的纲领，而用沙文主义（"护国主义"）代替了国际主义，用改良主义代替了革命的策略。

但是正是在目前这样的革命关头，普遍的人民武装特别迫切需要。说有了革命的军队就无须武装无产阶级，或者说武器"不够"，这不过是欺骗和虚伪的遁词。问题在于：要立即着手组织普遍的民兵，使他们学会使用武器，尽管武器"不够"大家用；因为人民并不一定要人人经常备有武器。人民需要的是人人学会使用武器，人人加入这种用来代替警察和常备军的民兵。

工人需要的不是脱离人民的军队，而是工人和士兵**融成**一体的全民的民兵。

不这样，压迫机关就仍然起作用，它今天为古契柯夫和他的朋友们即反革命的将军们服务，明天就可能为拉德科·德米特里耶夫或某个想当皇帝、想建立全民投票式的君主制的人服务。

资本家现在需要共和国，因为不这样就"应付不了"人民。但是他们需要的是"议会制"共和国，也就是要把民主制局限于民主**选举**，局限于有权把**代表**人民和**镇压**人民①（照马克思的极中肯极正确的说法）的人送进议会。

现时社会民主党中那些用谢德曼顶替马克思的机会主义者，背熟了"必须利用"议会制（这是无可争辩的）这条规则，但是忘记

————

① 参看《马克思恩格斯文集》第3卷第156页。——编者注

了马克思关于无产阶级民主**不同于**资产阶级议会制的教导。

人民需要共和国，为的是教育群众实行民主。**不仅仅**需要民主形式的代表机构，而且需要建立由群众自己从下面来全面管理国家的制度，让群众有效地参加各方面的生活，让群众在管理国家中起积极的作用。用普遍的人民武装即真正普遍的民兵**代替**旧的压迫机关即警察、官吏和常备军——这是唯一可走的道路，这条道路可以在最大程度上保证国家避免君主制的复辟，使国家**能够**有计划地坚定地走向社会主义，不是从上面"实施"社会主义，而是发动广大的无产者和半无产者群众去掌握管理国家的艺术，去掌管**全部**国家政权。

由居于人民之上的警察，由充当资产阶级最忠实的奴仆的官吏，由受地主资本家指挥的常备军来担任公务，这就是力求永远保持资本统治的资产阶级议会制共和国的理想。

由全民的、真正是男女都参加的民兵，由能够部分地代替官吏的民兵来担任公务，同时，一切当权者不仅通过选举产生，不仅随时可以撤换，而且他们的劳动报酬不是同"老爷"一样，不是同资产阶级一样，而是同工人一样，——这就是工人阶级的理想。

这个理想不仅载入了我们的党纲，不仅在西欧工人运动史上即在巴黎公社的经验中占有自己的地位，不仅被马克思评价过、强调过、阐明过和介绍过，而且已被俄国工人在 1905 年和 1917 年实践过了。

工人代表苏维埃，按其意义来说，按其所创造的国家政权的类型来说，正是这样一种民主的机构，这种民主废除旧的压迫机关，走上全民民兵的道路。

但是在无产者和半无产者被赶入工厂、替地主和资本家做苦工而被压得喘不过气来的时候,怎样才能使民兵变成全民的民兵呢?

办法只有一个,就是工人民兵的报酬应当由资本家支付。

资本家应当按照无产者执行公务的天数和时数付给他们工资。

工人群众自己正在走上这条正确的道路。下诺夫哥罗德工人的例子应当成为全俄国的榜样。

工人同志们,要使农民和全体人民相信,必须建立普遍的民兵来代替警察和旧官吏! 要建立这样的而且仅仅是这样的民兵。要通过工人代表苏维埃,通过农民代表苏维埃,通过工人阶级掌握的地方自治机关来建立这种民兵。无论如何不要满足于资产阶级的民兵。要吸引妇女同男人一样去担任公务。一定要使资本家按照工人在民兵中执行公务的天数付给工资!

你们要自己立刻从下面、在实践中学习民主,要发动群众有成效地、直接地、普遍地参加国家管理,——这样而且也只有这样才能保证革命获得完全的胜利,才能保证革命坚定而有计划地稳步前进。

载于 1917 年 4 月 20 日(5 月 3 日)　　　译自《列宁全集》俄文第 5 版
《真理报》第 36 号　　　　　　　　　　　第 31 卷第 286—289 页

破　产　了　吧?

(1917 年 4 月 20 日〔5 月 3 日〕)

刚才有人告诉我们说,工兵代表苏维埃执行委员会刚刚收到我国临时政府发给驻外代表的一份照会[140]。

这份照会显然就是尼·谢·齐赫泽预料三天后就会公布的、看来是以反对兼并的几点声明为内容的那个"文件"。

结果怎么样呢?

在照会中临时政府直接声明俄国将作战到底,俄国将仍然忠实地履行对盟国的义务。

这份照会像一颗炸弹那样爆炸了。

执行委员会的多数,齐赫泽、策列铁里等人完全不知所措了。整个谋求"协议"的政策显然破产了,比我们所预料的要快得多。

靠在联络委员会里空谈,帝国主义战争是停止不了的……

载于 1917 年 4 月 20 日(5 月 3 日)
《真理报》第 36 号

译自《列宁全集》俄文第 5 版
第 31 卷第 290 页

俄国社会民主工党(布)中央委员会关于临时政府1917年4月18日(5月1日)的照会引起的危机的决议

(1917 年 4 月 20 日〔5 月 3 日〕)

临时政府的照会证明了我党在彼得格勒市代表会议的决议中所持的立场是完全正确的,决议的内容是:(1)临时政府是一个手脚被英、法、俄三国资本束缚住的彻头彻尾的帝国主义政府;(2)它许下的或者它能许下的一切诺言(如要"表达人民的和平意志"等等),除了欺骗以外,不会有任何别的意思;(3)临时政府(不管它的成员如何)不会放弃兼并,因为在这场战争中,特别是在目前,资本家阶级是被银行资本束缚着的;(4)民粹主义者、孟什维克和目前工人代表苏维埃的大多数领袖所奉行的小资产阶级政策,即支持幻想"用感化的办法"来"改造"资本家(即临时政府)的政策,又一次被这份照会揭穿了。

有鉴于此,中央委员会认为:

一、目前政府成员的任何变动(米留可夫的辞职,克伦斯基的被召回等等)都是仿效资产阶级议会制共和主义的最恶劣的手法,这种共和主义用集团的竞争和人员的调换来代替阶级斗争。

二、动摇于资本家和工人阶级之间的小资产阶级群众的唯一生路,就是无条件地转到唯一真正能够打碎金融资本和兼并政策的桎梏的革命无产阶级一边去。革命无产阶级和革命士兵一起,通过工兵代表苏维埃,在人民大多数的支持下把全部国家政权拿到自己手里,才能建立一个为各国工人信任的、能用真正民主的和约来迅速结束战争的政府。

载于1917年4月21日(5月4日)　　译自《列宁全集》俄文第5版
《真理报》第37号　　　　　　　　第31卷第291—292页

告各交战国士兵书¹⁴¹

(1917 年 4 月 20 日〔5 月 3 日〕)

士兵弟兄们：

我们都被这场可怕的战争弄得痛苦不堪,战争夺去了几百万人的生命,使几百万人成了残废,带来了空前的灾难、破产和饥饿。

愈来愈多的人心中都产生这样的问题:为什么要发动这场战争？为什么要进行这场战争？

我们这些担负着战争的重担的工人和农民,日益清楚地了解到,战争是各国资本家为了资本家的利益,为了称霸世界,为了工厂主和银行家的市场,为了掠夺弱小民族而发动和进行的。他们瓜分殖民地,侵占巴尔干和土耳其的土地,而欧洲各国人民却要为此而破产,我们却要为此而死亡,为此而看到我们的家庭破产、挨饿和毁灭。

各国资本家阶级靠承包和军事订货,靠被兼并国家的租让企业,靠抬高产品价格,获得了空前未有的、骇人听闻的巨额利润。资本家阶级使各国人民在长长的几十年内缴纳贡税,即偿付数十亿军事借款的高额利息。而我们工人和农民却该死亡、破产和挨饿,该忍受这一切,该使各国工人互相残杀,彼此仇视来巩固我们的压迫者资本家的地位。

难道我们还要继续驯服地戴着枷锁,忍受资本家阶级之间的战争吗？难道我们还要站到本国政府,本国资产阶级,本国资本家一边,使各国工人,全世界工人的国际团结遭到破坏,从而使这场战争拖延下去吗？

不,士兵弟兄们,现在是我们睁开眼睛的时候了,是我们自己掌握自己命运的时候了。各国人民对把他们拖入这场战争的资本家阶级的义愤,正在日益发展、扩大和加强。不仅在德国,而且在战前以最自由的国家闻名的英国,都有工人阶级的千百个正直的朋友和代表由于说了反对战争和反对资本家的真话而在监狱中遭受折磨。俄国革命只是第一次革命的第一步,随之而来的将有而且一定会有其他的革命。

俄国新政府(它推翻了像威廉二世一样的戴王冠的强盗尼古拉二世)是资本家的政府。它正像德英等国资本家那样进行着掠夺性的帝国主义战争。它承认尼古拉二世同英法等国资本家缔结的掠夺性秘密条约,它不把这些条约公之于众,正像德国政府不把它同奥地利、保加利亚等国缔结的具有同样掠夺性的秘密条约公布出来一样。

4月20日俄国临时政府公布了一份照会,再次承认过去沙皇缔结的掠夺性条约,表示愿意把战争进行到彻底胜利,这甚至使一向信任并支持政府的人也都感到愤慨。

但是俄国革命除产生了资本家的政府以外,还产生了代表绝大多数工农的独创的革命组织,即彼得格勒和大多数俄国城市的工兵代表苏维埃。到目前为止,俄国多数的士兵和部分工人,同德国的许多工人和士兵一样,对资本家政府,对资本家发表的关于没有兼并的和约、关于防御战争等等骗人的空洞言论,还抱着不觉悟的轻信态度。

但是工人和贫苦农民跟资本家不同,无论兼并或是保护资本家的利润,对他们都没有好处。因此,资本家政府的所作所为无论在俄国或在德国天天都会揭穿资本家的欺骗,表明只要资本家的统治继续存在,就不可能缔结会真正放弃一切兼并的,即会使一切殖民地、一切被强迫合并或没有充分权利的被压迫民族得到解放的,真正民主而非强制的和约,战争也就完全有可能愈演愈烈并拖延下去。

只有目前敌对的两个国家(如俄国和德国)的国家政权完完全全转到不是在口头上而是在实际上能够冲破资本的一切关系和利益的罗网的革命工兵代表苏维埃手中,交战国双方的工人才会彼此信任,并在缔结真正民主的、真正解放**一切**大小民族的和约的基础上迅速结束这场战争。

士兵弟兄们!

让我们尽一切力量来加速实现这一点,来达到这个目的吧。不要害怕牺牲,为工人革命而付出的任何牺牲都要少于战争的牺牲。革命的每一步胜利都将把几十万几百万人从死亡、破产和饥饿中拯救出来。

给茅屋和平,对宫廷宣战!给各国工人以和平!各国革命工人的兄弟团结万岁!社会主义万岁!

俄国社会民主工党中央委员会

俄国社会民主工党彼得堡委员会

《真理报》编辑部

载于1917年4月21日(5月4日)　　　译自《列宁全集》俄文第5版
《真理报》第37号　　　　　　　　　第31卷第293—296页

临时政府的照会

(1917 年 4 月 20 日〔5 月 3 日〕)

牌摊开了。今天各报登载了古契柯夫和米留可夫两位先生的照会,我们完全有理由对他们提出这份照会表示感谢。

工兵代表苏维埃执行委员会的多数,即民粹主义者、孟什维克和所有迄今一直号召信任临时政府的人,受到了极大的惩罚。他们曾经希望、期待并且相信,临时政府在同齐赫泽、斯柯别列夫和斯切克洛夫进行有益的"联络"的影响下,会永远放弃兼并。结果却有点不对头……

在 4 月 18 日的照会中,临时政府声明"全体人民〈!〉愿将世界大战进行**到彻底胜利**"。

照会又说:"不言而喻,临时政府……将完全遵守对我们盟国承担的义务。"

真是简单明了。战到彻底胜利。和英法银行家的同盟是神圣的……

谁同"我们的"盟国即英法亿万富翁订立了这个同盟呢? 当然是沙皇、拉斯普廷、沙皇匪帮。但米留可夫之流却把这个同盟条约奉为神圣。

为什么呢?

有人回答说:因为米留可夫是一个不诚实的人,他很狡猾,等等。

问题根本不在这里。问题在于古契柯夫、米留可夫、捷列先科、柯诺瓦洛夫是**资本家**的代表。资本家是要侵占别国土地的。他们会获得新的市场、新的资本输出地，会更有机会为他们的成千上万个子弟谋取发财的职位等等。问题在于目前俄国资本家的**利益**和英法资本家的利益是一致的。因为这一点，也仅仅因为这一点，沙皇同英法资本家缔结的条约才被俄国资本家的临时政府视为珍宝。

临时政府的新照会是在火上加油。它只会更加煽起德国的好战情绪。它帮助强盗威廉继续蒙骗"本国的"工人和士兵，驱使他们作战"到底"。

临时政府的新照会直截了当地提出了一个问题：今后怎么办？

我国革命一开始，英法资本家就断言，俄国革命之所以发生完全是为了把战争继续进行"到底"。资本家需要掠夺土耳其、波斯、中国。如果为了这一点还要死上几千万个俄国庄稼汉，那又算得了什么呢？只要能够取得"彻底胜利"就行…… 而现在，临时政府正是明目张胆地走上了这条道路。

——去打仗吧，因为我们要掠夺。

——每天几万个几万个地去死吧，因为"我们"还没有打出个名堂，因为我们还没有得到自己的一份赃物！……

任何一个有觉悟的工人，任何一个有觉悟的士兵，再也不会拥护"信任"临时政府的政策了。信任政策破产了。

我们社会民主党全市代表会议的决议指出，此后，每天都会证明**我们的**立场是正确的①。但是事变这样迅速地发展甚至出乎我

---

① 见本卷第249—250页。——编者注

们的意料。

在目前的工兵代表苏维埃面前有两条路可以抉择：一条路是对古契柯夫和米留可夫忍气吞声，其结果是永远不起独立的政治作用，这样米留可夫明天就会"把脚放到桌子上来"，使苏维埃化为乌有；另一条路是回击米留可夫的照会，也就是说抛弃旧的信任政策，走上《真理报》所提出的道路。

当然，也可以找到一条腐朽的中间道路。但是，能够支撑很久吗？……

工人们，士兵们，现在你们应当大声疾呼：我们要求我国只有一个政权——工兵代表苏维埃。临时政府，一小撮资本家的政府，必须让位给工兵代表苏维埃。

载于 1917 年 4 月 21 日（5 月 4 日）　　　　译自《列宁全集》俄文第 5 版
《真理报》第 37 号　　　　　　　　　　　　　第 31 卷第 297—299 页

一个根本问题

(转到资产阶级方面去的社会党人是怎样谈论的)

(1917 年 4 月 20 日〔5 月 3 日〕)

普列汉诺夫先生绝妙地说明了这一点。他在致"社会主义大学生联合会"的"五一"贺信(今天《言语报》、《人民事业报》和《统一报》登载了这封信)中写道：

"……它〈1889 年国际社会党代表大会〉懂得，社会革命，确切些说，社会主义革命，是以在工人阶级中间进行长期的教育工作和组织工作为前提的。现在，我国某些人忘记了这一点，他们号召俄国劳动群众夺取政权，而俄国劳动群众夺取政权只有在进行社会革命所必需的客观条件业已具备时才有意义。目前，这些条件还不具备……"

如此等等，他甚至号召"齐心协力地支持"临时政府。

普列汉诺夫先生的这种议论，是一小伙自称为社会民主党人的"过时的人"的最典型的议论。唯其典型，所以值得详细地分析一番。

第一，援引第二国际的第一次代表大会，而不提最后一次代表大会，这合乎情理吗？这样做诚实吗？

第二国际(1889—1914 年)第一次代表大会于 1889 年召开，最后一次代表大会于 1912 年在巴塞尔召开。大会**一致**通过的巴塞尔宣言,直截了当地、明确地(甚至普列汉诺夫之流先生们也无法加以歪曲)谈到了**无产阶级革命**,而且,**正是联系到**1914年爆发的这场战争。

不难理解,为什么转到资产阶级方面去的社会党人不得不"忘记"整个巴塞尔宣言,或者"忘记"宣言的这个最重要的部分。

第二,我们的作者写道,"俄国劳动群众"夺取政权"只有在进行社会革命所必需的条件业已具备时才有意义"。

这是糊涂观念,不能叫做思想。

我们**就**假定"社会革命"是"社会主义革命"之误。糊涂观念不仅仅表现在这里。俄国劳动群众是由哪些阶级构成的呢? 谁都知道,是由工人和农民构成的。其中谁占多数呢? 农民。农民按阶级地位来说是什么人呢? 小业主和小经营者。请问,既然小经营者占人口的大多数,既然实行社会主义的客观条件还不具备,那么,大多数人怎么**会**赞成实行社会主义呢?! 谁**会**说,谁在说要不顾大多数人的意志来实行社会主义呢?!

普列汉诺夫先生一下子就糊涂到十分可笑的地步了。

落到可笑的地步——对于那些按照资本家的报刊的做法想当然地去描绘"敌人"而不去确切地援引某些政敌的言论的人,这还是最小的惩罚。

我们再进一步看。**即使**从《言语报》的那位庸俗的资产阶级民主主义者的观点来看,"政权"应当掌握在什么人的手里呢? 应当掌握在大多数人的手里。糊涂的社会沙文主义者那样不恰当地谈到的"俄国劳动群众"是不是占俄国人口的大多数呢? 当然是的,而且是占压倒的多数!

如果不是背叛民主（即使是按米留可夫理解的民主），怎么**能够**反对"俄国劳动群众""夺取政权"呢？

入林愈深，木柴愈多。分析愈深入，普列汉诺夫先生的糊涂观念也就暴露得愈彻底。

社会沙文主义者反对政权归俄国的大多数人！

普列汉诺夫先生是一知半解。他也把"劳动群众"同无产者和半无产者群众混为一谈了，尽管马克思早在 1875 年就特别警告过不要把这两者混淆①。现在我们来向曾经是马克思主义者的普列汉诺夫先生解释一下这个区别。

俄国大多数农民会不会要求和实行土地国有化呢？无疑是会的。这是不是社会主义革命呢？不是。这**还**是资产阶级革命，因为土地国有化是一种可以同资本主义相容的措施。但是，这同时也是对最重要的生产资料的私有制的一个**打击**。与 17、18、19 世纪的革命时期相比，这种打击会更有力得多地**加强**无产者和半无产者的力量。

其次，俄国大多数农民会不会赞成把所有银行合并为一个银行呢？会不会赞成在每一个村庄设立全国性的国家银行的代办所呢？

会的，因为这种措施无疑对人民方便有利。**甚**至"护国派"也会赞成这种措施，因为它能够使俄国的"防御"力量增强很多倍。

从经济上来看，立刻把所有银行合并为一个银行有没有可能呢？毫无疑问，完全有可能。

这是不是社会主义的措施呢？不是的，这**还不是**社会主义。

①　见《马克思恩格斯文集》第 3 卷第 443 页。——编者注

再次，俄国大多数农民会不会赞成糖厂主的辛迪加转归国有、受工农监督并使糖价降低呢？

一定会的，因为这对人民大多数有利。

从经济上来看，这样做有没有可能呢？完全有可能，因为糖厂主的辛迪加不仅在经济上确实已经成为具有全国规模的生产机体，而且早在沙皇时代就**已经处于**"国家"（也就是为资本家效劳的官吏）的监督之下了。

把辛迪加收归民主派资产阶级的即农民的国家所有，这是不是社会主义的措施呢？

不是的，这还不是社会主义。普列汉诺夫先生只要记起众所周知的马克思主义的真理，也就能够很容易地相信这一点。

试问，这样一些措施，像把所有银行合并为一个银行，把糖厂主的辛迪加收归民主派的即农民的国家所有，是会使无产者和半无产者在全体居民群众中的重要性、作用和影响**加强起来呢，还是削弱下去**？

没有疑问，一定会加强起来，因为这**不是**"小业主的"措施，因为现在**已经**具备（1889年尚未具备）的"客观条件"为实行这些措施提供了可能性。

这样的措施一定会加强特别是城乡无产者和半无产者的先锋队城市工人的重要性、作用和对全体居民的影响。

这样的措施实行**之后**，俄国就有充分可能进一步采取走向社会主义的**步骤**，而在比较成熟、素质较好并且已经同西欧的普列汉诺夫们分裂的西欧工人帮助我国工人的条件下，俄国**必然**会**真正**向社会主义过渡，而且这一过渡**一定**会实现。

凡是没有转到"本国"资产阶级方面去的马克思主义者和社会

党人都应该这样来谈论问题。

载于 1917 年 4 月 21 日(5 月 4 日)　　　　译自《列宁全集》俄文第 5 版
《真理报》第 37 号　　　　　　　　　　　第 31 卷第 300—303 页

用圣像对付大炮,用空谈对付资本

（1917 年 4 月 20 日〔5 月 3 日〕）

临时政府关于把战争进行到彻底胜利的照会,甚至引起了幻想资本家政府能够放弃兼并的人们的愤怒。今天,反映这种小资产阶级幻想政策的报纸,不是像《工人报》那样不知所措地支吾一番,就是企图把愤怒转移到个别人身上。

《新生活报》[142]写道:"民主俄国的政府中不应该有国际资本利益维护者的位置! 我们确信,工兵代表苏维埃一定会毫不延误地采取最有力的措施,立即使米留可夫先生不再胡作非为。"而《人民事业报》则把同样庸俗不堪的高见表述如下:米留可夫的照会"力图使内阁一致通过的、具有十分重大国际意义的文件化为乌有"。

用圣像对付大炮。用空谈对付资本。政府关于放弃兼并的"文件",原是最不值一提的外交上的官样文章,它只能欺骗愚昧无知的农夫,要想"迷惑"小资产阶级的社会民主党和社会革命党的领袖们,《新生活报》和《人民事业报》的撰稿人,那除非他们自己甘愿受骗。说"民主俄国的政府中不应该有国际资本利益的维护者的位置!"这是多么无聊的空谈。有教养的人怎么好意思写出这样的昏话来呢?

整个临时政府是资本家阶级的政府。问题在于阶级,而不在于个人。攻击米留可夫个人,直接或间接地要求把他免职,这是毫无意义的滑稽剧，因为只要执政的**阶级**没有更换，人员的**任何**更换都是无济于事的。

把俄、英、法等国的"民主"同维护资本的行为**对立起来**，这就是把自己降低到加邦之流的经济知识和政治知识的水平上。

愚昧无知的农夫要求资本家"承诺""按照上帝的意旨生活"，而不按照资本主义的方式生活，**不做**"资本利益的维护者"，这是可以谅解的。但彼得格勒工兵代表苏维埃的领袖们，《新生活报》和《人民事业报》的撰稿人实行这种政策，那就是助长人民对资本家的幻想，这种幻想对自由事业和革命事业是极端有害、极端危险的。

载于1917年4月21日（5月4日）
《真理报》第37号

译自《列宁全集》俄文第5版
第31卷第304—305页

维·切尔诺夫公民的逻辑

(1917 年 4 月 21 日〔5 月 4 日〕)

维·切尔诺夫公民在 4 月 16 日的《人民事业报》上写道：

"他〈列宁〉甚至没有想一想，即使从他的观点来看，由英国许可他过境也是比较好的，因为这可以说是迫于俄国革命的压力，而由德国许可，动机就很值得怀疑了。"

结论：列宁无非是个狂人。

好。然而 30 个回国的各党派成员，包括崩得分子在内，又怎样呢？他们都是狂人吗？他们都"没有想一想"吗？

其次，马尔托夫、纳坦松（请注意，他是社会革命党的领袖）、阿克雪里罗得等人的电报说道："我们断定，取道英国回俄国是绝对不可能的。"（见 4 月 15 日《工人报》）那么这份电报又怎样呢？

这是不是说，马尔托夫和纳坦松也是狂人，他们也"没有想一想"呢？

但是这些并不属于我们党的证人（可是纳坦松却是属于维·切尔诺夫那个党的证人）肯定了一个事实：绝对不可能有其他走法！

结论是什么呢？二者必居其一：或者维·切尔诺夫是一个用

空话否认**事实**的怪人，或者他被市侩沙文主义的谣言和诽谤吓得昏头昏脑了。

载于 1917 年 4 月 21 日(5 月 4 日)　　　译自《列宁全集》俄文第 5 版
《真理报》第 37 号　　　　　　　　　　第 31 卷第 306 页

普列汉诺夫先生的
未能得逞的脱身计

(1917 年 4 月 21 日〔5 月 4 日〕)

普列汉诺夫先生在《统一报》第 15 号上，用了连这个好骂人的报纸上一般也少见的大量骂人词句来攻击《真理报》，力图抹杀两个十分确凿的事实。

先生们，你们是抹杀不了这些事实的！

第一个事实。无论登载在 1917 年 4 月 5 日《彼得格勒工兵代表苏维埃消息报》第 32 号上的我们的报告**或是**执行委员会的**决定**，普列汉诺夫先生都**没有转载**。

这不仅仅是无政府主义地藐视**大多数**士兵的代表，这是大暴行制造者的可耻手法。

第二个事实。对普列汉诺夫先生的诬蔑提出抗议的**不是我**们，而是连古契柯夫和米留可夫的同僚克伦斯基也参加的《人民事业报》。1917 年 4 月 13 日《人民事业报》关于普列汉诺夫先生的《统一报》清清楚楚地写道：

"……这种言论，这种斗争方法，我们已经在《俄罗斯意志报》上看惯了。可是在社会党人的文章中竟也看到这些东西，凭良心说，实在令人难过和痛心。"

这就是在政治上同普列汉诺夫先生接近的程度比同我们接近

的程度密切一千倍的护国派证人的证词。

　　普列汉诺夫先生说《人民事业报》的"评论不妥",用这样的话来**驳回证人**的证词,他究竟是指望什么样的读者呢?

　　证人揭露了普列汉诺夫先生使用制造大暴行的手法。

　　有过一个时期普列汉诺夫先生是社会党人,现在他已经堕落到《俄罗斯意志报》的水平了。

　　任何谩骂都抹杀不了这样一个事实:**甚至**《人民事业报》也揭穿了普列汉诺夫先生。

　　《彼得格勒工兵代表苏维埃消息报》(4月17日第43号)的社论称普列汉诺夫的诬蔑是"无耻而令人厌恶的",这篇社论我们已在4月18日那号上转载了。

　　这个证人直截了当地说,黑暗势力及其报纸的无耻而令人厌恶的诬蔑过去有,现在也还有。堕落到《俄罗斯意志报》的水平的普列汉诺夫先生受到了足够的谴责。

载于1917年4月21日(5月4日)　　　　译自《列宁全集》俄文第5版
《真理报》第37号　　　　　　　　　　　第31卷第307—308页

俄国社会民主工党(布)中央委员会
1917年4月21日(5月4日)
通过的决议

1917年4月18日临时政府发出了一份帝国主义的、富于侵略性掠夺性的照会,4月20日群众在彼得格勒街头多次举行集会和示威游行,俄国社会民主工党中央委员会讨论了这些事件在彼得格勒造成的形势,作出如下决定:

(1)资本家报纸和支持资本家的报纸说我们用**内战**进行威胁,党的鼓动员和讲演人应当驳斥这种卑鄙的谣言。说它是卑鄙的谣言,是因为在目前,即在资本家及其政府还不能够而且不敢对群众施加暴力的时候,在士兵和工人群众还可以自由地表达自己的意志、自由地选举和撤换**任何**当权者的时候,——**在这个时候**,任何发动内战的想法都是幼稚的、荒谬的、怪诞的,在这个时候,**需要的是服从多数人的意志**,并允许不满意的少数对这种意志自由地进行批评;如果事情竟弄到使用暴力,那么责任就在于临时政府及其拥护者了。

(2)资本家政府及其报纸大叫内战的威胁,不过是为了掩饰只占人民的微不足道的少数的资本家不愿服从多数人的意志。

(3)为了了解彼得格勒大多数居民的意志(目前在彼得格勒,知道并能正确地表达农民情绪的士兵特别多),必须立即在彼得格勒各市区和郊区就对待政府照会的态度、支持哪一个政党、愿意要什么样的临时政府等问题举行人民投票。

(4)工厂、团队、街道等等的党的全体鼓动员,应当通过**和平讨论**、和平示威游行以及广泛举行群众大会等方式,宣传这些观点和这一提议;要努力在各个工厂和团队里组织有计划的投票,严格遵守秩序和同志纪律。

(5)资本家说我们党主张同德国单独媾和,党的鼓动员必须一次一次地反对他们散布的这种卑鄙的诽谤;我们认为威廉二世也同尼古拉二世一样,是罪该万死的戴王冠的强盗,德国的古契柯夫之流即德国的资本家,也同俄、英等国的资本家一样,是侵略者、掠夺者、帝国主义者;我们**反对同资本家谈判**,我们主张**同一切国家的革命工人和士兵**谈判和联欢;我们确信,古契柯夫—米留可夫的政府所以要竭力制造紧张局势,是因为它知道,德国的工人革命已经开始,这个革命将使所有国家的资本家受到打击。

(6)临时政府散布谣言,说经济将不可避免地遭到完全破坏,这不仅是吓唬人民,要人民让现在的临时政府继续掌权,而且也隐隐约约地表明了一个毋庸置疑的深刻真理:为着资本家的利益而进行的战争,已使世界**各国**人民走投无路,濒于灭亡,除了政权转归革命阶级即能够采取革命措施的革命无产阶级以外,确实别无出路。

如果我国还有粮食和其他物资储备,新的工农政府也会支配。既然资本主义战争把经济破坏到连粮食都没有了,那么资本家政府只会使人民群众的境况恶化,而不会使它好转。

(7)我们认为,目前工兵代表苏维埃的大多数领袖的政策,民粹主义者党派和孟什维克党的政策是极端错误的,因为信任临时政府、企图同它调和、在修正案上讨价还价等等,实际上无非是增加无用的公文,白白地拖延时间;此外,这种政策会造成工兵代表苏维埃同前线的、彼得格勒的大多数革命士兵及大多数工人在意志上不统一。

(8)我们号召那些认为工兵代表苏维埃应当改变自己的政策、应当放弃信任资本家政府及同它妥协的政策的工人和士兵,改选自己的工兵代表苏维埃代表,只把那些会坚持符合大多数人真正意志的明确主张的人选进工兵代表苏维埃。

载于1917年4月22日(5月5日)　　译自《列宁全集》俄文第5版
《真理报》第38号　　　　　　　　第31卷第309—311页

是资本家不理智
还是社会民主党欠聪明？

(1917 年 4 月 21 日〔5 月 4 日〕)

《工人报》今天写道：

"我们曾经坚决反对列宁的追随者煽动内战。但是现在发出内战信号的已经不是列宁的追随者，而是临时政府了，这个政府竟公布了一个嘲弄民主要求的文件。这真是一个不理智的步骤，工兵代表苏维埃必须立即采取坚决行动，以防止它造成惨重的后果。"

我们曾经极其肯定地、正式地、明确地宣布，全部工作的重心在于**耐心说明**与信任资本家的小资产阶级护国主义狂热相对立的无产阶级路线，但是有人说我们是在"煽动"内战，难道有比这种神话更荒唐、更可笑的吗？

难道《工人报》真的不明白目前叫嚣内战的是那些企图践踏人民大多数的意志的资本家吗？

被俄国和英法帝国主义资本的铁钳夹住的资本家，是非这样做不可的，在这种情况下说资本家的行为"不理智"，这哪里有一丝一毫的马克思主义。

普列汉诺夫先生今天在《统一报》上比较直率地表明了整个小资产阶级护国主义联盟的政策，号召工兵代表苏维埃同临时政府**"达成协议"**。发出这个号召，正像饭后送芥末一样滑稽可笑。

要知道这协议早已达成了！革命一开始就有协议了！目前这次危机的全部问题在于这个协议只是一纸空文，一张空头支票！用泛泛地号召达成"协议"（既不谈协议的条件，也不谈**实际的**保证）或者用"唉，你们这些疯子！"这种叹息和咒骂，来回答由于这一协议**破产**而直接提到人民面前的"该死的问题"，这难道不是小资产阶级路易·勃朗们（路易·勃朗口头上是工人的领袖，实际上是资产阶级的尾巴）的悲喜剧吗？

"必须立即采取坚决行动"，——《工人报》一本正经地说。亲爱的同胞们，采取什么"行动"呢？你们自己也说不出来，你们自己也不知道，你们只会**唱高调**，因为你们就和路易·勃朗一样，实际上忘记了阶级斗争，用小资产阶级的空话和高调代替了阶级斗争。

载于1917年4月22日（5月5日）　　　译自《列宁全集》俄文第5版
《真理报》第38号　　　　　　　　　第31卷第312—313页

真诚的护国主义的内容表露出来了

（1917年4月21日〔5月4日〕）

彼得格勒最近几天特别是昨天发生的事件清清楚楚地表明，我们说**群众**的"真诚的"护国主义不同于领袖和政党的护国主义是多么正确。

居民群众是由无产者、半无产者和贫苦农民构成的。他们占人民的绝大多数。**这些**阶级从兼并中确实得不到好处；帝国主义政策、银行资本的利润、来自波斯铁路的收入、在加利西亚或亚美尼亚的肥缺、对芬兰自由的限制，——这一切对他们（这些阶级）都**没有**好处。

这一切合在一起，正好就是科学上和报纸上通常所说的帝国主义的侵略掠夺政策。

事情的实质在于，古契柯夫们、米留可夫们、李沃夫们（即使他们本人都是善良、无私、博爱的安琪儿）是资本家**阶级**的代表、领袖和选任的人物，而这个阶级从侵略掠夺政策中是得到好处的。这个阶级把几十亿金钱投入"战争"，"依靠战争"和兼并（即用暴力征服或**吞并**其他民族）赚得几亿利润。

期望资本家**阶级**能够"改邪归正"，不再做资本家阶级，期望这个阶级能够放弃自己的利润，这是一种幻想，一种空想，这样做实际上就是欺骗人民。只有在资本家的政策和无产阶级的政策之间摇来摆去的小资产阶级政治家,才会抱这种幻想或者助长这种幻想。这正是民粹主义党派和孟什维克目前的领袖齐赫泽、策列铁里、切尔诺夫等人的错误。

护国主义广大拥护者根本不懂政治,他们既没有机会从书本上学习政治,又没有机会靠参加国家杜马,靠密切观察搞政治的人学习政治。

护国主义广大拥护者还不知道,战争是由**政府**进行的,而政府则代表一定**阶级**的利益,这次战争是两个交战国集团的资本家为了资本家的掠夺利益和掠夺目的而进行的。

护国主义广大拥护者不知道这些,他们的想法很简单:我们不要兼并,我们要求缔结民主的和约,我们不愿为了君士坦丁堡,为了扼杀波斯,为了掠夺土耳其等等而战,我们"要求"临时政府放弃兼并。

护国主义广大拥护者**真诚地**要求这一点,这不是个人的要求,而是阶级的要求,因为他们所代表的是从兼并**得不到好处的**阶级。但是群众中的这些人不知道,资本家和资本家的政府可以在口头上放弃兼并,用诺言和漂亮的词句来"搪塞",而**实际上却不会放弃**兼并。

正因为如此,临时政府4月18日的照会才引起了护国主义广大拥护者强烈的、理所当然的愤怒。

懂政治的人不会因为这份照会而感到惊奇,因为他们清楚地知道,资本家"放弃兼并"的一切表示,都是毫无意义的官样文章,都不过是通常的外交手腕和外交辞令。

"真诚的"护国主义广大拥护者却大为震惊,异常愤怒,极为不满。他们**感觉到了**——他们还没有十分清楚地理解这回事,但他们感到自己是受骗了。

这就是危机的**实质**，必须把危机同个别人和某些政党的意见、期望、意图严格区别开来。

用新的宣言、新的照会、新的官样文章来临时"堵塞"一下这个危机（这是普列汉诺夫先生在《统一报》上所出的主意，也是米留可夫之流以及齐赫泽、策列铁里等双方的意图），用"官样文章"来"堵塞"已经形成了的裂口，这当然可以，但这只能造成危害。因为新的官样文章必然会欺骗群众，必然又会引起愤怒的爆发，如果这种爆发是不自觉的，那就会很容易造成极大的危害。

对群众应当讲明全部真情。资本家的政府**不会**放弃兼并；它陷入了窘境，毫无出路。它感觉到、意识到、看到，不采取革命措施（只有革命阶级才能采取革命措施）就**没有生路**，它辗转不安、疯疯癫癫，说一套做的是另一套，一会儿用暴力威胁群众（古契柯夫和盛加略夫），一会儿又提议把政权从它手里拿去。

经济破坏、危机、战争的惨祸、绝境——这就是资本家带给**各国人民**的东西。

除了把政权交给革命阶级即革命无产阶级，确实没有别的出路，因为只有这个阶级，才能在大多数居民的支持下，促成**各**交战国的革命胜利，引导人类走向持久和平，从资本的枷锁中解放出来。

载于1917年4月22日（5月5日）　　译自《列宁全集》俄文第5版
《真理报》第38号　　　　　　　　第31卷第314—316页

盛加略夫的建议或命令和
一个地方工兵代表苏维埃的建议

(1917 年 4 月 22 日〔5 月 5 日〕)

4 月 14 日彼得格勒《戈比报》**143** 刊登了这样一则消息:

征用私有土地

基什尼奥夫 4 月 13 日电。阿克尔曼工兵代表苏维埃鉴于县内尚有大量因租价昂贵而未租出的闲置土地,**已建议所有村委员会和乡委员会,在不可能达成自愿协议的情况下,通过专员征用一切闲置的私有土地,以便耕种。**

这则消息如果属实,那是非常重要的。阿克尔曼工兵代表苏维埃显然是从实际出发考虑问题的,毫无疑问,它是清楚地直接地了解当地情况的。它考虑得很正确,播种面积无论如何要尽量扩大。但是在地主肆无忌惮地抬高租价的情况下,怎样才能做到这一点呢?

同地主达成自愿协议吗?

盛加略夫部长从彼得格勒坚决地建议这样做,他威胁农民,厉声斥责越轨行动。盛加略夫坐在彼得格勒说三道四,感到很自在。他以资本家政府的名义"保护"地主,感到很自在。

但是各地农民的处境怎样呢? 阿克尔曼工兵代表苏维埃说

"不可能达成自愿协议",它对情况的估计不是更正确吗?

载于1917年4月22日(5月5日)　　　译自《列宁全集》俄文第5版
《真理报》第38号　　　　　　　　　第31卷第317—318页

俄国社会民主工党（布）中央委员会
1917年4月22日（5月5日）
上午通过的决议

必须承认，4月19—21日爆发的政治危机（至少是它的第一阶段）已经结束。

被资本家激怒了的小资产阶级群众起初**离开了资本家，倒向工人这一边**；但是过了一天，他们又去追随"信任"资本家并同资本家"妥协"的孟什维克和民粹主义者的领袖们了。

这些领袖妥协了，交出了自己的全部阵地，满足于资本家提出的十分空洞、纯粹口头上的许诺。

危机的原因没有消除，这种危机的重演是不可避免的。

危机的实质在于：小资产阶级群众摇摆不定，他们时而保持长期以来的对资本家的信任态度，时而痛恨资本家，倾向于信赖革命无产阶级。

资本家在各种词句的掩饰下拖延战争。只有革命无产阶级正在引导人民并且能够引导人民通过全世界工人革命结束战争。这个革命正在我国蓬勃发展，正在德国成熟起来，在其他许多国家也日益逼近。

"打倒临时政府"这个口号在目前是不正确的，因为在革命无产阶级还没有掌握可靠的(即有觉悟的和有组织的)人民大多数的时候,提出这样的口号是讲空话,或者在客观上是一种冒险行动。**144**

只有在工兵代表苏维埃赞成我们的政策并且愿意掌握政权的时候,我们才会主张使政权转归无产者和半无产者。

在危机期间很明显的一点是:我党在组织上是薄弱的,无产阶级力量的团结是不够的。

当前的口号是:(1)**说明**无产阶级的路线和无产阶级结束战争的途径;(2)**批评**小资产阶级信任资本家政府并同它妥协的政策;(3)**在每个团队、每个工厂中**,特别是在仆役、粗工等最落后的群众中,普遍深入地进行宣传鼓动工作,因为在危机期间资产阶级尤其想要争取他们的支持;(4)在每个工厂、每个区、每个街区中组织无产阶级,**组织、组织、再组织**。

我党全体党员应当无条件地遵守彼得格勒工兵代表苏维埃4月21日关于两天之内禁止在街头举行任何群众大会和示威游行的决定。中央昨天早晨散发了,今天又在《真理报》上刊登了这样一个决议:"在这个时候,任何发动内战的想法都是荒谬的、怪诞的",示威游行只应该是和平的,如果发生暴力行为,其责任将在临时政府及其拥护者①。所以,我党认为工兵代表苏维埃的上述决定(尤其是反对武装示威游行和反对朝天开枪)完全正确,必须**无条件地执行**。

我们号召全体工人和士兵仔细讨论最近两天的危机的结局,并且只把能表达多数人的意志的同志选为工兵代表苏维埃和执行

---

① 见本卷第309页。——编者注

1917 年 4 月 23 日（5 月 6 日）载有《俄国社会民主工党（布）中央委员会的决议》和列宁《危机的教训》一文的《真理报》第 39 号第 1 版

（按原版缩小）

委员会的代表。如果代表不能表达多数人的意见,那就必须在工
厂和兵营中进行改选。

载于 1917 年 4 月 23 日(5 月 6 日)　　译自《列宁全集》俄文第 5 版
《真理报》第 39 号　　　　　　　　　第 31 卷第 319—320 页

请同志们注意！

（1917 年 4 月 22 日〔5 月 5 日〕）

　　拉舍维奇、克雷莫夫、马弗林三位同志受工兵代表苏维埃布尔什维克党团的委托，要求我们声明：绝大多数参加 4 月 20 日和 21 日示威游行并举着"打倒临时政府！"标语的工人，都把这个口号仅仅理解为全部政权应当归苏维埃，理解为工人只有在工兵代表苏维埃中争得多数以后才想取得政权。苏维埃目前的成分没有完全准确地表达工人和士兵群众多数的意志。因此布尔什维克党团认为，中央 4 月 22 日的决议没有确切地说明目前情况的特点。

　　编辑部的话。不言而喻，中央的决议并不是反对群众性示威游行的组织者，如果对上述口号作这样的理解，那就排除了任何轻举妄动或进行冒险的念头。示威游行具有和平的和广泛群众性的特点，这无论如何都是上述同志即示威游行组织者的代表的巨大功绩。资产阶级举行了有利于**自己的**临时政府的示威游行，只有上述同志才对资产阶级组织了应有的回击。

载于 1917 年 4 月 23 日（5 月 6 日）
《真理报》第 39 号

译自《列宁全集》俄文第 5 版
第 31 卷第 323 页

危机的教训

(1917 年 4 月 22 日〔5 月 5 日〕)

彼得格勒和全俄国经历了一次严重的政治危机,经历了革命后的第一次政治危机。

4 月 18 日临时政府通过的臭名昭彰的照会,十分明显地证实了战争的侵略掠夺目的,这就激起了过去真诚地相信资本家愿意(和能够)"放弃兼并"的广大群众的愤怒。4 月 20 日和 21 日,彼得格勒沸腾起来了。街上挤满了人;一堆堆的群众,不分昼夜地到处举行大大小小的集会;群众性的示威游行接连不断地举行。昨天(4 月 21 日)晚上,危机似乎是过去了,或者至少危机的第一阶段是过去了:工兵代表苏维埃执行委员会和苏维埃先后宣称政府对照会的"说明"、修正和"解释"(其实都是些十分空洞、毫无内容、不起作用、不负责任的废话)是令人满意的[145],并认为"事件已经结束"。

广大群众是否认为"事件已经结束",将来自有分晓。现在,我们的任务是要仔细研究危机中显现出来的**力量**、阶级,并使无产阶级政党从中取得教训。因为任何一次危机的巨大意义,都在于它能使隐蔽的东西变成明显的东西,能够排除暂时的、表面的、琐碎的东西,扫除政治垃圾,显示出实际存在的**阶级斗争**的真正动力。

实质上,资本家政府在 4 月 18 日只是重复了它过去那些用外交辞令掩盖帝国主义战争的照会。士兵群众被激怒了，因为他们曾经真诚地相信资本家的诚实和爱好和平。示威游行是从**士兵的**游行开始的，他们喊着自相矛盾的、不自觉的、没有用的口号——"打倒米留可夫"（似乎更换某个人或某个集团就能改变政策的**实质**！）。

这就是说，大批不稳定的、左右摇摆的群众（他们和农民的关系最密切，按科学的阶级分析，他们是小资产阶级群众），**从资本家方面摆向了革命工人方面**。有力量**决定一切**的群众的这种摆动或运动也就造成了危机。

于是人们立刻开始行动，跑上街头，并且组织起来，但这**不是**中间分子，而是极端分子，**不是**中间的小资产阶级群众，而是资产阶级和无产阶级。

资产阶级占据了涅瓦大街（一家报纸称之为"米留可夫"大街）及其附近地区，即彼得格勒的繁华区，资本家和官员们的聚居区。军官、大学生和"中等阶级"举行了**拥护**临时政府的示威游行，在他们所举的标语中常常可以看到写着"打倒列宁"的旗帜。

无产阶级从**他们的**中心即市郊各工人区挺身而起，在我党中央委员会的号召和口号下组织起来。中央委员会20日和21日通过决议，并立即由组织机构向无产阶级群众作了传达。工人的示威游行起初是在市内**不繁华的**、比较偏僻的地区，后来分批涌入涅瓦大街。与资产阶级的示威游行截然不同，无产者的示威游行人更多、心更齐。他们的旗帜上写的是："全部政权归工兵代表苏维埃"。

在涅瓦大街发生了冲突。两个"敌对的"游行队伍互相撕毁旗帜。有些地方打电话给执行委员会，说双方都开了枪，有伤亡；但是报道的消息极其矛盾，很不确实。

资产阶级表现得很惊惶，唯恐真正的群众即真正的人民大多数取得政权，大声喊叫出现了"内战的魔影"。苏维埃中的小资产阶级领袖孟什维克和民粹主义者在革命以后，特别是在危机时期，根本没有明确的党的路线，现在他们也张皇失措了。危机前夜，执行委员会中差不多已有一半的票反对临时政府，但现在却有 34 票（对 19 票）**主张**仍旧执行信任资本家并同他们妥协的政策。

"事件"被认为"已经结束"。

阶级斗争的**实质**是什么呢？资本家**主张**拖延战争，并且用空话和诺言来掩盖这一点；他们已陷入了俄国、英法两国和**美国的**银行资本的罗网。无产阶级以它的有觉悟的先锋队为代表，**主张**把政权转交给革命阶级即工人阶级和半无产者，**主张**开展全世界的工人革命（这一革命在德国显然也在发展），**主张**通过**这种**革命来结束战争。

仍旧信任孟什维克和民粹主义者的领袖们的广大群众，主要是小资产阶级群众，完全被资产阶级吓倒了，他们略有保留地执行**资产阶级的**政策，时左时右地摇摆不定。

战争是可怕的，对这一点体会最深的当然是广大群众。正是他们虽然还很不明确但已逐渐意识到这次战争是罪恶的，战争是由于资本家的竞争和内讧、由于争夺**他们的**赃物而引起的。世界局势愈来愈复杂了。除了全世界工人起来革命，**没有别的出路，目前**这一革命在俄国的进度已经超过其他国家，但在德国显然也在发展（罢工、联欢）。群众现在摇摆不定：他们信任昔日的老爷即资本家们，但又痛恨这些人；他们相信，一个新的、唯一彻底革命的阶级即无产阶级会引导全体劳动者走向光明的未来，但又没有明确认识到无产阶级的世界历史作用。

小资产阶级和半无产者群众的动摇，这不是第一次，**也不是最后一次！**

工人同志们！教训是明显的。时间不等人。危机会接连到来。要拿出**全部**力量来教育落后群众，同每一个团队、每一个尚未觉悟的劳动阶层的团体建立群众性的、同志般的、直接的（不仅是召开群众大会）联系！要拿出**全部**力量来巩固内部团结，自下而上地把工人组织起来，直到把首都及其郊区的每一个区、每一个工厂以至每一个街区的工人组织起来！**不要**被那些跟着资本家跑的小资产阶级"妥协分子"，护国派，政府的"支持"派所蒙蔽，也不要被那些蓄意冒进、在人民大多数还没有紧密团结起来的时候就单枪匹马地呼喊"打倒临时政府！"的人所蒙蔽。一部分人对另一部分人采取暴力，一小批武装人员发起局部的行动，布朗基式地"夺取政权"、"逮捕"临时政府官员等等，都不能消除危机。

今天的口号是：要更确切、更清楚、更广泛地说明无产阶级的**路线**，**无产阶级**结束战争的途径。让各地无产阶级的队伍更加巩固、更加壮大！要在自己的苏维埃的周围团结起来！在苏维埃内部，要用同志式的说服方法和改选个别委员的方法努力把大多数人团结在自己的周围！

载于1917年4月23日（5月6日）
《真理报》第39号

译自《列宁全集》俄文第5版
第31卷第324—327页

资本家怎样理解"耻辱"和
无产者怎样理解"耻辱"

(1917 年 4 月 22 日〔5 月 5 日〕)

今天《统一报》在头版头条用黑体字刊出了普列汉诺夫、捷依奇和查苏利奇几位先生签署的一篇宣言。这篇宣言写道：

"……每一个民族都有权自由支配自己的命运。德国的威廉和奥地利的查理是永远不会同意这种看法的。我们同他们作战就是为了保卫自己的自由和别人的自由。俄国不能背叛自己的同盟者。那样做会使它蒙受耻辱……"

所有的资本家都是这样议论的。他们把不遵守资本家之间的条约看做耻辱，正如君主们把不履行君主们之间的条约看做耻辱一样。

可是工人呢？他们是否认为不履行由君主们、资本家们签订的条约是耻辱呢？

当然不这样认为！有觉悟的工人主张废除所有这些条约，只承认各国工人和士兵缔结的有利于人民，即有利于工人和贫苦农民而不利于资本家的协议。

各国工人之间有另外一种条约，即 1912 年的巴塞尔宣言（普列汉诺夫在宣言上也签了字，但却背弃了它）。这个工人的"条约"认为，各国工人如果为了资本家的利润而互相残杀，那就是"犯罪"。

《统一报》撰稿人的看法和资本家的一样(《言语报》等也是这样看的),而和工人的不一样。

说德国的君主和奥地利的君主不会同意每个民族有自由,这是十分正确的,因为这两个君主和尼古拉二世一样,也是戴王冠的强盗。但是,第一,无论英国的君主、意大利的君主或别国的君主(尼古拉二世的"同盟者")并不就好一些。忘记这一点就会变成君主派或君主派的拥护者。

第二,**不戴**王冠的强盗即资本家在这场战争中的表现,丝毫也不比君主好些。难道美国的"民主派"即民主派资本家没有掠夺过菲律宾,没有在掠夺墨西哥吗?

德国的古契柯夫之流和米留可夫之流如果接替了威廉二世,**同样也**会是强盗,也不会比英国和俄国的资本家好些。

第三,俄国资本家会"同意"在他们压迫下的亚美尼亚、希瓦、乌克兰和芬兰的人民获得"自由"吗?

《统一报》撰稿人对这个问题避而不谈,实际上他们已经变成"本国"资本家和别国资本家进行掠夺战争的维护者了。

全世界工人国际主义者都主张推翻**一切**资本家政府,拒绝同任何资本家妥协或协商,主张由**各国革命工人**缔结真正能够保证"每一个"民族都享有自由的**普遍的**和约。

载于1917年4月23日(5月6日)
《真理报》第00号

译自《列宁全集》俄文第5版
第31卷第328—329页

部长的报纸鼓吹大暴行

(1917 年 4 月 22 日〔5 月 5 日〕)

部长先生们得到苏维埃大多数领袖重新表示的信任,便向《真理报》和我们党进一步发起进攻。

部长的报纸《言语报》采取了《俄罗斯意志报》的最恶劣的手法。

部长的报纸在今天的两篇社论中重弹《俄罗斯意志报》的老调,加倍撒谎。

"彼得格勒全市〈!!〉居民觉醒过来了,纷纷走上街头,大声而庄严地宣布他们信任临时政府。"

彼得格勒"**全市**"居民! ——部长的报纸硬说有这么多人。…… 如果从彼得格勒"全市"居民中除去所有参加**反对**临时政府的示威游行的**工人**,如果除去走上街头、参加**反对**临时政府的示威游行的绝大多数士兵,如果除去几十万呆在家里根本没有出门的人,如果把彼得格勒"全市"居民理解为资产阶级极少数人、一小部分学生和一部分高级军官,那么,部长的报纸就说对了:彼得格勒"全市"居民拥护古契柯夫之流和米留可夫之流……

部长的报纸依靠彼得格勒"全市"居民(请回想一下波将金村[146]吧!)的支持,公然对我们进行杀气腾腾的诋毁。

"……某些武装的人开枪射击的事,杀伤士兵的事,空前无耻地在德国大使馆悬挂失败主义者的旗帜这件事……　昨天列宁派的血腥暴行令人忍无可忍，它对这种反民族的叛卖性宣传是一次无法补救的打击。但愿这种宣传已经不敢再抬头了。"

是谁"无耻"，——让读者去判断吧。这里每句话都是造谣诬蔑。我们的同志没有在德国大使馆悬挂过任何旗帜。在杀伤士兵这类事中，我们的同志没有罪过。昨天的暴力行为，责任在临时政府，完全在临时政府。

让读者去判断谁的宣传是真正叛卖性的宣传吧。

载于 1917 年 4 月 23 日(5 月 6 日)　　　译自《列宁全集》俄文第 5 版
《真理报》第 39 号　　　　　　　　　　第 31 卷第 330—331 页

清楚的问题是怎样弄糊涂的？

（1917 年 4 月 22 日〔5 月 5 日〕）

今天，《日报》就中央委员会 4 月 20 日关于必须"**在人民大多数支持下**"使政权转归革命无产阶级的决议写道：

"那很简单，在这种情况下为什么还迟迟不动手呢？你们就来把政权拿去好了，何必作决议。"

这就是资产阶级报刊的典型的惯用手法。有些人对极明白的事情假装不懂，使自己在纸上轻易取胜。说"把政权拿去"这种话的人，稍微想一想就会明白，在**还没有**得到人民大多数支持的时候试图取得政权就是冒险，就是布朗基主义（《真理报》早已专门地、明确地、毫不含糊地提出警告反对这样做）。

现在，俄国有这样一种自由，就是**可以**从工兵代表苏维埃的成分测出多数人的意志，这就是说，无产阶级政党要慎重地而不是布朗基式地取得政权，就必须**争取**在苏维埃内部**扩大影响**。

所有这一切，《真理报》早已讲过，再三地讲过，翻来覆去讲过多次，只有愚钝的人或别有用心的人才会"不懂"。《工人报》说"建议"（苏维埃）"掌握政权"是"不负责任的挑拨行为"，是"随便号召民主派进行内战、挑动工人和士兵不仅反对政府而且反对苏维埃本身的一种毫无政治责任感的蛊惑行为"等等。《工人报》究竟属于这两种不体面的角色中的哪一种，请读者自己判断吧！

在蛊惑行为的问题上，难道还有比这更严重的颠倒黑白和嫁祸于人的吗？

根据4月21日《交易所新闻》[147]晚刊的报道，李沃夫总理曾发表如下的谈话：

> "临时政府一直受到工兵代表苏维埃领导机关的支持。但近两周来这种关系发生了变化，临时政府遭到了怀疑。在这种情况下临时政府根本无法管理国家，因为在不信任和不满意的气氛下很难办事。在这种情况下临时政府最好是辞职。临时政府充分意识到它对祖国所负的责任，为了祖国的利益，如有必要，它准备立刻辞职。"

难道这还不清楚吗？难道还不明白为什么我们中央委员会要**在**这个谈话发表**后**提议调查民意吗？

既然总理声明准备"辞职"，既然他承认工兵代表苏维埃是"领导机关"，那么，为什么还要讲"内战"、"挑拨行为"、"蛊惑行为"等等吓人的字眼呢？？？

二者必居其一：或者《工人报》认为李沃夫在用这一类声明欺骗人民，那么，它就不应当号召人们信任和支持临时政府，而应当号召人们**不信任和不支持**临时政府；或者《工人报》认为李沃夫真的"准备辞职"，那么，它为什么还要大叫有人发动内战呢？

假如《工人报》真正了解实际情况，了解**资本家**是为了掩盖**他**们想用暴力粉碎多数人的意志而叫喊别人发动内战，那它跟着叫喊是何居心呢？

李沃夫有权建议苏维埃赞同和接受他意见……我们……也有权建议苏维埃赞同和接受我们无产阶级的政策。讲"挑拨行为"这一类话，正好说明不是对问题全然无知，就是堕落到卑鄙地进行蛊惑。我们现在和将来都有权在中央和各地的苏维埃中争取扩大影响，争取多数。我们再说一遍：

"只有在工兵代表苏维埃赞成我们的政策并且愿意掌握政权的时候，我们才会主张使政权转归无产者和半无产者。"①

载于 1917 年 4 月 23 日（5 月 6 日）　　　译自《列宁全集》俄文第 5 版
《真理报》第 39 号　　　　　　　　　　　第 31 卷第 332—334 页

---

① 见本卷第 320 页。——编者注

同爱·托尔尼艾年的谈话[148]

(1917 年 4 月 23 日〔5 月 6 日〕)

我们认为彼得格勒工兵代表苏维埃目前代表着大多数的工人和士兵。从我们这方面来说,我们(布尔什维克)仍旧为在彼得格勒工兵代表苏维埃和各个地方苏维埃中扩大影响、争取多数而斗争。我们建议工人和士兵在苏维埃代表不能完全符合大多数人的意志时举行改选。

这一次,苏维埃中的大多数是跟着民粹主义者和孟什维克的领袖们走的。

只要工人和士兵明显而稳定的多数拥护苏维埃,我们就不怀疑苏维埃能够掌握政权。况且这个政权不会拖延战争,而会在对人民群众最有利的条件下迅速结束战争。同时,我们还认为,苏维埃这个由工人和士兵选举出来的机构,一定能够把绝大多数工人和士兵争取过来。

资本家政府会不会拒绝召开立宪会议,这取决于反革命的发展和力量,毫无疑问,这种反革命的因素已经存在。

战争能否以缔结真正民主的和约而结束,这取决于世界无产阶级革命的进程,这个革命现在在俄国已经处于有利的地位,在德国显然也在发展(群众性的罢工、联欢)。

载于 1917 年 5 月 8 日《工人日报》第 122 号

译自《列宁全集》俄文第 5 版第 31 卷第 335—336 页

愚蠢的幸灾乐祸

（1917 年 4 月 25 日〔5 月 8 日〕）

中央委员会最近的决议（再加上苏维埃布尔什维克党团代表所发表的声明①)暴露出我们党内存在着一定程度的不一致,于是《工人报》就幸灾乐祸、手舞足蹈起来。

让孟什维克去幸灾乐祸、手舞足蹈吧！这不会使我们感到不安。孟什维克自己根本没有组织。齐赫泽和策列铁里是一派,他们是不管部长;组织委员会是另外一派,他们是没有路线的社会民主党人;"护国派"是第三派,他们是跟着普列汉诺夫跑的;马尔托夫则是第四派,他们是不拥护公债的。一群没有组织、没有党的人,看到别人的组织有了缺点,就得意忘形地高兴起来,这岂不是一件怪事。

我们用不着害怕真相。是的,工人同志们,危机的确暴露出我们组织中的缺点。让我们来克服这些缺点吧！

危机暴露出有人试图采取比我们中央委员会"稍左一点的"做法。我们中央委员会没有同意,但我们丝毫也不怀疑:我们党内的一致正在恢复起来,而且是一种自觉自愿的、完全协调的一致。

我们的路线愈来愈被证实是正确的。为了同心协力地执行这条路线,必须把无产阶级群众组织得比现在**加倍地**好。在每一个

① 见本卷第324 页。——编者注

区、每一个街区、每一个工厂、每一个连队里,都应当有坚强的、同心协力的、能够**像一个人**那样行动的组织。每个这样的组织都应当同它的中心即中央委员会有直接的联系,这些联系应当是牢固的,是敌人一下子破坏不了的;这些联系应当始终保持,而且要时时刻刻加以巩固并进行检查,**以防敌人对我们突然袭击**。

　　工人同志们! 让我们立刻在工人群众中间和部队中间自下而上地普遍建立群众性的坚强的无产阶级组织吧。我们绝不因敌人幸灾乐祸而感到不安,我们绝不害怕出现个别的错误和缺点。我们一定会克服这些错误和缺点。未来是属于我们的。

载于 1917 年 4 月 25 日(5 月 8 日)　　　译自《列宁全集》俄文第 5 版
《真理报》第 40 号　　　　　　　　　　　第 31 卷第 337—338 页

俄国社会民主工党（布）第七次全国代表会议（四月代表会议）文献[149]

（1917 年 4 月）

1

代表会议开幕词

（4 月 24 日〔5 月 7 日〕）

同志们，我们这次代表会议是无产阶级政党在俄国爆发革命和国际革命日益发展的条件下召开的第一次代表会议。现在，科学社会主义创始人的论断以及在巴塞尔代表大会上社会党人关于世界大战必然导致革命的一致预见，已经在各地得到证实。

在 19 世纪，马克思和恩格斯观察了各国的无产阶级运动，研究了社会革命的可能的前途，曾不止一次地指出，这些国家分别扮演的角色将与它们各自的民族历史特点大体相适应，相符合。马克思和恩格斯把他们的这个思想简要地表述如下：法国工人开始，德国工人完成。

现在，开始革命的巨大光荣落到了俄国无产阶级的头上，但它不应当忘记，俄国无产阶级的运动和革命仅仅是世界无产阶级革命运动的一部分，而这个运动——例如在德国——正一天天地壮大起来。只有从这个角度来看问题,我们才能确定自己的任务。

　　现在我宣布全国代表会议开幕,请选举主席团。

载于1921年《列宁全集》俄文　　　　　　　　译自《列宁全集》俄文第5版
第1版第14卷第2册　　　　　　　　　　　　　第31卷第341页

2

关于目前形势的报告

(4月24日〔5月7日〕)

(1)

记　　录

同志们,我所要谈的关于目前形势的问题,关于目前形势的估计问题,是一个很大的题目,我认为,这个题目可以分成三部分:第一,对我们俄国政治形势的估计,对政府、对目前两个政权并存局面的态度;第二,对战争的态度;第三,目前工人运动的国际环境,这种环境已使世界工人运动面临社会主义革命。

我想,有几点我只能简要地讲一下。此外,我准备向你们提出一个涉及所有这些问题的决议草案,但要附带声明,由于我们人员非常不够,也由于在彼得格勒这里发生了政治危机,我们不仅没有能够讨论这个草案,而且没有能够及时让地方上了解这个草案。因此,我再说一遍,这只是一个初步的草案,写出来是为了使委员会便于工作,使它的工作能够集中到几个最重要的问题上。

现在我开始谈第一个问题。如果我没有弄错的话,莫斯科代表会议通过的决议同彼得格勒市代表会议的决议是一样的。(有人喊道:"有一些修改。")这些修改我没有看到,我无法表示意见。

但是,既然彼得格勒的决议在《真理报》上登过,假如没有反对意见,我就认为大家都已经知道这个决议了。现在我就把这个决议作为草案提交本次全国代表会议。

在彼得格勒苏维埃占优势的小资产阶级联盟中的多数政党,都认为我们的政策和他们的政策不同,是一种冒进政策。我们的政策的特点,是我们首先要求对所发生的事情作出精确的阶级分析。小资产阶级联盟的主要过错在于用空话蒙蔽人民,使他们无法了解政府的阶级性质。

如果莫斯科的同志有修正案,他们现在可以宣读。[150]

(报告人念彼得格勒市代表会议关于对临时政府的态度的决议。)

"代表会议认为:

(1)临时政府按其阶级性质来说,是地主和资产阶级的统治机关;

(2)临时政府和它所代表的阶级在经济上和政治上同俄国帝国主义和英法两国帝国主义有不可分割的联系;

(3)临时政府只是在革命无产阶级的压力下,某些方面也是在小资产阶级的压力下才部分地执行它所宣布的纲领;

(4)正在组织起来的资产阶级和地主反革命力量,在临时政府旗帜的掩护下,在它的公开纵容下,已经开始向革命民主派进攻;

(5)临时政府拖延立宪会议的选举日期,阻挠人民普遍武装,反对把全部土地交给人民,强迫人民接受地主解决土地问题的办法,阻挠八小时工作制的实行,纵容军队中的反革命鼓动(古契柯夫之流的鼓动),策动高级军事指挥人员来对付士兵等等……"

我已经念完决议的第一部分,这部分对临时政府作了阶级分析。单从决议的条文来看,可以说与莫斯科的同志的决议没有多大的分歧,但把政府笼统地说成是反革命政府,我认为是不正确的。如果要说,那就应当弄清楚这里指的是哪一种革命。如果是指资产阶级革命,这样说是不可以的,因为资产阶级革命已经完成。如果是指无产阶级-农民革命,这样说为时过早,因为我们不能相信农民一定会比资产阶级走得更远。特别是在目前,当农民已经转向帝国主义和护国主义即转向支持战争的时候,对农民表示信任,在我看来是没有根据的。现在农民同立宪民主党人达成了一系列的协议。因此,我认为莫斯科的同志的决议的这一点在政治上是错误的。我们希望农民能比资产阶级走得更远,希望农民夺取地主的土地,但现在还根本无法断言农民将会怎样行事。

我们尽量注意避免使用"革命民主"这个词。在谈到政府的进攻时,可以用这个词,但是现在,这样说就掩盖着很大的欺骗,因为卷入这个漩涡的各个阶级实在是清浊难辨。我们的任务是要解放那些做尾巴的人。对我们重要的不是苏维埃这种形式,而是苏维埃代表什么阶级。因此,必须进行长期的工作来启发无产阶级的意识……

(报告人继续念决议。)

"……(6)同时,这个政府目前依靠把绝大多数工人和士兵(即农民)联合起来的彼得格勒工兵代表苏维埃的信任,而且在某种程度上还依靠同它直接达成的协议;

(7)临时政府在对外政策和对内政策上的每一个步骤,不仅会使城乡无产者和半无产者而且会使小资产阶级广大阶层看清这个政府的真正性质;

因此,代表会议决定:

(1)为了使全部国家政权转到工兵代表苏维埃或其他直接表达人民意志的机关手中,必须进行长期的工作来启发无产阶级的阶级意识和团结城乡无产者来反对小资产阶级的动摇,因为只有这样做才能真正保证全体革命人民胜利前进;

(2)为此,必须在工兵代表苏维埃内部进行各方面的工作,增加苏维埃的数量,加强苏维埃的力量,使苏维埃内部我们党的一些无产阶级国际主义小组团结起来;

(3)加紧组织我们社会民主党的力量,以便在革命的社会民主党的旗帜下掀起革命运动的新浪潮。”

我们整个政策的关键就在这里。整个小资产阶级现在是动摇的,并且用革命民主这种空话来掩饰自己的动摇,我们应当推行无产阶级的路线来同这种动摇相对抗。反革命分子希望出现过早的发动以破坏无产阶级的路线。我们的任务是增加苏维埃的数量,加强苏维埃的力量,使我们党内团结起来。

莫斯科的同志在第三点上加了监督一项。监督是齐赫泽、斯切克洛夫、策列铁里和小资产阶级联盟的其他领导人提出来的。没有取得政权,监督就是空话。我怎样监督英国呢?要监督英国就必须夺取英国的舰队。我知道,不成熟的工人和士兵群众会天真地不自觉地相信监督,但是只要想一想监督的基本因素,就会了解,这种相信是背离阶级斗争基本原则的。什么是监督呢?如果我写一个文件或决议,人家就会写一个反决议。要监督必须有政权。如果小资产阶级联盟的广大群众不了解这一点,就应当向他们耐心地解释,但决不应当对他们说假话。假如我用监督把这个基本条件掩盖起来,那就是说假话,那就是帮助资本家和帝国主义者。他们说:“请你来监督我吧,但我有大炮,你尽管监督好了。”他们知道,现在拒绝人民是不行的。没有政权的监督是小资产阶级的空话,它将阻碍俄国革命的进程和发展。因此我反对莫斯科的同志的第三点。

至于说到两个政权独特地交织在一起的局面,在临时政府没有掌握实权、大炮、士兵和武装群众而依靠苏维埃的时候,在苏维埃还信赖诺言并执行支持这些诺言的政策的时候,如果你们想参加这种游戏,你们就一定会垮台。我们的任务不是参加这种游戏,我们要继续向无产阶级说明这个政策毫无根据,而实际生活也将不断地证明我们多么正确。我们现在是少数,群众还不信任我们。我们要善于等待,一旦政府显露出本来面目,群众就会转到我们这一边来。政府的摇摆不定将使它失掉群众,群众一定会涌到我们这一边来,那时,我们就会根据力量的对比宣布:我们的时候到了。

现在我来谈战争问题。这个问题使我们在反对公债的时候实际上取得了一致的意见,对公债的态度立即清楚地显示出各派政治力量是怎样划分的。正像《言语报》所写的那样,除《统一报》外,大家都在动摇,整个小资产阶级都赞成公债,但有保留。资本家装出一副不满的神情,冷笑着把决议塞进口袋说:"你们尽可以讲,但还得由我们来做。"现在,世界上凡是举手赞成这类公债的人,都叫做社会沙文主义者。

现在我就来念关于战争的决议。这个决议分三部分:(1)从战争的阶级意义来剖析战争,(2)群众的革命护国主义,这是其他任何一个国家都没有的,(3)怎样结束战争。

我们许多人,包括我本人在内,都在群众面前,特别是在士兵面前讲话,我想,假如所有问题都用阶级观点去解释,那么他们最难理解的是我们在怎样结束战争、怎样才能结束战争的问题上所持的立场。广大群众对我们的立场有许多误解和完全不理解的地方，因此我们在这个问题上应该讲得极其通俗。

（报告人念关于战争的决议草案。）

"目前的战争，从两个交战国集团来说，都是帝国主义战争，就是说，是资本家为了争夺世界霸权、为了分赃、为了金融资本即银行资本获得有利的市场、为了扼杀弱小民族而进行的战争。

俄国的国家政权从尼古拉二世转到古契柯夫、李沃夫等人的政府手中，转到地主和资本家的政府手中，从俄国方面来说战争的这种阶级性质和意义并没有改变而且也不可能改变。

事实非常明显，新政府进行的仍然是帝国主义战争，即侵略性的强盗战争，这表现在它不仅没有公布前沙皇尼古拉二世同英法等国资本家政府签订的秘密条约，而且正式承认了这些条约。新政府这样做，并没有征询人民的意见，显然是有意欺骗人民，因为大家知道，前沙皇签订的这些秘密条约是彻头彻尾的强盗条约，它们允许俄国资本家掠夺中国、波斯、土耳其和奥地利等等。

因此，无产阶级政党如果不彻底背弃国际主义，就是说，不彻底破坏世界各国工人在反对资本压迫的斗争中形成的兄弟团结，就决不能支持目前的战争、目前的政府和它发行的公债，不管这些公债的名称多么响亮。

现政府答应放弃兼并，即不再侵占别国或强迫任何民族留在俄国疆界以内，这也是完全不可信的。因为第一，同俄、英、法银行资本有千丝万缕联系并维护其利益的资本家，只要他们还是资本家，还没有放弃投入公债、租让企业、军工企业等等的数十亿资本的利润，他们就不会在这次战争中放弃兼并。第二，新政府为了欺骗人民而表示放弃兼并之后，却又于1917年4月9日通过米留可夫之口在莫斯科声明,它不会放弃兼并。第三,有克伦斯基部长参加的《人民事业报》揭露说,米留可夫甚至没有把他的放弃兼并的声明发往国外。

因此,为了提醒人民不要相信资本家的空洞诺言,代表会议声明必须严格区别口头上的放弃兼并和真正的放弃兼并,真正的放弃兼并,也就是立即公布一切掠夺性的秘密条约和对外政策方面的一切文件,立即使遭受资本家阶级(他们还在继续执行使我国人民蒙受耻辱的前沙皇尼古拉二世的政策)压迫的、被强行并入俄国的、不享有充分权利的各民族获得彻底解放。"

这部分决议的后一半谈到了政府的诺言,对于马克思主义者,这一部分也许是多余的,但对于人民这是重要的。因此应当补充说明为什么我们不相信这些诺言,为什么我们不应该信任政府。现政府的放弃帝国主义政策的诺言是完全不可信的。这里我们的方针不应当是指出我们要求政府公布条约。这种要求是幻想。要求资本家政府公布条约,就和要求资本家公开商业上的欺诈行为一模一样。既然我们谈到必须放弃兼并和赔款,那就应当指出怎样做到这一点;如果有人问我们谁能做到这一点,我们就告诉他,这实质上是一个革命的步骤,只有革命无产阶级才能迈出这一步。否则,这不过是资本家用来诱骗人民的空洞的诺言和愿望而已。

(报告人继续念决议草案。)

"现在俄国的一切民粹主义党派(人民社会党人、劳动派分子、社会革命党人)和机会主义的孟什维克社会民主党(组织委员会即齐赫泽、策列铁里等)以及大多数无党派革命者,几乎都醉心于所谓'革命护国主义',这种'革命护国主义',就其阶级意义来说,一方面代表着同资本家一样靠压迫弱小民族来攫取利润的小资产阶级,小业主和富裕农民的利益和观点,另一方面,它是资本家欺骗人民群众,不公布秘密条约而用许愿和花言巧语来敷衍搪塞的结果。

必须承认'革命护国派'的广大群众是真诚的,就是说,他们**的确**不愿意兼并、掠夺和压迫弱小民族,**的确**希望**各**交战国缔结一个民主的非强制的和约。这一点是必须承认的,因为城乡无产者和半无产者(即完全靠或部分靠出卖劳动力给资本家来维持生活的那些人)的阶级地位使这些阶级从资本家的利润中得不到好处。

因此,代表会议一方面认为,绝对不允许对'革命护国主义'作任何让步,让步在实际上意味着完全背弃国际主义和社会主义,另一方面又同时声明,只要俄国资本家和他们的临时政府还只是用暴力威胁人民(例如,古契柯夫颁发了一个臭名昭著的命令,威胁说要惩办擅自撤换长官的士兵),只要资本家还**没有**用暴力来对付自由组织起来的、可以自由地撤换和选举**一切**当权者的工人、士兵、农民和雇农等等代表苏维埃,我们党就要宣传不使用暴力,完全用同志的说服方法来反对'革命护国主义'的严重而致命的错误,也就是要说明这样一个真理:广大群众对和平与社会主义的死敌资本家的政府抱着不觉悟的轻信态度,这在目前的俄国是迅速结束战争的主要障碍。"

毫无疑义,小资产阶级中的一部分人是从资本家的这个政策中得到好处的,因此,无产阶级政党现在不能把希望寄托在同农民的利益的一致上。我们在努力把农民争取到我们方面来,但是,他们在一定的程度上还是自觉地站在资本家方面。

毫无疑问,无产阶级和半无产阶级作为阶级来说是不要战争的。他们受到传统和欺骗的影响,他们还没有政治经验。因此,我们的任务就是要进行长期的解释工作。我们决不能对他们作丝毫的原则性让步，但是我们不能像对待社会沙文主义者那样对待他们。居民中的这些人从来不是社会主义者，他们根本不懂什么是社会主义，他们刚刚觉醒过来参加政治生活。但是他们在异常迅速地提高觉悟，开阔眼界。必须善于对他们进行解释，这是一个最困难的任务，对于一个昨天还处于地下的党来说，就尤其困难。

有人会想，我们是不是抛弃了自己的主张，我们本来是宣传变帝国主义战争为国内战争的，现在却自食其言。但是要知道，俄国的第一次内战已经结束了，现在我们正转入第二次战争，即帝国主义和武装人民之间的战争，在这个过渡期间，只要武装力量还在士兵手中，只要米留可夫和古契柯夫还没有使用暴力，这种内战对我们来说就转化为和平的、长期的、耐心的阶级宣传。假如我们在人们还没有了解到内战的必要性时就提出内战，那我们一定会陷入布朗基主义。我们主张内战，但只能是由觉悟的阶级所进行的内战。只有人民知道谁是使用暴力的人，才能起来把他推翻。但现在根本没有人使用暴力，枪炮在士兵手中而不是在资本家手中，资本家目前不是靠暴力而是靠欺骗行事的，所以现在不能叫喊使用暴力，那样做是荒谬的。应当善于以马克思主义的观点来看问题，马克思主义指出，变帝国主义战争为国内战争必须根据客观条件，而不能根据主观条件。我们暂时不提这个口号，但也仅仅是暂时。现在武器在工人和士兵手中，而不是在资本家手中。只要政府还没有挑起战争，我们就要进行和平宣传。

对政府有利的是我们率先采取不慎重的行动步骤，这对他们是有利的。但是，我们党提出了和平示威游行的口号，因此他们非常恼恨。我们对现在采取观望态度的小资产阶级决不能作丝毫的原则性让步。对于无产阶级政党来说,最危险的错误莫过于在需要组织起来的时候把自己的策略建筑在主观愿望上。不能说我们已经获得多数的拥护;在这种情况下需要的是不信任、不信任、再一个不信任。把无产阶级的策略建筑在主观愿望上就等于把它毁掉。

第三点是关于怎样结束战争的问题。马克思主义者的观点是大家都知道的,但困难在于如何用最明白的方式把这个观点告诉群众。我们不是和平主义者,我们不能放弃革命战争。革命战争和资本主义战争有什么区别呢?首先是要看从战争中得益的是哪个阶级,这个阶级在战争中执行的是什么政策……　向群众讲话的时候,应当向他们作出具体的答复。这样,第一个问题就是:怎样把革命战争同资本主义战争区别开来?群众宣传员不理解这里有什么区别,不理解这里的区别就是指阶级的差别。我们不仅应当在理论上说明,而且应当在实践上表明:只有在无产阶级掌握政权的时候,我们才会进行真正革命的战争。我认为,这样提问题才能比较清楚地答复这是哪种战争、谁在进行战争的问题。

《真理报》登载了告各交战国士兵书的草稿①。我们得到消息,说前线在举行联欢,但联欢还是半自发的。联欢所缺乏的正是明确的政治思想。士兵们本能地感到应当从下面行动起来,他们的阶级本能——一种有革命情绪的人的阶级本能,使他们意识到这是唯一正确的道路。但对革命来说这是不够的。我们要在政治上作出明确的答复。为了使战争能够结束,必须使政权转到革命阶级手中。我想建议用代表会议的名义草拟一个告各交战国士兵

---

① 见本卷第 292—294 页。——编者注

书,并把这个号召书印成各国文字。如果我们不是跟着大家空谈和平会议(这种会议的一半参加者是帝国主义政府的秘密的或公开的代理人)而是去散发这个号召书,那么,我们很快就会达到目的,比召开各种各样的和平会议要快千百倍。我们不愿同德国的普列汉诺夫之流打交道。当我们乘火车路过德国的时候,这些社会沙文主义者先生即德国的普列汉诺夫之流硬要上我们的车厢,我们对他们说,你们这些社会党人谁也别进我们的车厢,要是进来了,我们不同你们大吵一场,是不会放你们走的。如果让卡尔·李卜克内西这样的人来找我们,那我们一定会同他谈谈。只要我们发出告各国劳动者书并在号召书中对怎样结束战争的问题作出答复,只要士兵们看到我们的答复指出了从政治上摆脱战争的出路,联欢就会大大前进一步。为了使联欢的举行不是出于本能地害怕战争,而是提高到从政治上明确地意识到怎样摆脱这场战争,这样做是必要的。

现在我来讲第三个问题,也就是根据国际工人运动的状况和国际资本主义的情况来估计目前形势。从马克思主义的观点来看,在各资本主义国家彼此联系得很紧密的时候,谈帝国主义而只谈一国的情况是荒谬的。现在,在战争期间,这种联系大大地增强了。全人类卷入一团血污之中,要想单独脱身是不可能的。尽管各国发展程度不同,但这场战争已经把它们紧紧地联系在一起,以至于任何一个国家要想单独脱身都是不可能的和荒谬的。

我们大家都同意,政权应当由工兵代表苏维埃来掌握。但是,一旦政权转到苏维埃手中,即由无产者和半无产者来掌握以后,苏维埃能够做什么和应当做什么呢?这是一个既复杂又困难的问题。既然这里说的是政权转移,那就存在着这样一种危险,即革命阶级拿到了国家政权而不知道怎样运用这一政权。这种危险在过去的革命中往往造成严重的后果。革命因此而失败的例子在革命史上是有的。现在工兵代表苏维埃已经遍布全俄国,成为目前整个革命的中心,但我觉得,我们对苏维埃的了解和研究是不够的。如果苏维埃取得政权,那就不是通常意义上的国家了。这样的国家政权,而且是能长久维持的政权,在世界上还从来没有过,但世界整个工人运动已在向它接近。这正是巴黎公社类型的国家。这种政权就是专政,就是说,它不是依靠法律,不是依靠形式上的多数人的意志,而是直接依靠暴力。暴力是政权的工具。苏维埃究竟怎样运用这种政权呢?是否要回到依仗警察来进行管理的老路,是否要借助旧的政权机关来进行管理呢?在我看来,苏维埃是不能这样做的,无论如何苏维埃面临的直接任务是建立一个非资产阶级的国家。我在布尔什维克内部曾经在如下意义上把这个国家比做巴黎公社:巴黎公社就是打碎旧的管理机关,并用崭新的、公开的、直接的工人机关来代替它。有人责备我不该在目前这个时候使用资本家最害怕的词,因为资本家会把这个词解释成想直接实施社会主义。但我使用它只是指用新的无产阶级的机关代替旧的机关。马克思说,这表示全世界无产阶级运动大大地前进了一步。① 关于无产阶级的社会任务问题,在我们看来具有巨大的实际意义,这一方面是因为我们现在是和其他各国联系在一起的,无法从中解脱出来——要么无产阶级整个解脱出来,要么全都被镇压下去。另一方面是因为工兵代表苏维埃已是事实。现在谁也不会怀疑,苏维埃已经遍布全俄国,成为一种政权,而且也不可能

---

① 见《马克思恩格斯文集》第 10 卷第 353—354 页。——编者注

有另外一种政权。既然这样,我们就应当清楚地知道,苏维埃会怎样运用这个政权。有人说,这种政权同法国、美国的政权一样,其实那里根本没有这样的政权,这种直接的政权在那里是不存在的。

关于目前形势的决议分成三部分。第一部分是说明帝国主义战争所造成的客观形势,即世界资本主义所处的状况;第二部分是说明国际无产阶级运动的情况;第三部分是说明俄国工人阶级掌握政权后的任务。在第一部分,我得出一个结论:资本主义在战争时期比战前更加发展了。资本主义已经把整个整个的生产部门抓在自己手中。早在1891年,即在27年前,当德国人通过爱尔福特纲领时,恩格斯就说过,不能像过去那样说资本主义就是无计划性。① 这种说法已经过时了,因为既然有了托拉斯,无计划性就不存在了。尤其是在20世纪,资本主义已经大大向前发展了,战争做了25年来没有做到的事情。工业国家化不仅在德国而且在英国也得到发展。一般垄断转变为国家垄断。客观情况表明,战争加速了资本主义的发展,从资本主义向帝国主义发展,从垄断向国家化发展。这一切使社会主义革命临近了,并为社会主义革命创造了客观条件。可见,战争的进程加速了社会主义革命的到来。

战前,英国是自由最多的一个国家,这是立宪民主党那类政治家经常提到的。过去在英国之所以有自由,是因为那里没有革命运动。战争一下子就改变了一切。一个数十年来没有侵犯过社会党报刊出版自由的国家,现在一下子采取了纯沙皇式的书报检查制度,所有的监狱都关满了社会党人。英国资本家在几个世纪里学会了不用暴力管理人民,现在他们使用了暴力,这就是说,他们

---

① 见《马克思恩格斯文集》第4卷第410页。——编者注

感到革命运动起来了,感到非这样做不可了。我们一直说,李卜克内西代表着群众,尽管他是一个人而反对他的是上百个德国的普列汉诺夫。可是有人却对我们说,这是空想,这是幻想。可是谁要是在国外参加过一次工人集会,他就会看到群众对李卜克内西表示同情是千真万确的事实。就连反对李卜克内西最厉害的敌人,也不得不在群众面前耍滑头;如果不假装拥护李卜克内西,谁怎么也不敢出来反对李卜克内西。现在的情况又进了一步。现在已经发生了群众性的罢工,前线在举行联欢。在这方面急于作出预言会犯极大的错误,但是,对国际的同情在日益增长,德国军队中开始出现革命风潮,这毕竟是事实,表明那里的革命在成熟起来。

现在,革命无产阶级的任务究竟是什么呢?在社会党人的各种议论中,主要的缺点,主要的错误就是把问题提得太笼统,只是说向社会主义过渡。其实,应当谈到具体的步骤和措施。有些具体的步骤和措施已经成熟,有些还没有成熟。我们正处在过渡的时候。我们明确地提出了工兵代表苏维埃这种和资产阶级的国家形式完全不同的形式,这种国家形式是任何一个国家现在和过去都没有的。这种形式标志着向社会主义过渡的最初步骤,这种形式是社会主义社会初期所不可避免的。这个事实具有决定性的意义。俄国革命创立了苏维埃。世界上所有的资产阶级国家都没有而且不可能有这种国家机构,所有的社会主义革命除了这种政权以外不可能运用任何其他的政权。工兵代表苏维埃取得政权不是为了建立通常的资产阶级共和国,或直接向社会主义过渡。这是不行的。但究竟是为了什么呢?苏维埃取得政权是为了实行向社会主义过渡的初步的和具体的步骤,这些步骤可以实现,而且应当实现。在这方面,主要的敌人是畏惧。应当向群众宣传:必须马上采取这些步骤，否则工兵代表苏维埃这种政权就毫无意义，就不会给人民带来任何好处。

我想来回答这样一个问题：我们能向人民提出哪些具体的步骤而又不违背我们的马克思主义信念。

为什么我们想使政权转到工兵代表苏维埃手中呢？

苏维埃应当实行的第一个措施就是土地国有化。目前各族人民都在谈论这个问题。有人说这种措施完全是空想，但是大家都赞成它，这是因为俄国的土地占有制十分混乱，不铲除一切地界，不把土地变为国家财产，就没有出路。必须废除土地私有制。这是一项摆在我们面前的任务，因为人民大多数是主张这样做的。为此我们就需要苏维埃。旧的国家官吏是不可能实行这种措施的。

第二个措施。我们不能主张"实施"社会主义，这是非常荒谬的。我们应当宣传社会主义。俄国大多数居民是农民、小业主，他们根本不会想到社会主义。但是，对于在每一个村里设立银行，使他们有可能改善经济——对于这样的事情他们有什么好反对呢？他们根本提不出反对意见。我们应当向农民宣传这些实际措施，使他们感到有采取这些措施的必要。

糖厂主的辛迪加则是另一回事，这是事实。在这个问题上，我们的建议应当是可以直接付诸实施的，因为这些已经成熟的辛迪加应当转归国家所有。如果说苏维埃想掌握政权，那仅仅是为了达到这样的目的。除此之外，苏维埃掌握政权没有其他目的。问题是这样摆着的：要么是苏维埃继续发展，要么是苏维埃像巴黎公社那样无声无息地死去。如果需要的是资产阶级共和国，那么立宪民主党人就能够把它建立起来。

　　最后,我要谈谈给我留下了极深刻印象的一次讲话。一个煤矿工人作了一次出色的讲话,他没有用一个书本上的字眼,讲了他们怎样进行革命。他们谈的问题不是要不要有个总统,他所关心的倒是这样一个问题:在他们占据矿井以后,必须保存好钢绳,以防生产中断。后来出现粮食问题,他们没有粮食,于是又商量好取得粮食的办法。这才是真正的革命纲领,而不是从书本上搬来的东西。这才是地方上的真正的夺取政权。

　　资产阶级无论在哪里都没有像在彼得格勒那样有组织,这里资本家掌握着政权。但在地方上,农民没有给自己提出任何社会主义计划,而是采取了完全切实的措施。我认为只有这个革命运动纲领才正确地指出了真正的革命道路。我们认为采取这些措施应当尽量小心谨慎,但是必须实行这些措施,必须只朝这个方向向前看,否则就没有出路。否则工兵代表苏维埃就会被驱散,就会无声无息地死去;而政权真正要由革命无产阶级掌握,那也只是为了前进。所谓前进,就是采取具体步骤,而不是光用空话来保证摆脱战争。只有在世界革命的条件下,当革命扑灭了战争,各国工人都起来支持革命的时候,这些步骤才能完全取得胜利,因此,取得政权是唯一的具体办法,唯一的出路。

(2)

报　道

　　列宁同志作了关于目前形势的报告。

　　报告人阐述了党在两个政权并存问题上的立场,指出阶级斗争形式随着客观条件而改变,指出由于武装的人民战胜了沙皇制度,并在未经官方准许的情况下实现了最充分的政治自由,所以除了通过对群众进行政治教育和社会主义启发教育的方式进行斗争之外,与无产阶级的阶级敌人进行其他方式的斗争是多余的,甚至是有害的(当然,这是在资本家本身不对大多数人使用暴力的情况下)。报告人接着分析了战争在我国和在西欧所造成的客观形势。

全人类都卷入一团血污之中,要想单独脱身是不可能的。交战国任何一方的士兵单方面拒绝继续作战是结束不了战争的。出路在于使政权从帝国主义资产阶级手中转到无产阶级以及阶级地位接近无产阶级的半无产者各阶层手中。

日益遍及整个俄国的工兵代表苏维埃,是一种新的特殊的国家政权组织,至少是处于萌芽状态的一种新的国家政权组织。这种组织与迄今为止存在过的一切组织有着本质的区别,它们对于设立资产阶级机关来说,对于建立拥有常备军、警察和官吏的资产阶级议会制共和国来说,无论如何是不适用的。

现在,政权直接掌握在有组织的武装起来的人民手中。强力工具由大多数人所支配。政府能维持下来,是因为这大多数人对它抱不觉悟的轻信态度。因此当前的任务是做启发工作,说明使政权转到革命阶级手中的必要性,把群众吸引到革命的社会民主党方面来。

工人、士兵、农民和雇农代表苏维埃一旦取得政权,它们就将采取一种与统治阶级完全不同的方式运用政权。必然会采取**由资本主义的发展准备好的**、**符合**大多数居民(在俄国,小资产阶级占绝对多数)利益的具体措施。

社会主义革命在西欧日益发展,在俄国则还没有**直接**提上日程,但是我们**已经**进入向社会主义革命**过渡**的状态。工兵等等代表苏维埃是社会主义革命必须运用的政权组织。这样的组织在西欧是根本没有的。

因此,加强苏维埃是我们的任务。因此,工人等等代表苏维埃的具体任务是:(1)土地国有化(使最主要的生产工具不再为私人所有)——这是**农民**的要求;(2)把私人银行合并成一个全国性的银行,把已经联合成辛迪加的生产部门收归国有;(3)实行普遍劳动义务制。

如果工人、士兵、农民和雇农代表苏维埃不执行这些任务,它们就一定会垮台。它们必将遭到与19世纪资产阶级革命所建立的那些机关同样的命运:不是干脆被解散或驱散,就是由于完成不了革命本身向它们提出的任务而自行瓦解(公社的例子)。道路只有两条:一条是前进,采取坚决的经济措施和政治措施;另一条是倒退,走向灭亡。第三条道路是没有的。

记录载于1921年《列宁全集》俄文第1版第14卷第2册

报道载于1917年4月25日(5月8日)《真理报》第40号

译自《列宁全集》俄文第5版第31卷第342—360页

3

关于目前形势的报告的总结发言

（4 月 24 日〔5 月 7 日〕）

　　加米涅夫同志巧妙地抓住了冒险主义这个话题。这一点需要谈一谈。加米涅夫同志深信并且断定,我们在反对"打倒临时政府"的口号时表现了动摇。我同意他的意见,偏离革命政策路线的动摇当然有过,而这些动摇是必须避免的。我想,我们和加米涅夫同志的分歧并不很大,因为他是在赞同我们的意见的情况下站到另一立场上去的。我们的冒险主义表现在什么地方呢? 那就是曾经企图使用暴力手段。我们不知道,在这一紧急关头群众是否明显倒向了我们这一边,如果群众明显倒向了我们这一边,那就是另一回事了。我们提出了和平示威游行的口号,而彼得堡委员会的某些同志却提出了另外的口号,我们取消了这个口号,但是阻止已经来不及了,群众已经跟着彼得堡委员会的口号走了。我们说,"打倒临时政府"是冒险主义的口号,现在还不能推翻政府,因此我们提出了和平示威游行的口号。我们只是想和平地试探一下敌人的力量,并不想投入战斗[151],而彼得堡委员会却做得稍左了一点,自然,在目前情况下这是极大的犯罪行为。实际表明组织机构并不健全,不是所有的人都执行我们的决定。在提出"工兵代表苏维埃万岁!"这个正确口号的同时,又提出了一个不正确的口号——

"打倒临时政府"。在行动的时刻,做得"稍左一点"是不适当的。我们认为这是极大的犯罪行为,是瓦解组织的行为。假如我们有意识地容许这样做,那就一分钟也不能待在中央。发生这种事情的原因是组织机构不完善。是的,我们的组织有缺点。改善组织的问题已经提出来了。

孟什维克及其同伙滥用"冒险主义"这个字眼,但实际上正是他们没有组织,也没有什么路线。我们有组织,也有路线。

在那个时候,资产阶级动员了全部力量,中间派躲起来了,而我们则组织了和平示威游行。只有我们才有政治路线。犯过错误没有?犯过。只有什么事也不做的人才不会犯错误。要组织得好,这是一件难事。

现在谈一谈监督。

除了监督问题,我们同加米涅夫同志是一致的。他认为监督是政治行动。但是他主观上对这个词的理解比齐赫泽等人清楚。我们是不会同意监督的。有人对我们说:你们把自己孤立起来了,你们老是令人可怕地谈论共产主义,把资产阶级都吓得晕过去了…… 就算是这样吧!…… 但是使我们孤立的并不是这个问题。使我们孤立的是公债问题,是这个问题使我们陷于孤立的。我们正是在这个问题上成了少数。是的,我们是少数。这又有什么关系!在沙文主义如此猖獗的时候,要当社会主义者就会是少数,要成为多数只有去当沙文主义者。现在,农民同米留可夫一起用公债来打击社会主义。农民跟着米留可夫和古契柯夫走。这是事实。农民的资产阶级民主专政,已是陈旧的公式。

要推动农民去革命,就必须把无产阶级区分出来,把无产阶级政党区分出来,因为农民有沙文主义情绪。要现在就把农夫争取过来，那等于乞求米留可夫开恩。

临时政府必须推翻，但不是现在，也不能用一般的办法。我们同意加米涅夫同志的意见。但是应当做解释工作。正是对这一点加米涅夫同志喋喋不休。然而，我们目前能够做的就只是进行解释。

李可夫同志说，社会主义应当从其他工业比较发达的国家产生。这是不对的。不能说谁来开始和谁来结束。这不是马克思主义，而是对马克思主义的拙劣的模仿。

马克思说过，法国开始，德国人完成。可是现在俄国无产阶级的成就比谁都大。

如果我们说"不要沙皇，而要无产阶级专政"，那就会跃过小资产阶级。但我们说的是要通过工兵代表苏维埃帮助革命。决不能陷入改良主义。我们进行斗争，不是要使自己失败，而是要成为胜利者，至少要取得部分的成功。即使我们失败了，我们也一定会取得部分的成功。那就是实行改良。改良是阶级斗争的辅助手段。

其次，李可夫同志说，在资本主义和社会主义之间没有过渡时期。这是不对的。这是背离马克思主义。

我们制定的路线是正确的，今后我们将采取一切措施来加强组织，使不听从中央的彼得堡委员会委员那样的人不再存在。我们正在成长，一个真正的党也理应如此。

载于1921年《列宁全集》俄文
第1版第14卷第2册

译自《列宁全集》俄文第5版
第31卷第361—363页

4

关于召开国际社会党
代表会议的方案的讲话¹⁵²

(4月25日〔5月8日〕)

(1)

记　　录

　　我不能同意诺根同志的意见。我认为我们所遇到的是一个非常重大的政治事实,它使我们有责任开展一个反对俄国和英法沙文主义者的强有力的运动,这些国家的沙文主义者没有接受这位伯格比尔关于参加代表会议的建议。不应当忘记这整个事件的实质和背景。我要给你们念一念在《工人报》上作了准确报道的伯格比尔的建议,并要指出,在这整出所谓社会党代表大会的滑稽剧背后,隐藏着德国帝国主义的最实际的政治步骤。德国资本家通过德国社会沙文主义者建议各国社会沙文主义者参加代表会议。因此,我们必须开展一个大规模的运动。

　　他们为什么要通过社会党人来干呢? 因为他们想欺骗工人群众。搞外交的先生们是很精明的,他们知道直截了当地谈这种事不行,必须暗中派出丹麦的普列汉诺夫。我们在国外见识过德国社会沙文主义者上百次,应当把他们的真面目揭露出来。

（报告人念 1917 年 5 月 8 日（4 月 25 日）《工人报》第 39 号上的一段话。）

"丹麦社会民主党中央机关报《社会民主党人报》编辑伯格比尔以三个斯堪的纳维亚国家（丹麦、挪威、瑞典）工人党联合委员会的名义通知工兵代表苏维埃执行委员会，邀请俄国各个社会党参加国际社会党代表会议。由于丹麦和德国是近邻，伯格比尔同志有可能与德国社会民主党人，主要是该党的'多数派'交换意见，他向到会者介绍了在德国正式的社会民主党看来有可能据以签订和约的条件，这些条件将由该党的代表带到代表会议上去。

条件如下：

首先他们声明，同意斯堪的纳维亚和荷兰的社会党人在 1915 年的代表会议上所通过的原则，即承认民族自决权、承认必须设立国际仲裁法庭和要求逐步裁军。然后，他们又以自己的名义补充了德国社会民主党将要坚持的几点：

（1）德国及其盟国所占领的土地应全部归还；

（2）俄属波兰应获得宣布独立或并入俄国的完全自由；

（3）使比利时重新成为完全独立的国家；

（4）同样也必须使塞尔维亚、门的内哥罗和罗马尼亚重新成为独立的国家；

（5）保加利亚取得马其顿的保加利亚区，塞尔维亚获得通向亚得里亚海的自由出口。

关于阿尔萨斯—洛林，可以考虑以和平协商的方式修改洛林的疆界；关于波兹南的波兰人，德国人将尽量使他们获得民族文化自治权。"

毫无疑问，这是德国政府的建议，德国政府没有直接采取这些步骤，它需要丹麦的普列汉诺夫之流出来效劳，因为本国的代理人不便办这件事。世上所以有社会沙文主义者就是为了给人这样效劳。我们的任务就是要以出席这次代表会议的无产阶级政党的 7 万名工人的名义，向全世界揭露他们所隐瞒的内幕。必须发表一份详尽的决议，译成各国文字，作出应有的答复，使这些先生不敢再来纠缠社会党。（报告人念决议草案。）

今天早晨所有社会党的报纸都沉默不语。他们清清楚楚地知道问题的实质在哪里。他们知道,闭口是金。只有《工人报》登了一篇不作任何评论的文章:一方面不能不承认,另一方面也必须承认……153

俄国政府可以比谁都不怀疑这一点:这确实是德国政府的代理人。

假如有人老是向我们叫喊解放阿尔萨斯—洛林,那就应当提醒这些先生们,这不过是一个钱袋问题,因为阿尔萨斯—洛林有极丰富的资源,德国资本家和法国资本家打仗就是为了都要夺取更多的东西。当普列汉诺夫之流说解放阿尔萨斯—洛林是神圣的事业时,这对德国和法国资本家是有利的。因此,应当把德国社会沙文主义者所谓和平修改阿尔萨斯—洛林疆界读做:法国帝国主义者和德国帝国主义者实行和平分赃。

我还应当补充一点,我忘了指出德国"中派"代表(考茨基、哈阿兹、累德堡)赞成这次会议的事实。这个事实对他们来说是极为可耻的。英国和法国的社会党人不赞成这次会议,这表明那些似乎是社会党人的英法沙文主义者实际上是资产阶级的代理人,因为他们促使帝国主义战争继续打下去,而不顾德国社会党多数派通过伯格比尔所作的巨大努力;因为,毫无疑问,德国政府是通过伯格比尔说:现在的情况是我必须把你们的赃物(德国在非洲的殖民地)还给你们。证明这一点的是,德国的情况万分危急,继续作战毫无指望,国家处于毁灭的前夜。这就是为什么他们说他们愿意交出几乎是全部赃物的原因。因为他们还想借此捞到一点东西。外交家们尽情地交换了意见,而资产阶级报纸在谈到外交事务时则用空话来愚弄人民。

毫无疑问,英国和法国的社会沙文主义者说他们不赞成这次会议,那是因为他们已经了解到全部情况,他们曾到自己的外交部去过,那里有人对他们说:内幕如此如此,我们不希望你们到那里去。事情就是这样,也只能是这样。

我们可以看到,只要俄国士兵得到这个决议(我觉得这个决议应当以我们党的7万名党员的名义发出),他们就会真正明白对他们隐瞒起来的事情的全部真相。他们就会明白,德国已经不能继续进行侵略战争,问题仅仅是要扼杀德国,把德国抢光。决不能否认伯格比尔是德国政府的代理人。

同志们,这就是我认为我们必须揭穿社会党代表大会这出滑稽剧的原因。所有这些代表大会都不过是掩盖外交家们背着人民群众互相勾结的滑稽剧。应当把真情实况一下子统统说出来,让各国前线士兵和各国工人都知道。我们因这样的建议而开展的运动,一方面是为了解释我们无产阶级的路线,另一方面则是为了要造成空前未有的群众性的发动。所以,我请你们尽可能地通过这个宣言,把它送交执行委员会,并译成各国文字,明天把它刊登在《真理报》上。[154]

(2)

另一份记录

我不同意前一位发言人的意见。

通过伯格比尔的建议,我们看到一个非常重要的政治事实,这个事实使我们有责任揭露社会沙文主义者,开展一个政治运动。英法的"社会党人"拒绝了伯格比尔的建议。英法的普列汉诺夫之流不同意参加这次代表会议。伯格比尔的建议是一出滑稽剧。德国社会沙文主义者通过伯格比尔提出自己的媾和条件。他们通过一个社会党人做这件事，这样就好掩盖他们的社会沙文主义的阴谋。必须揭穿这一点，以打消他们求助于社会党的任何念头。

丝毫不容怀疑，这是德国政府的建议，它通过本国的社会沙文主义者进行活动。是德国政府在策划这次代表大会……　它自己不能公开去做这件事，因此通过本国的普列汉诺夫之流去做。德国政府采取这个外交步骤来推卸自己的责任，同时又通过这些人来宣扬自己的隐蔽的意图。我给你们念一念一家国外报纸关于伯格比尔的报道："德国皇帝希望通过丹麦的社会沙文主义者召开对自己有利的和平会议。"很显然，伯格比尔的建议完全是招摇撞骗。下面是一篇《工人报》的报道。(报告人念1917年4月25日《工人报》的报道。)可见这无疑是德国政府的建议。这些勾当就是这样策划出来的。我们的任务是要向全世界揭穿这一内幕，就是说，要作出详细的决议，把它译成几国文字，并且刊登在各种报纸上。我提出一个决议草案。

耐人寻味的是资本家的报纸保持外交式的沉默。这些报纸知道一条处世之道：开口为银，闭口是金。资产阶级报纸知道问题的实质在哪里。《工人报》之类的报纸感到不知所措。只有《统一报》说，伯格比尔是德国政府的代理人。但是《统一报》马上又指出，无论是英法的社会沙文主义者，还是俄国的普列汉诺夫之流都决不参加这次会议，因而它也就揭露了英、法、俄三国政府，这些政府知道德国的实际困难处境，所以想靠德国来满足自己的胃口。我们应该揭穿这出化装演出的滑稽剧。应该讲明事情的来龙去脉：贝特曼-霍尔韦格晋谒威廉，威廉召见谢德曼，谢德曼前往丹麦，结果是伯格比尔带着媾和条件来到俄国。（报告人念决议。）

特里尔是丹麦的马克思主义者。丹麦是一个小资产阶级国家。它的资产阶级发了战争财，仇恨工人。丹麦社会民主党多数派的领袖，属于欧洲极端机会主义的领袖之列，他们的言行明显地表明，他们是货真价实的社会沙文主义者。我们应当办事公道，像评价普列汉诺夫那样来评价伯格比尔。假如有人老是向我们高喊关于阿尔萨斯—洛林的漂亮话，那就应当记住，这和钱袋大有关系。实际上这里的问题涉及一些资源非常丰富的矿山。这是一件有利可图的事情，是德国资本家和法国资本家之间的一次和平分赃。丹麦的国际主义者拒绝参与这次交易。我忘了指出，考茨基派同意参加这次会议，这是应当加以揭露的。通过伯格比尔提出建议，这说明，德国资本家在讨价还价，因为他们已经无法保住赃物。德国已经陷入绝境，濒于灭亡。而德国资本家现在却还希望保住一小部分赃物。外交家相互有着密切的联系，他们对一切都很清楚，都很了解。他们就是不把这些情况告诉人民。英法沙文主义者不同意参加这次会议，因为他们对真实情况知道得一清二楚。他们去当部长不是没有原因的。现在的问题是要扼杀和掠夺德国，因为德国已经不能长久地执行侵略政策了。伯格比尔是德国帝国主义的代理人。只要士兵得到这个决议，他们就会明白，现在的问题是要扼杀德国。这些代表大会都是社会沙文主义外交家们合演的滑稽剧。这里在开代表大会，而隔壁屋子里却在瓜分阿尔萨斯—洛林。应当把这些代表大会的真情实况一下子统统说出来，让人民看清楚。如果我们通过这一宣言，把它刊登出来，译成各国文字，并在工人和士兵中散发，他们就会明白事实真相。这场运动将是一场名副其实的运动，将是对无产阶级路线的说明。

（3）

报　　道

　　列宁同志说,出席代表会议的邀请是向俄国各社会党发出的,自然我党也在被邀请之列,我们不能对这个国际性事件保持沉默。各交战国的社会沙文主义者都是作为本国政府和本国统治阶级的非官方代表出现的。

　　德国政府在国内局势动荡的压力下,准备放弃**一部分**它所兼并的土地,而伯格比尔就是它的外交代表。他(斯陶宁格的政党的代表。斯陶宁格参加资产阶级内阁以后,以特里尔同志为首的马克思主义派退出了这个党)无论和德国工人或斯堪的纳维亚国家的工人都没有任何共同之处。社会爱国主义多数派的代表会议,是德国统治集团试图与另一方强盗达成协议的好机会。

　　社会爱国主义者参加了诺根同志称之为无耻的战争,现在他们又想参与无耻地结束这场战争的活动。另一方面,缔结三国协约的帝国主义者拒绝这个建议,清楚地暴露了他们的掠夺意图。革命的社会民主党为了本身的利益,应当利用这件事揭露双方的欺骗。一个有7万多工人参加的政党,应当警告各国工人国际主义者不要受骗。

记录载于 1921 年《列宁全集》俄文第 1 版第 14 卷第 2 册

另一份记录载于 1958 年《俄国社会民主工党(布)第七次全国代表会议(四月代表会议)。俄国社会民主工党(布)彼得格勒市代表会议。1917 年 4 月。记录》一书

报道载于 1917 年 4 月 26 日(5 月 9 日)《真理报》第 41 号

译自《列宁全集》俄文第 5 版第 31 卷第 364—371 页

5

关于伯格比尔的建议的决议

（4 月 25 日〔5 月 8 日〕）

鉴于丹麦"社会党人"伯格比尔已经到来，以及他建议参加社会党人代表大会，以支持德国谢德曼和普列汉诺夫一派的社会党人提出的、以德国放弃它所兼并的大部分土地为条件的和约，代表会议决定：

伯格比尔是以三个斯堪的纳维亚国家即瑞典、丹麦、挪威的党的名义出面的。这里面委托他的是以布兰亭为首的瑞典党，布兰亭是一个已经转到"本国"资产阶级方面、背叛了各国工人革命联盟的社会党人。我们不能承认这个瑞典党是社会主义政党。我们认为只有以霍格伦、林德哈根、斯特勒姆、卡尔松等人为首的青年党才是瑞典的社会主义政党。

同样，我们认为那个委托伯格比尔的丹麦党也不是社会主义政党，因为领导该党的斯陶宁格是资产阶级内阁的成员。斯陶宁格参加资产阶级内阁，曾经引起特里尔同志那一派的抗议和退党，他们声明，丹麦社会党已经变成资产阶级政党。

伯格比尔本人承认，他的活动是得到谢德曼和其他德国社会党人同意的，而谢德曼等人已经转到德国政府和德国资产阶级方面去了。

因此,毫无疑问,伯格比尔实际上是德国帝国主义政府的直接的或间接的代理人。

由于这种原因,代表会议认为,我党参加有伯格比尔和谢德曼参加的代表会议在原则上是不许可的,因为我们的任务不是联合各帝国主义政府的直接的或间接的代理人,而是联合在战时就已经同本国帝国主义政府进行革命斗争的各国工人。

只有同这样的党派会谈和接近,才能真正促进和约的签订。

我们提醒工人们不要相信伯格比尔所筹备的代表会议,因为这个所谓社会党人代表会议,实际上将是一出掩盖外交家的幕后勾结的滑稽剧,他们用一些被兼并的土地交换另一些被兼并的土地,例如,把亚美尼亚"送给"俄国资本家,把英国所掠夺的德国殖民地"送给"英国,交换的条件也许是把洛林一部分蕴藏着极其丰富的优质铁矿的矿山"让给"德国资本家,等等。

社会党人不背叛无产阶级事业,就不能直接或间接地参与各国资本家为了分赃而进行的这种肮脏而自私的交易。

同时,代表会议认为,就是根据伯格比尔的话来看,德国资本家也无意放弃它所兼并的全部土地,更不用说立即从他们所强占的地区撤退军队了。因为德国所占领的丹麦的一些地方、波兰的几个地区、法国阿尔萨斯的一部分,都是德国资本家所兼并的土地,正如库尔兰、芬兰、波兰、乌克兰等地是俄国历代沙皇和俄国资本家所兼并的土地一样。

至于恢复波兰的独立,那既是德奥资本家的骗人的把戏,又是高喊所谓波俄"自由"军事同盟的俄国临时政府的骗人的把戏。因为要真正判明所有被兼并地区的人民的意志,就必须撤退军队,自由地征询民意。只有在整个波兰(即不仅在俄国占领区,而且在德奥占领区)和整个亚美尼亚以及其他地区采取这种措施,才能使政府的诺言成为事实。

其次,代表会议确认如下事实:转到本国资本家政府方面去的英法社会党人已经拒绝参加伯格比尔所筹备的代表会议。这个事实清楚地表明,英法帝国主义资产阶级(他们的代理人就是这些所谓社会党人)**想继续进行,想拖延这场**帝国主义战争,他们甚至不愿讨论德国帝国主义资产阶级在德国日益加深的贫困、饥饿、经济破坏和日益逼近的工人革命(这是主要的)的影响下,不得不通过伯格比尔答应让步的问题。

代表会议决定将所有这些事实公之于众,尤其要尽可能详细地把情况告诉前线的俄国士兵;让俄国士兵知道,英法资本家和追随他们的俄国资本家**正在拖延战争**,甚至不想让人就媾和条件进行商谈。

让俄国士兵知道,"把战争进行到胜利"的口号现在所掩盖的是,英国想巩固它在巴格达和在非洲德国殖民地的统治地位,俄国资本家想掠夺和扼杀亚美尼亚和波斯等地,以及有人想完全粉碎德国。

让前线的俄国士兵在每个部队、每个团队和连队里进行表决,看他们是希望资本家拖延战争,还是希望国家政权完完全全转到工兵代表苏维埃手中,以便迅速结束战争。

俄国无产阶级政党只同那些在本国进行革命斗争、争取全部国家政权转到无产阶级手中的各国工人政党举行会谈和结成兄弟联盟。

载于1917年4月26日(5月9日)　　　译自《列宁全集》俄文第5版
《真理报》第41号　　　　　　　　　　第31卷第372—375页

6

对如何讨论维·巴·诺根的《对工兵代表苏维埃的态度》这一报告的建议

（4月25日〔5月8日〕）

建议发言人围绕制定全党行动纲领的一些问题发言。这些问题是：(1)民兵，(2)工作日，(3)工资，(4)生产的增加和缩减，(5)行政机关有否变动？由哪些人以及如何组成的？(6)单一政权还是两个政权并存，(7)使革命情绪低落的因素，(8)解除资产阶级的武装，(9)粮食，(10)……①

补充：(1)苏维埃是否变为工兵农代表苏维埃，(2)在有全国苏维埃的情况下，苏维埃的作用。

载于1934年《俄国社会民主工党(布)第七次全国代表会议(四月代表会议)和彼得格勒市代表会议(1917年4月)》一书

译自《列宁全集》俄文第5版第31卷第376页

---

① 记录上有遗漏。——俄文版编者注

7

关于对工兵代表苏维埃的态度的讲话

（4月25日〔5月8日〕）

（1）

记　　录

同志们提供的关于苏维埃活动的材料，虽然并不完整，但非常有意思。也许这是代表会议所提供的材料中最重要的材料，它使我们有可能以生活的实际进程来检验我们的口号。材料中所谈到的情况使我们得出乐观的结论。运动是从中心城市开始的，起初那里的无产阶级把全部精力用于斗争。大量的精力消耗在与沙皇制度作斗争上了。通过这一斗争，在彼得格勒推翻了国家的中央政权。一项伟大的事业实现了。但如果说这导致资产阶级夺得了政权，那也不能由此得出悲观的结论，不能认为没有夺得政权是工人的过错。如果以为群众通过几天的斗争就能把政权夺到手中，那是一种空想。在资产阶级为接管政权作好充分准备的情况下，这是不可能办到的。

革命正在从中央转向地方。这种情况在法国也发生过——革命逐渐成为地方自治革命。地方上的运动表明，那里大多数人拥护农民，拥护工人，那里很少是由资产阶级领导，那里群众没有惊慌失措。我们收集的材料愈多，就愈能使我们看到，居民中无产阶级成分愈多,中间分子愈少,地方上的革命就发展得愈好。喀山的同志们已经直接面临着社会主义革命的任务了。我们看到,在那些无产阶级组织极弱小的地方,实际需要已经给无产阶级规定了完全正确的任务。如果没有诸如统计之类的基本要素,无产阶级革命就不可能实现。为了实现无产阶级革命,必须使工程师、技师等等处于革命无产阶级的实际监督之下。地方上的革命进展顺利。在革命中,无政府状态的危险性随时可能存在。我们这里无政府状态不……①

资产阶级革命毫不顾及生产,而这里工人却关心生产。工人希望生产不要缩减。地方上的革命已经迅猛发展。各地的报告表明,阶级矛盾愈尖锐,革命就愈能正确地向前发展,无产阶级专政也就愈能可靠地得到实现。无产阶级专政正在一些小的地方得到实现,中心城市却成了对革命发展最不适宜的地方。

任何悲观情绪都是毫无根据的。在中心城市,同资产阶级的合作正在开始,这是事实。资产阶级力图凭借自己的组织把无产阶级变成奴仆,使工人成为资产阶级所做事情的临时参加者。如果以为俄国人民是从书本里吸取指导原则,那是可笑的。不,群众的生活经验来源于直接的实践……①　人民能够在群众运动中通过实践创造这种经验。人民自己开始收集群众的经验……①　在农民专政的条件下,政权已经在奔萨省建立起来了。奔萨代表把夺取了生产工具和土地的农民的决议给大家看了。马克思的话正在得到证实……①　革命纲领正在地方上实现,——为的是得到粮食……①为的是让他们自己去建立联系。这场革命造就着有

---

① 记录上有遗漏。——俄文版编者注

实践经验的人们。只有在各地实践经验的推动下,革命才能发展。在农民占绝大多数的整个俄国,革命的进程大大地鼓舞着我们。

由于在中央没有足够力量把生产掌握到自己手中,这项工作在外省进行,那里容易成功。在外省进行着地方自治革命,这一革命推动着中央;中央在收集它的经验。

一位煤矿工人同志说,当……①他们的首要任务是去取得粮食……　如果认为这个经验是无用的,那是错误的。没有这个经验,中心城市就无从取得进行新的革命的推动力。新的革命在发展。事变的进程,经济生活的破坏,饥荒——正是这些因素在推动着革命。由此产生了同资产阶级的支持者的斗争。事态正朝着资产阶级无法应付的破产的方向发展。我们在准备一支新的有千百万人参加的大军,它能够在苏维埃和立宪会议中显示自己的力量,——如何来显示,我们还不知道。在我们这里,在中央,力量不足。在外省占有绝对优势。正在迎头赶上和发展着的地方上的革命进程有利于我们。

人们没有向自己提出任何共产主义计划。革命阶级正在全国集结自己的力量,而我们的任务就是收集这一经验,并根据积聚的力量的大小采取步骤,不要为他们(民粹主义者、孟什维克)占这样的绝对多数而吓倒。

现在可以根据实际经验在决议中指出……①　在地方上,必须把生产掌握起来,否则破产是不可避免的。农民不会提供粮食。为了得到粮食,必须有革命措施,依靠千百万群众的支持,革命阶

---

① 记录上有遗漏。——俄文版编者注

级是能够实现这些措施的。

我向地方上的同志问过你们当地的生产情况。

在下诺夫哥罗德省,八小时工作制已经实行,生产有了增长。这是保证。不然就不能摆脱经济崩溃。为此需要进行大量的工作。我们正在脱离小资产阶级路线。实际生活证明我们是正确的。用小资产阶级民主派的办法解决不了危机,因为这些办法还不是革命措施。(盛加略夫、米留可夫。)总的革命进程表明,事业在前进。

我们同小资产阶级的区别不在于他们说要"谨慎",而我们说要"迅速";我们说要"更加谨慎"。毫不留情地反对玩国家游戏……①　与其早些,不如迟些,——中央也会取得胜利。(掌声)

(2)

报　道

列宁同志指出,法国革命经历了地方自治革命的时期,它是在成为革命支柱的地方自治机关中巩固起来的。在俄国革命中,中心城市表现了某些官僚主义,而外省的各个地方则比较充分地行使了苏维埃所掌握的权力。两个首都的苏维埃在政治上都比省苏维埃更加依赖资产阶级中央政权。在中心城市,支配生产不是那么容易,但是在外省,这个工作已经部分地实现了。由此可以得出结论说,要巩固各地的工兵农代表苏维埃。在这方面可能获得进

---

① 记录上有遗漏。——俄文版编者注

展,而首先是从外省开始。

记录载于1934年《俄国社会民主
工党(布)第七次全国代表会议
(四月代表会议)和彼得格勒市
代表会议(1917年4月)》一书

报道载于1917年4月27日(5月
10日)《真理报》第42号

译自《列宁全集》俄文第5版
第31卷第377—381页

8

关于苏维埃的决议的提纲草稿

（4月25—26日〔5月8—9日〕）

在许多地方的中心城市,特别是在工人集中的中心城市,苏维埃的作用显得特别大。单一的政权已建立起来;资产阶级完全被解除武装,完全处于服从的地位;工资提高了,在不降低生产的条件下工作日缩短了;粮食有了保证;开始对生产和分配进行监督;撤换了所有旧的当权者;农民在政权问题上(扫除所有旧的政权机关,产生新的政权机关)和土地问题上的革命主动性得到了鼓励。

在首都和某些大的中心城市,情况却截然相反:苏维埃的无产阶级成分比较少;在执行委员会中,小资产阶级分子的影响大得多,"同资产阶级的合作"——特别是在各个委员会中——也极其普遍,而资产阶级就是要阻止群众的革命主动性,使群众的革命运动和革命任务官僚主义化,对一切会"触犯"资本家的革命措施加以阻挠。

在首都最大限度地发挥出革命劲头之后(在那里,人民特别是工人为推翻沙皇制度作出了极大的牺牲;在那里,国家的中央政权已被推翻,非常集中的资本政权赋予了资本家以最大的权力),苏维埃政权(和无产阶级政权)显得力量很弱,把革命向前推进的任务特别艰巨,要使革命向新阶段过渡特别困难,资产阶级的反抗极其猛烈,这都是非常自然和不可避免的。

1917 年 4 月列宁《关于苏维埃的决议的提纲草稿》手稿第 1 页

（按原稿缩小）

因此,当两个首都和某些大的中心城市正把主要精力用来**准备**力量以便**完成**第二阶段的革命时,各地可以而且应当**直接**把革命向前推进,实现工人代表苏维埃的单一政权,发挥工农群众的革命劲头,对产品的生产和分配实行监督等等。

革命发展的进程是这样的:(1)在中央推翻旧政权;(2)由于无产阶级对**巨大的**全国性的任务准备得不够,政权被资产阶级夺去;(3)革命转向地方;(4)在地方上,特别是在无产阶级集中的中心城市,公社屡见不鲜,群众的革命劲头得到了发挥;(5)夺取土地等等;(6)工厂;对工厂实行监督;(7)建立单一政权;(8)各地的地方自治革命向前发展;(9)中央官僚化,听命于资产阶级。

结论:(α)**1**:在中央进行准备(准备力量进行新的革命);(β)**2**:在地方上把革命**向前推进**(政权? 土地? 工厂?);(γ)**3**:在各地建立公社,即(αα)实行完全的地方自治;自己做主;(ββ)没有警察,没有官吏,武装的工农群众掌握全部政权;(δ)**4**:同小资产阶级分子的官僚主义的影响和他们所起的资产阶级安抚人心的作用进行斗争;(ε)**5**:收集各地的经验,以便**推动**中央,因为"**地方**"正在作出**榜样**。

(ζ)**6**:向工农兵群众解释,单一政权和无产阶级专政是各地革命成功的原因。

(η)**7**:当然,中央**比较困难**,需要更多的时间。

+(ι)**8**:使革命在大城市的郊区和街区所建立的**各个公社**里开展起来……

(χ)**9**:变成"资产阶级的奴仆"(在两个首都等等)。

载于1925年《列宁文集》俄文版第4卷

译自《列宁全集》俄文第5版第31卷第382—386页

9

为维护关于战争的决议而发表的讲话

（4 月 27 日〔5 月 10 日〕）

（1）

记　　录

同志们，我在全市代表会议上宣读了关于战争的决议草案初稿。由于彼得格勒所有同志的注意力和精力都放在危机上了，我们没有能修改这个草案。但昨天和今天委员会的工作很有成绩，草案已经修改了，大大压缩了，我们认为比原来的好了。

我想谈谈这个决议的结构。这个决议分三部分。第一部分是对战争进行阶级分析，同时说明我们的根本态度，说明为什么党提醒人民千万不要相信政府的诺言，千万不要支持临时政府。决议的第二部分是关于革命护国主义的问题。革命护国主义是一种非常广泛的群众思潮，现在它使绝大多数人联合起来反对我们。问题在于如何规定这一革命护国主义的阶级意义，它的实质是什么，力量的实际对比怎样，我们应当如何同这种思潮作斗争。决议的第三部分是关于如何结束战争的问题。在这个对党非常重要的实际问题上，必须作出详细的回答，我们认为，我们已经对这个问题作出了令人满意的答复。从《真理报》的许多文章和外省报纸（外省报纸到达的时间非常不准,因为邮政不通,得碰机会才能给中央带些地方小报)所刊载的大量关于战争的文章中可以看出,对战争和公债问题是采取否定态度的。我认为,投票反对公债已经解决了对革命护国主义采取否定态度的问题。关于这个问题我不能详细地讲了。

"目前的战争,从两个交战国集团来说,都是帝国主义战争,就是说,是资本家为了分享统治世界的利益、为了争夺金融(银行)资本的市场、为了征服弱小民族等等而进行的战争。"

基本的和首要的一点就是战争的内容问题,战争的一般性质和政治性质问题,这是一个有争论的问题,资本家和社会沙文主义者都竭力避而不谈。因此,我们必须把这个问题提到首位并加以补充:

"战争每天都为金融资产阶级和工业资产阶级增加财富,使所有交战国以至中立国的无产阶级和农民贫弱。而在俄国,战争拖延下去还会给革命的成果和革命的进一步发展带来极大的危险。

俄国的国家政权转到临时政府手中,转到地主和资本家的政府手中,从俄国方面来说战争的这种性质和意义并没有改变而且也不可能改变。"

我刚才读的这段话对于我们整个宣传鼓动工作有很大的意义。战争的阶级性质现在是否已经改变和可能改变呢?我们作了回答,根据是:政权转到了地主和资本家手中,转到了就是策划这场战争的政府手中。下面我们来谈一件极清楚地表明战争性质的事实。一定的阶级在几十年内推行的全部政治所反映的阶级性质是一回事,战争的明显的阶级性质又是一回事。

"这一事实非常明显地表现在:新政府不仅没有公布沙皇尼古

拉二世同英法等国资本家政府签订的秘密条约,而且没有征询人民的意见就正式承认了这些允许俄国资本家掠夺中国、波斯、土耳其、奥地利等国的秘密条约。由于隐瞒这些条约,俄国人民就会在战争的真正性质问题上蒙受欺骗。"

总之,我再强调一下,我们提出了特别清楚地说明战争性质的证据。即使根本没有条约,战争的性质也丝毫不会改变,因为资本家集团往往不缔结任何条约也会达成协议。但是现在有条约,这些条约的意义又非常明显,我们认为,为了协调鼓动员和宣传员的工作,着重指出这一事实是十分必要的,因此我们决定把这一项特别提出来。人民很注意而且应当注意这一事实,尤其是因为我国的这些条约是被推翻了的沙皇缔结的。所以,应当使人民的注意力集中在这样一点上,即这场战争是各国政府根据旧政府所缔结的条约进行的。我认为,这里非常突出地暴露了资本家利益和人民意志之间的矛盾,而鼓动员的任务就在于揭示这些矛盾,使人民注意这些矛盾,在于启发群众的阶级意识,努力使他们觉醒。条约的内容毫无疑问是允许资本家靠掠夺其他国家而获得巨额利润,这些条约在所有的国家里向来是秘密的。世界上没有一个共和国执行对外政策是公开的。只要资本主义制度存在,就不要指望资本家会公开自己的账本。既然存在着生产资料私有制,也就存在着股票和金融业务的私有制。现在外交的主要基础就是金融业务,而金融业务归根到底就是掠夺和扼杀弱小民族。从我们的观点来看,评价战争所依据的一些基本原理就是如此。我们可以由此得出结论:

"因此,无产阶级政党如果不彻底背弃国际主义,就是说,不彻底破坏世界各国工人在反对资本压迫的斗争中形成的兄弟团结,就决不能支持目前的战争、目前的政府和它发行的公债。"

这是我们的主要的和基本的结论，它决定着我们的整个策略，并且把我们和所有其他政党（尽管他们自称为社会党）区别开来。这个对我们大家都是无可争辩的原理，预先就解决了我们对所有其他政党的态度问题。

其次，谈一谈我国政府大肆宣扬的诺言。围绕这些诺言苏维埃展开了长时间的宣传运动；苏维埃被这些诺言所迷惑，它正考验着人民。因此，我们认为，除了纯粹客观地分析阶级状况外，还必须评价这些诺言。当然，对于马克思主义者来说，这些诺言本身并没有什么意义。但是这对广大群众来说却有很大的意义，从政治上来说则意义更大。彼得格勒苏维埃被这些诺言迷惑住了，认为这些诺言很有分量，答应给以支持。因此我们对这一点要作如下的补充：

"现政府答应放弃兼并，即不再侵占别国或强迫任何民族留在俄国疆界以内，这是完全不可信的。"

"兼并"这个词是外来语，所以我们给它下一个确切的政治定义，这是立宪民主党和小资产阶级民主派（民粹主义者和孟什维克）的政党办不到的。没有比这个词用得更乱更含混不清的了。

"因为第一，同银行资本有千丝万缕联系的资本家，只要还没有放弃投入公债、租让企业和军工企业等等的数十亿资本的利润，他们就不会在这次战争中放弃兼并。第二，新政府为了欺骗人民而表示放弃兼并之后，却又于1917年4月9日通过米留可夫之口在莫斯科声明，它不会放弃兼并，新政府4月18日的照会和4月22日对照会的说明也证实了它的政策的侵略性质。

因此，为了提醒人民不要相信资本家的空洞诺言，代表会议声明必须严格区别口头上的放弃兼并和真正的放弃兼并，真正的放弃兼并，也就是立即公布并废除一切掠夺性的秘密条约，立即给予各民族以权利，让他们通过自由投票决定他们愿意成为独立国家还是愿意加入某个国家的问题。"

我们认为指出这一点是必要的，因为没有兼并的和约问题是历次讨论媾和条件时的一个主要问题。所有的党派都认为，媾和是唯一的抉择，而有兼并的和约对所有的国家都是空前的灾难。在有政治自由的国家里，向人民提和平问题只能提没有兼并的和约问题。因此只好拥护没有兼并的和约，只好用模糊兼并这个概念的办法来撒谎或者回避这个问题。例如，《言语报》喊道：归还库尔兰就是放弃兼并。我在工兵代表苏维埃讲话时，一个士兵递给我一张条子，他问道："我们应该战斗，把库尔兰夺回来。难道夺回库尔兰就是赞成兼并吗？"我自然作了肯定的答复。[①] 我们反对德国用暴力吞并库尔兰，但是也反对俄国用强力保住库尔兰。例如，我国政府发出了一个关于波兰独立的宣言，其中堆砌了许多空空洞洞的词句。他们写道：波兰应当同俄国结成自由军事同盟。真正的用意就在后面这六个字上。一个小小的波兰和一个巨大的俄国结成自由军事同盟，这实际上就是在军事上完全奴役波兰。在政治上，这种同盟可以赋予自由，反正这种自由的范围要受到军事同盟的制约。

假如我们进行斗争是为了让俄国资本家按照原来的疆界占有库尔兰和波兰，那就是说，德国资本家有权去掠夺库尔兰。他们会说：我们曾经一道掠夺波兰；在18世纪末我们开始瓜分波兰的时

---

① 见本卷第275页。——编者注

候,普鲁士是一个很弱很小的国家,而俄国是一个大国,因此俄国
掠夺得多些;现在我们强大一些了,就让我们多夺得一些吧。对于
资本家的这种逻辑根本无法反驳。1863 年日本同俄国比起来是
微不足道的,但 1905 年它却把俄国揍了一顿。在 1863 — 1873
年,德国同英国比起来也是微不足道的,但是现在它却比英国强
了。德国人会说:过去我们力量弱,你们从我们手中夺去了库尔
兰,现在我们比你们强大了,因此要把它夺回来。不放弃兼并就是
为侵略弱小民族的无休止的战争辩护。放弃兼并就是让每个民族
自由地决定,它是愿意单独生活还是愿意同其他民族生活在一起。
当然,为此就得撤兵。在兼并问题上有稍许动摇就是为无休止的
战争辩护。因此,在这方面,我们不允许有丝毫的动摇。关于兼并
问题,我们的回答是:各民族自由决定。要使这一政治自由也成为
经济自由,究竟应该怎么办呢? 要这样,就必须使政权转到无产阶
级手中,挣脱资本的枷锁。

　　现在来谈决议的第二部分。

　　"现在俄国的一切民粹主义党派(人民社会党人、劳动派分子、
社会革命党人)和机会主义的孟什维克社会民主党(组织委员会即
齐赫泽、策列铁里等)以及大多数无党派革命者,都醉心于所谓'革
命护国主义',这种革命护国主义,就其阶级意义来说,一方面代表
着同资本家一样靠压迫弱小民族来攫取利润的富裕农民和部分小
业主的利益和观点,另一方面,它是资本家欺骗部分城乡无产者和
半无产者的结果,城乡无产者和半无产者的阶级地位使这些阶级
从资本家的利润和帝国主义战争中得不到好处。"

　　可见,这方面我们的任务就在于判明哪些阶层可能滋生并且
已经滋生了护国主义情绪。俄国是一个最具有小资产阶级性的国

家,小资产阶级的上层可以从这场战争的继续进行中直接得到好处。富裕农民同资本家一样从战争中获得利润。另一方面,无产阶级和半无产阶级群众却从兼并中得不到好处,因为他们并不拿银行资本的利润。这些阶级怎么会采取革命护国主义立场呢? 这些阶级对革命护国主义采取这种态度是由于受了资本家思想的影响(就是决议中所说的"欺骗")。这些阶级不会区别资本家的利益和国家的利益。因此我们的结论是:

"代表会议认为,绝对不允许对革命护国主义作任何让步,让步在实际上意味着完全背弃国际主义和社会主义。至于广大人民群众的护国主义情绪,我们党将同这种情绪作斗争,即不断地说明这样一个真理:不觉悟地轻信资本家的政府是目前迅速结束战争的主要障碍之一。"

最后一句话表明俄国根本不同于西欧其他一切资本主义国家,不同于一切资本主义民主共和国的特点。因为在西欧,不能说不觉悟的群众的轻信态度是战争继续打下去的主要原因。那里的群众现在已被军事纪律的铁钳夹住了,共和国愈民主,纪律就愈严格,因为在共和国里,法是以"人民的意志"为依据的。在俄国,由于革命,这种纪律是没有的。群众自由地选举苏维埃代表,这种现象是现在世界上任何地方都看不到的。但群众抱着不觉悟的轻信态度,所以在斗争中被别人利用。在这种情况下,除了进行解释没有别的办法。在解释时,必须提到直接的革命任务和行动方法。在群众享有自由的时候,企图不向群众解释而以少数人的名义行事,这是荒谬的布朗基主义,纯属冒险举动。只有争取群众(如果能争取的话),我们才能为无产阶级阶级斗争的胜利奠定巩固的基础。

现在来谈决议的第三部分:

"怎样才能尽快结束,不是以强制的和约而是以真正民主的和约结束这场由资本家挑起的战争,是一个最重要的问题,对于这个问题,代表会议确认:

仅仅是一方的士兵拒绝继续作战,交战的一方简单地停止军事行动,是不能结束这场战争的。"

有人经常硬说我们想用这种办法结束战争,他们想用歪曲对方的观点的办法轻易取胜,这是资本家的惯技,他们总是硬说我们荒谬地想用单方面拒绝作战来结束战争。他们反驳说:"把刺刀往地上一插是不能结束战争的。"这是一个士兵说的话,他是一个典型的革命护国主义者。我说这不是反驳。这是无政府主义思想,即以为不更换执政阶级就能结束战争;这是一种没有意义的、没有国家观念的无政府主义思想,或者是一种模糊的和平主义思想,这种思想完全不理解政治和压迫阶级之间的联系。战争是祸害,和平是幸福…… 当然,应当向群众解释这种思想,使群众都理解。一般说来,我们所有的决议都是为领导人员、为马克思主义者写的,根本不适合群众阅读,但它们应当为每一个宣传员和鼓动员提供一个解释全部政策的统一的指导原则。因此又补充了一段:

"代表会议再一次抗议资本家对我党进行的无耻诽谤,他们说我们赞同和德国单独媾和。我们认为德国资本家同俄、英、法等国的资本家一样是强盗,而德皇威廉同尼古拉二世以及英、意、罗等国的君主一样是戴王冠的强盗。"

委员会在这一点上发生了一些争论,有人认为我们的这一段话过于通俗,另一些人则认为在这里不值得提到英、意、罗等国的君主。但是,在详细地讨论以后,大家一致认为,当前,我们的目的是驳斥报纸对我们的诬蔑。《交易所小报》的诬蔑大多是粗暴的,

《言语报》比较含蓄,而《统一报》则含沙射影。在这种问题上应当着眼于最广大的群众而对这些诬蔑进行极其鲜明极其尖锐的批判。有人对我们说,既然你们认为威廉是强盗,就帮助我们把他推翻吧,我们可以回答说,所有其他的君主也是强盗,同他们也应当进行斗争,因此不应当忘记意大利和罗马尼亚的国王,同时在我们的盟国中也可以找到这样的人。这两段的内容是驳斥那些要把事情弄糟和引起争吵的诬蔑。因此,下面我们必须谈一谈如何结束这场战争这个重大的实际问题。

"我们党将耐心地坚持不懈地向人民说明这样一个真理:战争是由**政府**进行的,战争总是同一定**阶级**的政治有不可分割的联系,**只有**使至少几个交战国的全部国家政权转到真正能够消灭资本压迫的无产者和半无产者阶级手里,才能用民主的和约结束这场战争。"

战争是各国资本家进行的,它和资本家的阶级利益相联系,对于马克思主义者来说,这些真理是绝对真理。马克思主义者在这一点上不需要什么解释。但是对广大群众来说,一切有能力的宣传员和鼓动员应该善于不用外来语而把这一真理解释清楚,因为在我们这里,争论往往会变成无谓的对骂。我们在决议的各个部分中都谈到这一点。我们说:要了解战争,就必须问一问战争对谁有利;要懂得用什么方法结束战争,就必须问一问战争对哪些阶级不利。这里的关系是很清楚的,并且由此得出了下面的结论:

"革命阶级在俄国掌握国家政权之后,会采取一系列措施摧毁资本家的经济统治,并采取一些措施使他们在政治上完全不能为害,并会立即公开向各国人民建议,在完全放弃任何兼并的基础上缔结民主的和约。"

既然我们代表革命阶级说话,那么人民就有权问:如果你们处在他们的地位,你们将怎样结束战争呢? 这样的问题是必然会提出来的。现在人民选举我们当他们的代表,我们一定要给予十分确切的答复。革命阶级掌握政权后,首先要摧毁资本家的统治,然后向各国人民提出确切的媾和条件,因为不摧毁资本家的经济统治,一切就只会是一纸空文。只有胜利的阶级才能做到这一点,才能使政治改变过来。

我再说一遍:需要向觉悟不高的人民群众由浅入深地解释这一真理,使那些缺乏认识的人了解问题的实质。目前有关战争的通俗读物的全部错误和虚伪就在于它们回避这个问题,对此保持沉默,把事情描绘成似乎阶级斗争并不存在,似乎两个国家本来是友好相处的,后来一个国家攻击了另一个国家,另一个国家就起来自卫。这是一种丝毫不客观的庸俗议论,是有教养的人对人民的有意识的欺骗。如果我们善于处理这个问题,那么,人民中的任何一员都会抓住实质,因为统治阶级的利益是一回事,被压迫阶级的利益又是一回事。

如果革命阶级取得政权,那会怎样呢?

"这些措施和这个公开的和平建议,会使各交战国的工人彼此完全信任……"

现在不可能有这种信任,我们靠宣言建立不起这种信任。一个思想家说过,人有舌头是为了隐瞒自己的思想,外交家则常说:"召开会议是为了欺骗人民群众。"不仅资本家而且社会党人也在这样议论。伯格比尔所要召开的代表会议更可以说是抱着这种目的的。

"……必然会使无产阶级举行起义反对那些拒绝接受所建议的和约的帝国主义政府。"

现在资本家政府说:"我们拥护没有兼并的和约。"这是谁也不会相信的。人民群众具有被压迫阶级的本能,这种本能告诉他们说,什么也没有改变。只有一个国家里的政策真正改变了,才会产生信任,才会有起义的尝试。我们这里所讲的"起义"指的是各国的起义。"革命已经在一个国家里发生,现在应该轮到德国了",这是一种荒谬的论调。有人企图规定一个顺序,但这样做是不行的。我们大家都经历过1905年革命,我们大家都听说过或者看到过,这次革命曾引起全世界革命思潮的高涨。马克思一向都是这么说的。革命既不能制造,也不能规定顺序。革命不能预订,——革命是发展起来的。现在俄国经常有人采用这种十足的江湖骗术。他们对人民说:瞧,你们在俄国已经完成了革命,现在该轮到德国人了。如果客观条件改变,起义是不可避免的。但是按怎样的顺序,在什么时候,会得到什么成果,这些我们是不得而知的。有人对我们说:如果俄国革命阶级掌握了政权,而在其他国家里没有起义,那时革命政党做什么呢? 那时怎么办呢? 我们的决议的最后一段对这个问题作了回答。

"在俄国的革命阶级还没有掌握全部国家政权的时候,我们党将全力支持在战争期间事实上已向本国帝国主义政府和本国资产阶级进行革命斗争的各国无产阶级党派。"

这就是我们所能立即答应和应该做的一切。各国革命正在发展,但是在什么情况下发展的,发展到什么程度,谁也不知道。在所有的国家里都有人在进行反对本国政府的革命斗争。我们应当支持的是这些人,而且只能是这些人。这就是我们所要做的,其他一切都是假话。接着我们说:

"党尤其会支持已经在前线开始的各交战国士兵的群众性联

欢……"

这是针对普列汉诺夫的反对意见写的,普列汉诺夫说:"这会得到什么结果呢? 好,就算举行了联欢,以后又怎样呢? 这就是说,可能在前线单独媾和。"这是要花招,不是严肃的论证。我们希望各条战线都举行联欢,我们关心的是这一点。当我们在瑞士工作时,我们用两种文字刊印了呼吁书,一面是法文,一面是德文,我们号召走我们现在引导俄国士兵走的道路。我们并没有把联欢局限于俄德两国之间,我们号召所有的国家举行联欢。现在究竟应当怎样理解联欢呢?

"……争取把被压迫者这种自发表现出来的团结变为自觉的和尽可能有组织的运动,使所有交战国的全部国家政权都转到革命无产阶级手中。"

现在,联欢是自发的,在这一点上我们不应当欺骗自己。必须承认这一点,以免人民误解。现在参加联欢的士兵没有明确的政治思想。这是出于被压迫者的本能,他们厌倦了,受苦受够了,不再相信资本家了,他们说:"你们在那里讲和平,我们已经听了两年半了,还是让我们自己来干吧。"这是真实的阶级本能。没有这种本能,革命事业是没有希望的。因为你们知道,如果工人自己不解放自己,谁也不会来解放他们。但是,只有这种本能是否够了呢? 只有这种本能还是成不了大事。因此必须把这种本能变成觉悟。

这种联欢应当变成什么呢? 我们在《告各交战国士兵书》中对这个问题作了答复,就是要使政权转到工兵代表苏维埃手中。[1]当然,德国工人会给自己的苏维埃取个别的名称,这是无关紧要

---

[1]　见本卷第292—294页。——编者注

的。实质在于：我们十分正确地认为，联欢是自发的，我们不是只鼓励联欢，我们的任务是要把身穿军装的各国工农的这种自发的接近变成自觉的运动，而这一运动的目的是使各交战国的政权转到革命无产阶级手中。这个任务是非常困难的，但是，人类在资本家统治下的处境本来就非常困难，而且正在把人类直接引向毁灭。因此，这种处境一定会引起愤怒的爆发，而这正是无产阶级革命的保证。

这就是我们的决议，请代表会议审议。

(2)
报　道

为了论证第一个决议，**列宁同志**作了报告，他指出，决议分以下三部分是必要的：第一部分是对战争的阶级分析；第二部分是剖析所谓"革命护国主义"；第三部分是回答如何结束战争的问题。决议的第一部分揭示了帝国主义战争的动力，指出这些动力与资本主义发展的一定阶段的联系，阐明各国统治阶级的兼并意图。第二部分评述一种独特的思潮。第三部分在驳斥关于"单独"媾和的荒谬诽谤的同时，指出结束战争的途径，指出为夺取政权而进行革命的阶级斗争的途径。

记录载于1921年《列宁全集》俄文第1版第14卷第2册

报道载于1917年4月29日(5月12日)《真理报》第44号

译自《列宁全集》俄文第5版第31卷第387—400页

10

在讨论关于战争的决议时
发表的反驳意见

(4 月 27 日〔5 月 10 日〕)

(1)

　　格尔曼提议把"机会主义的孟什维克社会民主党"改为"党的机会主义一翼",他这样提议的理由是:并非所有的孟什维克都是护国派,左翼是不同意护国主义观点的。

　　列宁反对这种修改,他说,我们说的是大多数,是整个孟什维克党,所以这一评语不必改动。

(2)

　　韦杰尔尼科夫提议删去下列人名:"齐赫泽、策列铁里等"⋯⋯　如果我们删去这些人名,决议丝毫不会走样。
　　奥弗相尼科夫⋯⋯提议去掉下列字样:齐赫泽,策列铁里,组织委员会。

　　列宁反对这两种修改意见。
　　如果不想同时保留人名和组织委员会,那么必须保留其中之一。

第一位同志建议保留组织委员会,删去人名。但是群众很熟悉组织委员会吗?为了向群众说明情况,写上策列铁里、齐赫泽这两个众所周知的名字不必要吗?

(3)

　　索柯里尼柯夫提议把"采取一些措施,使他们在政治上完全不能为害"一句中的"完全"二字删掉,因为只有摧毁资本家的经济统治后,才能使他们在政治上不能为害……

　　列宁反对删去"完全"二字,他建议这样写:"会采取一系列措施摧毁资本家的经济统治,并采取一些措施使他们在政治上完全……"

载于 1925 年《俄国社会民主工党 (布)彼得格勒市代表会议和全国 代表会议(1917 年 4 月)》一书

译自《列宁全集》俄文第 5 版 第 31 卷第 401—402 页

11

关于战争的决议[155]

（4 月 27 日〔5 月 10 日〕）

一

目前的战争，从两个交战国集团来说，都是帝国主义战争，就是说，是资本家为了分享统治世界的利益、为了争夺金融（银行）资本的市场、为了征服弱小民族等等而进行的战争。战争每天都为金融资产阶级和工业资产阶级增加财富，使所有交战国以至中立国的无产阶级和农民贫弱。而在俄国，战争拖延下去还会给革命的成果和革命的进一步发展带来极大的危险。

俄国的国家政权转到临时政府手中，转到地主和资本家的政府手中，从俄国方面来说战争的这种性质和意义并没有改变而且也不可能改变。

这一事实非常明显地表现在：新政府不仅没有公布沙皇尼古拉二世同英法等国资本家政府签订的秘密条约，而且没有征询人民的意见就正式承认了这些允许俄国资本家掠夺中国、波斯、土耳其、奥地利等国的秘密条约。由于隐瞒这些条约，俄国人民就会在战争的真正性质问题上蒙受欺骗。

因此,无产阶级政党如果不彻底背弃国际主义,就是说,不彻底破坏世界各国工人在反对资本压迫的斗争中形成的兄弟团结,就决不能支持目前的战争、目前的政府和它发行的公债。

现政府答应放弃兼并,即不再侵占别国或强迫任何民族留在俄国疆界以内,这是完全不可信的。因为第一,同银行资本有千丝万缕联系的资本家,只要还没有放弃投入公债、租让企业和军工企业等等的数十亿资本的利润,他们就不会在这次战争中放弃兼并。第二,新政府为了欺骗人民而表示放弃兼并之后,却又于1917年4月9日通过米留可夫之口在莫斯科声明,它不会放弃兼并,新政府4月18日的照会和4月22日对照会的说明也证实了它的政策的侵略性质。因此,为了提醒人民不要相信资本家的空洞诺言,代表会议声明必须严格区别口头上的放弃兼并和真正的放弃兼并,真正的放弃兼并,也就是立即公布并废除一切掠夺性的秘密条约,立即给予各民族以权利,让他们通过自由投票决定他们愿意成为独立国家还是愿意加入某个国家的问题。

二

现在俄国的一切民粹主义党派(人民社会党人、劳动派分子、社会革命党人)和机会主义的孟什维克社会民主党(组织委员会即齐赫泽、策列铁里等)以及大多数无党派革命者,都醉心于所谓"革命护国主义",这种革命护国主义,就其阶级意义来说,一方面代表着同资本家一样靠压迫弱小民族来攫取利润的富裕农民和部分小业主的利益和观点,另一方面,它是资本家欺骗部分城乡无产者和半无产者的结果,城乡无产者和半无产者的阶级地位使这些阶级从资本家的利润和帝国主义战争中得不到好处。

代表会议认为,绝对不允许对"革命护国主义"作任何让步,让步在实际上意味着完全背弃国际主义和社会主义。至于广大人民群众的护国主义情绪,我们党将同这种情绪作斗争,即不断地说明这样一个真理:不觉悟地轻信资本家的政府是目前迅速结束战争的主要障碍之一。

三

怎样才能尽快结束,不是以强制的和约而是以真正民主的和约结束这场由资本家挑起的战争,是一个最重要的问题,对于这个问题,代表会议确认:

仅仅是一方的士兵拒绝继续作战,交战的一方简单地停止军事行动,是不能结束这场战争的。

代表会议再一次抗议资本家对我党进行的无耻诽谤,他们说我们赞同和德国单独媾和。我们认为德国资本家同俄、英、法等国的资本家一样是强盗,而德皇威廉同尼古拉二世以及英、意、罗等国的君主一样是戴王冠的强盗。

我们党将耐心地坚持不懈地向人民说明这样一个真理:战争是由**政府**进行的,战争总是同一定**阶级**的政治有不可分割的联系,**只有**使至少几个交战国的全部国家政权转到真正能够消灭资本压迫的无产者和半无产者阶级手里,才能用民主的和约结束这场战争。

革命阶级在俄国掌握国家政权之后,会采取一系列措施摧毁资本家的经济统治,并采取一些措施使他们在政治上完全不能为害,并会立即公开向各国人民建议,在完全放弃任何兼并和赔款的基础上缔结民主的和约。这些措施和这个公开的和平建议,会使各交战国的工人彼此完全信任,必然会使无产阶级举行起义反对那些拒绝接受所建议的和约的帝国主义政府。

在俄国的革命阶级还没有掌握全部国家政权的时候,我们党将全力支持在战争期间事实上已向本国帝国主义政府和本国资产阶级进行革命斗争的各国无产阶级党派。党尤其会支持已经在前线开始的各交战国士兵的群众性联欢,争取把被压迫者这种自发表现出来的团结变为自觉的和尽可能有组织的运动,使所有交战国的全部国家政权都转到革命无产阶级手中。

载于1917年4月29日(5月12日)　　　译自《列宁全集》俄文第5版
《真理报》第44号　　　　　　　　　　第31卷第403—406页

12

关于对临时政府的态度的决议[156]

(4月27日〔5月10日〕)

俄国社会民主工党全国代表会议认为：

(1)临时政府按其性质来说,是地主和资产阶级的统治机关；

(2)临时政府和它所代表的阶级在经济上和政治上同俄国帝国主义和英法两国帝国主义有不可分割的联系；

(3)临时政府只是在革命无产阶级的压力下,某些方面也是在小资产阶级的压力下才部分地执行它所宣布的纲领；

(4)正在组织起来的资产阶级和地主反革命力量,在临时政府旗帜的掩护下,在它的公开协助下,已经开始向革命民主派进攻,如:临时政府拖延立宪会议的选举日期,阻挠人民普遍武装,反对把全部土地交给人民,强迫人民接受地主解决土地问题的办法,阻挠八小时工作制的实行,纵容军队中的反革命鼓动(古契柯夫之流的鼓动),策动高级军事指挥人员来对付士兵等等；

(5)临时政府由于要维护资本家和地主的利润,不会在经济方面(粮食等方面)采取一些因受到经济崩溃的直接威胁而绝对必须立即实行的革命措施；

(6)同时,这个政府目前依靠至今一直是大多数工人和士兵(即农民)的领导组织——彼得格勒工兵代表苏维埃的信任,而且还依靠同它直接达成的协议；

(7)临时政府在对外政策和对内政策上的每一个步骤,都将擦亮城乡无产者和半无产者的眼睛,并将迫使小资产阶级各阶层选择一定的政治立场。

根据上述情况,代表会议决定:

(1)必须进行长期的工作来启发无产阶级的阶级意识和团结城乡无产者来反对小资产阶级的动摇,因为只有这样做才能保证全部国家政权胜利地转到工兵代表苏维埃或其他直接表达人民大多数意志的机关(地方自治机关、立宪会议等)手中。

(2)为此,必须在工兵代表苏维埃内部进行各方面的工作,增加苏维埃的数量,加强苏维埃的力量,使苏维埃内部我们党的一些无产阶级国际主义小组团结起来。

(3)为了立即巩固和扩大各地的革命成果,必须依靠当地居民的稳定的多数,全面地开展、组织和加强独立自主的活动,以便实现自由,消灭反革命政权,实行监督生产和分配等等经济措施。

(4)临时政府的照会所引起的 4 月 19—21 日的政治危机表明,执政的立宪民主党在军队中和在街道上正在把反革命分子切实地组织起来,着手枪杀工人。由于两个政权并存所造成的不稳定的局面,这种事件的重演是不可避免的,无产阶级政党应当用全部精力向人民说明:必须组织和武装无产阶级,使它同革命军队结成最紧密的联盟;必须完全抛弃信任临时政府的政策,以防止发生类似 1848 年 6 月巴黎大规模枪杀无产阶级的那种严重的危险。

载于 1917 年 4 月 27 日(5 月 10 日)　　　译自《列宁全集》俄文第 5 版
《真理报》第 42 号　　　　　　　　　　　第 31 卷第 407—409 页

13

关于修改党纲问题的报告¹⁵⁷

(4 月 28 日〔5 月 11 日〕)

(1)

记　　录

同志们,修改党纲的情况是这样的:总纲和政治部分若干主要点的初步修改草案,已经交给小组了。党纲应当全部修改,因为早在大战以前,党内就有人指出这个党纲已经完全陈旧了。但最后的实际情况表明,要讨论整个党纲的修改草案是没有任何希望的。另一方面,小组的全体成员都认为修改党纲是绝对必要的,在许多问题上能够而且应当指出修改党纲的方针是什么。因此,我们拟了一个决议草案,现在我来念一下,并稍微作一些说明。我们不打算现在就提出一个措辞确切的提纲,而仅仅指出修改所应遵循的方针。

(报告人念决议。)

"代表会议认为必须依据下述方针修改党纲:

(1)鉴于社会主义革命日益逼近,应对帝国主义以及帝国主义战争时代作出评价;同所谓'护国派'对马克思主义的歪曲进行斗争,护国派忘记了马克思'工人没有祖国'①的口号。"

这一点非常清楚,用不着解释。的确,我们党的政策已经大大向前迈进,实际上已经采取了这一条所表述的立场。

"(2)修改关于国家的论断和条文,应本着如下的精神:不是要求建立资产阶级议会制共和国,而是要求建立无产阶级-农民民主共和国(也就是一种没有警察、没有常备军、没有特权官吏的国家类型)。"

这一条还拟了另外的提法。一个提法是引用巴黎公社的经验和70—80年代的经验,但这种提法不能令人满意,过于一般化;另一种是提工兵农代表苏维埃共和国,但大多数同志认为这种提法也不能令人满意。这里提法是必需的,因为问题不在于机构的名称,而在于它的政治性质和制度。我们提无产阶级-农民共和国,指的就是它的社会内容和政治性质。

"(3)删除或修改政治纲领中已经陈旧的部分。"

在工兵代表苏维埃中,我们总的政治活动实际上已经朝这个方向进行,因此,不容置疑,修改党纲的这个方面和确切地表述我们党所处的这一革命时期是不会引起意见分歧的。

"(4)修改最低政治纲领中的若干条文,比较确切地指出更彻底的民主要求。

(5)最低纲领中的经济部分有许多地方已经陈旧,要全部改写,关于国民教育的条文也要全部改写。"

主要是这些条文已经陈旧,落在工会运动后面了。

"(6)按照已经通过的关于土地问题的决议改写土地纲领。

---

① 见《马克思恩格斯文集》第2卷第50页。——编者注

(7)增加一项要求,即把若干已经有条件实行国有化的辛迪加等等收归国有。"

这条的措辞比较谨慎,可以根据将来印出的不同草案或者压缩或者展开。

"(8)增加对当今社会主义运动的主要派别的评述。"

《共产党宣言》就作过这样的补充。

"代表会议委托中央委员会根据这些原则在两个月内制定出党纲草案,以便提交党的代表大会批准。代表会议号召各级组织和全体党员讨论党纲各条的草案,进行修订,或者另拟草案。"

有人指出,最好能出有关这个问题的读物,再办一个学术性的刊物。但是没有这方面的人力和财力。以上就是会有助于尽快修改好党纲的决议。这个决议还将送到国外去,让我们那些国际主义者同志们也能参加我们党根据世界大战的经验所进行的修改党纲的工作。

(2)

报　道

委员会建议通过一项关于修改党纲所应遵循的**方针**的决议:(1)鉴于社会革命日益逼近,应对帝国主义作出评价;(2)应当修改关于国家的条文——建立没有常备军、警察和特权官吏的国家;(3)必须删除政治纲领中已经陈旧的部分(关于沙皇制度等);(4)应当修改最低纲领;(5)改写纲领中显然已经陈旧的经济部分,以及纲领中的学校教育部分;(6—7)增补由于资本主义社会结构的

演变而产生的各种要求(把辛迪加化的生产部门收归国有等);(8)
增加对社会主义运动中各种派别的评述。

记录载于 1921 年《列宁全集》俄文
第 1 版第 14 卷第 2 册

报道载于 1917 年 4 月 30 日(5 月
13 日)《真理报》第 45 号

译自《列宁全集》俄文第 5 版
第 31 卷第 410—413 页

14

关于修改党纲的决议

（不晚于 4 月 28 日〔5 月 11 日〕）

代表会议认为必须依据下述方针修改党纲：

（1）鉴于社会主义革命日益逼近，应对帝国主义以及帝国主义战争时代作出评价；同所谓"护国派"对马克思主义的歪曲进行斗争，护国派忘记了马克思"工人没有祖国"的口号。

（2）修改关于国家的论断和条文，应本着如下的精神：不是要求建立资产阶级议会制共和国，而是要求建立无产阶级-农民民主共和国（也就是一种没有警察、没有常备军、没有特权官吏的国家类型）。

（3）删除或修改政治纲领中已经陈旧的部分。

（4）修改最低政治纲领中的若干条文，比较确切地指出更彻底的民主要求。

（5）最低纲领中的经济部分有许多地方已经陈旧，要全部改写，关于国民教育的条文也要全部改写。

（6）按照已经通过的关于土地问题的决议改写土地纲领。

（7）增加一项要求，即把若干已经有条件实行国有化的辛迪加等等收归国有。

（8）增加对当今社会主义运动的主要派别的评述。

代表会议委托中央委员会根据这些原则在两个月内制定出党纲草案,以便提交党的代表大会批准。代表会议号召各级组织和全体党员讨论党纲各条的草案,进行修订,或者另拟草案。

载于 1917 年 5 月 3 日(16 日)　　　　译自《列宁全集》俄文第 5 版
《士兵真理报》第 13 号增刊　　　　　　第 31 卷第 414—415 页

15

关于土地问题的报告

（4 月 28 日〔5 月 11 日〕）

（1）

记　　录

　　同志们，早在第一次革命时期我们党就详细讨论过土地问题，所以我认为目前对这个问题的解决已经有了充分的准备，间接证明这一点的是：由熟悉这个问题并对这个问题有兴趣的同志所组成的代表会议小组一致同意所提出的决议草案，没有作根本性的修改。因此，我只想极简要地谈几点意见。由于这个草案的校样已经分发给所有的代表，照念也就没有必要了。

　　目前，整个俄国的土地运动正在发展，这是大家有目共睹、无可争辩的事实。由孟什维克提出并在 1906 年斯德哥尔摩代表大会上通过的我党土地纲领，已被第一次俄国革命的进程所否定。在那次代表大会上，孟什维克使他们的地方公有的纲领获得通过，地方公有的实质就是使农民的土地，不管是村社的或个体农户的，仍旧归农民所有，而地主的土地则从地主的手中转到地方自治机关的手里。孟什维克主张这种纲领的主要论据之一是：不把农民的土地交给农民而交给其他任何人，农民是永远不能理解的。凡是研究过斯德哥尔摩代表大会记录的人都会记得,报告人马斯洛夫和科斯特罗夫都曾经特别强调这个论据。不要忘记(现在人们常常忘记),这是第一届国家杜马以前的事情,当时还没有客观事实表明农民运动的性质和力量。当时大家都知道在俄国土地革命的烈火在熊熊燃烧,但是,谁也不知道土地运动将如何组织,农民革命运动将会怎样。那次代表大会在多大程度上表达了农民自己的严正的、求实的意见,是无法验证的,正因为这样,孟什维克的这些论据就起了作用。在我们的斯德哥尔摩代表大会以后不久,我们第一次获得了说明农民群众是怎样看待这个问题的有力证据。还在第一届和第二届的国家杜马中,农民自己就提出了劳动派的"104 人草案"。我专门研究过这个草案的署名,详细地考察了代表们的意见,考察了他们属于哪一个阶级,他们中有多少人可以称做农民。我在一本被沙皇书报检查机关焚毁、现在还是要再版的书中断然肯定,在这 104 个署名者中大多数是农民。这个草案要求土地国有化。农民说,全部土地归国家所有。

因此,问题就在于怎样解释这一事实:在两届国家杜马中全俄农民的代表宁愿土地国有化,而不愿采纳孟什维克在两届国家杜马中从农民的利益出发而提出的措施。孟什维克建议农民把自己的土地留归自己所有,只有地主的土地才应当交给人民,但农民说,他们要把全部土地交给人民。这怎样解释呢? 社会革命党人是这样解释的:俄国农民习惯于村社,所以同情社会化,同情劳动原则。这种说法是毫无道理的,简直是空话。但是应该怎样解释呢? 我认为农民所以得出这个结论,是因为俄国的全部土地占有制,无论是农民的或地主的,无论是村社的或个体农户的,都彻头彻尾贯穿着旧的半农奴制的关系,因此从市场条件来看,农民必然要求把土地交给全体人民。农民说,只有国有化才能消除以前土地处置中的混乱情况。他们的观点是资产阶级的:他们把平均使用土地理解为夺走地主的土地,而不是使各个业主彼此拉平。他们认为,国有化就是把全部土地拿来实际分配。这是一个宏大的资产阶级方案。没有一个农民说过平均化和社会化,但他们都说,再也不能等待了,必须铲除一切地界,也就是说,在20世纪的条件下,不能再按老办法经营了。斯托雷平的改革实行以来土地问题被弄得更加混乱。这就是农民要求土地国有化时所要说的话。这就是说,把所有的土地都拿来重新分配。决不应当有各种土地占有形式。这里根本没有任何社会化的意思。农民的这个要求之所以被叫做平均化的要求,是因为正如1905年土地占有情况统计的简要总结所表明的,一个地主有2 000俄亩土地,300个农户也只有2 000俄亩土地,在这个意义上说,这个要求自然带有平均化的性质,但不能因此就说,这是要使一切小农户彼此拉平。104人草案所说的正好相反。

可见,必须讲明上述基本情况,才能科学地论证以下见解:从资产阶级民主的观点出发,在俄国必须实行土地国有化。但是,土地国有化之所以必要,还因为它对于生产资料私有制是一个巨大的打击。如果以为在废除土地私有制之后俄国的一切还会照旧,那简直是荒谬的了。

其次,决议草案中得出了实际的结论并提出了实际的要求。我想提出如下几点小小的修正。第一条写道:"无产阶级政党全力支持立即完全没收全部地主土地……"——应当把"支持"改为"争取"。我们并不认为农民的土地少,所以应该多给他们一些。这是一种流行的观点。我们说,地主土地占有制是压迫农民使之窒息和落后的根源。问题并不在于农民的土地少或不少；从革命的阶级斗争的观点出发，而不从议论农民有多少土地、需要根据什么标准来分配土地的那些官吏的观点出发，问题的提法应当是：打倒农奴制。我建议把第二条和第三条对调一下，因为对我们来说，重要的是革命创举，而法律则应该是它的结果。**如果你们等待制定法律而自己不去发挥革命劲头，那么，你们将既得不到法律，也得不到土地。**

反对国有化的人往往这样说，实行国有化需要一个庞大的官吏机构。这话是对的，但是要知道，国家所有意味着每一个农民都是国家土地的承租者。转让租地是禁止的。但农民能租多少地，租什么样的地，这个问题将完全由有关的民主机关来解决，而不是由官僚机关来解决。

"雇农"应改成"农业工人"。有些同志说"雇农"这个词带有侮辱的意思，反对用这个词。应当改掉。

现在，在解决土地问题时，谈论无产阶级-农民委员会或无产阶级-农民苏维埃是不适当的，因为，正如我们看到的，农民已经建立了士兵代表苏维埃，从而使无产阶级和农民区别开来了。

大家知道，小资产阶级护国主义政党主张把土地问题拖到立宪会议召开的时候去解决。我们则主张尽量有组织地立即把土地交给农民。我们绝对反对无政府主义地夺取土地。你们建议农民跟地主协商。我们说，必须马上把土地拿过来并进行播种，以便同粮荒作斗争，使国家免遭飞速逼近的崩溃。现在决不能接受盛加略夫和立宪民主党人的方案，他们建议等待遥遥无期的立宪会议，或是跟地主协商租地问题。但农民已经在夺取土地，有的不付任何代价，有的只缴四分之一的地租。

　　有一位同志从地方上,从奔萨省带来一份决议,决议上说,农民正在夺取地主的农具,但他们没有把农具按农户分掉,而是把它变为公共财产。他们定下次序和规则,以便用这些农具来耕种所有的土地。他们采取这些办法是为了提高农业生产。不管地主和资本家怎样叫喊这是无政府状态,这个事实是具有极大的原则意义的。如果你们胡乱叫喊这是无政府状态,而农民则等待观望,那倒真是无政府状态了。农民已经表明,他们比官吏们更懂得经营条件和社会监督,他们运用社会监督比官吏们强百倍。自然,这种措施在小村庄是容易实现的,它无疑会推动农民采取更广泛的措施。如果农民学会这一点(他们已经开始这样学了),这里就用不着资产阶级教授的那种才能,农民自己会得出结论:农具不仅是供小农户用的,而且必须用来耕种所有的土地。至于他们的做法怎样,那并不重要。他们是否把小块土地合在一起共同耕种,这一点我们不知道,如果他们的做法不同,那也没有关系。重要的是他们幸而没有遇到大批的小资产阶级知识分子,这些人自命为马克思主义者,社会民主党人,一本正经地教导人民说:社会主义革命的时机还没有到来,因而农民现在不能夺取土地。很幸运,在俄国农村中,这类先生还不多。如果农民只是根据同地主达成的协议来取得土地,而不集体地运用自己的经验,那么失败就不可避免,农民委员会就会变成玩具,变成毫无意思的游戏。因此,我们建议在决议草案中加上第8条①。

　　既然我们知道地方上的农民自己已经有了这个创举,那么我们就有责任和义务宣布:我们支持并推荐这种创举。只有这样,才

---

　　① 见本卷第420页。——编者注

能保证革命不致局限于形式方面的措施,才能保证克服危机的斗争不致继续成为办公室里和盛加略夫的书信里讨论的课题,才能使农民在克服粮荒和提高生产的斗争中真正有组织地前进。

(2)

报　　道

列宁同志指出,地主土地占有制,土地零乱插花的状况(这种状况是由于村长、1861 年调停人以及斯托雷平的官吏先后对农民的土地乱加处置所造成的),是农村中仍然保留着农奴制盘剥关系的主要原因。

因此,农民自然渴望"铲除地界",重新分配**全部**土地。"一切土地都是上帝的"这句话正表达了**这种渴望**。私有者农民不能允许在资本主义商品交换的新条件下对他来说已无法容忍的那些障碍存在。这一点已被第一届和第二届的杜马中 104 个农民代表的草案所证明。

社会革命党人自己承认,在这个草案中,"小经济思想"战胜了"平均原则"。农民需要有自己的土地,但他需要的是适应商品经济新要求而分配的土地。如果说某些农民似乎也接受平均使用土地的原则,那么农民对这个原则的理解是与社会革命党知识分子的理解不同的。俄国地主和农民的土地占有情况统计的总结如下:300 个农户占有 2 000 俄亩土地,**一个地主占有的也是这么多**。显然,对农民来说,"平均"的要求意味着使 300 个农户和一个地主的权利均等。

必须实行土地国有化这种完全资产阶级的、非常进步的措施,这是由以往俄国土地处置情况的演化和世界市场的发展所决定的。战争使一切矛盾尖锐化了。现在立即把土地交给农民,这是战时的需要所威严地提出的要求。盛加略夫之流建议农民**等待**立宪会议(而**现在**却必须播种),实际上是在扩大危机,很可能把粮荒变为真正的饥荒。他们正在把官僚-资产阶级解决土地问题的办法强加给农民。然而不能等待由法律规定土地所有制,因为危机将飞快到来。农民已经有了革命创举,奔萨省农民正在夺取地主的耕畜和农具,以供公共使用。当然,我们党只主张**有组织地**夺取土地和农具,因为这对**增加**生产是必要的,任何损坏农具的行为首先有害于农民和工人自己。

另一方面,我们主张把农业工人单独组织起来。

记录载于 1921 年《列宁全集》
俄文第 1 版第 14 卷第 2 册

报道载于 1917 年 4 月 30 日
(5 月 13 日)《真理报》第 45 号

译自《列宁全集》俄文第 5 版
第 31 卷第 416—422 页

16

在讨论关于土地问题的决议时
提出的反驳意见

(4月28日〔5月11日〕)

(1)

同志们,我觉得安加尔斯基同志的意见有很多矛盾。我说的是国有化这种要求的**物质**基础。农民决没有国有化的思想。我是说存在着全俄国市场和国际市场的条件,而且这表现在昂贵的粮食价格上。任何一个农民都看到、知道和感觉到粮食价格的波动。而经济必须适应这些条件,适应粮食价格。我是说旧的土地占有制同新的经营体制完全不相适应,这种不相适应正好说明农民为什么要向前冲。安加尔斯基同志说,农民是私有者。他说得完全对。斯托雷平根据这一点曾经想改变土地关系,他尽了一切力量,但他没有成功,因为不实行革命的破坏,要改变土地关系是不可能的。这就是农民渴望土地国有化的物质基础,虽然他们完全不懂得什么叫做国有化。作为私有者的农民,他们本能地要说土地是上帝的,因为在旧的土地占有制条件下已无法生活下去。安加尔斯基同志的建议完全是出于误解。第二段说:农民土地占有制完完全全彻头彻尾被旧的半农奴制的联系和关系束缚着。难道这说的是地主的土地吗？不是。安加尔斯基同志的修正是出于误解。他把决议中没有的、农民甚至毫无概念的东西强加在我的身上。农民根据粮食和日用品的价格来了解世界的情况，如果有铁路经过村子，农民就会通过他自己的经营来了解这种情况。不能再照老样子生活了，这是农民感觉到的，而且用一种想扫除整个旧的土地占有制的激进要求表达出来了。农民希望成为私有者，但是希望成为按新的方式划分的土地上的私有者，以便在这样的土地上经营，即这种土地的占有是根据他们现时的要求，而不是根据任何官吏的指示确定的。这一点农民非常清楚，当然，他们是用另一种方式表达的，但这正是他们要求土地国有化的物质基础。

载于1921年《列宁全集》俄文
第1版第14卷第2册

译自《列宁全集》俄文第5版
第31卷第423—424页

（2）

索洛维约夫认为，决议开头就应当指出最重要的一点：党要求实行土地国有化。

这个修正不是很重要的。我把国有化放在第三位，因为首要的应该是创举和革命行动，而国有化则是表达人民意志的法律。我反对这个修正。

载于1925年《俄国社会民主工党
（布）彼得格勒市代表会议和全国
代表会议（1917年4月）》一书

译自《列宁全集》俄文第5版
第31卷第424页

17

关于土地问题的决议

(4月24日〔5月7日〕以前)

俄国地主土地占有制的存在,是农奴主-地主权力的物质支柱,是君主制有可能复辟的保证。这种土地占有制必然使俄国绝大多数居民即农民处于贫困、受奴役、受折磨的境地,必然使全国各方面的生活处于落后状态。

俄国的农民土地占有制,无论是份地的(村社的和个体农户的)还是私有土地的(租用的和购买的),完完全全彻头彻尾被旧的半农奴制的联系和关系束缚着,农民仍然分成从农奴制时代承袭下来的各种类别,土地零乱插花等等。必须冲破所有这些陈旧的有害的樊篱,必须"铲除"地界,重新改造土地占有和土地经营的一切关系,以适应全俄国和全世界经济的新条件,这就是农民渴望全国**一切**土地国有化的物质基础。

不管一切民粹主义党派给农民群众反对农奴主地主土地占有制、反对俄国全部土地占有关系和使用关系上的一切农奴制羁绊的斗争蒙上什么样的小资产阶级空想,这场斗争本身却反映了纯粹资产阶级民主主义的、绝对进步的、经济上必然的、要求彻底摧毁所有这些羁绊的倾向。

土地国有化是资产阶级的措施,它意味着在资本主义社会中可能实现的和可以设想的最充分的阶级斗争的自由,意味着土地的使用最彻底地摆脱一切非资产阶级的附加物。此外,土地国有化就是废除土地私有制,在实践上会给整个生产资料私有制以有力的打击,因此,无产阶级政党应当竭力促进这种改革。

另一方面,俄国的富裕农民早已造就了农村资产阶级分子,而斯托雷平的土地改革无疑使这些分子增多、壮大和巩固起来了。在农村的另一极,农业雇佣工人即无产者,以及与他们相近的半无产的农民群众也同样增多和壮大起来了。

地主土地占有制摧毁和消灭得愈坚决愈彻底,俄国整个资产阶级民主主义的土地改革进行得愈坚决愈彻底,农业无产阶级反抗富裕农民(农村资产阶级)的阶级斗争就会开展得愈有力、愈迅速。

由于正在开始的欧洲无产阶级革命不会对我国发生直接的强大的影响,俄国革命的命运和结局将以如下情况为转移:或者是城市无产阶级能够率领农村无产阶级前进并使农村半无产者群众与之联合,或者是这些群众跟着一心想同古契柯夫、米留可夫、资本家和地主结成联盟、一心向往整个反革命势力的农村资产阶级走。

根据这种阶级状况和力量对比,代表会议决定:

(1)无产阶级政党全力争取在俄国立即完全没收全部地主土地(以及皇族、教会、皇室等等的土地)。

(2)党坚决主张立即把全部土地交给组织在农民代表苏维埃中的农民,或交给组织在其他真正完全按民主原则选出的、完全不依附地主和官吏的地方自治机关中的农民。

(3)无产阶级政党要求全国所有土地国有化;国有化就是把全部土地的所有权交给国家,把土地的支配权交给地方民主机关。

(4)党应当坚决反对临时政府,因为临时政府通过盛加略夫之口和它的一些集体声明,强迫农民"同地主达成自愿协议",实际上就是强迫他们接受地主式的改良,它还扬言要惩办农民的"越轨行动",也就是说少数居民(地主和资本家)要用暴力来对付大多数居民,同时党又应当坚决反对大多数民粹主义者和孟什维克社会民主党人的小资产阶级动摇,因为他们劝告农民不要在立宪会议召开前夺取全部土地。

(5)党建议农民有组织地夺取土地,绝对不许损坏一点财物,并且要关心增加生产。

(6)只有整个国家完全民主化,即一方面消灭警察、常备军和实际享有特权的官吏,另一方面最广泛地推行完全不受上面监视和监护的地方自治,整个土地改革才能顺利实现并得到巩固。

(7)必须立即在各地建立单独的农业无产阶级组织,其形式或者是农业工人代表苏维埃(以及单独的半无产阶级农民代表苏维埃),或者是在一般的农民代表苏维埃中,在一切地方的和城市的管理机关等等中成立无产阶级小组或团体。

(8)党应当支持俄国若干地方的农民委员会的创举,把地主的耕畜和农具交给组织在这些委员会中的农民共同调剂使用,以耕种全部土地。

(9)无产阶级政党应当建议农村无产者和半无产者设法把各个地主田庄改建成有相当规模的示范农场,由农业工人代表苏维埃用公款经营,受农艺师指导,并使用优等的技术设备。

载于1917年4月30日(5月13日)《真理报》第45号　　译自《列宁全集》俄文第5版第31卷第425—428页

18

关于联合国际主义者
反对小资产阶级护国主义联盟的决议

（4月27日〔5月10日〕以前）

（1）社会革命党、孟什维克社会民主党等在绝大多数场合已经转到"革命护国主义"的立场，即支持帝国主义战争的立场（投票赞成公债，支持代表资本利益的临时政府）；

（2）这些政党的全部政策体现着小资产阶级的利益和观点，它们用资产阶级的影响腐蚀无产阶级，要无产阶级相信，似乎通过协议、"监督"和参加内阁等，就可以改变政府的帝国主义政策，并使政府离开侵犯自由的反革命道路；

（3）这种政策助长并加强群众对资本家的不觉悟的轻信态度，而这种态度是革命进一步发展的主要障碍，而且使地主资产阶级反革命势力有可能击败革命。

有鉴于此，代表会议决定：

（1）绝对不能同执行这种政策的党派联合；

（2）同真正站在国际主义立场上的集团和派别接近和联合是必要的，但其基础必须是同小资产阶级背叛社会主义的政策决裂。

载于1917年5月2日（15日）
《真理报》第46号

译自《列宁全集》俄文第5版
第31卷第429页

19

关于工兵代表苏维埃的决议

(4月25—26日〔5月8—9日〕)

代表会议讨论了在俄国各地工兵代表苏维埃中工作的同志们的报告和介绍,认为:

在许多省份,革命正在向前推进:无产阶级和农民自动地起来组织苏维埃,自动地起来消灭旧政权,建立无产阶级和农民的民兵,把全部土地交给农民,实行工人对工厂的监督,实行八小时工作制,提高工资,保证生产进度不下降,建立工人对粮食分配的监督等等。

革命在各省的这种广泛而深入的发展,一方面是全部政权归苏维埃和工农自己监督生产的运动的发展,另一方面则是在全俄国范围内为革命的第二阶段准备力量的保证。革命的第二阶段应当使全部国家政权转归苏维埃或其他直接表达人民大多数的意志的机关(地方自治机关、立宪会议等等)。

在两个首都和某些大城市,使国家政权转归苏维埃是一项特别艰巨的任务,需要极长时间来积蓄无产阶级的力量。在这些地方,资产阶级集结了最大的力量。在这些地方,同资产阶级妥协的政策表现得更为明显,这种政策往往妨碍群众的革命创举,削弱他们的主动性。由于这些苏维埃对外省具有指导意义,上述情况就特别危险。

因此无产阶级政党的任务是:一方面全面支持以上所谈的各地革命的发展,另一方面在苏维埃内部不断地(通过宣传和改选)为争取无产阶级路线的胜利而斗争;把全副精力和注意力用来对工人和士兵群众进行工作,把无产阶级路线和小资产阶级路线、国际主义路线和护国主义路线、革命路线和机会主义路线区分开来,组织和武装工人,使他们准备力量迎接下一阶段的革命。

代表会议再一次声明,必须在工兵代表苏维埃中进行各方面的工作,增加苏维埃的数量,加强苏维埃的力量,使苏维埃内部我们党的无产阶级国际主义各小组团结起来。

载于1917年5月2日(15日)   译自《列宁全集》俄文第5版
《真理报》第46号   第31卷第430—431页

20

关于民族问题的讲话

(4 月 29 日〔5 月 12 日〕)

(1)

记　　录

自从 1903 年我党通过党纲以来,我们一再遭到波兰同志的激烈反对。如果你们研究一下第二次代表大会的记录,你们就会发现,我们现在所听到的那些论据,他们在当时就提出来过。波兰社会民主党人退出了那次代表大会,他们认为承认民族自决权是不能接受的。从那时起,我们总是遇到这个问题。在 1903 年,帝国主义已经出现了,但是在他们的论据中并没有提到帝国主义,因此无论在当时或现在,波兰社会民主党采取这种立场始终是一个奇怪的不可思议的错误:这些人想把我们党的立场变成沙文主义者的立场。

由于俄国长期的压迫,波兰的政策完全是民族主义的,整个波兰民族充满了向莫斯卡里[158]复仇的思想。谁也没有像俄罗斯民族那样压迫过波兰人。俄罗斯民族充当了沙皇扼杀波兰自由的刽子手。没有一个民族像波兰人那样憎恨俄国,那样不喜欢俄国,因此就产生了一种奇怪的现象。波兰的资产阶级使波兰成了社会主义运动的障碍。哪怕全世界遍地烽火,只要波兰自由就行。这种提法当然是对国际主义的嘲笑。自然,波兰现在是在暴力的控制下,但是波兰民族主义者指望俄国来解放波兰,那是背叛国际。波兰民族主义者把自己的观点灌输给了波兰人民,使他们也有了这种看法。

波兰社会民主党的同志们的巨大历史功绩,就在于他们提出了国际主义的口号,他们说:对于我们,最重要的是同其他一切国家的无产阶级结成兄弟联盟,我们决不会去为波兰的解放而战。这是他们的功绩,因此,我们一直认为只有这些波兰社会民主党的同志才是社会主义者。其余的人则是爱国主义者,是波兰的普列汉诺夫们。但是,由于这种特殊的立场,在人们为了拯救社会主义而不得不反对疯狂的病态的民族主义的时候,就产生了一种奇怪的现象:同志们跑来对我们说,我们应当拒绝给波兰自由,拒绝让波兰分离。

为什么我们这些比其他民族压迫着更多民族的大俄罗斯人应当拒绝承认波兰、乌克兰、芬兰的分离权呢?有人建议我们当沙文主义者,因为这样一来我们就可以使社会民主党人在波兰处于有利的地位。我们并不妄图解放波兰,因为波兰人民处在两个有战斗力的国家之间。波兰工人应当这样谈论问题:只有那些认为波兰人民应该获得自由的社会民主党人才是民主主义者,因为在社会党的队伍中不容有沙文主义者;波兰社会民主党人没有对工人这样说,反而说,正因为我们认为同俄国工人结成联盟有利,所以我们反对波兰分离。他们完全有权利这样做。但这些人不想了解,为了加强国际主义,就不需要重复这些话,而是应当在俄国强调被压迫民族有分离的自由,在波兰强调联合的自由。联合的自由是以分离的自由为前提的。我们俄国人应当强调分离的自由,在波兰则应当强调联合的自由。

在这里我们看到一系列的诡辩,结果是把马克思主义完全抛弃了。皮达可夫同志的观点是罗莎·卢森堡观点的重复……①(荷兰的例子)……①　皮达可夫同志这样说,就是自己打自己的嘴巴,因为在理论上他否认分离自由,但对人民却又说:谁否认分离自由,谁就不是社会主义者。皮达可夫同志的话是非常混乱的。在西欧大多数国家,民族问题早已解决。说民族问题已经解决,那是指西欧。皮达可夫同志却把这一点搬到与此毫无关系的东欧来了,因此我们就陷入了可笑的境地。

你们想一想,这有多么糊涂! 要知道,芬兰就在我们旁边。皮达可夫同志没有对芬兰问题作具体答复,他完全糊涂了。昨天你们在《工人报》上看到,在芬兰滋长着分离主义。芬兰人跑来说,他们那里的分离主义加强了,因为立宪民主党人不让芬兰完全自治。那里的危机增长了,对罗季切夫总督的不满增长了,而《工人报》写道,芬兰人应当等待立宪会议,因为在立宪会议上芬兰和俄国将达成协议。协议是什么意思呢? 芬兰人应当说,他们有权按照自己的意志决定自己的命运,而大俄罗斯人要是否认这种权利,那他就是沙文主义者。如果我们对芬兰工人说,随你们自己怎样决定……①那就是另外一回事了。

皮达可夫同志只是否定我们的口号,说这就是不肯提出社会主义革命的口号,但他自己并没有提出适当的口号来。在"取消国界"的口号下进行社会主义革命的方法是极端荒谬的。我

---

① 记录上有遗漏。——俄文版编者注

在一篇没有能刊登出来的文章中把这种观点称做"帝国主义经济主义"①。在"取消国界"的口号下进行社会主义革命的"方法"是什么意思呢？我们主张必须有国家，而有国家就得有国界。自然，国家可以有资产阶级政府，而我们需要的是苏维埃。但苏维埃也还是有国界问题。"取消国界"是什么意思呢？无政府状态就从这里开始…… 在"取消国界"的口号下进行社会主义革命的"方法"，简直是糊涂观点。在社会主义革命成熟、爆发以后，它就会蔓延到别的国家去，我们将帮助这个革命，但怎样帮助，我们还不知道。"社会主义革命的方法"是一句毫无内容的空话。既然还存在资产阶级革命所没有解决的问题，我们就主张解决这些问题。我们对分离主义运动是不感兴趣的，是中立的。如果芬兰、波兰、乌克兰同俄国分离，这没有什么不好。这有什么不好呢？谁说不好，谁就是沙文主义者。只有疯子才会继续奉行沙皇尼古拉的政策。要知道挪威已经脱离了瑞典…… 亚历山大一世和拿破仑曾经把民族当做交换品，皇帝们曾经把波兰当做交换品。难道我们还继续奉行这种皇帝的策略吗？这是抛弃国际主义的策略，是最坏的沙文主义。如果芬兰分离，这又有什么不好呢？在挪威同瑞典分离后，两国人民、两国无产阶级更加互相信任了。瑞典的地主想进行战争，但是瑞典的工人反对战争，他们说：我们不打这种仗。

芬兰人现在仅仅希望自治。我们主张让芬兰完全自由，那他们对俄国民主派就会更加信任，只要实现了这一点，他们就不会分离。当罗季切夫先生到芬兰人那里去为了自治问题讨价还价时，芬兰同志跑来对我们说，我们要自治。人们一齐向他们开火说：

---

① 见本版全集第 28 卷第 98—107 页。——编者注

"你们等待立宪会议吧。"但我们说:"否认芬兰自由的俄国社会党人就是沙文主义者。"

我们说,国界是根据居民的意志确定的。俄国,不许为争夺库尔兰而打仗!德国,把军队撤出库尔兰!我们就是这样来解决分离问题的。无产阶级不能采取暴力,因为它不应当妨碍各民族的自由。当社会主义革命已经成为现实而不只是一种方法的时候,"取消国界"的口号才是正确的,那时我们就会说:同志们,到我们这里来吧……

关于战争问题,完全是另一回事。必要时我们不会拒绝革命战争。我们不是和平主义者…… 现在米留可夫在俄国执政,把罗季切夫派到芬兰去,让他在那里恬不知耻地同芬兰人讨价还价,我们说:不,俄罗斯民族,不许对芬兰人采取暴力,因为压迫其他民族的民族是不能获得解放的[①]。在关于伯格比尔的决议中,我们说:撤出军队,让各民族自己独立地解决问题。如果苏维埃明天把政权拿到手里,那就不是"社会主义革命的方法"了,那时我们就会说:德国,把军队撤出波兰;俄国,把军队撤出亚美尼亚,——否则就是欺骗。

捷尔任斯基同志在谈到他的被压迫的波兰时对我们说,那里全是沙文主义者。但是关于怎样对待芬兰和乌克兰,为什么没有一个波兰人讲一句话呢?从1903年起,我们对这个问题已经争论得够多了,现在很难再谈了。愿意怎样就怎样吧…… 谁不赞成这种观点,谁就是兼并主义者,沙文主义者。我们希望所有的民族结成兄弟联盟。只要成立了乌克兰共和国和俄罗斯共和国,它们

---

① 见《马克思恩格斯文集》第3卷第355页。——编者注

的联系和信任就会加强。如果乌克兰人看到我们这里是苏维埃共
和国,他们就不会分离;如果我们这里是米留可夫共和国,他们就
会分离。皮达可夫同志的观点完全自相矛盾,他说,我们反对把其
他民族强迫留在疆界内,——其实这就是承认民族自决权。我们
决不希望希瓦[159]的农民处在希瓦可汗的统治下。我们将靠我们
革命的发展去影响被压迫群众。在被压迫群众中的鼓动工作只能
这样做。

一切不承认芬兰和乌克兰自由的俄国社会党人都会陷入沙文
主义。无论他们怎样进行诡辩,怎样求助于自己的"方法",他们永
远不能证明自己是正确的。

(2)

报　道

列宁同志提醒说,波兰社会民主党人在1903年就反对民族自
决权,当时提出这个问题还没有联系未来的社会主义革命。他们
在民族问题上的特殊立场,是由他们在波兰的特殊地位决定的;沙
皇的压迫使波兰资产阶级和小资产阶级的各阶层怀有强烈的民族
主义情绪。波兰社会民主党人曾不得不与"社会党人"(波兰社会
党[160])中那些为解放波兰而准备参加欧洲战争的人进行殊死的斗
争;并且只有他们,波兰社会民主党人,在波兰工人中间培养了国
际主义团结的感情,使波兰工人同俄国工人接近。然而,他们企图
把否认自决权的观点强加给**压迫**民族的社会党人,这是极端错误
的。这种企图如果得逞,只能导致俄国社会民主党人转到沙文主
义立场上去,除此之外,不可能有其他结果。压迫民族的社会党人

如果否认被压迫民族的自决权,就会变成沙文主义者,就会支持本国的资产阶级。俄国社会党人应当竭力争取使被压迫民族有**分离的自由**,被压迫民族的社会党人则应当拥护联合的自由,双方都应当通过形式上不同的(实质上相同的)途径达到同一个目的:用国际主义精神把无产阶级组织起来。那些说民族问题在资产阶级制度的范围内已经解决的人们,忘记了以下事实:这个问题仅仅在西欧已经解决(也不是到处),那里居民中的民族单一程度达 90%,但不是在东欧,东欧居民中的民族单一程度仅仅为 43%。芬兰的例子证明,民族问题实际上已经摆到日程上了,并且必须在支持帝国主义资产阶级和履行国际团结的义务二者之间作出抉择,而要履行国际团结的义务就不允许践踏被压迫民族的意志。孟什维克建议芬兰社会民主党人"等待"立宪会议并同它**共同解决**自治问题,他们实际上是在按俄国帝国主义者的调子说话。

记录载于 1921 年《列宁全集》俄文第 1 版第 14 卷第 2 册

报道载于 1917 年 5 月 2 日(15 日)《真理报》第 46 号

译自《列宁全集》俄文第 5 版第 31 卷第 432—438 页

21

关于民族问题的决议

（4 月 27 日〔5 月 10 日〕以前）

民族压迫政策是专制制度和君主制遗留下来的，地主、资本家和小资产阶级支持这种政策，是为了维护其阶级特权，分化各民族的工人。现代帝国主义加强了控制弱小民族的趋向，它是加剧民族压迫的新因素。

在资本主义社会里，要消除民族压迫，除非建立最民主的共和制度和国家管理制度，保证一切民族和语言完全平等。

必须承认构成俄国的一切民族都有自由分离和成立独立国家的权利。否认这种权利和不设法保证这种权利的实现，就等于拥护侵略政策或兼并政策。无产阶级只有承认民族分离权，才能保证各民族工人的充分团结，才能促进各民族真正民主的接近。

目前芬兰和俄国临时政府间的冲突特别清楚地表明：否认自由分离权，就会导致直接继续奉行沙皇政府的政策。

决不允许把民族有权自由分离的问题同某一民族在某个时候实行分离是否适当的问题混为一谈。对于后一问题，无产阶级政党应当根据整个社会发展的利益和无产阶级争取社会主义的阶级斗争的利益，分别不同的场合完全独立地加以解决。

党要求广泛的区域自治，取消来自上面的监督，废除强制性国语,并且根据当地居民自己对于经济条件和生活条件、居民的民族成分等等的考虑来确定自治区域的范围。

无产阶级政党坚决摒弃所谓"民族文化自治",就是说,反对把原来由国家管理的学校教育事宜等等交给某种民族议会管理。民族文化自治人为地把那些在同一地方居住、甚至在同一企业做工的工人按其所属的"民族文化"分开,也就是加强工人同本民族的资产阶级文化的联系,而社会民主党的任务则是要加强全世界无产阶级的各民族共同的文化。

党要求在宪法中列入一条根本性的法律,宣布任何一个民族的任何特权以及对于少数民族权利的任何侵犯都是没有法律效力的。

工人阶级的利益要求俄国各族工人在统一的无产阶级组织,如政治组织、工会组织、合作-教育组织等等中打成一片。只有各族工人在这种统一的组织中打成一片,无产阶级才有可能进行反对国际资本、反对资产阶级民族主义的胜利斗争。

载于1917年5月3日(16日)　　　　译自《列宁全集》俄文第5版
《士兵真理报》第13号增刊　　　　第31卷第439—440页

22

关于国际的现状和
俄国社会民主工党(布)的
任务问题的讲话

(4月29日〔5月12日〕)

(1)

记　　录

季诺维也夫同志自己承认,我们访问斯德哥尔摩将是最后一次,我们到那里去是为了了解情况。

格里姆邀请我们参加代表会议,我不去,因为我认为不能同拥护社会沙文主义的人谈问题。我们说:"决不同社会沙文主义者一起参加。"我们去是同齐美尔瓦尔德左派接触。格里姆无论在道义上或在手续上都有权写今天的决议。他有权是因为他依靠德国的考茨基和法国的龙格。从手续方面说,事情是这样的:格里姆曾经书面声明,"只要胡斯曼把执行局召集起来,我们就马上解散我们的执行局。"我们说,齐美尔瓦尔德并没有作出这样的决定,格里姆表示同意,但他声明,"多数人都这样看",——这倒是实话。

关于访问:"可以去了解情况,我们将同齐美尔瓦尔德左派交往。"指望我们会争取到别的什么人,这种希望不大。不应抱任何幻想,因为第一,访问也许实现不了;第二,即使实现也是最后一次;第三,从技术方面说,我们无法把那些想同社会沙文主义者决裂的人争取过来。但让诺根同志第一次、季诺维也夫同志最后一次去访问斯德哥尔摩吧。至于我,理所当然希望最后一次访问的尝试尽可能快、尽可能顺利地实现。

（2）

报　　道

列宁同志建议声明:俄国社会民主工党留在齐美尔瓦尔德联盟内只是为了了解情况,因此它**已经**准备退出联盟。他说,经验证明,继续留在联盟内是没有意义的。齐美尔瓦尔德在许多国家里甚至成了前进的障碍。社会沙文主义者用它来掩护自己。

记录载于 1925 年《俄国社会民主　　　　译自《列宁全集》俄文第 5 版
工党(布)彼得格勒市代表会议和　　　　第 31 卷第 441—442 页
全国代表会议(1917 年 4 月)》一书

报道载于 1917 年 5 月 2 日(15 日)
《真理报》第 46 号

23

为维护关于目前形势的决议
而发表的讲话

（4 月 29 日〔5 月 12 日〕）

关于目前形势的决议只谈俄国的情况，这是错误的。战争把我们紧紧地拴在一起，因此如果我们忽视国际关系的总和，那就是极大的错误。

全世界的运动使我们面临社会革命，在这种条件下俄国无产阶级的任务将是什么呢？这就是这个决议案里所分析的主要问题。

"战前在最发达的先进国家中无疑已经具备的社会主义革命的客观前提，由于战争而更加成熟，并且继续在异常迅速地成熟。中小经济更加迅速地遭到排挤和破产。资本的积聚和国际化正在大大地加强。垄断资本主义正在向国家垄断资本主义转变，由于情势所迫，许多国家实行生产和分配的社会调节，其中有些国家进而采取普遍劳动义务制。"

战前就存在托拉斯和辛迪加的垄断，战时更出现了国家垄断。而普遍劳动义务制则是一种新的东西，它构成社会主义整体的一部分，这一点往往被害怕对当前情况作具体分析的人忘记了。

决议的第一部分的重点是评述世界资本主义经济的情况。值得注意的是，恩格斯在 27 年前就已指出，关于资本主义问题的提法，不估计到托拉斯的作用，却说"资本主义的特点是无计划性"，那是不能令人满意的。恩格斯指出："哪里有托拉斯，哪里就没有无计划性，而有资本主义。"①现在指出这一点尤其恰当，因为现在我们看到的是军事国家，是国家垄断资本主义。有计划性并不能使工人摆脱奴隶地位，相反地，资本家将更"有计划地"攫取利润。现在资本主义正直接向它更高的、有计划的形式转变。

决议的第二部分不需要作任何解释。

决议的第三部分必须比较详细地讲一讲。（报告人念决议。）

"俄国无产阶级是在欧洲最落后国家中的一个国家内，在大量小农居民中间进行活动的，因此它不能抱定立即实行社会主义改造的目的。

但是，如果由此得出结论说，工人阶级必须支持资产阶级，或者必须把自己的活动局限在小资产阶级可以接受的范围内，或者在向人民解释必须立即采取若干实际上已经成熟的向社会主义迈进的步骤方面放弃无产阶级的领导作用，那就是极大的错误，在实际上甚至是完全转到资产阶级方面去了。"

人们常常根据以上的前提作出这样的结论："俄国是一个落后的、农民的、小资产阶级的国家，因此根本谈不上社会革命。"但是他们忘记了，战争使我们处于特殊的境地，与小资产阶级并存的还有大资本。政权一旦转到工兵代表苏维埃手中，苏维埃将做些什么呢？转到资产阶级方面去吗？答复是：工人阶级要继续进行阶级斗争。

---

① 参看《马克思恩格斯文集》第 4 卷第 410 页。——编者注

在工兵代表苏维埃执掌政权的条件下,能够做什么和必须做什么呢?

首先是实行土地国有化。土地国有化是一项资产阶级措施,它不排斥资本主义,而资本也不排斥它,但对私有制却是很大的打击。接下去是(报告人念决议。):

"……对所有的银行实行国家监督,把它们联合成一个统一的中央银行,同时对保险机关和资本家的最大的辛迪加(如糖厂主的辛迪加、煤业公司、五金公司等等)也实行国家监督,逐步实行更合理的累进所得税和累进财产税。这样的办法在经济上已经完全成熟,在技术上完全可以立即实行,在政治上**能够**获得绝大多数农民的拥护,因为这些改革在各方面都是对他们有利的。"

这一点引起了辩论。我在《真理报》上就曾针对普列汉诺夫的文章这样说过:"当人们谈到不可能实行社会主义时,总是从有利于自己的角度竭力把社会主义说得模糊不清,说它是一种跳跃。"考茨基本人写道:"没有一个社会主义者谈到废除农民的私有制。"但是,这是不是说,现有的大资本使我们不必实行工兵代表苏维埃对生产、对糖厂主的辛迪加等等的监督呢? 这项措施不是社会主义,这是过渡性的措施,但是由于有了工兵代表苏维埃,实现这种措施就会使俄国一只脚踏进社会主义,说一只脚,是因为占多数的农民还支配着国家经济的另一方面。在经济上转变的条件业已成熟,这是不能否认的。要在政治上实现这些措施,就应当拥有多数,而多数就是农民,很明显,农民从这些改革中是能得到好处的。至于农民的组织程度够不够,那是另外一个问题,我们不能替他们负责。

从前反对社会主义的一种流行的说法是:社会主义就是"大兵

营"，"一大批官吏"。我们现在提出社会主义的问题，提法应当不同于过去，不能再提得模糊不清，而应当提得十分具体，这就是：土地国有化，对辛迪加进行监督，等等。（报告人念决议。）

"所有上述的和类似的措施，在全部政权转归无产者和半无产者的条件下，不仅可以而且应当在全国范围内进行讨论，并且作好实施的准备，只要有可能，也可以而且应当由全民政权的地方革命机关去实行。

在实行上述措施时，必须非常小心谨慎，争取稳定的居民多数，使他们自觉地确信这项或那项措施实际上已准备就绪；工人群众的有觉悟的先锋队正是应当把注意力和精力放在这一方面，因为工人群众有责任帮助农民群众找到一条摆脱业已造成的经济破坏的出路。"

最后几个字是整个决议的关键：我们提出的社会主义不是一种跳跃，而是一条摆脱业已造成的经济破坏的实际出路。

反对者说："既是资产阶级革命，就不应当谈社会主义。"与此相反，我们说："既然资产阶级不能摆脱现状，革命就要继续前进。"我们不应当只在民主的词句上兜圈子，而应当向群众说明目前形势，向他们指出一些实际的措施：把辛迪加掌握在自己手中，通过工兵代表苏维埃对它们进行监督等等。所有这些措施实现后，俄国的一只脚就踏进社会主义了。我们的经济纲领应当谈如何摆脱经济破坏——这是我们应当遵循的方针。

载于1925年《俄国社会民主工党(布)
彼得格勒市代表会议和全国代表会议
(1917年4月)》一书

译自《列宁全集》俄文第5版
第31卷第443—446页

24

在讨论关于目前形势的决议时
发表的反驳意见

(4 月 29 日〔5 月 12 日〕)

(1)

会场上有人问:对辛迪加和银行的监督,是仅仅建议在全国范围内实行的措施,还是也包括对私营企业等等的监督措施?

不错,这一点在决议中没有谈,因为这种生动的实践在另一个决议中已经谈了,那里展示了它的良好的前景。[①] 而这个决议谈的是另一个问题——实现向社会主义迈进的步骤。

(2)

索洛维约夫提出修正,说对这一过渡时期的国家应该略加评述,说这很重要,因为这决定着工兵代表苏维埃工作的总方向……

列宁反对索洛维约夫同志的修正:

在某些决议中,我们经常看到一些具体的定义。工兵代表苏

---

① 见本卷第 422 页。——编者注

维埃可以不要警察而起作用,因为它有武装的士兵。工兵代表苏维埃是一种能够取代旧官吏的机关。

旧的土地纲领未能……①但是应当说:"党要求建立没有警察、常备军和官吏的农民-无产阶级共和国。"因此,代表会议已经预先解决了这个问题②,现在我们要做的只是用适当的措辞加以表述。

载于 1925 年《俄国社会民主工党(布)
彼得格勒市代表会议和全国代表会议
(1917 年 4 月)》一书

译自《列宁全集》俄文第 5 版
第 31 卷第 447—448 页

---

① 记录上有一个词无法辨认。——俄文版编者注
② 见本卷第 407 页。——编者注

25
关于目前形势的决议

(4 月 24 日〔5 月 7 日〕以前)

世界托拉斯和银行资本为争夺世界市场的统治权而引起的世界大战,使物质财富遭到巨大破坏,使生产力消耗殆尽,使军事工业蓬勃发展,以致绝对必需的、最低限度的消费品和生产资料的生产无法进行。

因此,这次战争使人类陷入了绝境,使人类濒于毁灭。

战前在最发达的先进国家中无疑已经具备的社会主义革命的客观前提,由于战争而更加成熟,并且继续在异常迅速地成熟。中小经济更加迅速地遭到排挤和破产。资本的积聚和国际化正在大大地加强。垄断资本主义正在向国家垄断资本主义转变,由于情势所迫,许多国家实行生产和分配的社会调节,其中有些国家进而采取普遍劳动义务制。

在保存生产资料私有制的情况下,所有这些使生产更加垄断化、更加国家化的措施,必然会加重对劳动群众的剥削和压迫,造成被剥削者反抗的困难,加强反动势力和军事专制,同时,必然会使大资本家靠剥削所有其他居民阶层而得来的利润急剧增加,使劳动群众在好几十年内都不得不向资本家缴纳贡税,即支付数十亿的借款利息。但是,在废除生产资料私有制和国家政权完全转到无产阶级手中以后,同样的这些措施却会保证社会的改造获得成功,从而消灭人剥削人的现象并且保障一切人的物质福利。

*　　　*　　　*

另一方面,全世界社会党人在1912年的巴塞尔宣言中一致声明,鉴于帝国主义战争即将爆发(目前正在激烈进行),**无产阶级革命**是不可避免的,这一预见已被事变的进程清楚地证实了。

俄国革命不过是战争所必然引起的无产阶级革命中的第一个革命的第一个阶段。

在一切国家中,广大人民群众对资本家阶级的愤恨在加深,无产阶级的意识在增强,他们认识到:只有使政权转到无产阶级手中并消灭生产资料私有制,才能使人类免于毁灭。

在一切国家中,尤其是在英国和德国这两个最先进的国家中,千百个没有转到"本国"资产阶级方面去的社会党人被资本家政府关进监狱,这种迫害明显地暴露出资本家政府害怕人民群众中不断深入发展的无产阶级革命。德国群众性罢工在最近几周声势特别大,德、俄士兵在前线联欢也日益增多,由此可以看出,无产阶级革命在德国正在成熟。

各国工人(今天他们还在为资本家的利益而互相残杀)之间兄弟般的信任和兄弟般的联盟已经开始逐渐恢复,这也就为各国工人采取一致的革命行动创造了先决条件。只有这种行动才能保证全世界社会主义革命最有计划地开展并最有把握取得成功。

*　　　*　　　*

俄国无产阶级是在欧洲最落后的一个国家内,在大量小农居民中间进行活动的,因此它不能抱定立即实行社会主义改造的目的。

但是,如果由此得出结论说,工人阶级必须支持资产阶级,或者必须把自己的活动局限在小资产阶级可以接受的范围内,或者在向人民解释必须立即采取若干实际上已经成熟的向社会主义迈进的步骤方面放弃无产阶级的领导作用,那就是极大的错误,在实际上甚至是完全转到资产阶级方面去了。

这样的步骤,首先就是实行土地国有化。这种措施并没有直接超出资产阶级制度的范围,但对生产资料私有制却是一个强有力的打击,因而会加强社会主义的无产阶级对农村半无产者的影响。

其次,这样的步骤就是对所有的银行实行国家监督,把它们联合成一个统一的中央银行,同时对保险机关和资本家的最大的辛迪加(如糖厂主的辛迪加、煤业公司、五金公司等等)也实行国家监督,逐步实行更合理的累进所得税和累进财产税。这样的办法在经济上已经完全成熟,在技术上完全可以立即实行,在政治上**能够**获得绝大多数农民的拥护,因为这些改革在各方面都是对他们有利的。

现在日益遍及俄国的工兵农等等代表苏维埃,除采取上述办法外,还可以实行普遍劳动义务制,因为这些机关的性质一方面可以保证一切新的改革只有在人民的绝大多数自觉地牢牢地领会到有实际必要时才加以实行,另一方面又可以保证不是由警察和官吏来实行改革,而是由武装起来的有组织的无产阶级和农民群众来自愿地参与调节自己的经济。

所有上述的和类似的措施,在全部政权转归无产者和半无产者的条件下,不仅可以而且应当在全国范围内进行讨论,并且作好实施的准备,只要有可能,也可以而且应当由全民政权的地方革命机关去实行。

在实行上述措施时,必须非常小心谨慎,争取稳定的居民多数,使他们自觉地确信这项或那项措施实际上已准备就绪;工人群众的有觉悟的先锋队正是应当把注意力和精力放在这一方面,因为工人群众有责任帮助农民群众找到一条摆脱业已造成的经济破坏的出路。

载于1917年5月3日(16日)
《士兵真理报》第13号增刊

译自《列宁全集》俄文第5版
第31卷第449—452页

26

代表会议闭幕词

（4 月 29 日〔5 月 12 日〕）

　　由于时间不够，列宁放弃了为更改党的名称申述理由的发言。但是关于这个问题，他介绍大家看他新近写的一本小册子《无产阶级在我国革命中的任务》①，这本小册子将作为各地讨论的材料。

　　关于代表会议讲了几句话。

　　时间不多，工作做了不少。我们党所处的条件是困难的。护国主义政党的势力很大，但是无产阶级群众对护国主义和帝国主义战争抱着否定的态度。我们的决议还不适宜广大群众阅读，但是它们将使我们的鼓动员和宣传员的活动协调一致，而读了决议的人会从中找到自己工作的指南。我们要面向千百万人讲话，应当从群众中吸取新的力量，要求觉悟比较高的工人能够适应群众的水平来解释我们的主要论点。我们要花力量在我们的小册子中更通俗地阐述我们的决议，我们希望各地的同志也能这样做。无产阶级将在我们的决议中找到把我们的革命推向第二阶段的指导性材料。

---

　　①　见本卷第 150—182 页。——编者注

（代表会议在国际歌声中闭幕）

载于 1925 年《俄国社会民主工党(布)
彼得格勒市代表会议和全国代表会议
(1917 年 4 月)》—书

译自《列宁全集》俄文第 5 版
第 31 卷第 453 页

俄国社会民主工党(布)第七次 全国代表会议(四月代表会议) 决议的引言[161]

(1917年5月3日〔16日〕)

工人同志们!

由中央委员会统一的俄国社会民主工党即通常所说的"布尔什维克"党的全国代表会议,已经结束了。

代表会议就革命的一切根本问题通过了非常重要的决议,下面刊登的是这些决议的全文。

革命正处在危机中,这从4月19—21日彼得格勒和莫斯科街头发生的事情可以看出来。这一点临时政府承认,彼得格勒工兵代表苏维埃执行委员会也承认。当我们写这篇东西的时候,古契柯夫的辞职又一次证实了这一点。

政权的危机,革命的危机,并不是偶然的现象。临时政府是地主和资本家的政府,他们被俄国和英法的资本所束缚,不得不继续进行帝国主义战争。但是士兵已经被战争拖得筋疲力尽了,他们愈来愈清楚地认识到战争是为了资本家的利益而进行的,他们不要战争。同时,像在其他国家一样,崩溃、饥荒和经济彻底破坏的阴森可怖的魔影也向俄国逼来。

　　彼得格勒工兵代表苏维埃也陷入了绝境,因为它同临时政府缔结了协议,支持这个政府,支持公债,从而也就是支持战争。苏维埃是要为临时政府负责的,它看到目前这种局势没有出路,但是由于自己同资本家政府签订了协议而弄得也无法脱身。

　　在这样一个伟大的历史关头,即在革命成败所系的时刻,在资本家手忙脚乱,一方面感到无计可施,一方面又想枪杀工人的时刻,我们党出现在人民面前,通过自己的代表会议的决议告诉人民:

　　必须明白哪些**阶级**在推动革命。必须冷静地估计到它们的不同的意图。资本家不可能和工人走同一条道路。小业主既不会完全相信资本家,也不会马上下定决心同工人建立兄弟般的紧密联盟。只有懂得了这些阶级的差别,才能为革命找到正确的道路。

　　我们的代表会议就人民生活的一切根本问题作出的决议,准确地区分了不同阶级的不同利益,指出了执行信任资本家政府的政策或支持资本家政府是根本不能摆脱绝境的。

　　处境空前困难。出路有一条,而且只有一条,这就是在整个俄国自下而上地把全部国家政权交给工兵农等等代表苏维埃。只有把政权交给得到大多数农民支持的工人阶级,才能指望迅速恢复其他国家工人的信任,才能指望在欧洲掀起强大的革命来打碎资本的枷锁,粉碎罪恶的各民族间的大厮杀的铁钳。只有把政权交给得到多数农民支持的工人阶级,才能真正指望全体劳动群众完全信任这一政权,团结得像一个人,齐心协力地忘我工作,来改造全部人民生活,以利于劳动群众而不利于资本家和地主。没有这种忘我的工作,没有所有的人的极紧张的努力,没有按新方式改造生活的毅力和决心,没有全体工人和全体贫苦农民的严密组织和同志纪律,**没有这一切,就没有出路。**

战争把全人类带到了死亡的边缘。资本家已被战争拖住而不能自拔。全世界正面临着一场大灾难。

工人同志们!事变将要求你们——千百万人——表现出新的英勇精神,表现出比在二、三月革命的光荣日子里更伟大的英勇精神,这个日子愈来愈近了。作好准备吧!

你们要作好准备并牢牢记住,过去,你们和资本家一起,单靠人民愤怒的爆发,几天之内就能取得胜利,而现在要取得对资本家的胜利,要战胜资本家,需要的就不仅仅是这一点了。要取得这样的胜利,要使工人和贫苦农民取得政权,要保持并巧妙地运用这一政权,就必须组织、组织、再组织。

我们的党在尽力帮助你们,首先要使你们懂得不同的阶级处于不同的地位,具有不同的力量。我们代表会议的决议就是要说明这一点。不清楚地认识这一点,组织也等于没有组织。而没有组织就不可能有千百万人的行动,就不可能取得任何胜利。

不要相信空话。不要被诺言迷惑。不要夸大自己的力量。要在每个工厂、每个团队和连队、每个街区组织起来。要时时刻刻进行组织工作,要亲自动手,决不把这一工作委托给别人。要通过这一工作使群众逐渐地、坚定不移地完全相信先进工人。这就是我们代表会议全部决议的基本内容。这就是整个革命进程的主要教训。这就是胜利的唯一保证。

工人同志们!我们号召你们不倦地进行这一艰巨而严肃的工作,把全世界有觉悟的革命的无产阶级团结起来。这条道路,而且只有这条道路才是出路,才能把人类从战争的惨祸和资本的枷锁下拯救出来。

载于 1917 年 5 月 3 日(16 日)　　　译自《列宁全集》俄文第 5 版
《士兵真理报》第 13 号增刊　　　　　第 31 卷第 454—457 页

在"星火"工人政治俱乐部
开幕式上的讲话

（1917 年 4 月 25 日〔5 月 8 日〕）

彼得格勒工人在革命中起了决定作用。

革命没有停止，它现在刚刚开始。

彼得格勒唤醒了俄国。彼得格勒解放了俄国。彼得格勒工人的伟大事业。

以后兵工代表苏维埃将取得政权，并摆脱战争，摆脱资本的统治！

彼得格勒工人开创的事业，在前线将由士兵的联欢继续下去。

各国工人的兄弟联盟。

革命联盟。

俄国革命万岁！

全世界社会主义革命万岁！

尼·列宁

1917 年 4 月 25 日[1]

载于 1933 年《列宁文集》俄文版
第 21 卷

译自《列宁全集》俄文第 5 版
第 31 卷第 458 页

① 最后两句话、日期和署名是列宁的手笔。——俄文版编者注

联欢的意义

（1917 年 4 月 28 日〔5 月 11 日〕）

资本家不是讥笑就是穷凶极恶地攻击士兵们在前线的联欢，他们造谣中伤，把事情说成是德国人"欺骗"俄国人，他们通过**自己的**将军和军官威胁说要惩治联欢行为。

从保护资本和资本利润的"神圣私有制"来看，资本家的这种政策是完全正确的，要把无产阶级社会主义革命在萌芽状态就**镇压下去**的确需要像资本家那样对待联欢。

有觉悟的工人和由于被压迫阶级的可靠本能而跟着工人走的半无产者群众即贫苦农民群众，是深深地同情联欢的。很明显，联欢是一条通往和平的途径。很明显，这条途径不是通过资本家政府，不是去同它们联合，而是**反对**它们。很明显，这条途径能发展、巩固和加强各国工人的兄弟般的信任。很明显，这条途径已**开始冲破**监狱般的兵营的可恶纪律：士兵必须死板服从"自己的"军官和将军，也就是服从自己的资本家（因为大部分军官和将军不是属于资本家阶级，就是在保护资本家阶级的利益）。很明显，联欢是**群众**的革命创举，是被压迫阶级的良心、智慧和勇气的苏醒，换句话说，它是走向无产阶级社会主义革命的步骤之一。

联欢万岁！**正在开始的**全世界无产阶级社会主义革命万岁！

为了尽可能容易地、可靠地、迅速地通过联欢达到我们的目的,我们必须设法使联欢具有高度的组织性和明确的政治纲领。

不管资本家及其伙伴们的居心险恶的报刊怎样诽谤我们,说我们是无政府主义者,我们还是要不倦地反复说:我们不是无政府主义者,我们热烈主张有最好的群众组织和最坚强的"国家"政权,——不过,我们所要的国家不是资产阶级议会制共和国,而是工兵农代表苏维埃共和国。

我们一直在发出劝告:要尽量有组织地举行联欢,要依靠士兵自己的智慧、经验和观察来防止这方面的欺骗行为,要设法使军官和将军(他们大都恶毒地诽谤联欢)远离会场。

我们要尽量做到,联欢不局限于一般地谈论和平,而要转向讨论**明确的**政治纲领,讨论**怎样**结束战争,**怎样**打碎那些发动战争而现在又拖延战争的资本家的枷锁。

因此,我们党发表了告各交战国士兵书(见《真理报》第37号)①,清楚而准确地回答了这些问题,并提出了明确的政治纲领。

士兵们诅咒战争,这是好的。他们要求和平,这是好的。他们开始感到战争对资本家有利,这是好的。他们冲破苦役营式的纪律,自己开始在各条战线上举行联欢,这也是很好的。所有这一切都很好。

但这还不够。

现在应当使士兵们举行一种能够讨论明确的政治纲领的联欢。我们不是无政府主义者。我们并不认为,简单地"拒绝"作战,个人、集团或偶然的"一群人"拒绝作战,就能结束战争。我们主张,结束战争应当是而且必将是一系列国家**革命**的结果,即由新的

①　见本卷第292—294页。——编者注

阶级夺取**国家**政权的结果。这个新的阶级不是资本家,不是小业主(其中的一半始终依附于资本家),而是无产者和半无产者。

我们正是在告各交战国士兵书中阐述了我们的世界工人革命纲领:全部国家政权归工兵代表苏维埃。

士兵同志们!你们自己讨论并且同德国士兵一起讨论这个纲领吧!这种讨论一定会帮助你们找到一条停止战争和打碎资本枷锁的正确道路,一条最有组织最近便的道路。

*　　　*　　　*

现在来谈谈资本的奴仆之一普列汉诺夫。这位前社会主义者竟堕落到如此地步,真是令人惋惜!他竟把联欢与"叛卖"相提并论!!他说:联欢取得成功,岂不是会导致单独媾和吗?

不,前社会主义者先生,我们支持的**各条**战线上的联欢不会导致一些国家的资本家之间的"单独"媾和,而会**不顾**各国资本家的愿望,导致各国革命工人之间的普遍和平,**反对**资本家,进而打碎他们的枷锁。

载于 1917 年 4 月 28 日(5 月 11 日)　　译自《列宁全集》俄文第 5 版
《真理报》第 43 号　　　　　　　　　　第 31 卷第 459—461 页

临时政府的反革命措施
会造成什么结果

(1917 年 4 月 28 日〔5 月 11 日〕)

我们接到这样一封电报：

"**叶尼塞斯克**。工兵代表苏维埃听取了李沃夫总理为了进行领导而发给叶尼塞斯克省现任专员克鲁托夫斯基的电报。

我们对恢复官吏的企图表示抗议，并声明：第一，我们决不让委派的官吏来管理我们；第二，决不让已被赶走的乡村长官回来；第三，我们只承认叶尼塞斯克县人民自己建立的机关；第四，委派的官吏要来统治，除非是跨过我们的尸体。

叶尼塞斯克代表苏维埃"

可见，临时政府从彼得格勒委派了"专员"去"领导"叶尼塞斯克工兵代表苏维埃或叶尼塞斯克的所有地方自治机关。而且，临时政府所采取的这种委派的形式，使叶尼塞斯克工兵代表苏维埃对"恢复官吏的企图"提出了抗议。

叶尼塞斯克工兵代表苏维埃还声明："委派的官吏要来统治，除非是跨过我们的尸体。"临时政府的行径，使得一个远在西伯利亚的县城通过它的由全民选出的领导机关向政府直接威胁说，要进行**武装反抗**。

临时政府的老爷们真是治国有道！

他们又要像过去那样对"煽动""内战"的坏蛋们咆哮起来！

从彼得格勒或从其他某个中心城市委派"专员"去"领导"**民选的**地方机关,其用意何在呢? 难道派去的人能够更好地了解地方上的疾苦,能够"领导"当地居民吗? 对叶尼塞斯克人采取这种荒唐的措施有什么根据呢? **要是**叶尼塞斯克人同其他地区大多数公民的决定有什么抵触,那为什么不事先**了解一下情况**,免得给人以恢复"官吏"的话柄,引起当地居民正当的愤怒和不满呢?

所有这些问题的答案只有一个,就是在临时政府中任职的地主和资本家的代表先生们一定要**保持**沙皇旧的管理**机构**——从上面"委派的"官吏。世界上所有的资产阶级议会制共和国,除了有些国家在短暂的革命时期以外,几乎总是这样做的。他们这样做,也就是准备和促使共和国**回到**君主制、回到拿破仑之流、回到军事独裁者那里去。他们是这样做了,立宪民主党的先生们也一定想要重复这种不光彩的例子。

问题非常严重。用不着欺骗自己。临时政府采取这种措施(不管有意还是无意)正好是在为俄国君主制的复辟**作准备**。

有人可能会(在某种程度上必然会)试图恢复俄国的君主制,采取上述反革命措施的临时政府应对此负全部责任。因为由上面"委派"去"领导"当地居民的官吏,正如常备军和警察一样,过去是、将来也会是恢复君主制的最可靠的保证。

叶尼塞斯克工兵代表苏维埃无论在实践上或在原则上都是万分正确的。决不允许已经被赶走的乡村长官回来。决不能容忍由上面"委派"官吏。"只"应该承认当地"人民自己建立的机关"。

必须由上面"委派"官吏来进行"领导"的主张是根本不对的,是不民主的,是凯撒式的或布朗基式的**冒险**。恩格斯说得正确,他在1891年批判沾染上浓厚官僚主义的德国社会民主党人的纲领草案时,曾坚决主张:完全没有必要从上面来监视地方自治机关;恩格斯在提到法国的经验时正确地指出,法国从 1792 年到 1798 年由民选的地方机关进行管理,根本没有实行这种监视,但法国一点也没有"垮台",一点也没有"解体",却反而巩固起来了,民主地团结起来了,组织起来了。①

官吏的愚蠢偏见、沙皇时代的官场恶习、反动教授关于官僚制度必不可少的观念、地主和资本家的反革命习性和图谋——这些就是我们所谈的临时政府的那些措施赖以产生和发展的基础。

从上面"委派"官吏去"领导"当地成年人,去"领导"已经选出自己的领导者的绝大多数人,——这种带侮辱性的做法引起了工人和农民的愤怒,叶尼塞斯克工兵代表苏维埃正是反映了他们的这种健康的民主感。

人民需要真正民主的工农共和国,即一切当权者都必须选举产生而且按人民的愿望可以随时撤换的共和国。为了建立**这样的**共和国,所有的工人和农民都应当起来**反对**临时政府恢复沙皇君主制的管理方法和管理机构的做法。

载于 1917 年 4 月 28 日(5 月 11 日)《真理报》第 43 号

译自《列宁全集》俄文第 5 版第 31 卷第 462—464 页

---

① 参看《马克思恩格斯文集》第 4 卷第 416—417 页。——编者注

十分拙劣的谎言

（1917 年 4 月 28 日〔5 月 11 日〕）

聪明绝顶的《工人报》硬要它的读者相信，普列汉诺夫和列宁是同盟者，因为他们两人都反对斯德哥尔摩社会沙文主义者代表会议。《工人报》只字不提我们的实质性论据，避而不谈这个代表会议是资本主义外交家的一个**幌子**，而用大喊大叫来敷衍了事！

可鄙的伎俩！

马克思主义者应当把真情告诉人民，应当揭露那些**通过**社会沙文主义者进行活动的外交家的勾当。

马克思主义者不允许自己像《工人报》那样对以下这点闭口不谈：法国社会沙文主义者拒绝参加代表会议，**意味着**英法资产阶级和俄国资产阶级想把战争持续到彻底打垮德国为止。

载于 1917 年 4 月 28 日（5 月 11 日）
《真理报》第 43 号

译自《列宁全集》俄文第 5 版
第 31 卷第 465 页

社会沙文主义者和国际主义者

（1917 年 4 月 29 日〔5 月 12 日〕）

　　背叛了社会主义而转到"本国"资本家方面的社会沙文主义者，由于资本家在战争中分成集团，自然也就分裂了。这种分裂自然也是暂时的。普列汉诺夫不愿和谢德曼协商，但同一个普列汉诺夫却支持背叛了社会主义的社会沙文主义者"国际"。换句话说，**在那些分别由普列汉诺夫和谢德曼充当代理人的资本家彼此分裂的时候**，普列汉诺夫就赞成和谢德曼派分裂；当"主人们"（即两国的资本家）和好的时候，普列汉诺夫就赞成和谢德曼派团结一致。不能否认，普列汉诺夫的立场是一贯的，即一贯**背叛**社会主义，一贯心甘情愿地为资本家效劳。

　　国际社会主义"中派"的代表（考茨基等）主张和所有社会沙文主义者"团结一致"，同意参加由谢德曼的代理人伯格比尔所筹备的代表会议，或者由他们自己（像彼得格勒工兵代表苏维埃执行委员会那样）同谢德曼派和普列汉诺夫派**一起**策划召开国际"社会党"代表会议，这是不足为奇的。我们俄国"中派"的代表通过《工人报》对我党拒绝参加伯格比尔筹备的代表会议表示极大气愤，这也不足为奇。

　　昨天晚上，我们接到了我们驻斯德哥尔摩记者的来电：

　　"哈阿兹和龙格参加代表会议。'斯巴达克'已拒绝。"

在德国,卡尔·李卜克内西所属的一派叫做"斯巴达克派"或"国际派"。最近有人特别是那些故意捣蛋的人大肆叫嚣,说李卜克内西派和考茨基派组成了新的"德国独立社会民主党"[162]。其实,李卜克内西派并没有完全和考茨基派联合,它仍旧保持了组织上的独立性,只不过暂时有条件地参加了反社会沙文主义者联盟。

上面的电报再次证实了这一点。当实际问题一提出来,需要马上明确回答是否跟着谢德曼派及其代理人走的时候,卡·李卜克内西及其一派人同考茨基之流的联盟就**立刻瓦解**了。

某些同志担心,我们作出的关于伯格比尔的决议会使我们"孤立起来"。

不,同志们! 这个决议把我们和**动摇分子**分隔开了。帮助动摇分子的唯一办法,就是自己不动摇。

许多事件极其充分、极其迅速地证明,我们针对伯格比尔作出的决议是正确的。德国的考茨基派(哈阿兹)和法国的考茨基派(龙格)还在继续动摇,还在同社会沙文主义者商讨,下不了决心同他们彻底划清界限。

我们党带头同他们彻底划清界限,**已经开始**把主张成立第三国际的人团结起来。我们的策略和卡·李卜克内西派的策略相吻合不是偶然的,这是向就要诞生的第三国际迈进了一步。

载于1917年4月29日(5月12日)　　　　译自《列宁全集》俄文第5版
《真理报》第44号　　　　　　　　　　第31卷第466—467页

伊·格·策列铁里和阶级斗争

(1917 年 4 月 29 日〔5 月 12 日〕)

4 月 27 日伊·格·策列铁里在历届国家杜马代表的盛大集会上发表的演说,所有的报纸都全文或摘要转载了。

不用说,这是部长式的演说。是不管部长发表的演说。但是我们认为,**即使**在不管部长们发表部长式的演说时,提一提社会主义、马克思主义和阶级斗争,也并不是什么罪过。各有各的一套:对资产阶级来说,不谈阶级斗争,不分析不研究阶级斗争,不从阶级斗争观点论证政策,是得体的。对资产阶级来说,撇开这些在客厅交谈中称之为"不愉快的"、"失礼的"话题,赞扬"一切自由之友"的"团结",是得体的。无产阶级政党则理应不忘记阶级斗争。

各有各的一套。

伊·格·策列铁里的演说基于两个基本的政治思想。第一,似乎可以而且应当区分两"部分"资产阶级。一部分"已经同民主派达成协议",这一部分资产阶级的地位是"稳固的"。另一部分是一些"挑起内战的、不负责任的资产阶级人士",策列铁里又把这部分人称为"很多都是所谓温和的有财产资格的人"。

演讲人的第二个政治思想是:"现在就宣布〈!!?〉无产阶级和农民的专政"是一种"绝望的"举动,而他策列铁里只有在相信(即使只有一分钟)舒利金的主张是"整个有财产资格的资产阶级的主张"时,才能同意这种绝望的举动。

　　我们来分析一下伊・格・策列铁里的这两个政治思想。他像一个不管部长或候补部长那样,采取了"中间"立场:既不反动,也不革命;既不同舒利金一道,也不同"绝望的举动"的拥护者一道。

　　策列铁里有没有指出他所划分的这两部分资产阶级之间的阶级差别呢? 根本没有。策列铁里甚至不想一想,从阶级斗争的观点来论证政策并不是什么罪过。按阶级基础来说,资产阶级的这两个"部分"都是地主和资本家。至于舒利金所代表的**并不是**古契柯夫(临时政府成员,而且是最重要成员之一)所代表的那些阶级或阶级集团,策列铁里则连一个字也没有提到。策列铁里把舒利金的主张和"整个"有财产资格的资产阶级的主张截然分开,但并没有说出**任何**理由。其实他也说不出。舒利金"主张"临时政府单独掌握政权,反对武装士兵监督临时政府,反对"反英宣传",反对"唆使"士兵反抗"军官",反对"彼得格勒区"**163**的宣传等等,——这些主张,读者每天都可以在《言语报》上、在部长们的演说和宣言中看到。

　　差别仅仅在于舒利金说得"露骨些",临时政府作为一个政府**说得**含蓄些;舒利金用的是深沉的低音,米留可夫用的是假嗓子。米留可夫赞成同工兵代表苏维埃达成协议;舒利金也**不反对**。舒利金和米留可夫都赞成采取"另外的监督办法"(不是由武装的士兵来监督)。

　　策列铁里把阶级斗争的一切观念都抛到九霄云外去了! 他**没有**而且也不想指出资产阶级这"两个部分"之间的阶级差别和较大的政治差别!

　　在策列铁里的演说中,有一段话把"无产阶级和革命的农民"

理解为"民主派"。让我们来看看这个阶级定义。资产阶级已同意和这个民主派达成协议。请问，这种协议的根据是**什么**？它根据的是哪个**阶级的**利益？

对于这一点，策列铁里一声也不吭！他只谈"此刻全国都能接受的一般的民主纲领"，很明显，这里是指无产者和农民都能接受的纲领，因为除了"有财产资格的人"以外，所谓"全国"也就是工人和农民了。

这个纲领排除得掉像土地问题这样的问题吗？排除不掉。纲领没有谈到这个问题。但是阶级利益及其冲突，会因为在外交文件上、在"协议"的文本上、在部长们的演说和声明中没有谈到而消失吗？

策列铁里"忘记了"提这个问题，忘记了一件"小事"，"只不过是"忘记了阶级利益和阶级斗争……

伊·格·策列铁里像夜莺一般地唱道："俄国革命的一切任务，它的全部实质〈!!??〉取决于有财产资格的有产阶级〈即地主和资本家〉能否了解这个全民的纲领不是专门无产阶级的纲领……"

可怜的地主和资本家！他们真是"不机灵"。他们竟"不了解"。需要一个专门的民主派部长来开导开导……

如果不是这样，那就是这位"民主派"人士忘记了阶级斗争，滚到了路易·勃朗的立场，用空话来回避阶级利益的冲突。

是舒利金和古契柯夫以及米留可夫"不了解"在这个不涉及土地问题的纲领的基础上**可以**使农民同地主和平相处呢，还是伊·格·策列铁里"不了解"这是**办不到**的？

工人和农民们，你们只能提出地主和资本家"能接受的"东西——这就是舒利金—米留可夫—普列汉诺夫的立场的真正**本质**

（阶级本质，而不是口头上说的本质）。对于这一点，他们比伊·格·策列铁里"了解"得更清楚。

现在我们来谈一谈策列铁里的第二个政治思想：无产阶级和农民的专政（顺便说一下，专政不能"宣布"，而是要争取）似乎是一种绝望的举动。第一，现在还如此简单地谈这个专政是很不应该的，但愿伊·格·策列铁里不要进"老布尔什维克"保管库①…… 第二,（这是主要的）难道工人和农民不是占人口的绝大多数吗？ 难道实现大多数人的意志不能叫"民主"吗？

既然是民主主义者,怎么能**反对**"无产阶级和农民的专政"呢？ 怎么能因此而担心发生"内战"呢？（什么样的内战？ 一小撮地主资本家**反对**工人和农民的内战？ 微不足道的少数人反对绝大多数人的内战？）

伊·格·策列铁里完全弄糊涂了,他甚至忘记了,假如李沃夫之流履行召开立宪会议的诺言,那么立宪会议也就会成为大多数人的"专政"。难道在立宪会议上,工人和农民也只应当提出地主和资本家"能接受的"东西吗？

工人和农民是绝大多数。全部政权归这个多数,——请看,这是一种"绝望的举动"……

策列铁里弄糊涂了,因为他完全忘记了阶级斗争。他从马克思主义的立场整个地滚到了用空话"回避"阶级斗争的路易·勃朗的立场。

无产阶级领袖的任务是：阐明阶级利益的不同,说服小资产阶级中的某些阶层（即贫苦农民）,使他们在工人和资本家中间作一

---

① 见我的《论策略书》（本卷第135—149页）。——编者注）。

选择,站到工人方面来。

小资产阶级的路易·勃朗之流的任务是:抹杀阶级利益的不同,劝说资产阶级中的某些阶层(主要是知识分子和议员)同工人达成"协议",劝说工人同资本家、农民同地主达成"协议"。

路易·勃朗曾苦口婆心地劝过巴黎的资产阶级,大家知道,他差一点说服资产阶级在1848年和1871年放弃大规模的枪杀……

载于1917年4月29日(5月12日)   译自《列宁全集》俄文第5版
《真理报》第44号   第31卷第468—472页

惊 慌 不 安

(1917 年 4 月 29 日〔5 月 12 日〕)

《真理报》就几位前任部长出任大银行经理的一则消息问道：

"那么现任部长古契柯夫、捷列先科、柯诺瓦洛夫加入了多少家银行（当经理、股东、实际上的老板）？"

《真理报》还补充说：

"银行的职员同志（附带说一句，他们应该赶快组织自己的联合会）如果能收集这方面的材料在工人报刊上发表出来，那可是做了一件好事。"①

关于这一点，显然"散发着"相当浓厚的银行"气味"的惊慌不安的报纸《交易所新闻》写道：

"建议'职员同志'进行侦查，探明资产阶级部长们的金库有多少现金。布尔什维克还会以同样的放肆态度探索别人的信念。我们不久是否会在《真理报》上看到要同志们成立自己的保安处的建议呢？在克舍辛斯卡娅公馆是找得到地方的……"

《交易所新闻》的先生们为什么要如此惊慌不安呢？

先生们，这同"侦查"有什么关系呢？

我们决不反对银行的职员同志公布**所有政党**的银行巨头的名单。先生们，人民为什么没有权利知道，究竟谁是银行这类决

---

① 见本卷第 224 页。——编者注

定国家全部经济生活、决定战争与和平问题的强大机构的主要老板？

先生们，你们怕什么呢？

载于 1917 年 4 月 29 日(5 月 12 日)　　　译自《列宁全集》俄文第 5 版
《真理报》第 44 号　　　　　　　　　　第 31 卷第 473—474 页

芬兰和俄国

(1917 年 4 月 30 日和 5 月 1 日〔5 月 13 日和 14 日〕)

芬兰同俄国的关系问题,已经成了一个迫切的问题。临时政府**没能**满足芬兰人民的要求,虽然他们**现在还**不是要求分离,而只是要求广泛的自治。

最近《工人报》为临时政府不民主的兼并政策作了阐述和"辩护"。它的做法最好不过地"断送了"被辩护者。这确实是一个全国性的根本问题,因此必须十分仔细地加以探讨。

《工人报》第 42 号写道:"组织委员会认为,芬兰和俄罗斯国家之间的整个关系问题只有由芬兰议会和立宪会议达成协议才能够而且必然得到解决。在此以前,芬兰同志〈组织委员会同芬兰社会民主党人谈过话〉必须记住,如果在芬兰分离的倾向加剧,那就会使俄国资产阶级加强其集中的意图。"

这是资本家,资产阶级,立宪民主党人的观点,但决不是无产阶级的观点。孟什维克社会民主党人抛弃了社会民主党纲领中承认国内各民族都有自决权的第 9 条[164]。他们实际上已经背弃了这一纲领,正如在以普遍的人民武装代替常备军等问题上一样,实际上已经转到资产阶级方面去了。

资本家,资产阶级,包括立宪民主党在内,从来不承认各民族的政治自决权,即不承认它们有与俄国**分离的自由**。

社会民主党在它 1903 年通过的党纲的第 9 条中**承认了**这项权利。

既然组织委员会"劝告"芬兰社会民主党人等待芬兰议会同立宪会议达成"协议",那也就是说,在这个问题上是转到资产阶级方面去了。只要把**各个**主要阶级和政党的立场作一清晰的比较,就可以完全相信这一点。

沙皇、右派、君主派不赞成芬兰议会同立宪会议达成协议,而赞成芬兰直接受俄罗斯民族支配。共和派资产阶级则主张芬兰议会同立宪会议**达成协议**。觉悟的无产阶级和**忠于**自己纲领的社会民主党人,主张芬兰也和一切没有充分权利的民族一样,有**与俄国分离的自由**。这是一幅真实、鲜明、确切的图画。在根本不能解决任何问题的"达成协议"——因为要是达**不成**协议,那怎么办呢?——的口号下,资产阶级仍然像沙皇那样进行压服,仍然执行兼并政策。

因为芬兰是在俄国沙皇同扼杀法国革命的拿破仑相互勾结等等的情况下而被兼并的。如果我们真正反对兼并,我们就应当说:**芬兰有分离的自由!** 当我们这样说了而且这样做了的时候,**那时**——也只有在那时!——同芬兰达成的"协议"才会是真正自愿的、自由的协议,才能叫做真正的协议,而不是欺骗。

只有双方平等才能达成协议。要使协议真正成为协议而不成为压服的掩饰物,**双方**就必须有真正的平等,即俄国**和芬兰**都有**不**同意的权利。这像白天一样清楚。

只有"分离的自由"才能表现出这种权利,只有享有分离自由的芬兰,才能在是否需要分离的问题上真正同俄国达成"协议"。**没有**这个条件,不承认分离的自由,谁还空谈"协议",谁就是自欺欺人。

组织委员会本来应当向芬兰人说清楚,它是否承认分离的自由。它和立宪民主党人一样，掩饰这一点，从而背弃了分离的自由。它本来应当抨击俄国资产阶级不让被压迫民族享有分离权的行为，本来应当抨击这种**等同于兼并主义**的行为。可是组织委员会没有这样做，反而攻击芬兰人，警告他们说，"分离的"（本来应当说分离主义的）倾向将加强集中的意图！！换句话说，组织委员会以兼并主义的大俄罗斯资产阶级会得到加强来威胁芬兰人，——这正是立宪民主党人经常采取的手法，罗季切夫之流也正是在这个幌子下推行着**自己的**兼并主义。

这就是对兼并问题的清楚而实际的说明。现在"大家"都在谈论兼并问题，但又害怕一针见血地提出问题。**谁反对分离的自由，谁就是主张兼并**。

历代沙皇都粗暴地实行过兼并政策，依照同他国君主达成的协议（瓜分波兰，同拿破仑进行关于芬兰的交易等等），像地主互相交换农奴那样拿一个民族去交换另一个民族。资产阶级成为共和派以后，则更加巧妙更加隐蔽地实行**同样的**兼并政策，**答应**订立"协议"，**但却剥夺**真正平等达成协议的唯一实际保证即分离的自由。组织委员会实际上已经转到资产阶级方面去，当了资产阶级的尾巴。（因此，《交易所小报》做得十分正确，它转载了《工人报》的文章的全部主要内容，并赞扬了组织委员会给芬兰人的答复，把这一答复称做"俄国民主派"给予芬兰人的"教训"。《工人报》是配赢得《交易所小报》的这一吻的。）

无产阶级政党（布尔什维克）在自己的代表会议上，在关于民族问题的决议中，再一次确认了分离的自由。①

---

① 见本卷第431页。——编者注

阶级和政党的分野是很明显的。

小资产者让被吓倒了的资产阶级的怪影所吓倒——这就是孟什维克社会民主党人和社会革命党人的政策的实质所在。他们"害怕"分离。觉悟的无产者**不害怕**分离。挪威于1905年自由地与瑞典分离,这样两方面都得到了好处:两个民族互相信任了,彼此自愿接近了,荒诞的有害的摩擦消除了,双方在经济和政治、文化和生活上的**亲善关系**巩固了,两国工人的兄弟联盟加强了。

工人和农民同志们!不要向俄国资本家即古契柯夫、米留可夫、临时政府对芬兰、库尔兰、乌克兰等实行的兼并政策让步!不要害怕承认所有这些民族的分离自由。不要用暴力,而只应用真正自愿、真正自由的协议(没有分离的自由,这种协议是**不可能达成的**)来吸引其他民族同大俄罗斯人结成联盟。

俄国愈自由,我们的共和国愈坚决地承认各个非大俄罗斯民族有分离的自由,这些民族就会愈**要**同我们结成联盟,摩擦就会愈少,真正分离的情况就会愈少,某些民族分离的时间就会愈短,归根到底,俄罗斯无产阶级-农民共和国同其他任何民族的共和国结成的兄弟联盟就会愈紧密,愈巩固。

载于1917年5月2日(15日)   译自《列宁全集》俄文第5版
《真理报》第46号   第32卷第4—7页

修改党纲的材料

（1917 年 4—5 月）

1
序　言

　　俄国社会民主工党（布尔什维克）中央委员会委托本人立即出版中央现有的修改党纲的材料。

　　这些材料包括：

　　（1）党纲的理论部分和政治部分的修改草案初稿。这个初稿曾由笔者提交 1917 年 4 月 24—29 日召开的俄国社会民主工党全国代表会议，但只由代表会议为研究这个问题而设立的小组作过审查。

　　（2）该小组和个别组员对这个草案和与此有关的问题的意见。

　　（3）我对这些意见的答复。

　　（4）由 1917 年 4 月 24—29 日召开的代表会议的劳动保护问题分组制定的最低经济纲领修改草案全文。

　　（5）党纲中有关国民教育的条文的修改草案及其简短说明。这个草案是由娜·康·克鲁普斯卡娅在代表会议闭幕后拟定的。

　　在出版这些材料时，我作了些极简要的说明，我认为目前党的

主要任务是通过公布材料来吸引尽可能多的同志积极参加党纲的
制定工作。

　　上列各修改草案构成了新党纲草案全文,因此我把新旧文本
一并刊印于书末,使读者能够看到全面的材料,从而便于比较和提
出修正。

　　我受中央委托,吁请全体党员同志和党的同情者尽量广泛地
在党的出版物上转载这个材料,使**全体**党员熟悉这个材料,并把所
有意见和草案寄给《真理报》编辑部(彼得格勒莫伊卡 32 号,并注
明:修改党纲的材料寄交中央委员会)。

尼·列宁

1917 年 5 月 20 日

2

党纲的理论、政治及
其他一些部分的修改草案

总纲的末尾（在"具有无产阶级的观点"以后）增加下面几段话：

世界资本主义现在（约从 20 世纪初开始）已发展到帝国主义阶段。帝国主义，或金融资本时代，是高度发展的资本主义经济，这时资本家的垄断同盟——辛迪加、卡特尔、托拉斯已具有决定的意义，大量积聚的银行资本已和工业资本融合起来，资本向外国的输出已发展到很大的规模，一些最富裕的国家已把全世界的领土瓜分完毕，国际托拉斯已开始从经济上瓜分世界。

在这种情况下，帝国主义战争，即争夺世界霸权、争夺银行资本的市场和扼杀弱小民族的战争是不可避免的。1914 — 1917 年的第一次帝国主义大战正是这样的战争。

整个世界资本主义的发展达到了非常高的程度；垄断资本主义代替了自由竞争；银行以及资本家的同盟准备了对产品的生产和分配过程实行社会调节的机构；资本主义垄断组织的发展引起了物价的高涨和辛迪加对工人阶级压迫的加重，工人阶级的经济斗争和政治斗争遭到巨大困难；帝国主义战争造成惨祸、灾难、破产和粗野——这一切就使目前所达到的资本主义发展阶段成为无产阶级社会主义革命的时代。

这个时代已经开始。

只有无产阶级社会主义革命才能把人类从帝国主义和帝国主义战争所造成的绝境中解救出来。不论革命有多大的困难和可能遭到何种暂时的失利,不论反革命的浪潮如何汹涌,无产阶级的最终胜利是不可避免的。

因此,客观情况把如下任务提上了当代的日程:从各方面直接训练无产阶级去夺取政权,以实现构成社会主义革命内容的各项经济措施和政治措施。

————

上述任务要求一切先进国家的工人阶级彼此充分信任,结成最紧密的兄弟联盟,把革命行动直接统一起来。要完成这项任务,必须立即从根本上摒弃在大多数正式社会民主党上层人物中占上风的那种社会主义的资产阶级变态。这种变态一方面是社会沙文主义(口头上的社会主义,实际上的沙文主义)派别,它用"保卫祖国"的口号作掩饰,保卫"本国"资产阶级的掠夺利益;另一方面则是同样广泛而具有国际性的派别,即所谓"中派",它主张和社会沙文主义者团结一致,主张保存或改良已经破产的第二国际,它动摇于社会沙文主义和无产阶级为实现社会主义制度而进行的革命国际主义的斗争之间。

————

最低纲领的头几段(从"在整个文明世界"起至第 1 条)全部删去,改为下面的几段话:

在俄国目前这种时刻,在属于资本家阶级并取得小资产阶级广大群众信任(必然是不长久的)的临时政府已承诺召开立宪会议的时候,无产阶级政党面临的直接任务,就是争取一个最能保证经济发展和人民权利,特别是保证痛苦最少地向社会主义过渡的国家制度。

无产阶级政党不能局限于资产阶级议会制民主共和国,这种共和国在世界各地正在保存并力图永远保存警察、常备军、特权官吏等压迫群众的君主制工具。

党争取建立一个更民主的无产阶级-农民共和国,在这个共和国里,完全废除警察和常备军,而代之以普遍的人民武装,全民的民兵;一切公职人员不仅由选举产生,而且可以按照大多数选民的要求随时撤换;一切公职人员的工资不得超过熟练工人的平均工资;人民代表苏维埃(由各阶级、各行业或各地的代表组成)逐步代替议会制代表机构,它既是立法机关,又是执法机关。

俄罗斯民主共和国宪法应当保证:

第1条。建立人民专制;国家的最高权力应当全部属于人民代表,人民代表由人民选举产生并且可以由人民随时撤换;人民代表组成单一的人民会议,即单一的议院。

第2条加上:

一切选举都采用比例代表制;所有代表和当选人都可以按照大多数选民的决定随时撤换。

第3条加上:

取消由国家任命的一切地方的和省的政权机关。①

第8条的最后一句应该改为:

---

① 见1917年5月28日《真理报》第68号弗·恩格斯关于马克思主义及彻底的民主主义对任命或批准地方居民选出的政权机关问题的观点所发表的看法。**165**

在一切地方的社会团体和国家机关中,通用本民族的语言;取消强制性国语。

第9条改成:

国内各民族都有自由分离和建立自己的国家的权利。俄罗斯人民共和国不应当用暴力,而只应当通过自愿的协议来吸引其他民族建立共同的国家。各国工人应当团结一致,结成兄弟联盟,不容许对其他民族直接或间接地使用暴力。

第11条改成:

法官以及民政方面和军队方面的公职人员都由人民选举产生;所有这些人都可以按照大多数选民的决定随时撤换。

第12条改成:

用普遍的人民武装代替警察和常备军;职工应当按照在全民的民兵中执行公务的时间从资本家那里领取通常的报酬。

———

在党纲中关于财政的条文下面(在"民主化的基本条件"之后)加上一段话:

一方面,在银行业和托拉斯化的工业部门中,资本主义已达到高度发展的程度,另一方面,帝国主义战争所造成的经济破坏引起一种普遍的要求,即对最主要产品的生产和分配实行国家和社会的监督,这就促使党提出把银行、辛迪加(托拉斯)等等收归国有的要求。

———

土地纲领的写法如下:

开头照旧(从"为了肃清"至"党要求"),下面改成这样:

(1)全力争取在俄国立即完全没收全部地主土地(以及皇族、

教会、皇室等等的土地)。

(2)主张立即把全部土地交给组织在农民代表苏维埃中的农民,或交给组织在其他真正完全按民主原则选出的、完全不依附地主和官吏的地方自治机关中的农民。

(3)要求实行全国所有土地国有化;国有化就是把全部土地的所有权交给国家,把土地的支配权交给地方民主机关。

(4)支持俄国若干地方的农民委员会的创举,把地主的耕畜和农具交给组织在这些委员会中的农民共同调剂使用,以耕种全部土地。

(5)建议农村无产者和半无产者设法把各个地主田庄改建成具有相当规模的示范农场,由农业工人代表苏维埃用公款经营,受农艺师指导,并使用优等的技术设备。

在一切情况下,在民主土地改革的任何状况下……至本段末("剥削的唯一手段")。

最后,土地纲领的末段,即从"在一切情况下,在民主土地改革的任何状况下"起至"一切剥削的唯一手段",照旧保留。

————

党纲的最后两段,即从"俄国社会民主工党力求达到"起至最后,全部删去。

3

对俄国社会民主工党(布)第七次
全国代表会议(四月代表会议)
党纲小组的意见的看法

对于有关党纲总纲的这些意见,我应当指出下面几点:

在我看来,全部修改党纲总纲是没有必要的。我认为,小组所拟的修改纲要在理论上是不正确的。

党纲总纲目前这一稿的内容是:叙述和分析资本主义这个社会经济制度的最主要最本质的特征。这些特征并**没有**由于帝国主义,由于处在金融资本时代而根本改变。帝国主义是资本主义发展的继续,是它的最高阶段,从某个方面来说,是向社会主义过渡的阶段。

因此,在分析了一般资本主义的基本特征之后补充一段对帝国主义的分析,我不认为是"机械的"。其实,帝国主义没有**而且也不可能**彻底**改造**资本主义。帝国主义使资本主义的矛盾复杂化和尖锐化,使垄断和自由竞争"搅在一起",但它**消除不了**交换、市场、竞争、危机等等。

帝国主义是衰朽的但还没有完全衰朽的资本主义,是垂死的但还没有死亡的资本主义。不是纯粹的垄断,而是垄断和交换、市场、竞争、危机并存,——这就是帝国主义的最本质的特征。

所以，删去对交换、商品生产、危机等等的分析，用对帝国主义**整体**的分析来"代替"，这在理论上是错误的。因为这种整体并不存在。存在的是从竞争向垄断的**过渡**。因此，如果党纲能保留对交换、商品生产、危机等等的总分析，再加上对**日益壮大的**垄断组织的评述，它就会更加正确、更加确切地反映现实。正是竞争和垄断这两个互相矛盾的"原则"的结合才是帝国主义的本质，正是这种结合在酝酿着崩溃，即社会主义革命。

此外，把俄国帝国主义说成是严密的整体（帝国主义根本不是严密的整体），也是不对的，因为俄国还有许多地区和劳动部门在从自然经济和半自然经济向资本主义过渡。这是落后现象，是一个弱点，但它毕竟存在着，在某种情况下会起到延缓资本主义崩溃的作用。

党纲先叙述（而且应该先叙述）资本主义的最简单的表现，然后叙述较复杂的和"较高的"表现，先叙述交换，然后叙述商品生产、大企业排挤小企业、危机等等，最后叙述帝国主义这个最高阶段，这个阶段正在发展，在各先进国家到目前才发展成熟。实际生活正是如此。一开始就把一般"交换"和资本输出相提并论，是违背历史的，在理论上是不正确的。

这就是我对小组意见的不同看法。

4

关于修改党纲的草案

新旧党纲文本

为了使读者能够更容易、更方便地比较新旧党纲文本,现将两种文本用下列方法刊在一起:

旧党纲在新党纲中完全保留的部分用普通字体排印;

旧党纲在新党纲中完全删掉的部分用楷体排印;

旧党纲根本没有而新党纲增加的部分用黑体字排印。

俄国社会民主工党纲领

交换的发展在文明世界各民族之间建立了密切的联系,因此伟大的无产阶级解放运动一定会成为而且早已成为国际的运动。

俄国社会民主党认为自己是全世界无产阶级大军中的一支队伍,它所追求的最终目的是和其他各国社会民主党人力求达到的目的相同的。这个最终目的是由现代资产阶级社会的性质及其发展进程决定的。这个社会的主要特点是以资本主义生产关系为基础的商品生产,在资本主义生产关系下,最重要的和很大部分的生产资料和商品流通手段归一个人数不多的阶级所有,绝大多数居民却是无产者和半无产者,他们由于自己的经济地位不得不一直出卖或时常出卖自己的劳动力,即受雇于资本家,并以自己的劳动为社会的上层阶级创造收入。

资本主义生产关系的统治范围随着下列情况而日益扩大:技术的不断改进提高大企业的经济作用,同时使独立的小生产者受到排挤,一部分变成无产者,其余部分在社会经济生活中的作用日益缩小,某些地方还使他们在或大或小的程度上陷入完全地、明显地、深深地依附于资本的地位。

此外,上述的技术进步又使企业主能够在商品的生产和流通过程中愈来愈多地使用妇女和儿童的劳动。另一方面,既然这种技术进步使企业主对工人的活劳动的需要相对减少,劳动力也就必然供过于求,因此雇佣劳动愈来愈依附资本,雇佣劳动受剥削的程度不断提高。

各资产阶级国家内部的这种状况和它们在世界市场上日趋尖锐的相互竞争,使产量不断增加的商品愈来愈难找到销路。在相当尖锐的工业危机(接着危机而来的是相当长的工业停滞时期)中表现出来的生产过剩,是资产阶级社会中生产力发展的必然后果。危机和工业停滞时期又使小生产者更加陷于破产,使雇佣劳动更加依附资本,并更加迅速地引起工人阶级状况的相对恶化,而且有时是绝对恶化。

这样一来,意味着劳动生产率提高和社会财富增加的技术改进,在资产阶级社会却使社会不平等加剧,使有产者和无产者贫富更加悬殊,使愈来愈多的劳动群众的生活更无保障,使失业和各种苦难加剧。

但是,随着资产阶级社会所固有的这一切矛盾的增长和发展,被剥削劳动群众对现状的不满也在增长,无产者的人数在增加,他们的团结在增强,他们同剥削者的斗争日益尖锐。同时,技术改进既使生产资料和流通手段集中起来,使资本主义企业中的劳动过程社会化,也就日益迅速地造成以社会主义生产关系代替资本主义生产关系即进行社会革命的物质条件,这种革命是无产阶级阶级运动的自觉体现者国际社会民主党的全部活动的最终目的。

无产阶级的社会革命一经以生产资料和流通手段的公有制代替私有制,有计划地组织社会生产过程来保证社会全体成员的福利和全面发展,定将消灭社会的阶级划分,从而解放全体被压迫的人们,因为它将消灭社会上一部分人对另一部分人的一切形式的剥削。

这个社会革命的必要条件就是无产阶级专政,即由无产阶级夺取可以用来镇压剥削者的一切反抗的政权。国际社会民主党以使无产阶级能够完成其伟大历史使命为己任,把无产阶级组织成一个同一切资产阶级政党相对立的独立的政党,领导无产阶级各种形式的阶级斗争,向无产阶级揭示剥削者的利益同被剥削者的利益之间的不可调和的对立,并向他们阐明行将到来的社会革命的历史意义和必要条件。同时,国际社会民主党还向其余一切被剥削劳动群众指出,他们在资本主义社会中的处境是毫无希望的,必须进行社会革命才能摆脱资本的压迫。工人阶级政党,即社会民主党,号召一切被剥削劳动者阶层参加自己的队伍,因为他们正在站到无产阶级的立场上来。

世界资本主义现在(约从 20 世纪初开始)已发展到帝国主义阶段。帝国主义,或金融资本时代,是高度发展的资本主义经济,这时资本家的垄断同盟——辛迪加、卡特尔、托拉斯已具有决定的

意义，大量积聚的银行资本已和工业资本融合起来，资本向外国的输出已发展到很大的规模，一些最富裕的国家已把全世界的领土瓜分完毕，国际托拉斯已开始从经济上瓜分世界。

在这种情况下，帝国主义战争，即争夺世界霸权、争夺银行资本的市场和扼杀弱小民族的战争是不可避免的。**1914—1917**年的第一次帝国主义大战正是这样的战争。

整个世界资本主义的发展达到了非常高的程度；垄断资本主义代替了自由竞争；银行以及资本家的同盟准备了对产品的生产和分配过程实行社会调节的机构；资本主义垄断组织的发展引起了物价的高涨和辛迪加对工人阶级压迫的加重，工人阶级的经济斗争和政治斗争遭到巨大困难；帝国主义战争造成惨祸、灾难、破产和粗野——这一切就使目前所达到的资本主义发展阶段成为无产阶级社会主义革命的时代。

这个时代已经开始。

只有无产阶级社会主义革命才能把人类从帝国主义和帝国主义战争所造成的绝境中解救出来。不论革命有多大的困难和可能遭到何种暂时的失利，不论反革命的浪潮如何汹涌，无产阶级的最终胜利是不可避免的。

因此，客观情况把如下任务提上了当代的日程：从各方面直接训练无产阶级去夺取政权，以实现构成社会主义革命内容的各项经济措施和政治措施。

————

上述任务要求一切先进国家的工人阶级彼此充分信任，结成最紧密的兄弟联盟，把革命行动直接统一起来。要完成这项任务，必须立即从根本上摒弃在大多数正式社会民主党上层人物中占上风的那种社会主义的资产阶级变态。这种变态一方面是社会沙文主义（口头上的社会主义，实际上的沙文主义）派别，它用"保卫祖国"的口号作掩饰，保卫"本国"资产阶级的掠夺利益；另一方面则是同样广泛而具有国际性的派别，即所谓"中派"，它主张和社会沙文主义者团结一致，主张保存或改良已经破产的第二国际，它动摇于社会沙文主义和无产阶级为实现社会主义制度而进行的革命国际主义的斗争之间。

在整个文明世界占统治地位的资本主义生产方式给各国社会民主党人确定了共同的最终目的，但他们在走向这一目的的道路上，必须给自己提出不同的最近任务，因为这种生产方式的发展程度不是到处都一样，它在各国发展的社会政治环境也各不相同。

在资本主义已经成为占统治地位的生产方式的俄国，还保存着以地主、国家或国家元首奴役劳动群众为基础的资本主义以前的旧制度的许多残余。

这些残余极严重地阻碍着经济的进步，使无产阶级的阶级斗争不能全面展开，使国家和有产阶级对千百万农民的各种最野蛮的剥削保存下来并日益加重，使全体人民处于愚昧无知、毫无权利的境地。

所有这些残余中的最大残余，所有这一切野蛮行为的最强有力的支柱就是沙皇专制制度。沙皇专制制度就其本性来说是和任何社会运动敌对的，它不能不是反对无产阶级一切解放要求的最凶恶的敌人。

因此，俄国社会民主工党的最近任务是推翻沙皇专制制度，代之以民主共和国，共和国的宪法应保证：

———

在俄国目前这种时刻,在属于资本家阶级并取得小资产阶级广大群众信任(必然是不长久的)的临时政府已承诺召开立宪会议的时候,无产阶级政党面临的直接任务,就是争取一个最能保证经济发展和人民权利,特别是保证痛苦最少地向社会主义过渡的国家制度。

无产阶级政党不能局限于资产阶级议会制民主共和国,这种共和国在世界各地正在保存并力图永远保存警察、常备军、特权官吏等压迫群众的君主制工具。

党争取建立一个更民主的无产阶级-农民共和国,在这个共和国里,完全废除警察和常备军,而代之以普遍的人民武装,全民的民兵;一切公职人员不仅由选举产生,而且可以按照大多数选民的要求随时撤换;一切公职人员的工资不得超过熟练工人的平均工资;人民代表苏维埃(由各阶级、各行业或各地的代表组成)逐步代替议会制代表机构,它既是立法机关,又是执法机关。

俄罗斯民主共和国宪法应当保证:

1. 建立人民专制;国家的最高权力应当全部属于人民代表,人民代表由人民选举产生并且可以由人民随时撤换;人民代表组成单一的人民会议,即单一的议院。

1. 建立人民专制,即国家的最高权力全部集中在立法会议手里,立法会议由人民代表组成,它是单一的议院。

2. 无论选举立法会议还是选举各级地方自治机关,凡年满20岁的男女公民都有普遍、平等和直接的选举权;选举时采取无记名投票;每个选民都有权被选入各级代表机构;议会每届任期两年;人民代表领取薪金;一切选举都采用比例代表制;所有代表和当选人都可以按照大多数选民的决定随时撤换。

3. 实行广泛的地方自治；在生活习俗和居民成分特殊的地方实行区域自治；**取消由国家任命的一切地方的和省的政权机关。**

4. 人身和住宅不受侵犯。

5. 信仰、言论、出版、集会、罢工和结社的自由不受限制。

6. 有迁徙和从业的自由。

7. 废除等级制，全体公民不分性别、宗教信仰、种族和民族一律平等。

8. 居民有权受到用本民族语言进行的教育，国家和各级自治机关应拨款开办这类学校，以保证这种权利的实现；每个公民都有在各种会议上讲本民族语言的权利；在一切地方的社会团体和国家机关中，本民族语言和国语地位平等；**取消强制性国语。**

9. 国内各民族都有自决权。

9. 国内各民族都有自由分离和建立自己的国家的权利。俄罗斯人民共和国不应当用暴力，而只应当通过自愿的协议来吸引其他民族建立共同的国家。各国工人应当团结一致，结成兄弟联盟，不容许对其他民族直接或间接地使用暴力。

10. 人人都有权按照通常程序向陪审法庭控告任何官吏。

11. 法官由人民选举产生。

11. 法官以及民政方面和军队方面的公职人员都由人民选举产生；所有这些人都可以按照大多数选民的决定随时撤换。

12. 用普遍的人民武装代替常备军。

12. 用普遍的人民武装代替警察和常备军；职工应当按照在全民的民兵中执行公务的时间从资本家那里领取通常的报酬。

13. 教会和国家分离，学校和教会分离；**学校应具有完全的世俗性。**

14. 对未满 16 岁的男女儿童一律实行免费的义务的普通教育和职业教育；由国家供给贫苦儿童膳食、服装、教材和教具。

14. 对未满 16 岁的男女儿童一律实行免费的义务的普通教育和综合技术教育（从理论上和实践上熟悉一切主要生产部门）；把教学和儿童的社会生产劳动密切结合起来。

15. 国家供给全体学生膳食、服装、教材和教具。

16. 国民教育工作交由地方自治民主机关管理；在拟定学校教学大纲和选择教学人员方面排除中央政权的一切干预；教师直接由居民自己选举，居民有解聘不称职的教师的权利。

俄国社会民主工党要求取消一切间接税，征收累进所得税和累进遗产税，认为这是使国家经济民主化的基本条件。

一方面，在银行业和托拉斯化的工业部门中，资本主义已达到高度发展的程度，另一方面，帝国主义战争所造成的经济破坏引起一种普遍的要求，即对最主要产品的生产和分配实行国家和社会的监督，这就促使党提出把银行、辛迪加（托拉斯）等等收归国有的要求。

为了保护工人阶级不致在肉体上和精神上衰退，同时为了增强他们进行解放斗争的能力，党要求：

1. 一切雇佣工人的工作日应限制为一昼夜 8 小时。

1. 一切雇佣工人的工作日应限制为一昼夜 8 小时，在连续工作时，其中至少有 1 小时为用膳时间。在危险的和有害健康的生产部门，工作日必须减到 4—6 小时。

2. 由法律规定，国民经济各部门的男女雇佣工人，每周连续休息时间不得少于 42 小时。

3. 绝对禁止加班加点。

4. 国民经济各部门禁止做夜工(晚 9 时至翌晨 6 时),由于技术原因绝对必须做夜工而又取得工人组织同意的部门除外。

4. 国民经济各部门禁止做夜工(晚 8 时至翌晨 6 时),由于技术原因绝对必须做夜工而又取得工人组织同意的部门除外,但夜间工作不得超过 4 小时。

5. 禁止企业主雇用学龄(未满 16 岁)儿童做工,少年(16—18岁)的工作时间限定为 6 小时。

5. 禁止企业主雇用学龄(未满 16 岁)儿童做工,年轻人(16—20 岁)的工作时间限定为 4 小时,并禁止他们在危害健康的生产部门和矿井做夜工。

6. 禁止在对妇女身体有害的部门使用女工;女工产前给假 4 周,产后给假 6 周,产假期间保留通常数额的工资。

6. 禁止在对妇女身体有害的部门使用女工;禁止妇女做夜工;女工在产前产后各给假 8 周,产假期间照发工资,免收医药费。

7. 凡有女工的工厂和其他企业均应设立婴儿和幼儿托儿所;凡需哺乳的女工至少每隔 3 小时可以离开工作喂奶一次,每次不得少于半小时。

7. 凡有女工的工厂和其他企业均应设立婴儿和幼儿托儿所,并设立哺乳室;凡需哺乳的女工至少每隔 3 小时可以离开工作喂奶一次,每次不得少于半小时;发给需哺乳的母亲补助金并把她们的工作日缩短到 6 小时。

8. 工人在年老和完全或部分丧失劳动能力时,得享受国家保险,由国家向资本家征收特别税作为这项支出的专用基金。

8. 工人享受全面的社会保险:

(1)各种雇佣劳动的保险;

（2）丧失劳动能力（指疾病、伤残、年老、职业病和妇女产期、鳏寡孤独）及失业等等的保险；

（3）一切保险机关都由被保险者自己管理；

（4）保险方面的开支由资本家负担；

（5）免费医疗，医疗事宜由工人选出的自治的伤病互助会经管。

9. 禁止用商品支付工资；在一切雇工合同上应规定每周用现金发工资，并在工作时间发给。

10. 禁止企业主以任何理由和为了任何目的（罚款、检验等等）克扣工资。

11. 在国民经济各部门设足够数量的工厂视察员，并把工厂视察员监督制推广到一切使用雇佣劳动的企业，包括国营企业在内（家庭佣人的劳动也在这种监督范围之内）；在使用女工的部门设女视察员；由工人选出并由国家支付薪金的代表参加监督工厂法的执行，监督工资标准的制定以及原料和产品的验收。

9. 设立由工人组织选出的劳动监察机关，并把这种监察制度推广到各种使用雇佣劳动的企业，其中包括家庭佣人；在使用女工的部门设女视察员。

12. 地方自治机关在工人代表的参与下共同监督企业主拨给工人的住宅的卫生状况，以及监督这些住宅的内部规章和租用条件，使雇佣工人作为私人和公民的生活和行动不受企业主的干涉。

13. 在一切使用雇佣劳动的企业内建立正规的卫生监督，一切医疗卫生组织完全不受企业主管辖；工人享受免费医疗，医疗费由企业主负担，病假期间发给生活费。

14. 规定雇主破坏劳动保护法应负刑事责任。

10. 颁布卫生法规,在一切使用雇佣劳动的企业中改善劳动卫生条件,保护工人的生命和健康,并把卫生工作交由工人组织选出的卫生监督机构管理。

11. 颁布住宅法规,并设立由工人组织选出的住宅检查机构(检查住宅卫生状况)。但只有废除土地私有制和建筑既经济又卫生的住宅才能解决住房问题。

12. 在国民经济各部门设立职业法庭。

15. 在国民经济各部门设立职业法庭,由对等的工人组织代表和企业主组织代表组成。

16. 责成地方自治机关在各生产部门设立雇用本地和外来工人的介绍所(劳动介绍所),由工人和企业主双方的代表参加管理。

13. 设立劳动介绍所以合理安排失业者的就业事宜。劳动介绍所应当是无产者的阶级组织(绝对不是工人和企业主双方权利对等的组织),它应当同工会和其他工人组织保持密切联系,并从社会自治机关方面取得经费。①

为了肃清沉重地直接压在农民身上的农奴制残余,为了使农

---

① 弗·伊·列宁对由第七次代表会议(四月代表会议)党纲小组的劳动保护问题分组拟定的并被收入《修改党纲的材料》这本小册子的《最低经济纲领修改草案》中与此相同的一条,作了如下的注解:"(1)关于权利对等("权利平等",即给予工人和资本家以同等的代表权)的委员会的问题,弗·恩格斯 1891 年在批判爱尔福特纲领时写道:

'应该指出的是,如果同意工人和企业主在劳动委员会里各占一半,那我们就上当了。这样,在今后若干年里,多数总是会在企业主方面,只要工人中出一个害群之马〈也就是说有一个是不可靠的人〉就够了。如果不商定在争论的时候**两个半数分别**〈黑体是恩格斯用的〉表示意见,那么,有一个企业主委员会和一个**与它平行的独立的工人委员会**〈黑体是恩格斯用的〉,会好得多。'**166**尼·列宁"(《修改党纲的材料》1917 年彼得格勒版第 15 页)。——俄文版编者注

村阶级斗争自由发展,俄国社会民主工党要求:

1.取消对农民人身和财产方面的一切等级限制。

2.废除农民因等级的特殊关系而担负的种种捐税和义务,取消盘剥性的债务。

3.没收教会、寺院、皇族和皇室的土地,把它们(包括官地)交给统辖城乡地区的大的地方自治机关,同时把移民所必需的土地以及具有全国意义的森林和水域交给民主国家掌管。

4.没收除小地产以外的私有土地,并把它们交给按民主原则选出的大的地方自治机关管理,应予没收的土地面积的最低限额由这种机关规定。

俄国社会民主工党支持农民的一切革命行动,直到没收地主土地,但始终不渝地反对一切阻碍经济发展进程的做法。在革命顺利发展时,俄国社会民主工党力图把没收的土地交给地方自治民主机关掌管,在情况不利于这样做时,则主张把事实上由小农户经营的或为补足农业用地所必需的地主土地分给农民。

1. 全力争取在俄国立即完全没收全部地主土地(以及皇族、教会等等的土地)。

2. 主张立即把全部土地交给组织在农民代表苏维埃中的农民,或交给组织在其他真正完全按民主原则选出的、完全不依附地主和官吏的地方自治机关中的农民。

3. 要求实行全国所有土地国有化;国有化就是把全部土地的所有权交给国家,把土地的支配权交给地方民主机关。

4. 支持俄国若干地方的农民委员会的创举,把地主的耕畜和农具交给组织在这些委员会中的农民共同调剂使用,以耕种全部土地。

5. 建议农村无产者和半无产者设法把各个地主田庄改建成具有相当规模的示范农场，由农业工人代表苏维埃用公款经营，受农艺师指导，并使用优等的技术设备。

同时，在一切情况下，在民主土地改革的任何状况下，党的任务都是：始终不渝地争取建立农村无产阶级的独立阶级组织，向农村无产阶级说明他们的利益和农民资产阶级的利益是不可调和地对立的，提醒他们不要迷恋于小经济制度，在商品生产存在的情况下，小经济制度是永远不能消灭群众的贫困的，最后，指出进行彻底的社会主义变革的必要性，说明这是消灭一切贫困和一切剥削的唯一手段。

俄国社会民主工党力求达到自己最近的目的，支持任何反对俄国现存社会政治制度的反政府运动和革命运动，同时坚决摈弃所有那些会使警察-官吏对劳动阶级的监护稍微扩大或巩固的改良方案。

俄国社会民主工党自己坚信，只有推翻专制制度并召开由全民自由选举的立宪会议，才能完全、彻底、可靠地实现上述各种政治改革和社会改革。

1917 年 6 月上半月由彼得格勒　　　　　译自《列宁全集》俄文第 5 版
波涛出版社印成小册子　　　　　　　　　第 32 卷第 135—162 页

附　录

第四封《远方来信》的提纲

(1917 年 3 月 12 日〔25 日〕)

如何实现和平？

（1）大家是在口头上还是在心里。

（2）幼稚：高尔基。

（3）不觉悟的典型。

（4）帝国主义战争。

（5）什么是帝国主义？

（6）哪些势力在交战？

（补6）帝国主义战争中的"保卫祖国"。

〔10　（7）如何停止？只有推翻资产阶级。

✕　（8）亿万资本……

〔7〕（9）国债。

〔8〕(10)殖民地。

〔9〕(11)一国能够吗？

(12)从第 47 号上引来的话。

报告　第 **16**—**17** 页

　　　92—**93**：关于工人代表苏维埃

　　　　　和临时政府。
　　　　　　　· · · ·

译自《列宁全集》俄文第 5 版
第 31 卷第 477 页

《俄国革命和
各国工人的任务》一文提纲

(不晚于 1917 年 3 月 12 日〔25 日〕)

1

1. 无产阶级和两个政府。

2. 古契柯夫＋米留可夫的政府在做什么?

   {
   与王朝勾结

   承认条约(秘密地)

   继续进行战争

   答应给予自由:一切……　诺言。

3. 工农政府在做什么。

   {
   实行八小时工作制

   由士兵选举军官

   监督临时政府

   吸收工人和士兵参加组织。

2

1. 俄国革命是怎样发生的? 它为什么造成了两个政府?

2. 李沃夫、古契柯夫、米留可夫之流的政府在做什么？这是地主资本家的新政府吗？

3. 工农政府在做什么？

4. 工农政府应当做什么？如何实现和平？

5. 如何争取使工农政府成为俄国**唯一的**政府？

补5。工人和农民需要怎样的国家、怎样的国家制度？

6. 为什么俄国革命是世界革命的**开端**？

7. 俄国社会党人中间的三个派别。

8. 全世界———也一样。

9. 结论和结束语。

载于1959年《列宁文集》俄文版　　　　　译自《列宁全集》俄文第5版
第36卷　　　　　　　　　　　　　　　　第31卷第478—479页

《俄国革命及其意义和任务》
报告的提纲[167]

（不晚于1917年3月14日〔27日〕）

1. 第一次革命的第一阶段。

2. 不是最后一次革命，不是最后一个阶段。

3. 3天就推翻一个已维持了许多世纪并且经历过1905—1907年严峻战斗的君主政府？

4. 奇迹。①

第 一 部 分

1. "世界在3天内就变了样。"

2. "奇迹。"

3. 怎么能在8天内推翻？

　　四个主要条件：

4. ——（I）——1905—1907年的革命

　　　　（（（翻松土壤；使**各**阶级和**各**政党彼此看清；揭露并孤立**尼古拉二世**及其**同伙**（拉斯普廷）。

---

①　以上四条是列宁用德文写的。——编者注

5. ——(II)——这次革命中**三种**力量的合作：

　　——(α)英法金融资本

6. ——(β)俄国整个资产阶级和地主-资本家阶级

　　　　（及军队上层）

7. ———(γ)革命无产阶级及军队中的革命分子,士兵。

8. 目前的三种力量是：

　　——(αα)沙皇君主制;王朝

　　　　残余

　　　　（南方反革命势力）

9. ——(ββ)新政府和资产阶级

10. ——(γγ)**工兵代表苏维埃**。

11. **和平、面包、自由**＝

＝三个基本要求。

12. ‖新政府**不会**

13. ‖　　满足这些要求……

14：工人代表苏维埃中的**三条路线**：

15：　　关于**克伦斯基**等等的决议**168**。

16：　　齐赫泽的摇摆。

17：　　俄国社会民主工党中央的路线。**中央的宣言**。

第 二 部 分

18. 怎么办? 往哪里走,怎样走?

　　走向公社吗? 加以论证。

19. 对**形势**的分析。形势迅速改变。

 (**前天**——极严重的**非法性**。号召进行革命斗争。**同社会沙文主义**作斗争。

 (**昨天**——在搏斗中最充分地表现出革命英雄主义。

 (**今天**——**过渡,组织**……

 (**明天**——又进行搏斗。

20. **组织起来**——当前的口号。

　　　什么样的组织? 党? 工会? 等等。

21. **工人代表苏维埃**。这是什么。第 4 个要点[169]。

22. 我们的"国家"。

23. 巴黎公社……　它的实质。

24. 马克思和恩格斯关于过渡形式的国家的学说[170]:

25. 无产阶级**民兵**。什么样的……

26. ——是**他们**所需要的

27. ——也是**我们**所需要的。

　　　　　　　　　　　　| "不让警察恢复" |

28. 无产阶级和农民的革命民主专政……

29. **和平**? **像**(高尔基理解的那样吗?)

30. ——我们的媾和条件

　　(第 47 号上的第 11 个要点)[171]。

31. **向社会主义迈进的一步(过渡)**。

32. **俄国革命万岁,正在兴起的世界无产阶级革命万岁!**

载于 1955 年《历史文献》杂志
第 2 期

译自《列宁全集》俄文第 5 版
第 31 卷第 480—482 页

《俄国革命及其意义和任务》
报告的要点

（不晚于 1917 年 3 月 14 日〔27 日〕）

报告拟分两部分：

第一部分谈革命实际的主要力量和条件；第二部分谈革命的任务。

第一部分将说明，8 天内推翻沙皇君主制这种"奇迹"之所以可能出现是由于哪些情况。

第二部分将阐述，为什么俄国无产阶级应当走向公社，走这条路首先应当采取哪些步骤，在什么条件下才能保证无产阶级取得胜利。

摘自 1917 年 3 月俄国社会民主
工党（布）国外组织苏黎世支部
印的海报

译自《列宁全集》俄文第 5 版
第 31 卷第 483 页

俄国社会民主工党党纲
修改草案初稿[172]

（不晚于 1917 年 4 月 24 日〔5 月 7 日〕）

总纲的末尾（在"站到无产阶级的立场上来"以后）增加下面几段话：

世界资本主义现在（约从 20 世纪初开始）已发展到帝国主义阶段。帝国主义，或金融资本时代，是高度发展的资本主义经济，这时资本家的垄断同盟——辛迪加、卡特尔、托拉斯已具有决定的意义，大量积聚的银行资本已和工业资本融合起来，资本向外国的输出已发展到很大的规模，一些最富裕的国家已把全世界的领土瓜分完毕，国际托拉斯已开始从经济上瓜分世界。

在这种情况下，帝国主义战争，即争夺世界霸权、争夺银行资本的市场和扼杀弱小民族的战争是不可避免的。1914—1917 年的第一次帝国主义大战正是这样的战争。

整个世界资本主义的发展达到了非常高的程度；垄断资本主义代替了自由竞争；银行以及资本家的同盟准备了对产品的生产和分配过程实行社会调节的机构；帝国主义战争造成惨祸、灾难、破产和粗野——这一切就使目前所达到的资本主义发展阶段成为无产阶级社会主义革命的时代。

这个时代已经开始。

只有无产阶级社会主义革命才能把人类从帝国主义和帝国主义战争所造成的绝境中解救出来。不论革命有多大的困难和可能遭到何种暂时的失利,不论反革命的浪潮如何汹涌,无产阶级的最终胜利是不可避免的。

因此,客观情况把如下任务提上了当代的日程:从各方面直接训练无产阶级去进行革命,坚决摒弃在各正式的社会民主党中占上风的那种社会主义的资产阶级变态,这种变态表现为社会沙文主义(即口头上的社会主义,实际上的沙文主义,或者用"保卫祖国"的口号作掩饰,在帝国主义战争中保卫资本家的利益),而且还表现为"中派"(即在社会沙文主义同革命的无产阶级国际主义的斗争两者之间毫无原则地无所适从地摇摆不定),①夺取政权,以实现构成社会主义革命内容的各项经济措施和政治措施。

＊　　　　　＊　　　　　＊

上述任务要求一切先进国家的工人阶级彼此充分信任,结成最紧密的兄弟联盟,把革命行动直接统一起来。要完成这项任务,必须立即从根本上摒弃在大多数正式社会民主党上层人物中占上风的那种社会主义的资产阶级变态。这种变态一方面是社会沙文主义(口头上的社会主义,实际上的沙文主义)派别,它用"保卫祖国"的口号作掩饰,保卫"本国"资产阶级的掠夺利益;另一方面则是同样广泛而具有国际性的派别,即所谓"中派",它主张和社会沙文主义者团结一致,主张保存或改良已经破产的第二国际,它动摇于社会沙文主义和无产阶级为实现社会主义制度而进行的革命国际主义的斗争之间。

---

① 从"进行革命,坚决摒弃"到"摇摆不定),"一段话在手稿中删掉了。——俄文版编者注

＊　　　　＊　　　　＊

1905年和1917年的俄国革命,建立了工人代表苏维埃和一系列类似的组织,从而也就证实了巴黎公社的经验。这个经验就是:在向社会主义过渡的时期,无产阶级必须有国家,但是这个国家①不应当是通常类型的国家,而应当是直接的群众性的并且是人人普遍参加的用来代替常备军、警察和官吏等旧管理工具的武装工人的组织。无产阶级政党同在无产阶级专政问题上歪曲马克思主义和背叛社会主义的已经破产的第二国际(1889—1914年)代表人物作斗争的同时,向无产阶级阐明这种国家的各项任务——这种国家既能巩固革命的成果,又能保证最和平最有计划地向社会主义过渡——应当成为无产阶级政党的一项主要任务。

垄断资本主义——在战争期间,垄断资本主义在一些先进国家中非常快地转变为国家垄断资本主义——表明生产高度社会化,因而也就为建立社会主义社会充分地准备了客观条件。②

＊　　　　＊　　　　＊

最低纲领的头几段(从"在整个文明世界"起到第1条)全部删去,改为下面的几段话:

在俄国目前这种时刻,在属于地主资本家阶级并取得小资产阶级广大群众信任(必然是不长久的)的临时政府已承诺召开立宪会议的时候,无产阶级政党面临的直接任务,就是争取一个最能保

---

① 从"1905年和1917年的俄国革命"到"但是这个国家"一段话在手稿中删掉了。这段话的末尾无意中漏删了。它写在另一页上,页末有不知是谁写的说明:"加上:以托拉斯和银行的集中为形式准备了调节生产的机构。"——俄文版编者注

② 从"垄断资本主义"到"客观条件"一段话在手稿中删掉了。——俄文版编者注

证经济发展和人民权利,特别是保证痛苦最少地向社会主义过渡的国家制度。

党争取建立并且帮助人民群众立即争取建立一个民主共和国,让群众自下而上地自动组织起来,由此着手实现各项自由,但这不是资产阶级议会制共和国(在这样的国家里,资本家的统治得到专门保障,通过保存压迫群众的旧机关——警察、常备军、官吏而可以对群众使用暴力这一点也得到专门保障),而是更民主的无产阶级-农民共和国,在这个共和国里,不可能也不允许保留这些压迫机关,国家权力直接属于普遍武装的工人和农民自己。

第1条。国家的最高权力应当全部属于人民代表,人民代表由人民选举产生并且可以由人民随时撤换;人民代表组成单一的人民会议,即单一的议院。

第2条加上:

一切选举都采用比例代表制;所有代表和当选人都可以按照大多数选民的决定随时撤换。

第3条加上:

对省的和地方的自治机关的决定和行动,上级不得进行任何监督和检查。

第9条改成:

国内各民族都有自由分离和建立自己的国家的权利。俄罗斯人民共和国不应当用暴力,而只应当通过自愿的协议来吸引其他民族建立共同的国家。各国工人应当团结一致,结成兄弟联盟,不容许对其他民族直接或间接地使用暴力。

第11条改成:

法官以及民政方面和军队方面的公职人员都由人民选举产

生;所有这些人都可以按照大多数选民的决定随时撤换;国家一切公职人员的工资不得超过熟练工人的工资,即 300—500 卢布,视其家庭成员的人数和他们收入的多少而定;绝对禁止公职人员除薪金外兼有其他收入。

第 12 条改成:

用普遍的人民武装代替警察和常备军;职工应当按照在全民的民兵中执行公务的时间从资本家那里领取报酬。

＊　　　＊　　　＊

政治部分的第 14 条、经济部分的第 5 条及其他条文,应当**同整个经济部分一样**,由工会运动干部和教育工作者组成的委员会专门加以审查。

在党纲中关于财政的条文下面(在"民主化的基本条件"之后)加上一段话:

一方面,在银行业和托拉斯化的工业部门中,资本主义已达到高度发展的程度,另一方面,帝国主义战争所造成的经济破坏引起一种普遍的要求,即对最主要产品的生产和分配实行国家和社会的监督,这就促使党提出把银行、辛迪加(托拉斯)等等收归国有的要求。

＊　　　＊　　　＊

土地纲领应当用关于土地问题的决议(着重参看决议本文)[1]来代替,或者应当根据该决议加以改写。[2]

---

① 见本卷第 418—420 页。——编者注
② 见本卷第 477—478 页。——编者注

*　　　*　　　*

　　党纲的结尾（最后两段，即从"俄国社会民主工党力求达到"起）全部删去。

载于1933年《列宁文集》俄文版
第21卷

译自《列宁全集》俄文第5版
第54卷第482—487页

俄国革命者取道德国回国

(1917 年 3 月 31 日〔4 月 13 日〕)

集 体 公 报[173]

星期五早晨到达斯德哥尔摩的俄国革命者,把下面这份关于他们回国情况的正式公报交给《政治报》发表:

曾经怀着"内心的喜悦"对俄国革命正式表示过欢迎的英国,千方百计地想要立即把革命的成果**之一——政治特赦**化为乌有。英国政府不让侨居国外、反对战争的俄国革命者取道英国回国。在这一点得到确凿证明以后(这一事实已为大量材料所证实,这些材料最近即将发表,俄国的**各派**社会党人在一致通过的决议中也肯定了这一点),俄国各党派的一部分同志作出决定,打算从瑞士取道德国和瑞典返回俄国。瑞士社会民主党书记、该党左翼领袖、著名的国际主义者和反军国主义者**弗里茨·普拉滕**同德国政府进行了交涉。俄国各党派同志要求他们乘坐的列车享有**治外法权**(护照和行李不受任何检查;任何官员不得进入他们的车厢)。任何人,不论其政治观点如何,只要俄国人自己确认其资格,均可同行。俄国各党派同志声明,为此他们将要求释放被拘留在俄国的奥地利和德国的非军事人员。

德国政府接受了条件,于是 4 月 9 日俄国各党派 30 名男女同志从戈特马金根启程回国,其中包括俄国社会民主党中央机关报

《社会民主党人报》编辑**列宁**和**季诺维也夫**，在巴黎的《开端报》[174]编辑**米哈·茨哈卡雅**（他是高加索社会民主党创建人之一，当年曾介绍齐赫泽入党）以及犹太工人联盟的一些成员。**弗里茨·普拉滕**是归国事宜的主持人，他单独同随车的德国政府代表进行了一切必要的交涉。

在取道德国的 3 天行程里，俄国各党派同志没有离开过车厢。德国当局完全信守了协议。本月 12 日俄国人抵达瑞典。

从瑞士出发前，拟订了关于回国的一切准备事宜的议定书。法国社会民主党"工人生活"派代表、《明日》编辑**昂利·吉尔波**，巴黎的法国激进反对派的一位领导人（其姓名目前不能公开）[175]，德国激进反对派成员**保尔·哈特施坦**，俄国-波兰社会民主党代表**美·勃朗斯基**，以及**弗里茨·普拉滕**，看过这个文件之后签署了一项声明，对俄国各党派同志的做法表示完全赞同。

载于 1917 年 4 月 14 日《政治报》
第 85 号

译自《列宁全集》俄文第 5 版
第 31 卷第 487—488 页

注　释

1　《1917年3月4日（17日）的提纲草稿》是列宁在苏黎世得到俄国二月资产阶级民主革命的第一批消息后，和格·叶·季诺维也夫一起草拟的一个关于无产阶级在俄国革命中的任务的文件。《提纲草稿》于3月4日（17日）晚写成，当天寄往斯德哥尔摩和克里斯蒂安尼亚（即奥斯陆），给即将回俄国的布尔什维克。——1。

2　指1917年3月2日（15日）成立的俄国资产阶级临时政府。这个政府是国家杜马临时委员会同把持彼得格勒工兵代表苏维埃执行委员会的社会革命党和孟什维克领导人协议成立的，起初称"第一届社会内阁"，3月10日（23日）定名为临时政府。这个政府的组成是：总理兼内务部长格·叶·李沃夫公爵（立宪民主党人）、外交部长帕·尼·米留可夫（立宪民主党人）、陆海军部长亚·伊·古契柯夫（十月党人）、交通部长尼·维·涅克拉索夫（立宪民主党人）、工商业部长亚·伊·柯诺瓦洛夫（进步党人）、财政部长米·伊·捷列先科（无党派人士）、教育部长亚·阿·曼努伊洛夫（立宪民主党人）、农业部长安·伊·盛加略夫（立宪民主党人）、司法部长亚·费·克伦斯基（劳动派）、正教院总监 B.H.李沃夫、国家监察长 И.B.戈德涅夫（十月党人）。——1。

3　第一篇告人民书指俄国资产阶级临时政府1917年3月3日（16日）发表的宣言。这个宣言公布了临时政府的纲领，其内容为：对一切政治案件实行特赦，确立公民政治自由，取消等级和民族限制，筹备召开立宪会议，民主选举地方自治机关，组织隶属于地方自治机关的民兵，不解除参加革命运动的军队的武装和不把他们调离彼得格勒，士兵享有一切公民权利。1917年3月1日（14日）夜里，彼得格勒工兵代表苏维埃执行委员会和国家杜马临时委员会进行组织临时政府的谈判时,执行委员会中的孟什维克提出了苏维埃支持临时政府的八项条件,这些条件经立宪民主党领导人帕·尼·米留可夫修改后,成为上述纲领的基础。——2。

4 《给启程回俄国的布尔什维克的电报》是用法文写的,拍给了斯德哥尔摩瑞典社会民主党人伦德斯特勒姆,由他转交给从斯德哥尔摩和克里斯蒂安尼亚启程回俄国的布尔什维克。电报被带到了彼得格勒。1917年3月13日(26日),叶·波·博什先后在俄国社会民主工党中央委员会俄国局会议上和党的彼得堡委员会执行委员会扩大会议上宣读了这份电报。——8。

5 《远方来信》是列宁在瑞士为《真理报》写的一组文章。列宁获悉俄国发生革命的确实消息以及彼得格勒工兵代表苏维埃执行委员会和资产阶级临时政府的组成情况以后,就开始写这些文章。第一封信至第四封信写于1917年3月7—12日(20—25日),第五封信于3月26日(4月8日)即离开瑞士回俄国的前一天动笔,没有写完。第一封信经《真理报》编辑部作了删改后,发表于1917年3月21日和22日(4月3日和4日)该报第14号和第15号(这封信第一次全文发表于1949年《列宁全集》俄文第4版第23卷)。第二、第三、第四封信当时没有发表。第五封信的思想后来在《论策略书》和《无产阶级在我国革命中的任务》这两篇著作中得到了发挥。列宁回国前曾采取措施在侨居法国和瑞士的布尔什维克中间散发第一封信和第二封信。——9。

6 《远方来信。第一封信》在《真理报》发表时被编辑部删去了约五分之一,主要删去了列宁对妥协主义政党孟什维克和社会革命党首领们趋奉资产阶级并试图掩盖英法政府代表同立宪民主党人和十月党人一起参与推翻沙皇尼古拉·罗曼诺夫这一事实的评述,以及对临时政府继续进行侵略战争的君主主义和帝国主义意图的揭露。——9。

7 指1917年2月27日(3月12日)成立的彼得格勒工人代表苏维埃。俄国二月革命中,彼得格勒各工厂企业先后选举了苏维埃代表。2月27

日(3月12日)白天,孟什维克取消派分子库·安·格沃兹杰夫、波·奥·波格丹诺夫和国家杜马孟什维克代表尼·谢·齐赫泽、马·伊·斯柯别列夫等人为了取得苏维埃的领导权,组织了苏维埃临时执行委员会。当天晚上,彼得格勒工人代表苏维埃在塔夫利达宫举行第一次会议。会议选出了由15人组成的执行委员会,孟什维克杜马党团的领导人齐赫泽当选为主席,劳动派分子亚·费·克伦斯基和孟什维克斯柯别列夫当选为副主席,委员中有两名布尔什维克——亚·加·施略普尼柯夫和彼·安·扎卢茨基。社会革命党最初反对组织苏维埃,后来向苏维埃派出自己的代表弗·亚·亚历山德罗维奇和弗·米·晋季诺夫。彼得格勒工人代表苏维埃宣布它是工人和士兵代表的机关。在全俄苏维埃第一次代表大会(1917年6月)以前,它实际上是全俄的中心。3月1日(14日),有10名士兵和水兵代表被选进执行委员会,其中有两名布尔什维克——亚·尼·帕杰林和安·德·萨多夫斯基,工人代表苏维埃从此改称工兵代表苏维埃。苏维埃执行委员会设常务委员会,组成人员有齐赫泽、尤·米·斯切克洛夫、波格丹诺夫、彼·伊·斯图契卡、彼·阿·克拉西科夫、格沃兹杰夫等。彼得格勒工人代表苏维埃于2月28日(3月13日)发表了《告彼得格勒和全国居民书》,号召人民团结在苏维埃周围,把管理全部地方事务的权力掌握在自己手中。它派遣特派员到全市各区建立人民政权机关。3月3日(16日),苏维埃成立了粮食、军事、城防、书刊等专门委员会。尽管苏维埃的领导权掌握在妥协派手中,但是在革命工人和士兵的压力下它还是采取了一些革命措施,如逮捕旧政权的代表,释放政治犯等。苏维埃还着手组织民兵,每1 000名工人中有100人参加民兵。3月1日,苏维埃发布了《给彼得格勒军区卫戍部队的第1号命令》,规定军队在政治行动中服从苏维埃,各种武器转交给选举产生的连委员会和营委员会支配和控制,国家杜马临时委员会的命令只有在不和苏维埃的命令相抵触的情况下才予以执行等。当时政权实际上掌握在苏维埃手里。但是在关键时刻,3月1日夜里,苏维埃执行委员会的妥协派领导人却自愿把政权让给了资产阶级,同意由国家杜马临时委员会组织临时政府。这种向资产阶级投降的行为,列宁在国外无法得知。他是在回到俄国后才获悉这一情况的(见本卷第 236 页)。——12。

8　巴塞尔宣言即 1912 年 11 月 24—25 日在巴塞尔举行的国际社会党非常代表大会一致通过的《国际局势和社会民主党反对战争危险的统一行动》决议,德文本称《国际关于目前形势的宣言》。宣言谴责了各国资产阶级政府的备战活动,揭露了即将到来的战争的帝国主义性质,号召各国人民起来反对帝国主义战争。宣言斥责了帝国主义的扩张政策,号召社会党人为反对一切压迫小民族的行为和沙文主义的表现而斗争。宣言写进了 1907 年斯图加特代表大会决议中列宁提出的基本论点:帝国主义战争一旦爆发,社会党人就应该利用战争所造成的经济危机和政治危机,来加速资本主义的崩溃,进行社会主义革命。——13。

9　十月党人是俄国十月党的成员。十月党(十月十七日同盟)代表和维护大工商业资本家和按资本主义方式经营的大地主的利益,属于自由派的右翼。该党于 1905 年 11 月成立,名称取自沙皇 1905 年 10 月 17 日宣言。十月党的主要领导人是大工业家和莫斯科房产主亚·伊·古契柯夫、大地主米·弗·罗将柯,活动家有彼·亚·葛伊甸、德·尼·希波夫、米·亚·斯塔霍维奇、尼·阿·霍米亚科夫等。十月党完全拥护沙皇政府的对内对外政策,支持政府镇压革命的一切行动,主张用调整租地、组织移民、协助农民退出村社等办法解决土地问题。第一次世界大战期间,号召支持政府,后来参加了军事工业委员会的活动,曾同立宪民主党等结成“进步同盟”,主张把帝国主义战争进行到最后胜利,并通过温和的改革来阻止人民革命和维护君主制。二月革命后,该党参加了资产阶级临时政府。十月革命后,十月党人反对苏维埃政权,在白卫分子政府中担任要职。——14。

10　立宪民主党人是俄国自由主义君主派资产阶级的主要政党立宪民主党的成员。立宪民主党(正式名称为人民自由党)于 1905 年 10 月成立。中央委员中多数是资产阶级知识分子、地方自治人士和自由派地主。主要活动家有帕·尼·米留可夫、谢·安·穆罗姆采夫、瓦·阿·马克拉柯夫、安·伊·盛加略夫、彼·伯·司徒卢威、约·弗·盖森等。立宪民主党提出一条与革命道路相对抗的和平的宪政发展道路,主张俄国实行立宪君主制和资产阶级的自由。在土地问题上,主张将国家、皇室、皇族和寺院的土地分给无地和少地的农民;私有土地部分地转让,并且按"公平"价格给予补偿;解决土地问题的土地委员会由同等数量的地主和农民组成,并由官员充当他们之间的调解人。1906 年春,曾同政府进行参加内阁的秘密谈判,后来在国家杜马中自命为"负责任的反对派"。第一次世界大战期间,支持沙皇政府的掠夺政策,曾同十月党等反动政党组成"进步同盟",要求成立责任内阁,即为资产阶级和地主所信任的政府,力图阻止革命并把战争进行到最后胜利。二月革命后,立宪民主党在资产阶级临时政府中居于领导地位,竭力阻挠土地问题、民族问题等基本问题的解决,并奉行继续帝国主义战争的政策。七月事变后,支持科尔尼洛夫叛乱,阴谋建立军事独裁。十月革命胜利后,苏维埃政府于 1917 年 11 月 28 日(12 月 11 日)宣布立宪民主党为"人民公敌的党"。该党随之转入地下,继续进行反革命活动,并参与白卫将军的武装叛乱。国内战争结束后,该党上层分子大多数逃亡国外。1921 年 5 月,该党在巴黎召开代表大会时分裂,作为统一的党不复存在。——14。

11　组委会分子是指俄国孟什维克组织委员会的拥护者。

　　组织委员会(组委会)是 1912 年在取消派的八月代表会议上成立的俄国孟什维克的领导中心。第一次世界大战期间,组委会采取社会沙文主义立场,站在沙皇政府方面为战争辩护。组委会先后出版过《我们的曙光》、《我们的事业》、《事业》、《工人晨报》、《晨报》等报刊。1917年 8 月孟什维克党选出中央委员会以后,组委会的职能即告终止。除了在俄国国内活动的组委会外,在国外还有一个组委会国外书记处。这个书记处由帕·波·阿克雪里罗得、伊·谢·阿斯特罗夫-波韦斯、尔·马尔托夫、亚·萨·马尔丁诺夫和谢·尤·谢姆柯夫斯基组成,持和中派相近的立场,实际上支持俄国的社会沙文主义者。书记处的机关报是《俄国社会民主工党组织委员会国外书记处通报》,1915 年 2月—1917 年 3 月在日内瓦出版,共出了 10 号。——14。

12　和平革新党人是俄国大资产阶级和地主的君主立宪主义组织和平革新

党的成员。和平革新党由左派十月党人彼·亚·葛伊甸、德·尼·希波夫、米·亚·斯塔霍维奇和右派立宪民主党人尼·尼·李沃夫、叶·尼·特鲁别茨科伊等在第一届国家杜马中的"和平革新派"基础上组成,1906年7月成立。该党持介乎十月党和立宪民主党之间的立场,主要是在策略上与它们有所不同,而其纲领则十分接近于十月党。和平革新党维护工商业资产阶级和按资本主义方式经营的地主的利益。在第三届国家杜马中,和平革新党同民主改革党联合组成"进步派",该派是1912年成立的进步党的核心。和平革新党的正式机关刊物是《言论报》和《莫斯科周刊》。——16。

13 军事工业委员会是第一次世界大战时期俄国资产阶级的组织。这一组织是根据1915年5月第九次全俄工商界代表大会的决议建立的,其目的是把供应军火的工厂主联合起来,动员工业企业为战争需要服务,在政治上则对沙皇政府施加压力,并把工人阶级置于资产阶级影响之下。1915年7月,军事工业委员会召开了第一次代表大会。这次大会除讨论经济问题外,还提出了建立得到国家杜马信任的政府等政治问题。大会选出以十月党人亚·伊·古契柯夫(任主席)和进步党人亚·伊·柯诺瓦洛夫为首的中央军事工业委员会。军事工业委员会企图操纵全国的经济,然而沙皇政府几乎在军事工业委员会成立的同时就采取对策,成立了自己的机构,即国防、运输、燃料和粮食等"特别会议"。这就使军事工业委员会实际上只充当了国家和私营工业之间的中介人。1915年7月,军事工业委员会的领导人在孟什维克和社会革命党的支持下,开始在委员会内建立工人团。布尔什维克在大多数工人的支持下对工人团的选举进行了抵制。在244个地方军事工业委员会中,只有76个委员会进行了选举,成立了工人团的委员会则只有58个。中央军事工业委员会内组织了以孟什维克库·安·格沃兹杰夫为首的工人团。1917年二月革命后,中央军事工业委员会的领导人在临时政府中担任部长职务,委员会成了资产阶级反对工人阶级的组织。十月革命胜利后,苏维埃政府曾试图利用军事工业委员会里的专家来整顿被战争破坏了的生产,遭到了资产阶级上层的反抗。1918年7月24日军事工业委员会被撤销。——16。

14　《泰晤士报》(《The Times》)是英国最有影响的资产阶级报纸(日报),
1785 年 1 月 1 日在伦敦创刊。原名《环球纪事日报》,1788 年 1 月改称
《泰晤士报》。——22。

15　指国家杜马临时委员会。

国家杜马临时委员会是在沙皇尼古拉二世因二月革命爆发而下令
第四届国家杜马停止活动后,国家杜马成员为了反对革命和挽救君主
制度,于 1917 年 2 月 27 日(3 月 12 日)成立的。其成员有:十月党人
米·弗·罗将柯(任主席),民族主义者瓦·维·舒利金,右派分子 B.
H.李沃夫,十月党人谢·伊·施德洛夫斯基和伊·伊·德米特留科
夫,进步党人弗·阿·勒热夫斯基、亚·伊·柯诺瓦洛夫和亚·亚·布
勃利科夫,接近进步党人的米·亚·卡拉乌洛夫,立宪民主党人帕·
尼·米留可夫和尼·维·涅克拉索夫,劳动派分子亚·费·克伦斯基,
孟什维克尼·谢·齐赫泽。国家杜马临时委员会任命了 24 名管理政
府各部的委员,成立了军事、粮食等委员会,并于 3 月 1 日发出通告,宣
布它暂时执行新政府的职能。资产阶级临时政府于 3 月 2 日组成后,
国家杜马临时委员会作为杜马代表非正式会议的领导机关继续存在,
并成为反革命中心之一。——22。

16　一月代表会议即俄国社会民主工党第六次全国代表会议,于 1912 年 1
月 5—17 日(18—30 日)在布拉格举行,会址在布拉格民众文化馆捷克
社会民主党报纸编辑部内。

这次代表会议共代表 20 多个党组织。出席会议的有来自彼得堡、
莫斯科、中部工业地区、萨拉托夫、梯弗利斯、巴库、尼古拉耶夫、喀山、
基辅、叶卡捷琳诺斯拉夫、德文斯克和维尔诺的代表。由于警察的迫害
和其他方面的困难,叶卡捷琳堡、秋明、乌法、萨马拉、下诺夫哥罗德、索
尔莫沃、卢甘斯克、顿河畔罗斯托夫、巴尔瑙尔等地党组织的代表未能
到会,但这些组织都送来了关于参加代表会议的书面声明。出席会议
的还有中央机关报《社会民主党人报》编辑部、《工人报》编辑部、国外组
织委员会、俄国社会民主工党中央运输组等单位的代表。代表会议的
代表中有两位孟什维克护党派分子 Д.M.施瓦尔茨曼和雅·达·捷文,

其余都是布尔什维克。这次代表会议实际上起了代表大会的作用。

出席代表会议的一批代表和俄国组织委员会的全权代表曾经写信给拉脱维亚边疆区社会民主党中央委员会、崩得中央委员会、波兰和立陶宛社会民主党总执行委员会以及国外各集团，请它们派代表出席代表会议，但被它们所拒绝。马·高尔基因病没有到会，他曾写信给代表们表示祝贺。

列入代表会议议程的问题是：报告（俄国组织委员会的报告，各地方以及中央机关报和其他单位的报告）；确定会议性质；目前形势和党的任务；第四届国家杜马选举；杜马党团；工人国家保险；罢工运动和工会；"请愿运动"；关于取消主义；社会民主党人在同饥荒作斗争中的任务；党的出版物；组织问题；党在国外的工作；选举；其他事项。

列宁代表中央机关报编辑部出席代表会议，领导了会议的工作。列宁致了开幕词，就确定代表会议的性质讲了话，作了关于目前形势和党的任务的报告和关于社会党国际局的工作的报告，并在讨论中央机关报工作、关于社会民主党在同饥荒作斗争中的任务、关于组织问题、关于党在国外的工作等问题时作了报告或发了言。他起草了议程上所有重要问题的决议案，代表会议通过的决议也都经过他仔细审定。

代表会议的一项最重要的工作是从党内清除机会主义者。当时取消派聚集在两家合法杂志——《我们的曙光》和《生活事业》——的周围。代表会议宣布"《我们的曙光》和《生活事业》集团的所作所为已使它们自己完全置身于党外"，决定把取消派开除出俄国社会民主工党。代表会议谴责了国外反党集团——孟什维克呼声派、前进派和托洛茨基分子——的活动，认为必须在国外建立一个在中央委员会监督和领导下进行协助党的工作的统一的党组织。代表会议还通过了关于党的工作的性质和组织形式的决议，批准了列宁提出的党的组织章程修改草案。

代表会议共开了23次会议，对各项决议进行了详细的讨论（《关于党的工作的性质和组织形式》这一决议，是议程上的组织问题与罢工运动和工会问题的共同决议）。会议的记录至今没有发现，只保存了某些次会议的片断的极不完善的记录。会议的决议由中央委员会于1912

年以小册子的形式在巴黎出版。

代表会议恢复了党，选出了中央委员会，并由它重新建立了中央委员会俄国局。当选为中央委员的是：列宁、菲·伊·戈洛晓金、格·叶·季诺维也夫、格·康·奥尔忠尼启则、苏·斯·斯潘达良、施瓦尔茨曼、罗·瓦·马林诺夫斯基（后来发现是奸细）。在代表会议结束时召开的中央委员会全会决定增补伊·斯·别洛斯托茨基和斯大林为中央委员。过了一段时间又增补格·伊·彼得罗夫斯基和雅·米·斯维尔德洛夫为中央委员。代表会议还决定安·谢·布勃诺夫、米·伊·加里宁、亚·彼·斯米尔诺夫、叶·德·斯塔索娃和斯·格·邵武勉为候补中央委员。代表会议选出了以列宁为首的《社会民主党人报》编辑委员会，并举列宁为俄国社会民主工党驻社会党国际局的代表。

这次代表会议规定了党在新的条件下的政治路线和策略，决定把取消派开除出党，对俄国社会民主工党这一新型政党的进一步发展和巩固党的统一具有决定性意义。

关于这次代表会议，参看《俄国社会民主工党第六次（布拉格）全国代表会议文献》（本版全集第21卷）。——24。

17　这里说的中央委员会是指俄国社会民主工党中央委员会俄国局，彼得堡委员会是指俄国社会民主工党彼得堡临时委员会。

俄国社会民主工党中央委员会俄国局是中央委员会的一部分，其任务是领导俄国国内地方党组织的实际工作，1903年俄国社会民主工党第二次代表大会以后建立，最初在基辅，1904年设在莫斯科，从1905年起设在彼得堡。俄国局下设组织组、技术组、财务后勤组、军事组和一个协调各组工作的执行委员会。1905年11月，由于领导中央国外部分的列宁回国，俄国局的职能改由俄国社会民主工党中央委员会执行。从1908年起，俄国局由在俄国活动的中央委员会俄国委员会全体会议选出，在两次全体会议之间负责处理俄国委员会的一切事务。1910—1911年间，即在1910年中央委员会一月全会之后，俄国局由布尔什维克方面的中央委员和候补中央委员组成，起初是约·彼·戈尔登贝格（梅什科夫斯基）和约·费·杜勃洛文斯基（英诺森），他们被捕以后是维·巴·诺根（马卡尔）和加·达·莱特伊仁（林多夫）。孟什维克取消派方面的中央委员和候补中央委员不参加俄国局的工作,约·安·伊苏夫(米哈伊尔)、彼·阿·勃朗施坦(尤里)和康·米·叶尔莫拉耶夫(罗曼)不仅拒绝参加工作,而且宣称他们认为中央委员会存在的本身是有害的。俄国局尽一切努力召集俄国委员会,但始终未能成功。1911年3月,在诺根和莱特伊仁被捕以后,俄国局即不复存在。列宁对俄国局整顿国内工作和召集俄国委员会的尝试给予积极评价,同时对俄国局成员的调和立场给予了尖锐的批评。

　　1912年,俄国社会民主工党第六次(布拉格)全国代表会议选出的中央委员会重新建立了俄国局,其成员有中央委员格·康·奥尔忠尼启则、雅·米·斯维尔德洛夫、苏·斯·斯潘达良、斯大林,候补中央委员米·伊·加里宁、叶·德·斯塔索娃等。第一次世界大战时期,俄国局做了大量工作,把布尔什维克团结在列宁的反对帝国主义战争的口号周围。1917年二月革命时期,俄国局和彼得格勒布尔什维克一起领导了劳动群众的革命运动。二月革命后,它又领导了消灭旧制度和巩固革命成果的斗争。二月革命时期,参加俄国社会民主工党中央委员会俄国局的有彼·安·扎卢茨基、维·米·莫洛托夫和亚·加·施略普尼柯夫。3月上旬陆续参加俄国局的有:安·伊·叶利扎罗娃、康·斯·叶列梅耶夫、弗·尼·扎列日斯基、加里宁、米·斯·奥里明斯基、亚·米·斯米尔诺夫、斯塔索娃、玛·伊·乌里扬诺娃、姆·伊·哈哈列夫、康·马·施韦奇科夫和К.И.舒特科。3月12日(25日),格·伊·博基、马·康·穆拉诺夫和斯大林进入俄国局。1917年4月,俄国社会民主工党(布)第七次代表会议选出了在俄国公开活动的新的中央委员会以后,俄国局不再存在。

　　俄国社会民主工党彼得堡临时委员会是1917年3月2日(15日)在彼得格勒各区组织的40名代表参加的会议上成立的。成员有:波·瓦·阿维洛夫、尼·基·安季波夫、波·阿·热姆丘任、弗·尼·扎列日斯基、米·伊·加里宁、尼·巴·科马罗夫、列·米·米哈伊洛夫、维·米·莫洛托夫、К.奥尔洛夫、尼·伊·波德沃伊斯基、彼·伊·斯图契卡、瓦·弗·施米特和К.И.舒特科。代表中央委员会俄国局参加彼得堡委员会的是亚·加·施略普尼柯夫。——24。

18　指1917年2月27日(3月12日)俄国社会民主工党中央委员会俄国局以中央委员会名义发表的《俄国社会民主工党告俄国全体公民的宣言》。这个文件宣告沙皇专制制度已被推翻,并且提出了建立民主共和国、实行八小时工作制、没收地主土地归农民使用、没收存粮供应军民以及停止掠夺性战争等项要求。宣言刊登在《彼得格勒苏维埃消息报》第1号增页上。列宁是从1917年3月9日(22日)《法兰克福报》第80号上读到这篇宣言的摘要的,该报刊登宣言摘要使用的标题是:《革命社会党人的宣言》。——24。

19　社会革命党人是俄国最大的小资产阶级政党社会革命党的成员。该党是1901年底—1902年初由南方社会革命党、社会革命党人联合会、老民意党人小组、社会主义土地同盟等民粹派团体联合而成的。成立时的领导人有马·安·纳坦松、叶·康·布列什柯-布列什柯夫斯卡娅、尼·谢·鲁萨诺夫、维·米·切尔诺夫、米·拉·郭茨、格·安·格尔舒尼等,正式机关报是《革命俄国报》(1901—1904年)和《俄国革命通报》杂志(1901—1905年)。社会革命党人的理论观点是民粹主义和修正主义思想的折中混合物。他们否认无产阶级和农民之间的阶级差别,抹杀农民内部的矛盾,否认无产阶级在资产阶级民主革命中的领导作用。在土地问题上,社会革命党人主张消灭土地私有制,按照平均使用原则将土地交村社支配,发展各种合作社。在策略方面,社会革命党人采用了社会民主党人进行群众性鼓动的方法,但主要斗争方法还是搞个人恐怖。为了进行恐怖活动,该党建立了事实上脱离该党中央的秘密战斗组织。

在1905—1907年俄国第一次革命中,社会革命党曾在农村开展焚烧地主庄园、夺取地主财产的所谓"土地恐怖"运动,并同其他政党一起参加武装起义和游击战,但也曾同资产阶级的解放社签订协议。在国家杜马中,该党动摇于社会民主党和立宪民主党之间。该党内部的不统一造成了1906年的分裂,其右翼和极左翼分别组成了人民社会党和最高纲领派社会革命党人联合会。在斯托雷平反动时期,社会革命党经历了思想上、组织上的严重危机。在第一次世界大战期间,社会革命党的大多数领导人采取了社会沙文主义的立场。1917年二月革命后,社会革命党中央实行妥协主义和阶级调和的政策,党的领导人亚·费·克伦斯基、尼·德·阿夫克森齐耶夫、切尔诺夫等参加了资产阶级临时政府。七月事变时期该党公开转向资产阶级方面。社会革命党中央的妥协政策造成党的分裂,左翼于 1917 年 12 月组成了一个独立政党——左派社会革命党。十月革命后,社会革命党人(右派和中派)公开进行反苏维埃的活动,在国内战争时期进行反对苏维埃政权的武装斗争,对共产党和苏维埃政权的领导人实行个人恐怖。内战结束后,他们在"没有共产党人参加的苏维埃"的口号下组织了一系列叛乱。1922年,社会革命党彻底瓦解。

　　人民社会党人是 1906 年从俄国社会革命党右翼分裂出来的小资产阶级政党人民社会党的成员。人民社会党的领导人有尼·费·安年斯基、韦·亚·米雅柯金、阿·瓦·彼舍霍诺夫、弗·格·博哥拉兹、谢·雅·叶尔帕季耶夫斯基、瓦·伊·谢美夫斯基等。人民社会党提出"全部国家政权应归人民",即归从无产者到资产阶级知识分子的全体劳动者,主张对地主土地进行赎买和实行土地国有化,但不触动份地和经营"劳动经济"的私有土地。在俄国 1905—1907 年革命趋于低潮时,该党赞同立宪民主党的路线,六三政变后,因没有群众基础,实际上处于瓦解状态。第一次世界大战期间,持社会沙文主义立场。二月革命后,该党开始恢复组织。1917 年 6 月,同劳动派合并为劳动人民社会党。这个党代表富农利益,积极支持资产阶级临时政府,十月革命后参加反革命阴谋活动和武装叛乱,1918 年后不复存在。——25。

20　这里说的第二届临时政府是指 1917 年 3 月 2 日(15 日)成立的资产阶级临时政府。参看注 2。——26。

21　《社会民主党人报》(《Социал-Демократ》)是俄国社会民主工党秘密发行的中央机关报。1908 年 2 月在俄国创刊,第 2—32 号(1909 年 2 月—1913 年 12 月)在巴黎出版,第 33—58 号(1914 年 11 月—1917 年 1 月)在日内瓦出版,总共出了 58 号,其中 5 号有附刊。根据俄国社会民主工党第五次代表大会选出的中央委员会的决定,该报编辑部由布尔什维克、孟什维克和波兰社会民主党人的代表组成。实际上该报的领导者是列宁。1911 年 6 月孟什维克尔·马尔托夫和费·伊·唐恩退出编辑部,同年 12 月起《社会民主党人报》由列宁主编。该报先后刊登过列宁的 80 多篇文章和短评。在斯托雷平反动时期和新的革命高涨年代,该报同取消派、召回派和托洛茨基分子进行斗争,宣传布尔什维克的路线,加强了党的统一和党与群众的联系。第一次世界大战期间,该报同国际机会主义、民族主义和沙文主义进行斗争,反对帝国主义战争,团结各国坚持国际主义立场的社会民主党人,宣传布尔什维克在战争、和平和革命等问题上提出的口号,联合并加强了党的力量。该报在俄国国内和国外传播很广,影响很大。列宁在《〈反潮流〉文集序言》中写道,"任何一个觉悟的工人,如果想**了解**国际社会主义革命思想的发展及其在 1917 年 10 月 25 日的第一次胜利",《社会民主党人报》上的文章"是不可不看的"(见本版全集第 34 卷第 116 页)。——26。

22 劳动派(劳动团)是俄国国家杜马中的农民代表和民粹派知识分子代表组成的小资产阶级民主派集团,1906 年 4 月成立。领导人是阿·费·阿拉季因、斯·瓦·阿尼金等。劳动派要求废除一切等级限制和民族限制,实行自治机关的民主化,用普选制选举国家杜马。劳动派的土地纲领要求建立由官地、皇族土地、皇室土地、寺院土地以及超过劳动土地份额的私有土地组成的全民地产,由农民普选产生的地方土地委员会负责进行土地改革,这反映了全体农民的土地要求,同时它又容许赎买土地,则是符合富裕农民阶层利益的。在国家杜马中,劳动派动摇于立宪民主党和布尔什维克之间。布尔什维克党支持劳动派的符合农民利益的社会经济要求,同时批评它在政治上的不坚定,可是劳动派始终没有成为彻底革命的农民组织。六三政变后,劳动派在地方上停止了活动。第一次世界大战期间,劳动派多数采取沙文主义立场。二月革命后,劳动派积极支持资产阶级临时政府,1917 年 6 月与人民社会党合并为劳动人民社会党。十月革命后,劳动派站在资产阶级反革命势力方面。——26。

23 《我们的曙光》杂志(«Наша Заря»)是俄国孟什维克取消派的合法的社会政治刊物(月刊),1910 年 1 月—1914 年 9 月在彼得堡出版。领导人是亚·尼·波特列索夫,撰稿人有帕·波·阿克雪里罗得、费·伊·唐恩、尔·马尔托夫、亚·马尔丁诺夫等。围绕着《我们的曙光》杂志形成了俄国取消派中心。第一次世界大战一开始,该杂志就采取了社会沙文主义立场。

　　《我们的事业》杂志(《Наше Дело》)是俄国孟什维克取消派和社会沙文主义者的主要刊物(月刊)。1915年1月在彼得格勒出版,以代替1914年10月被查封的《我们的曙光》杂志,共出了6期。为该杂志撰稿的有叶·马耶夫斯基、彼·巴·马斯洛夫、亚·尼·波特列索夫、涅·切列万宁等。——26。

24　齐赫泽党团指以尼·谢·齐赫泽为首的俄国第四届国家杜马中的孟什维克党团,1916年其成员为马·伊·斯柯别列夫、伊·尼·图利亚科夫、瓦·伊·豪斯托夫、齐赫泽和阿·伊·契恒凯里。第一次世界大战期间,该党团采取中派立场,实际上全面支持俄国社会沙文主义者。列宁对齐赫泽党团的机会主义路线的批判,见《组织委员会和齐赫泽党团有没有自己的路线?》、《齐赫泽党团及其作用》(本版全集第27卷和第28卷)等文。——26。

25　指国家杜马临时委员会同把持彼得格勒工兵代表苏维埃执行委员会的社会革命党和孟什维克领导人在1917年3月1日(14日)夜签订的关于成立资产阶级临时政府的协议。——28。

26　《时报》(《Le Temps》)是法国资产阶级报纸(日报),1861—1942年在巴黎出版。——28。

27　指彼得格勒工兵代表苏维埃执行委员会的号召书。这个号召书和临时政府组成的报道同时刊登在1917年3月3日(16日)《彼得格勒工兵代表苏维埃消息报》第4号上。号召书说,在新政权履行所承担的义务并与旧政权作坚决斗争的情况下,民主派才给它以支持。——28。

28　《新苏黎世报》(《Neue Züricher Zeitung》)即《新苏黎世和瑞士商业报》(《Neue Züricher Zeitung und Schweizerisches Handelsblatt》),是瑞士

资产阶级报纸，1780 年起在苏黎世出版，1821 年以前称《苏黎世报》。
该报是瑞士最有影响的报纸。——28。

29　《民族报》(«National-Zeitung»)是德国民族自由党的机关报(日报)，
　　1848—1938 年在柏林出版。从 1914 年起改称《八小时晚报。民族
　　报》。——28。

30　彼得格勒工兵代表苏维埃执行委员会的号召书并未说苏维埃授权亚·
　　费·克伦斯基参加临时政府，因为执行委员会已于 3 月 1 日(14 日)通
　　过决议不派"民主派代表"参加政府。《时报》是根据它的记者的报道这
　　样写的。实际情况是，3 月 2 日(15 日)苏维埃通过决定，"在少数人的
　　抗议下"同意克伦斯基自行加入政府担任司法部长。——29。

31　指联络委员会。
　　　联络委员会是 1917 年 3 月 8 日(21 日)由孟什维克和社会革命党
　　人把持的彼得格勒工兵代表苏维埃执行委员会建立的，成员有马·
　　伊·斯柯别列夫、尤·米·斯切克洛夫、尼·苏汉诺夫、B.H.菲力波夫
　　斯基和尼·谢·齐赫泽，后又增加维·米·切尔诺夫和伊·格·策列
　　铁里。联络委员会名义上是要"影响"和"监督"临时政府的活动，但实
　　际上它的作用却是帮助临时政府利用苏维埃的威信来掩饰其反革命政
　　策，并制止群众进行争取政权转归苏维埃的革命斗争。1917 年 4 月
　　中，联络委员会被取消，其职能由执行委员会常务委员会执行。
　　　列宁是根据外国报纸的报道获悉彼得格勒苏维埃成立了监督临时
　　政府的专门机构的。他起初对这件事持肯定态度，但同时指出，只有经
　　验才能证明设立这样的机构是否正确。——29。

32　《法兰克福报》(«Frankfurter Zeitung»)是德国交易所经纪人的报纸(日
　　报)，1856—1943 年在美因河畔法兰克福出版。——33。

33　《福斯报》(«Vossische Zeitung»)是德国温和自由派报纸，1704—1934
　　年在柏林出版。——33。

34　出典于希腊神话。强盗普罗克拉斯提斯把所有落到他手里的过路客强

按在一张特制的床上,身材比床长的就剁去腿脚,比床短的就抻拉身躯。——43。

35 俄国资产阶级临时政府成立后不久就任命了十月党人米·亚·斯塔霍维奇为芬兰总督,立宪民主党人费·伊·罗季切夫为芬兰事务部长(亦称委员)。1917年3月8日(21日),临时政府颁布了《关于批准芬兰大公国宪法及其全面生效的宣言》,承认芬兰有自治权,但芬兰议会通过的法律须经俄国政府批准,战时强加给芬兰人并与芬兰立法相抵触的法律在整个战争时期仍继续有效。临时政府要芬兰议会把俄国公民同芬兰公民在工商业方面一律平等这一条列入宪法,而这种权利并不为过去的芬兰法律所承认,它是沙皇政府强制实行的。临时政府拒绝在立宪会议召开以前解决芬兰的自决问题,引起了同芬兰的尖锐冲突。十月革命后,1917年12月18日(31日),苏维埃政府承认芬兰完全独立。——45。

36 《帝国主义是资本主义的最高阶段》一书于1916年夏写成,6月19日(7月2日)经巴黎寄给了彼得格勒孤帆出版社。根据马·高尔基的倡议,孤帆出版社当时准备出一套介绍第一次世界大战期间西欧各国情况的通俗丛书。丛书的主编是当时在巴黎的米·尼·波克罗夫斯基,列宁就是通过他同出版社联系的。高尔基在1916年9月29日给波克罗夫斯基的信里说,列宁的这本书"的确很出色",可单独出版。然而孤帆出版社编辑部中的孟什维克却对列宁的书稿作了不少修改,如删去了对卡·考茨基和尔·马尔托夫的尖锐批评,把列宁原用的"发展成为"一词(资本主义发展成为帝国主义)改为"变成","反动性"一词("超帝国主义"论的反动性)改为"落后性"等等。1917年中,这本书在彼得格勒用《帝国主义是资本主义的最新阶段(通俗的论述)》的书名由生活和知识出版社第一次印成单行本,书中附有列宁1917年4月26日写的序言。

　　　孤帆出版社是马·高尔基1915年在彼得格勒创办的,存在到1918年。

　　　《年鉴》杂志(《Летопись》)是俄国文学、科学和政治刊物(月刊),由马·高尔基创办。1915年12月—1917年12月在彼得格勒出版。杂志撰稿人中有原布尔什维克、马赫主义者弗·亚·巴扎罗夫和亚·亚·波格丹诺夫,也有孟什维克。杂志文学栏由高尔基负责。——47。

37 104人土地纲领是指劳动派1906年5月23日(6月5日)在俄国第一届国家杜马第13次会议上提出的有104位杜马代表签名的土地法案。法案提出的土地立法的目标是:建立一种全部土地及地下矿藏和水流属于全体人民、农业用地只给自力耕种者使用的制度。法案要求建立全民地产。全部官地和皇室土地、皇族土地、寺院土地、教会土地都应归入全民地产,占有面积超过当地规定劳动土地份额的地主土地及其他私有土地也强制转归全民地产,对私有土地的转让给予某种补偿。法案规定,份地和小块私有土地暂时保留在其所有者手里,将来也逐步转为全民财产。土地改革由经过普遍、直接、平等和无记名投票选出的地方委员会实施。——53。

38 《新时代》杂志(《Die Neue Zeit》)是德国社会民主党的理论刊物,1883—1923年在斯图加特出版。1890年10月前为月刊,后改为周刊。1917年10月以前编辑为卡·考茨基,以后为亨·库诺。1885—1895年间,杂志发表过马克思和恩格斯的一些文章。恩格斯经常关心编辑部的工作,帮助它端正办刊方向。为杂志撰过稿的还有威·李卜克内西、保·拉法格、格·瓦·普列汉诺夫、罗·卢森堡、弗·梅林等国际工人运动活动家。《新时代》杂志在介绍马克思主义基本理论、宣传俄国1905—1907年革命等方面做了有益的工作。随着考茨基转到机会主义立场,1910年以后,《新时代》杂志成了中派分子的刊物。第一次世界大战期间,杂志持中派立场,实际上支持社会沙文主义者。——54。

39 列宁原来打算在《远方来信》的第四封信里,以后又打算在第五封信里谈修改党纲问题,但是,这两封信都研究了其他问题。第五封《远方来信》的要点就成了列宁回国以后撰写的有关党纲问题著作的基础(参看本卷第474—478、481—493页)。列宁后来对要点作了一些补充(补2,补5和标有"＋"号的几点)。要点末尾的几句话是写给维·阿·卡尔宾斯基的。——56。

40　指列宁1907年11—12月间写的《社会民主党在1905—1907年俄国第
　　　一次革命中的土地纲领》一书(见本版全集第16卷)。该书曾于1908
　　　年在彼得堡刊印,但在印刷厂里就被警察没收和销毁了,只保存下来一
　　　个孤本。1917年,该书由彼得格勒生活和知识出版社出版。——57。

41　《真理报》(《Правда》)是俄国布尔什维克的合法报纸(日报),1912年4
　　　月22日(5月5日)起在彼得堡出版。《真理报》是群众性的工人报纸,
　　　依靠工人自愿捐款出版,拥有大批工人通讯员和工人作者(它在两年多
　　　时间内就刊载了17 000多篇工人通讯),同时也是布尔什维克党的实
　　　际上的机关报。《真理报》编辑部还担负着党的很大一部分组织工作,
　　　如约见基层组织的代表,汇集各工厂党的工作的情况,转发党的指示
　　　等。在不同时期参加《真理报》编辑部工作的有斯大林、雅·米·斯维
　　　尔德洛夫、尼·尼·巴图林、维·米·莫洛托夫、米·斯·奥里明斯基、
　　　康·斯·叶列梅耶夫、米·伊·加里宁、尼·伊·波德沃伊斯基、马·
　　　亚·萨韦利耶夫、尼·阿·斯克雷普尼克、马·康·穆拉诺夫等。第四
　　　届国家杜马的布尔什维克代表积极参加了《真理报》的工作。列宁在国
　　　外领导《真理报》,他筹建编辑部,确定办报方针,组织撰稿力量,并经常
　　　给编辑部以工作指示。1912—1914年,《真理报》刊登了300多篇列宁
　　　的文章。
　　　　《真理报》经常受到沙皇政府的迫害。仅在创办的第一年,编辑
　　　们就被起诉过36次,共坐牢48个月。1912—1914年出版的总共
　　　645号报纸中,就有190号受到种种阻挠和压制。报纸被查封8次,
　　　每次都变换名称继续出版。1913年先后改称《工人真理报》、《北方真
　　　理报》、《劳动真理报》、《拥护真理报》;1914年相继改称《无产阶级真
　　　理报》、《真理之路报》、《工人日报》、《劳动的真理报》。1914年7月8
　　　日(21日),即在第一次世界大战前夕,沙皇政府下令禁止《真理报》
　　　出版。
　　　　1917年二月革命后,《真理报》于3月5日(18日)复刊,成为俄国
　　　社会民主工党中央委员会和彼得堡委员会的机关报。列宁于4月3日
　　　(16日)回到俄国,5日(18日)就加入了编辑部,直接领导报纸工作。
　　　1917年七月事变中,《真理报》编辑部于7月5日(18日)被士官生捣

毁。7月15日(28日),资产阶级临时政府正式下令查封《真理报》。7—10月,该报不断受到资产阶级临时政府的迫害,先后改称《〈真理报〉小报》、《无产者报》、《工人日报》、《工人之路报》。1917年10月27日(11月9日),《真理报》恢复原名,继续作为俄国社会民主工党中央委员会的机关报出版。1918年3月16日起,《真理报》改在莫斯科出版。——61。

42 《民权报》登载列宁这个声明用的标题是《确证》。

　　《民权报》(《Volksrecht》)是瑞士社会民主党、苏黎世州社会民主党组织和苏黎世工人联合会的机关报(日报),1898年在苏黎世创刊。第一次世界大战期间,该报刊登过一些有关工人运动的消息和齐美尔瓦尔德左派的文章。第一次世界大战后,该报反映瑞士社会民主党的立场,反对该党加入共产国际,不接受加入共产国际的21项条件。——61。

43 《论俄国社会民主工党在俄国革命中的任务》是列宁1917年3月14日(27日)在苏黎世民众文化馆用德语向瑞士工人作的题为《俄国革命及其意义和任务》的报告的简介,它是列宁亲自为《民权报》撰写的。3月31日(4月13日),在取道斯德哥尔摩返回俄国的途中,列宁又把这篇简介交给了瑞典社会民主党左派的报纸《政治报》。该报编辑部把简介稍加删节,刊登在4月15日(公历)该报第86号上,用的标题是《列宁论俄国革命。在各国人民之间而不是在政府之间的直接和平谈判》。——64。

44 参看本卷《路易·勃朗主义》一文。——66。

45 《共和派沙文主义者的诡计》一文载于1917年4月5日(公历)瑞士《民权报》第81号,并摘要刊载于同年4月10日(公历)意大利《前进报》第99号。这篇文章由雅·斯·加涅茨基于3月22日(4月4日)转寄彼得格勒,看来因为奸细米·叶·切尔诺马佐夫的作用问题当时已在报刊上说清楚,《真理报》没有刊登。——71。

46 《晚间信使报》（«Corrieredella Sera»）是意大利资产阶级报纸，1876 年
在米兰创刊。——71。

47 米龙即米·叶·切尔诺马佐夫。

俄国第四届国家杜马代表、布尔什维克马·康·穆拉诺夫于 1917
年 3 月 12 日（25 日）从流放地回到彼得格勒后，立即写信给《日报》编
辑部，并附了一篇说明切尔诺马佐夫参加《真理报》工作的实际情况的
材料。3 月 14 日（27 日），报纸登载了这篇短文。穆拉诺夫写道：切尔
诺马佐夫从 1913 年 5 月到 1914 年 2 月在《真理报》工作，因奸细嫌疑
被解除职务，此后俄国社会民主工党中央委员会俄国局禁止一切组织
和个人同他有任何来往；"米·切尔诺马佐夫从来不是也不可能是《真
理报》主要的和唯一的领导人，领导这个报纸的是由俄国社会民主工党
中央委员会委员和俄国社会民主工党杜马党团成员组成的编辑集
体。"——73。

48 《人道报》（«L'Humanité»）是法国日报，由让·饶勒斯于 1904 年创办。
该报起初是法国社会党的机关报，在第一次世界大战期间为法国社会
党极右翼所掌握，采取了社会沙文主义立场。1918 年该报由马·加香
领导后，反对法国政府武装干涉苏维埃俄国的帝国主义政策。在法国
社会党分裂和法国共产党成立后，从 1920 年 12 月起，该报成为法国共
产党中央机关报。

《小巴黎人报》（«Le Petit Parisien»）是法国的一种低级趣味的报纸
（日报），1876—1944 年在巴黎出版，发行量很大。在第一次世界大战
期间，该报采取了极端沙文主义的立场。俄国十月革命后，该报对苏维
埃俄国持敌视态度。——73。

49 《前进报》（«Avanti!»）是意大利社会党中央机关报（日报），1896 年 12
月在罗马创刊。第一次世界大战期间，该报采取不彻底的国际主义立
场。1926 年该报被贝·墨索里尼的法西斯政府查封，此后在国外不定
期地继续出版。1943 年起重新在意大利出版。——74。

50 列宁在获悉二月革命的确实消息后，就开始设法从瑞士回国。但是侨

居国外的国际主义者要回到俄国,既受到资产阶级临时政府的阻挠,也受到英、法"盟国"政府的阻挠。因此,列宁曾打算采取使用别人证件过境的办法回国,并就这一问题同维·阿·卡尔宾斯基和雅·斯·加涅茨基通过信。1917年3月6日(19日),在伯尔尼的俄国各党派中央机构的非正式会议上,尔·马尔托夫提出一项计划:以遣返拘留在俄国的德国人为条件,换取德国方面对取道德国的同意。这一计划得到了列宁的支持。同德国驻瑞士公使交涉俄国政治流亡者取道德国回国事宜,开头是由瑞士社会民主党人罗·格里姆负责的。由于格里姆采取模棱两可的立场,布尔什维克以后就把这件事情委托给了瑞士社会民主党书记弗·普拉滕。德国政府接受了俄国侨民经德国回国的条件,保证车厢通过德国时享有治外法权。由于孟什维克要求让临时政府或彼得格勒苏维埃事先同意用被俘的德国非军事人员交换侨民,从瑞士动身的时间延迟到了3月27日(4月9日)。所有条件和动身情况都记录在议定书上,并告知德、法、波兰、瑞士的齐美尔瓦尔德左派代表。此外,还以他们的名义准备了一份向报界发表的声明。声明说:"我们这些在下面署名的人知道协约国政府对俄国国际主义者回国所设置的重重障碍,我们知道德国政府允许取道德国前往瑞典的条件……　我们认为,我们的俄国同志不仅有权利而且应当利用提供给他们的取道德国回国的机会。"这个声明刊登于1917年4月15日《政治报》第86号。

鉴于法国报纸报道,临时政府外交部长帕·尼·米留可夫对取道德国回国的侨民进行威胁,说要把他们作为叛国犯加以逮捕,以列宁为首的各派侨民在动身当天签字具结:"1.普拉滕同德国大使馆商定的各项条件已向本人宣读;2.本人服从旅程负责人普拉滕的各项安排;3.本人已被告知《小巴黎人报》的一则消息:俄国临时政府要对取道德国的俄国国民治以叛国罪;4.本人此行的全部政治责任概由自己承担;5.普拉滕只负责本人到斯德哥尔摩的旅程。"

列宁一行3月31日(4月13日)到达斯德哥尔摩。当天离开这里经芬兰回俄国。——75。

51　《告被俘同志书》这份传单写于1917年3月中旬,由《社会民主党人报》编辑部署名在伯尔尼刊印。传单附有这样一段话:"同志们！请你们继续同援助战俘委员会保持联系,地址是:瑞士伯尔尼法尔肯路9号什克洛夫斯基博士收。同志们一定会像过去一样设法把书籍等寄给你们。"

布尔什维克于1915年开始同关在德国和奥匈帝国战俘营里的俄国战俘联系,为此成立了俄国社会民主工党国外组织委员会伯尔尼社会民主党智力援助战俘委员会。委员会同关在20多个战俘营中的俘虏经常通信,每月来往信件近250封。通过被俘的社会民主党人,主要是布尔什维克的拥护者或布尔什维主义的同情者,委员会在战俘中间进行了多种多样的宣传工作。俄国社会民主工党中央机关报《社会民主党人报》能经常送进战俘营,此外,还送去了有关战争、土地等问题的书刊和传单以及各种读物。1917年2月,用俘虏筹集的资金出版了《被俘者》杂志第1期。该刊第2期已准备发排,由于1917年3月底布尔什维克回国而没有出成。列宁认为在被俘者中间进行工作有重要意义,因为他们回国以后将参加革命斗争。布尔什维主义思想通过战俘传播给了和他们接触的居民。1917—1918年,俄国战俘积极参加了德国工人阶级的革命斗争。——77。

52 《给瑞士工人的告别信》写于1917年3月中旬,当时有关俄国政治流亡者取道德国回国的事宜还是由罗·格里姆出面同德国方面交涉。在3月19日(4月1日)弄清了他在这个问题上采取模棱两可的态度以后,列宁就从信稿中删去了有关格里姆居间协助的话。告别信于3月26日(4月8日)在准备回国的布尔什维克会议上讨论并通过。之后,列宁在信的开头加了"俄国社会民主工党(由中央委员会统一的)"、"全世界无产者,联合起来!"这两行字,并在信的末尾添了一段话。

1914年列宁从波罗宁到伯尔尼以后,和瑞士社会民主党的许多活动家建立了联系。1914年8月24—26日(9月6—8日)布尔什维克伯尔尼会议通过的著名提纲《革命社会民主党在欧洲战争中的任务》就是通过他们转交给1914年9月27日在卢加诺举行的意大利—瑞士社会党人代表会议的。苏黎世布尔什维克小组的成员还根据列宁的意见加入了苏黎世的社会民主党组织。列宁先后积极参加了伯尔尼和苏黎世社会民主党组织反对以社会爱国主义者海·格罗伊利希为首的党的右翼和以罗·格里姆为首的中派的党内斗争,给了齐美尔瓦尔德左派分子(弗·普拉滕、恩·诺布斯等人)以巨大支援,帮助他们克服在同中派斗争中的犹豫不决情绪。左派同党内机会主义斗争的许多文件是在列宁参与下起草的。1917年2月11—12日在特斯举行的瑞士社会民主党苏黎世州代表大会讨论对待战争的态度问题时,左派社会民主党人曾就代表大会通过的中派决议案提出《关于修改战争问题的决议的建议》,得到了代表大会五分之一代表的赞成,这个《建议》就是列宁起草的。代表大会后,列宁立即帮助瑞士齐美尔瓦尔德左派小组出版了《小报第1号》,上面刊登了《建议》全文和列宁有关兼并问题的论述。——84。

53 格吕特利分子指瑞士小资产阶级改良主义组织格吕特利联盟的成员。据传说,瑞士的三个州于1307年在格吕特利草地结盟,共同反对哈布斯堡王朝,格吕特利联盟取名于此。格吕特利联盟于1838年在日内瓦成立,1901年加入了瑞士社会民主党,组织上仍保持独立。第一次世界大战期间,格吕特利联盟持社会沙文主义立场,于1916年秋从瑞士社会民主党分裂出去。同年11月该党苏黎世代表大会曾通过决议,认为格吕特利联盟进行社会沙文主义活动是同它置身在社会民主党内不相容的。1925年,格吕特利联盟重新并入瑞士社会民主党。——84。

54 指瑞士社会民主党。

瑞士社会民主党(在瑞士法语区和意大利语区称瑞士社会党)成立于1870年,加入过第一国际,1888年重新建立。机会主义分子在党内有很大势力,他们在第一次世界大战期间采取了社会沙文主义立场。1916年秋,该党右翼(格吕特利联盟)从党内分裂出去。以罗·格里姆为首的多数党员采取中派主义和社会和平主义立场。党内左派则坚持国际主义立场。在俄国十月革命的影响下,该党左翼增强。左派于1920年12月退出该党,1921年3月同1917—1918年出现的一些共产主义团体一起组成了统一的瑞士共产党(后称瑞士劳动党)。——84。

55 齐美尔瓦尔德左派是根据列宁倡议建立的国际组织,于1915年9月4日,即国际社会党第一次代表会议(齐美尔瓦尔德代表会议)开幕的前一天,在出席代表会议的左派社会党人召开的一次会议上成立。齐美尔瓦尔德左派这一名称,则是1915年11月该组织出版刊物《国际传单集》时开始正式使用的。齐美尔瓦尔德左派的最初参加者即9月4日会议的出席者为:俄国社会民主工党中央委员会代表列宁和格·叶·季诺维也夫,瑞士代表弗·普拉滕,"德国国际社会党人"组织主席尤·博尔夏特,拉脱维亚边疆区社会民主党中央委员会代表扬·安·别尔津,波兰王国和立陶宛社会民主党边疆区执行委员会主席卡·伯·拉狄克,瑞典代表卡·霍格伦,挪威代表图·涅尔曼。9月4日这次会议听取了列宁关于世界战争的性质和国际社会民主党策略的报告,制定了准备提交代表会议的决议和宣言草案。在代表会议上,齐美尔瓦尔德左派批评了多数代表的中派和半中派观点,提出了谴责帝国主义战争、揭露社会沙文主义者叛卖行为和指出积极进行反战斗争的必要性等决议案。他们的决议案被中派多数所否决,但是经过斗争,决议案中的一些重要论点仍写入了代表会议的宣言。齐美尔瓦尔德左派对宣言投了赞成票,并在一个特别声明中指出了宣言的不彻底性。齐美尔瓦尔德左派声明,它将留在齐美尔瓦尔德联盟内宣传自己的观点和在国际范围内进行独立的工作。齐美尔瓦尔德左派选举了由列宁、季诺维也夫和拉狄克组成的领导机关——常务局。齐美尔瓦尔德左派的理论刊物——德文《先驱》杂志共出了两期,发表了列宁的几篇文章。在1916年4月国际社会党第二次代表会议(昆塔尔代表会议)上,齐美尔瓦尔德左派力量有所发展,它在40多名代表中占了12名,它的一系列提案得到半数代表的赞成。1917年初,随着齐美尔瓦尔德右派公开背叛,列宁向左派提出了同齐美尔瓦尔德联盟决裂的问题。参加齐美尔瓦尔德左派的一些国家的社会民主党人,在建立本国共产党方面起了重要的作用。

关于齐美尔瓦尔德左派,参看列宁的《第一步》和《1915年9月5—8日国际社会党代表会议上的革命马克思主义者》(本版全集第27卷)等文。——87。

56 工作小组是德国的中派组织,由一些脱离了社会民主党国会党团的议员组成,1916年3月成立。领导人为胡·哈阿兹、格·累德堡和威·迪特曼。工作小组出版《活页文选》,1916年4月以前还在《前进报》编

辑部中占优势。中派分子被排除出《前进报》以后,工作小组把在柏林
出版的《消息小报》作为自己的中央机关报。社会民主党工作小组得到
柏林党组织中多数的支持,是1917年4月成立的德国独立社会民主党
的基本核心。——87。

57 《自由青年》杂志(《Freie Jugend》)是瑞士社会民主主义青年组织的机
关刊物(双周刊),1906—1918年2月在苏黎世出版。第一次世界大战
期间,该刊倾向于齐美尔瓦尔德左派。——87。

58 指瑞士社会民主党左派在1917年2月11—12日召开的瑞士社会民主
党苏黎世州代表大会上提出的《关于修改战争问题的决议的建议》。
《建议》是列宁起草的(见本版全集第28卷)。——87。

59 斯托雷平土地改革即沙皇政府大臣会议主席彼·阿·斯托雷平为在农
村培植富农、建立沙皇政府的巩固支柱而进行的土地改革。1906年11
月9日(22日),沙皇政府颁布了《关于农民土地占有和土地使用现行
法令的几项补充决定》,这个法令由国家杜马和国务会议通过后称为
1910年6月14日法令。1906年11月15日(28日),又颁布了《关于农
民土地银行以份地作抵押发放贷款的法令》。根据这两个法令,农民可
以退出村社,把自己的份地变成私产,也可以卖掉份地。村社必须为退
社农民在一个地方划出建立独立田庄或独立农庄的土地。独立田庄主
或独立农庄主可以从农民土地银行取得优惠贷款来购买土地。沙皇政
府制定这些土地法令的目的是,在保留地主土地私有制和强制破坏村
社的条件下,建立富农这一沙皇专制制度在农村的支柱。斯托雷平的
土地政策通过最痛苦的普鲁士道路,在保留农奴主-地主的政权、财产
和特权的条件下,加速了农业的资本主义演进,加剧了对农民基本群众
的强行剥夺,加速了农村资产阶级的发展。

　　列宁称1906年斯托雷平土地法令是继1861年改革以后俄国从农
奴主专制制度变为资产阶级君主制的第二步。尽管沙皇政府鼓励农民
退出村社,但在欧俄部分,九年中(1907—1915年)总共只有250万农
户退出村社。首先使用退出村社的权利的是农村资产阶级,因为这能
使他们加强自己的经济。也有一部分贫苦农民退出了村社,其目的是

为了出卖份地,彻底割断同农村的联系。穷苦的小农户仍旧像以前一样贫穷和落后。斯托雷平的土地政策并没有消除全体农民和地主之间的矛盾,只是导致了农民群众的进一步破产,加剧了富农和贫苦农民之间的阶级矛盾。——91。

60 费边派是1884年成立的英国改良主义组织费边社的成员,多为资产阶级知识分子,代表人物有悉·韦伯、比·韦伯、拉·麦克唐纳、肖伯纳、赫·威尔斯等。费边·马克西姆是古罗马统帅,以在第二次布匿战争(公元前218—前201年)中采取回避决战的缓进待机策略著称。费边社即以此人名字命名。费边派虽然认为社会主义是经济发展的必然结果,但只承认演进的发展道路。他们反对马克思主义的阶级斗争和无产阶级革命学说,鼓吹通过细微的改良来逐渐改造社会,宣扬所谓"地方公有社会主义"(又译"市政社会主义")。1900年费边社加入工党(当时称劳工代表委员会),但仍保留自己的组织。在工党中,它一直起制定纲领原则和策略原则的思想中心的作用。第一次世界大战期间,费边派采取社会沙文主义立场。关于费边派,参看列宁《社会民主党在1905—1907年俄国第一次革命中的土地纲领》第4章第7节和《英国的和平主义和英国的不爱理论》(本版全集第16卷和第26卷)。

　　拉布分子即英国工党党员,列宁在这里指工党领袖。工党成立于1900年,起初称劳工代表委员会,由工联、独立工党和费边社等组织联合组成,目的是把工人代表选入议会。1906年改称工党。工党的领导机关执行委员会同工联总理事会、合作党执行委员会共同组成所谓全国劳动委员会。工党成立初期就成分来说是工人的政党(后来有大批小资产阶级分子加入),但就思想和政策来说是一个机会主义的组织。该党领导人从党成立时起就采取同资产阶级实行阶级合作的路线。第一次世界大战期间,工党领导机构多数人持沙文主义立场,工党领袖阿·韩德逊等参加了王国联合政府。从1924年起,工党领导人多次组织政府。——91。

61 斯巴达克派(国际派)是德国左派社会民主党人的革命组织,第一次世界大战初期形成,创建人和领导人有卡·李卜克内西、罗·卢森堡、弗·梅林、克·蔡特金、尤·马尔赫列夫斯基、莱·约吉希斯(梯什卡)、威·皮克等。1915年4月,卢森堡和梅林创办了《国际》杂志,这个杂志是团结德国左派社会民主党人的主要中心。1916年1月1日,全德左派社会民主党人代表会议在柏林召开,会议决定正式成立组织,取名为国际派。代表会议通过了一个名为《指导原则》的文件,作为该派的纲领,这个文件是在卢森堡主持和李卜克内西、梅林、蔡特金参与下制定的。1916年至1918年10月,该派定期出版秘密刊物《政治书信》,署名斯巴达克,因此该派也被称为斯巴达克派。1917年4月,斯巴达克派加入了德国独立社会民主党,但保持组织上和政治上的独立。斯巴达克派在群众中进行革命宣传,组织反战活动,领导罢工,揭露世界大战的帝国主义性质和社会民主党机会主义领袖的叛卖行为。斯巴达克派在理论和策略问题上也犯过一些错误,列宁曾屡次给予批评和帮助。1918年11月,斯巴达克派改组为斯巴达克联盟,12月14日公布了联盟的纲领。1918年底,联盟退出了独立社会民主党,并在1918年12月30日—1919年1月1日举行的全德斯巴达克派和激进派代表会议上创建了德国共产党。——92。

62　《工人政治》杂志(《Arbeiterpolitik》)是德国科学社会主义刊物(周刊),由以约·克尼夫和保·弗勒利希为首的不来梅左翼激进派(该派于1919年并入德国共产党)创办,1916—1919年在不来梅出版。为杂志撰稿的有尼·伊·布哈林、昂·吉尔波、亚·米·柯伦泰、娜·康·克鲁普斯卡娅、安·潘涅库克、卡·拉狄克和尤·米·斯切克洛夫等人。杂志反对德国和国际工人运动中的社会沙文主义。俄国十月革命后,该杂志广泛介绍苏维埃俄国的情况,发表过列宁的几篇文章和讲话。在德国1918年十一月革命期间,它刊载过列宁的《无产阶级革命的军事纲领》和《国家与革命》两部著作的一些章节。——92。

63　《政治报》(《Politiken》)是瑞典社会民主党左派的报纸,1916年4月27日起在斯德哥尔摩出版。最初每两天出版一次,后改为日报。1917年11月起改名为《人民政治日报》。1916—1918年图·涅尔曼任编辑,1918—1920年弗·斯特勒姆任编辑。德、俄、法和其他一些国家的齐美尔瓦尔德左派曾为该报撰稿。1917年,瑞典社会民主党左派组成了瑞典左派社会民主党。1921年,在该党改称瑞典共产党以后,该报成为瑞典共产党的机关报。1945年停刊。——94。

64 《社会民主党人报》(《Socialdemokraten》)是瑞典社会民主党的中央机关报(1889—1944年),卡·亚·布兰亭曾担任它的编辑。——95。

65 这个会议于3月31日(4月13日)上午在斯德哥尔摩列吉纳旅馆举行,到会的有以列宁为首的一批俄国侨民和瑞典左派社会民主党人卡·林德哈根、弗·斯特勒姆、卡·纳·卡尔松、卡·基尔布姆和图·涅尔曼。斯德哥尔摩市市长林德哈根和列宁主持会议。林德哈根作了题为《光明来自东方》的讲话。列宁谈了旅经德国的情况。会上宣读了关于取道德国回国的议定书。瑞典社会民主党人表示他们完全支持俄国革命者的这一步骤,并愿就此作出证明。卡尔松也在会上讲了话,希望俄国的革命发展成为国际革命。最后,瑞典同志热烈地向俄国同志和此行的组织者弗·普拉滕致意。——96。

66 这是列宁回国后第二天在塔夫利达宫向出席全俄工兵代表苏维埃会议的布尔什维克和全俄党的工作者会议的参加者作的报告。报告历时两小时。文本根据记录整理,有删节号处是漏记的地方。

全俄工兵代表苏维埃会议是彼得格勒苏维埃执行委员会召开的,于1917年3月29日—4月3日(4月11—16日)在彼得格勒举行。出席会议的有139个苏维埃的代表以及一些在前线和后方的部队的代表,共480名,其中孟什维克和社会革命党人占多数。会议讨论了对战争的态度、对临时政府的态度、组织革命力量同反革命斗争、准备召开立宪会议、土地问题、粮食问题以及其他一些问题。布尔什维克就议程的主要问题提出了自己的决议案。会议就战争问题通过了彼得格勒苏维埃执行委员会提出的护国主义的决议案(327票赞成,57票反对,20票弃权),同意临时政府否认战争具有侵略目的的声明。以列·波·加米涅夫为首的布尔什维克代表小组在这个问题上采取了错误立场,在孟什维克和社会革命党的决议案补充了革命民主派监督和影响临时政府及其地方机关的内容以后,撤回了自己的决议案,而投票赞成这个决议案。关于土地问题,会议通过了在立宪会议上支持全部私有土地无偿转归劳动人民的决议,但反对各地"擅自解决"土地问题。会议还通过了召开国际社会党代表会议讨论摆脱战争的出路问题的决议。会议将 10 名地方代表和 6 名陆海军代表选进彼得格勒苏维埃执行委员会,从而使它在第一次全俄工兵代表苏维埃代表大会召开以前成为全俄苏维埃的中央机关。

全俄党的工作者会议是俄国社会民主工党中央委员会俄国局召开的一次非正式会议,于 1917 年 3 月 27 日—4 月 2 日(4 月 9 日—15 日)在彼得格勒举行,又称三月会议。参加会议的有来自约 70 个党组织的 120 多名党的工作者,他们是出席全俄苏维埃会议的代表和各地方党组织的特邀代表。会议讨论了战争问题、对临时政府的态度问题以及组织革命力量同反革命斗争等问题。会议的决议反映了列宁回国以前中央委员会俄国局和各地方组织在某些重要策略问题上缺乏明确性。4 月 1 日(14 日),会议接受孟什维克提议,讨论了没有列入议程的同孟什维克统一的问题,并决定为了解情况而参加同孟什维克的联席会议。——102。

67　指 1917 年 3 月 30 日(4 月 12 日)全俄工兵代表苏维埃会议就伊·格·策列铁里关于对战争的态度的报告所通过的决议。这个决议是孟什维克和社会革命党人把持的彼得格勒工兵代表苏维埃执行委员会提出的。决议在关于自由和保卫革命的空泛词句掩盖下号召支持资产阶级临时政府继续进行帝国主义战争的对外政策。——103。

68　《言语报》(《Речь》)是俄国立宪民主党的中央机关报(日报),1906 年 2 月 23 日(3 月 8 日)起在彼得堡出版,实际编辑是帕·尼·米留可夫和约·弗·盖森。积极参加该报工作的有马·莫·维纳维尔、帕·德·多尔戈鲁科夫、彼·伯·司徒卢威等。1917 年二月革命后,该报积极支持资产阶级临时政府的对内对外政策,反对布尔什维克。1917 年 10 月 26 日(11 月 8 日)被查封。后曾改用《我们的言语报》、《自由言语报》、《时代报》、《新言语报》和《我们时代报》等名称继续出版,1918 年 8 月最终被查封。——104。

69　指1915年9月5—8日在瑞士齐美尔瓦尔德举行的国际社会党第一次
代表会议和1916年4月24—30日在瑞士昆塔尔举行的国际社会党第
二次代表会议。——104。

70　《论无产阶级在这次革命中的任务》一文最初发表于1917年4月7日
（20日）《真理报》第26号，署名尼·列宁，随后为俄国各地的布尔什维
克报纸所转载。著名的《四月提纲》就是在这篇文章中发表的。4月4
日（17日），列宁在塔夫利达宫的两个会（出席全俄工兵代表苏维埃会
议的布尔什维克代表的会议和布尔什维克代表与孟什维克代表的联席
会议）上宣读了这个提纲。列宁当时把提纲交给了《真理报》的一个编
委，叮嘱他于次日全文发表。但是由于印刷厂机器出了故障，提纲未能
在5日刊登出来。——113。

71　《统一报》（《Единство》）是俄国孟什维克护国派极右翼集团统一派的报
纸，在彼得格勒出版。1914年5—6月出了4号。1917年3—11月为
日报。1917年12月—1918年1月用《我们的统一报》的名称出版。编
辑部成员有格·瓦·普列汉诺夫、维·伊·查苏利奇、柳·伊·阿克雪
里罗得、格·阿·阿列克辛斯基、尼·瓦·瓦西里耶夫、列·格·捷依
奇和尼·伊·约尔丹斯基。该报持极端沙文主义立场，主张和资产阶
级合作，支持资产阶级临时政府，反对社会主义革命，攻击布尔什维克，
敌视苏维埃政权。——116。

72　《俄罗斯意志报》（《Русская Воля》）是俄国资产阶级报纸（日报），由沙
皇政府内务大臣亚·德·普罗托波波夫创办，1916年12月起在彼得
格勒出版。该报靠大银行出钱维持。1917年二月革命后，该报诽谤布
尔什维克。1917年10月25日被查封。——117。

73　《我们是怎样回来的》是列宁和格·叶·季诺维也夫受从瑞士回国的侨
民的委托向彼得格勒苏维埃执行委员会作的报告。执行委员会的这次
会议于4月4日晚8时举行。就流亡瑞士的侨民情况问题首先发言的
是经哥本哈根回国的第二届国家杜马代表阿·格·祖拉博夫。他揭露
了外交部长帕·尼·米留可夫下令阻挠侨居国外的国际主义者回国的

事实,代表留在瑞士的俄国侨民要求执行委员会出面逼迫临时政府同德国政府进行谈判,以俄国拘留的德国人或德国战俘交换俄国政治流亡者。季诺维也夫接着作了报告,提议通过一项赞成用被拘留的德国人交换俄国政治流亡者的决议。列宁建议执行委员会同意这一决议,并发言反驳了反对这个建议的孟什维克伊·格·策列铁里和波·奥·波格丹诺夫。这个报告于4月5日(18日)在《真理报》第23号和《消息报》第32号上同时发表。《消息报》在发表报告时还报道了执行委员会就这个问题作出的决定(见本卷第125页)。——119。

74　《我们的言论报》(《Наше Слово》)是俄国孟什维克国际主义派的报纸(日报),1915年1月—1916年9月在巴黎出版,以代替被查封的《呼声报》。参加该报工作的有:弗·亚·安东诺夫-奥弗申柯、索·阿·洛佐夫斯基、列·达·托洛茨基、阿·瓦·卢那察尔斯基和尔·马尔托夫。1916年9月—1917年3月改用《开端报》的名称出版。——119。

75　指《由中央委员会统一的俄国社会民主工党党员会议记录(1917年4月8日)》,第一批取道德国回俄国的政治流亡者的《集体公报》(见本卷第509—510页)以及瑞士、德国、法国、波兰、挪威和瑞典的左派社会民主党人分别于3月25日(4月7日)在伯尔尼、3月31日(4月13日)在斯德哥尔摩签署的《声明》。——119。

76　崩得是立陶宛、波兰和俄罗斯犹太工人总联盟的简称,1897年9月在维尔诺成立。参加这个组织的主要是俄国西部各省的犹太手工业者。崩得在成立初期曾进行社会主义宣传,后来在争取废除反犹太特别法律的斗争过程中滑到了民族主义立场上。在1898年俄国社会民主工党第一次代表大会上,崩得作为只在专门涉及犹太无产阶级问题上独立的"自治组织",加入了俄国社会民主工党。在1903年俄国社会民主工党第二次代表大会上,崩得分子要求承认崩得是犹太无产阶级的唯一代表。在代表大会否决了这个要求之后,崩得退出了党。根据1906年俄国社会民主工党第四次(统一)代表大会决议,崩得重新加入了党。从1901年起,崩得是俄国工人运动中民族主义和分离主义的代表。它在党内一贯支持机会主义派别(经济派、孟什维克和取消派),反对布尔什维克。第一次世界大战期间,崩得分子采取社会沙文主义立场。1917年二月革命后,崩得支持资产阶级临时政府。1918—1920年外国武装干涉和国内战争时期,崩得的领导人同反革命势力勾结在一起,而一般的崩得分子则开始转变,主张同苏维埃政权合作。1921年3月崩得自行解散,部分成员加入俄国共产党(布)。——119。

77　《新时报》(《Новое Время》)是俄国报纸,1868—1917年在彼得堡出版。出版人多次更换,政治方向也随之改变。1872—1873年采取进步自由主义的方针。1876—1912年由反动出版家阿·谢·苏沃林掌握,成为俄国最没有原则的报纸。1905年起是黑帮报纸。1917年二月革命后,完全支持资产阶级临时政府的反革命政策,攻击布尔什维克。1917年10月26日(11月8日)被查封。——125。

78　《彼得格勒工兵代表苏维埃消息报》(《Известия Петроградского Совета Рабочих и Солдатских Депутатов》)于1917年2月28日(3月13日)在彼得格勒创刊,最初称《彼得格勒工人代表苏维埃消息报》,从3月2日(15日)第3号起成为彼得格勒工兵代表苏维埃的机关报。编辑部成员起初有:波·瓦·阿维洛夫、弗·亚·巴扎罗夫、弗·德·邦契-布鲁耶维奇、约·彼·戈尔登贝格和格·弗·策彼罗维奇。由于编辑部内部意见分歧,阿维洛夫、邦契-布鲁耶维奇和策彼罗维奇于4月12日(25日)退出了编辑部,孟什维克和社会革命党人费·伊·唐恩、弗·萨·沃伊京斯基、A.A.郭茨、伊·瓦·切尔内绍夫随后进入编辑部。在全俄苏维埃第一次代表大会成立了工兵代表苏维埃中央执行委员会以后,该报成为中央执行委员会的机关报,从1917年8月1日(14日)第132号起,用《中央执行委员会和彼得格勒工兵代表苏维埃消息报》的名称出版。决定该报政治方向的是当时在执行委员会中占多数的社会革命党—孟什维克联盟的代表人物。

十月革命后,该报由布尔什维克领导。在全俄苏维埃第二次代表大会以后,即从1917年10月27日(11月9日)起,该报更换了编辑部成员,成为苏维埃政权的正式机关报。1918年3月该报迁至莫斯科出版。从1923年7月14日起,成为苏联中央执行委员会和全俄中央执行委员会的机关报。从 1938 年 1 月 26 日起,改称《苏联劳动人民代表苏维埃消息报》。——125。

79　《工人报》(《Рабочая Газета》)是俄国孟什维克报纸(日报),1917 年 3 月 7 日(20 日)—11 月 30 日(12 月 13 日)在彼得格勒出版,8 月 30 日(9 月 12 日)起是孟什维克中央机关报。参加报纸工作的有帕·波·阿克雪里罗得、波·奥·波格丹诺夫、库·安·格沃兹杰夫、费·伊·唐恩、尔·马尔托夫、亚·尼·波特列索夫、伊·格·策列铁里、尼·谢·齐赫泽、涅·切列万宁等。该报采取护国主义立场,支持资产阶级临时政府,反对布尔什维克党,对十月革命和苏维埃政权抱敌对态度。——129。

80　《论策略书。第一封信》这本小册子在 1917 年内由彼得格勒布尔什维克的波涛出版社出了 3 版,每一版都附有列宁的《四月提纲》。小册子的第 1 版是在 4 月 27 日(5 月 10 日)前,即在俄国社会民主工党(布)第七次全国代表会议 4 月 29 日(5 月 12 日)表决关于目前形势的决议案的前几天出版的。——135。

81　出席全俄工兵代表苏维埃会议的布尔什维克代表和孟什维克代表的联席会议于 1917 年 4 月 4 日(17 日)举行。出席这次联席会议的还有:彼得格勒苏维埃执行委员会委员,《真理报》、《统一报》、《工人报》、《消息报》的代表,俄国社会民主工党中央委员会和彼得堡委员会的代表,组织委员会的代表,历届国家杜马的社会民主党代表,各民族社会党的代表和地方代表。在会议上,约·彼·戈尔登贝格(梅什科夫斯基)在弗·萨·沃伊京斯基、尼·谢·齐赫泽和伊·格·策列铁里的支持下,发言呼吁各社会民主党组织统一起来。接着列宁作了报告,反对在当时情况下统一的主张。他的报告遭到孟什维克策列铁里、戈尔登贝格、费·伊·唐恩等人的攻击。亚·米·柯伦泰发言维护列宁的纲领。为了表示抗议,布尔什维克退出了会议,同时以俄国社会民主工党中央委员会的名义发表一项声明,表示布尔什维克将不参加任何统一的尝试。——135。

82 陛下的反对派一语出自俄国立宪民主党领袖帕·尼·米留可夫的一次讲话。1909年6月19日(7月2日),米留可夫在伦敦市长举行的早餐会上说:"在俄国存在着监督预算的立法院的时候,俄国反对派始终是陛下的反对派,而不是反对陛下的反对派。"(见1909年6月21日(7月4日)《言语报》第167号)——142。

83 "不要沙皇,而要工人政府"这个口号是亚·李·帕尔乌斯在1905年提出的,后来成了俄国托洛茨基分子的一个论点。——142。

84 指格·瓦·普列汉诺夫的著作《无政府主义和社会主义》。该书最初于1894年用德文在柏林出版。——144。

85 有关《无产阶级在我国革命中的任务(无产阶级政党的行动纲领草案)》这一著作写作和出版情况,见《后记》(本卷第183—185页)。——150。

86 全俄铁路职工代表会议于1917年4月6—20日(4月19日—5月3日)在彼得格勒举行。这次会议在妥协主义政党领导下,采取了护国主义立场,声明完全拥护资产阶级临时政府。代表会议选举了执行委员会并通过了关于政治问题和关于整顿铁路运输的实际问题的委托书。布尔什维克伊·阿·泰奥多罗维奇是在4月8日(21日)的会议上发言的。《统一报》说他的发言给代表会议带来一些不协调的空气。——156。

87 出自俄国作家伊·安·克雷洛夫的寓言《猫和厨子》。厨子看见猫儿瓦西卡在偷鸡吃,便唠唠叨叨地开导它,责骂它,而瓦西卡却边听边吃,全不理会,直到整只鸡被吃完。——157。

88 马尼洛夫精神意为耽于幻想,无所作为。马尼洛夫是俄国作家尼·瓦·果戈理的小说《死魂灵》中的一个地主。他生性怠惰,终日想入非非,崇尚空谈,刻意讲究虚伪客套。——168。

89 米诺利特(法文Minorité的音译,意为少数派)即龙格派,是1915年形成的法国社会党(工人国际法国支部)内以社会改良主义者让·龙格为代表的少数派。该派持中派观点,对社会沙文主义者采取妥协态度,在第一次世界大战期间持社会和平主义立场。俄国十月革命后,反对帝国主义列强对苏俄的武装干涉,在口头上承认无产阶级专政,实际上继续奉行同社会沙文主义者合作的政策,支持掠夺性的凡尔赛和约。反对法国社会党加入共产国际。1920 年 12 月法国社会党图尔代表大会后,同其他少数派另组新党,仍称法国社会党(工人国际法国支部),并加入第二半国际。1923 年又加入社会主义工人国际。——170。

90　独立工党(I.L.P.)是英国改良主义政党,1893 年 1 月成立。领导人有詹·哈第、拉·麦克唐纳、菲·斯诺登等。党员主要是一些新、旧工联的成员以及受费边派影响的知识分子和小资产阶级分子。独立工党从建党时起就采取资产阶级改良主义立场,把主要注意力放在议会斗争和同自由主义政党进行议会交易上。1900 年,该党作为集体党员加入英国工党。在第一次世界大战期间,独立工党领袖采取资产阶级和平主义立场。1932 年 7 月独立工党代表会议决定退出英国工党。1935年该党左翼成员加入英国共产党,1947 年许多成员加入英国工党,独立工党不再是英国政治生活中一支引人注目的力量。——170。

91　英国社会党是由英国社会民主党和其他一些社会主义团体合并组成的,1911 年在曼彻斯特成立。英国社会党是马克思主义的政治组织,但是由于带有宗派倾向,并且党员人数不多,因此未能在群众中展开广泛的宣传活动。第一次世界大战前夕和大战期间,在党内国际主义派(威·加拉赫、约·马克林、阿·英克平、费·罗特施坦等)同以亨·海德门为首的社会沙文主义派之间展开了激烈的斗争。但是在国际主义派内部也有一些不彻底分子,他们在一系列问题上采取中派立场。第一次世界大战爆发以后,1914 年 8 月 13 日,英国社会党的中央机关报《正义报》发表了题为《告联合王国工人》的爱国主义宣言。1916 年 2月英国社会党的一部分活动家创办的《号召报》对团结国际主义派起了重要作用。1916 年 4 月在索尔福德召开的英国社会党年会上,以马克林、英克平为首的多数代表谴责了海德门及其追随者的立场,迫使他们退出了党。该党从1916年起是工党的集体党员。1919年加入了共产国际。该党左翼是创建英国共产党的主要发起者。1920年该党的绝大多数地方组织加入了英国共产党。——170。

92　《明日》杂志(《Demain》)是法国国际主义者、作家昂·吉尔波创办的文艺评论性和政治性刊物(月刊),1916年1月—1919年9月先后在日内瓦和莫斯科出版(1917年1—4月休刊)。为它撰稿的有作家罗曼·罗兰、斯·茨威格等。该杂志反对沙文主义,宣传齐美尔瓦尔德的纲领,刊载过列宁的一些文章和讲话。最后一期即第31期是作为法国共产主义者莫斯科小组的刊物在莫斯科出版的。——172。

93　《工联主义者报》(《The Trade-Unionist》)是英国带国际主义倾向的工会报纸,1915年11月至1916年11月在伦敦出版。——172。

94　美国社会主义工人党是由第一国际美国支部和美国其他社会主义团体合并而成的,1876年7月在费城统一代表大会上宣告成立,当时称美国工人党,1877年起改用现名。绝大多数党员是侨居美国的德国社会主义运动参加者,同本地工人联系很少。19世纪70年代末,党内领导职务由拉萨尔派掌握,他们执行宗派主义和教条主义政策,不重视在美国工人群众组织中开展工作,一部分领导人热衷于议会选举活动,轻视群众的经济斗争,另一些领导人则转向工联主义和无政府主义。党的领导在思想上和策略上的摇摆削弱了党。90年代初,以丹·德莱昂为首的左派领导该党,党的工作有一些活跃。从90年代末起,宗派主义和无政府工团主义倾向又在党内占了上风,表现在放弃争取实现工人局部要求的斗争,拒绝在改良主义工会中进行工作,致使该党更加脱离群众性的工人运动。第一次世界大战期间,该党倾向于国际主义。在俄国十月革命的影响下,党内一部分最革命的分子退出了党,积极参加建立美国共产党。此后美国社会主义工人党成了一个人数很少、主要和知识分子有联系的集团。——172。

95　美国社会党是由美国社会民主党(尤·维·德布兹在1897—1898年创建)和以莫·希尔奎特、麦·海斯为首的一批原美国社会主义工人党党

员联合组成的,1901 年 7 月在印第安纳波利斯召开代表大会宣告成
立。该党社会成分复杂,党员中有美国本地工人、侨民工人、小农场主、
城市小资产阶级和知识分子。该党重视同工会的联系,提出自己的纲
领,参加选举运动,在宣传社会主义思想和开展反垄断的斗争方面作出
了贡献。后来机会主义分子(维·路·伯杰、希尔奎特等)在党的领导
中占了优势,他们强使 1912 年该党代表大会通过了摒弃革命斗争方法
的决议。以威·海伍德为首的一大批左派分子退党。第一次世界大战
期间,社会党内形成了三派:支持美国政府帝国主义政策的社会沙文主
义派;只在口头上反对帝国主义战争的中派;站在国际主义立场上反对
帝国主义战争的革命少数派。1919 年,退出社会党的左派代表建立了
美国共产党和美国共产主义工人党。社会党的影响下降。——172。

96　《国际主义者周报》(《The Internationalist»)是美国左翼社会党人的报
纸,1917 年初由美国社会主义宣传同盟在波士顿出版。——172。

97　论坛派是 1907—1918 年荷兰左派社会民主党人的称谓,因办有《论坛
报》而得名。领导人为戴·怀恩科普、赫·哥尔特、安·潘涅库克、罕·
罗兰-霍尔斯特等。1907—1909 年,论坛派是荷兰社会民主工党内的
左翼反对派,反对该党领导人的机会主义。1909 年 2 月,《论坛报》编
辑怀恩科普等人被荷兰社会民主工党开除。同年 3 月,论坛派成立了
荷兰社会民主党。第一次世界大战期间,论坛派基本上持国际主义立
场。1918 年 11 月,论坛派创建了荷兰共产党。
　　《论坛报》(《De Tribune»)是荷兰社会民主工党左翼的报纸,1907
年在阿姆斯特丹创刊。从 1909 年起是荷兰社会民主党的机关报。从
1918 年起是荷兰共产党的机关报。1940 年停刊。——172。

98　青年党或左派党是列宁对瑞典社会民主党左派的称呼。第一次世界大
战期间,青年党人采取了国际主义立场,加入了齐美尔瓦尔德左派。
1917 年 5 月,他们组成了瑞典左派社会民主党。1919 年该党成为共产
国际成员。1921 年,该党在其第四次代表大会上接受了加入共产国际
的条件,并改名为瑞典共产党。——172。

99 丹麦社会民主党原为第一国际的支部,1871 年创立,1872 年被政府解散。1876 年该党重建,称为社会民主同盟,1884 年起定名为丹麦社会民主党。这个党在丹麦工人运动中影响很大,但是改良派在党的领导中处于优势。1884 年起是国会党。1889 年参加第二国际。20 世纪初,以弗·伯格比尔、E.安森、托·斯陶宁格为首的党内机会主义派别的势力有了加强。1913 年该党代表参加了资产阶级政府。第一次世界大战期间,该党站在维护"国内和平"的立场上。1918—1919 年,在丹麦革命运动高涨的形势下,党内左派退出,于 1920 年参与创建丹麦共产党。——172。

100 紧密派即保加利亚社会民主工党(紧密社会党人),因主张建立紧密团结的党而得名,1903 年保加利亚社会民主工党分裂后成立。紧密派的创始人和领袖是季·布拉戈耶夫,后来的领导人为格·约·基尔科夫、格·米·季米特洛夫、瓦·彼·柯拉罗夫等。第一次世界大战期间,紧密派反对帝国主义战争。1919 年,紧密派加入共产国际并创建了保加利亚共产党。——172。

101 边疆区执行委员会和总执行委员会都是波兰王国和立陶宛社会民主党的领导机关。

波兰王国和立陶宛社会民主党成立于 1893 年 7 月,最初称波兰王国社会民主党,其宗旨是实现社会主义,建立无产阶级政权,最低纲领是推翻沙皇制度,争取政治和经济解放。1900 年 8 月,该党和立陶宛工人运动中国际主义派合并,改称波兰王国和立陶宛社会民主党。在 1905—1907 年俄国革命中,波兰王国和立陶宛社会民主党提出与布尔什维克相近的斗争口号,对自由派资产阶级持不调和的态度。但该党也犯了一些错误。列宁曾批评该党的一些错误观点,同时也指出它对波兰革命运动的功绩。

1906 年 4 月,在俄国社会民主工党第四次(统一)代表大会上,该党作为地区性组织加入俄国社会民主工党,保持组织上的独立。由于党的领导成员扬·梯什卡等人在策略问题上发生动摇,1911 年 12 月该党分裂成两派:一派拥护在国外的总执行委员会,称为总执委会派;

另一派拥护边疆区执行委员会,称为分裂派(见本版全集第22卷《波兰社会民主党的分裂》一文)。分裂派主要包括华沙和罗兹的党组织,同布尔什维克密切合作,赞同1912年俄国社会民主工党布拉格代表会议的决议。第一次世界大战期间,波兰王国和立陶宛社会民主党持国际主义立场,反对支持外国帝国主义者的皮尔苏茨基分子和民族民主党人。1916年该党两派合并。该党拥护俄国十月社会主义革命,1918年在波兰领导建立了一些工人代表苏维埃。1918年12月,在该党与波兰社会党"左派"的统一代表大会上,成立了波兰共产党。——172。

102　这里说的《开姆尼茨报》指《人民呼声报》。

《人民呼声报》(《Volksstimme》)是德国社会民主党报纸(日报),1891年1月—1933年2月在开姆尼茨出版。1907—1917年担任该报主编的是右派社会民主党人恩·海尔曼。第一次世界大战期间,该报采取社会沙文主义立场。

《钟声》杂志(《Die Glocke》)是德国社会民主党党员、社会沙文主义者亚·李·帕尔乌斯办的刊物(双周刊),1915—1925年先后在慕尼黑和柏林出版。——174。

103　指《国际社会党第二次代表会议告遭破产和受迫害的人民书》。这个宣言号召工人开展反对帝国主义战争、争取没有兼并的和约的斗争,要求社会党议员拒绝支持帝国主义政府的军事政策。宣言发展了国际社会党第一次代表会议通过的宣言的思想,指出由工人阶级夺取政权是制止战争的唯一手段,但是对列宁的变帝国主义战争为国内战争的口号和布尔什维克的其他明确的口号避而未提。——174。

104　列宁在《资产阶级的和平主义与社会党人的和平主义》一文的第三篇《法国社会党人和工会活动家的和平主义》里专门批判了法国社会党和劳动总联合会的这些决议(见本版全集第28卷)。这两项决议都欢迎美国总统伍·威尔逊以调解人身份敦请各国"公开说明自己关于结束战争条件的意见",即敦请各国缔结帝国主义的和约来结束帝国主义战争。

法国社会党(工人国际法国支部)是由1902年建立的法国社会党

（饶勒斯派）和1901年建立的法兰西社会党（盖得派）合并而成的，1905年成立。在统一的社会党内，改良派居领导地位。第一次世界大战一开始，该党领导就转向社会沙文主义立场，公开支持帝国主义战争，参加资产阶级政府。该党党内有以让·龙格为首的同社会沙文主义分子妥协的中派，也有站在国际主义立场上的革命派。俄国十月社会主义革命后，法国社会党内公开的改良派和中派同革命派之间展开了激烈的斗争。在1920年12月举行的图尔代表大会上，革命派取得了多数地位。代表大会通过了该党参加共产国际的决议，并创立了法国共产党。改良派和中派退党，另行建立一个独立的党，仍称法国社会党。

劳动总联合会（工会总同盟）是法国工会的全国性组织，成立于1895年。总联合会长期受无政府工团主义者和改良主义者的影响，其领袖们仅承认经济斗争，不接受无产阶级政党对工会运动的领导。第一次世界大战期间，总联合会的领导核心倒向帝国主义者一边，实行阶级合作，鼓吹"保卫祖国"。第一次世界大战后，总联合会内部形成了革命的一翼。1921年，以莱·茹奥为首的改良主义领导采取分裂行动，把革命的工会开除出总联合会。这些工会于1922年另组统一劳动总联合会。——175。

105　《青年国际》杂志（《Jugend-Internationale》）是靠拢齐美尔瓦尔德左派的国际社会主义青年组织联盟的机关刊物，1915年9月—1918年5月在苏黎世出版，威·明岑贝格任编辑。列宁在《青年国际（短评）》（见本版全集第28卷）一文中对它作了评价。1919—1941年，该杂志是青年共产国际执行局的机关刊物。——175。

106　俄国临时政府为了抵补不断增加的战争支出和支付外国贷款的利息，发行了数达60亿卢布的战争公债，即所谓"自由公债"。1917年4月7日（20日），彼得格勒苏维埃执行委员会以21票对14票通过了积极支持发行"自由公债"的决议案。执行委员会中的布尔什维克反对发行公债，提出了详细阐明自己立场的决议案。有一些不属于布尔什维克党团的执委会成员也投了反对票。问题提交苏维埃全会讨论，结果2000名代表赞成发行公债，123名代表反对。在苏维埃全会讨论前，各个党团内预先进行了讨论。——177。

107　让死人自己去埋葬自己的尸首吧！出典于圣经《新约全书·路加福音》。一个信徒请求耶稣准许他回家埋葬了父亲再跟随耶稣外出行道，耶稣就用这句话回答了他。意思是：要专注于自己的信仰，把其他一切置之度外。——177。

108　指法国最老的资产阶级政党激进社会党（全称激进和激进社会共和党）。该党于1901年6月成立，作为派别则于1869年形成。该党宗旨是一方面保卫议会制共和国免受教权派和保皇派反动势力的威胁，另一方面通过政治改革和社会改革来防止社会主义革命。第一次世界大战以前，它基本代表中小资产阶级的利益。在第一次和第二次世界大战之间，党内大资产阶级的影响加强了。党的领袖曾多次出任法国政府总理。——181。

109　《士兵真理报》（《Солдатская Правда》）是俄国布尔什维克报纸（日报），1917年4月15日（28日）在彼得格勒创刊。它起初是俄国社会民主工党（布）彼得堡委员会军事组织的机关报，从1917年5月19日（6月1日）第26号起成为俄国社会民主工党（布）中央委员会军事组织的机关报。发行50 000—75 000份，其中一半送往前线。1917年参加该报编辑工作的有亚·费·伊林-热涅夫斯基、弗·伊·涅夫斯基、尼·伊·波德沃伊斯基等。该报刊载过列宁的60多篇文章，其中有些是特地为该报写的。为该报撰稿的还有弗·沃洛达尔斯基、费·埃·捷尔任斯基、米·伊·加里宁、娜·康·克鲁普斯卡娅、尼·瓦·克雷连柯、德·扎·曼努伊尔斯基、维·鲁·明仁斯基等。1917年七月事变后被临时政府查封。1917年7—10月改用《工人和士兵报》和《士兵报》的名称出版，并一度成为俄国社会民主工党（布）中央委员会的机关报。1917年10月27日（11月9日）起恢复原名。1918年3月，根据俄共（布）中央决定，《士兵真理报》以及《农村贫民报》、《农村真理报》停刊，由《贫苦农民报》代替。——183。

110　齐美尔瓦尔德第三次代表会议原定于1917年5月31日召开，后一再延期,最终于1917年9月5—12日在斯德哥尔摩举行。这是齐美尔瓦尔德联盟最后一次代表会议。派代表参加这次会议的有各国社会党左派(瑞典左派、美国社会主义宣传同盟、由边疆区执行委员会统一的波兰社会民主党、奥地利左派、斯巴达克派、丹麦社会民主主义青年团),中派(德国独立社会民主党、瑞士社会民主党、芬兰社会民主党、罗马尼亚党、孟什维克国际主义派、保加利亚独立工会)和社会沙文主义派(以帕·波·阿克雪里罗得为首的俄国孟什维克)。俄国社会民主工党(布)第七次代表会议(四月代表会议)以多数票通过了派代表参加齐美尔瓦尔德代表会议的决议。列宁投了反对票,他认为,布尔什维克应和齐美尔瓦尔德联盟断绝关系,立即着手组织第三国际。他只同意为了了解情况而参加齐美尔瓦尔德代表会议。代表布尔什维克出席会议的是瓦·瓦·沃罗夫斯基和尼·亚·谢马什柯。代表会议是秘密举行的。主要议程有:国际社会党委员会的报告;罗·格里姆事件(指原国际社会党委员会主席格里姆充当瑞士部长阿·霍夫曼的密使,在俄国进行有利于德国帝国主义的单独媾和的试探一事);对斯德哥尔摩和平代表会议的态度;为在各国争取和平和开展齐美尔瓦尔德运动而斗争。由于参加这次代表会议的代表成分非常复杂,会议的决议和宣言也就具有模棱两可的妥协性质。

沃罗夫斯基代表俄国社会民主工党(布)中央委员会、中央委员会国外局和波兰社会民主党,要求代表会议表明对俄国孟什维克的态度。他指出,孟什维克作为齐美尔瓦尔德联盟的成员,派代表参加了俄国卡芬雅克式的人物亚·费·克伦斯基的政府,应对这个政府镇压革命的一切罪行负完全责任。一些代表对与会的布尔什维克表示支持,但以胡·哈阿兹为首的多数派借口对俄国情况不熟悉,拒绝就这个问题通过决议。

代表会议的宣言号召各国工人举行反对战争和保卫俄国革命的国际总罢工,但是没有写进革命社会民主党关于变帝国主义战争为国内战争、使各交战国政府遭到失败等口号。代表会议通过决议,声援被捕的奥地利社会民主党人弗·阿德勒以及囚禁在克伦斯基监狱中的俄国布尔什维克亚·米·柯伦泰等。

关于这次代表会议,可参看《我党在国际中的任务》一文(本版全集第32卷)。——184。

111 联合内阁即第一届联合临时政府,于1917年5月5日(18日)成立。这届内阁是四月危机的产物。俄国资产阶级临时政府外交部长帕·尼·米留可夫于1917年4月18日(5月1日)照会盟国政府,声称临时政府将遵守沙皇政府同它们签订的一切条约。消息传出后,群众自发地举行游行示威表示抗议。4月20日和21日(5月3日和4日),游行示威发展成了声势浩大的工人和士兵运动。临时政府为了给人以改弦更张的假象,免去了外交部长米留可夫和陆军部长亚·伊·古契柯夫的职务,并建议彼得格勒苏维埃同意组织联合政府。彼得格勒苏维埃执行委员会违背了它3月1日(14日)通过的关于苏维埃不派代表参加临时政府的决议,于5月1日(14日)晚召开紧急会议,以44票赞成、19票反对、2票弃权通过了关于苏维埃代表参加临时政府的决议。为了谈判组成联合政府的条件,成立了一个委员会,其成员为:尼·谢·齐赫泽、伊·格·策列铁里、费·伊·唐恩、波·奥·波格丹诺夫(以上为孟什维克)、弗·别·斯坦凯维奇、列·莫·勃拉姆桑(以上为劳动派)、阿·拉·郭茨、维·米·切尔诺夫(以上为社会革命党人)、列·波·加米涅夫(布尔什维克)、康·康·尤列涅夫(区联派)和尼·苏汉诺夫(无派别社会党人)。5月2日(15日)晚,彼得格勒苏维埃召开紧急会议,以多数票批准了执行委员会的决定。5月5日(18日)达成了关于新政府席位分配的协议,有5名社会党人参加联合内阁。第一届联合临时政府的组成是:总理兼内务部长格·叶·李沃夫(立宪民主党人)、陆海军部长亚·费·克伦斯基(社会革命党人)、司法部长帕·尼·佩列韦尔泽夫(劳动派)、外交部长米·伊·捷列先科(无党派人士)、交通部长尼·维·涅克拉索夫(立宪民主党人)、工商业部长亚·伊·柯诺瓦洛夫(进步党人)、教育部长亚·阿·曼努伊洛夫(立宪民主党人)、财政部长安·伊·盛加略夫(立宪民主党人)、农业部长维·米·切尔诺夫(社会革命党人)、邮电部长伊·格·策列铁里(孟什维克)、劳动部长马·伊·斯柯别列夫(孟什维克)、粮食部长阿·瓦·彼舍霍诺夫(人民社会党人)、国家救济部长德·伊·沙霍夫斯科伊(立宪民主党人)、国家监

察长 И.В.戈德涅夫(十月党人)和正教院总监 В.Н.李沃夫。列宁指出,社会革命党人和孟什维克参加联合内阁,拯救了摇摇欲坠的资产阶级政府,甘愿做它的奴仆和卫士。关于联合内阁,可参看列宁的《革命的教训》一文(本版全集第 32 卷)。——184。

112　指陆军部长亚·费·克伦斯基 1917 年 5 月 11 日(24 日)发布命令,颁发《士兵权利宣言》一事。这个宣言实际上取消了士兵群众在二月革命中争得的权利。为了对付拒绝进攻的士兵和军官,宣言规定:长官在战时可以对不执行命令的下属使用武力。在发布命令的同时,克伦斯基动手解散一些团队,并把"煽动抗命"的军官和士兵送交法庭审判。——185。

113　《俄国的政党和无产阶级的任务》这本小册子原来打算写成传单。当时立宪民主党人、社会革命党人和孟什维克广泛利用传单作宣传,在城市里到处张贴,所以列宁认为应当在敌视布尔什维主义的各党的传单旁边张贴布尔什维克的传单,用问答的形式使群众了解各党的性质和主张。但是列宁的这个设想因小册子篇幅过长而未能实现。小册子最初发表在赫尔辛福斯的布尔什维克报纸《浪潮报》上。7 月 4 日,由生活和知识出版社在彼得格勒出了单行本,印数 5 万册。由于七月事变,小册子曾暂时存放在出版社仓库里,过了几天才在工人区销售。小册子很快售完,后又增印。1918 年小册子在莫斯科再版,列宁为它写了序言。——189。

114　由于有一批途中被英国政府扣押的国际主义者侨民于 5 月初回到俄国,还有 250 多名侨民(其中包括尔·马尔托夫、阿·瓦·卢那察尔斯基、德·扎·曼努伊尔斯基)也取道德国回国,对列宁和布尔什维克取道德国回国一事的诽谤性攻击暂时有所收敛。因此,问答(25)和(26)没有收入《俄国的政党和无产阶级的任务》的单行本。——201。

115　俄国 1917 年二月革命后,石岛大街上的前克舍辛斯卡娅公馆是俄国社会民主工党(布)中央委员会和彼得堡委员会所在地。——205。

116 苏维埃布尔什维克党团于1917年4月10日和11日(23日和24日)讨论了如何对待"自由公债"的问题。提交苏维埃全体会议的这个决议草案是在列宁积极参加下拟定的。1917年4月13日(26日)《真理报》第31号刊登的关于党团会议的报道中谈到,虽然党团的绝大多数人不赞成发行公债,但"不是党团的所有成员都认清了我们今天的政治立场的实质,都能根据我们对待临时政府和工兵代表苏维埃中齐赫泽、斯切克洛夫等人的政策的态度得出必然的结论"。在党团会议上,10日(23日)选出的以亚·米·柯伦泰为首的委员会先提出一个拒绝支持公债的决议案,随后列宁和格·叶·季诺维也夫提出了补充头一个决议案的第二个决议案。两个决议案合并起来,于4月11日(24日)被一致通过。《真理报》的报道说:"少数派没敢提出自己的决议案,也没有投票反对合二为一的决议案。"这说明由于列宁回国后进行了大量解释工作,布尔什维克在一个最尖锐的政治问题——战争问题上取得了一致意见。布尔什维克的这个决议案未被苏维埃全会通过。——207。

117 指1917年4月7日(20日)发表的阿·格·祖拉博夫给帕·尼·米留可夫的公开信。临时政府外交部长米留可夫发表声明(刊载于4月6日(19日)《言语报》第79号)说,他已采取一切措施使侨民无阻碍地回到俄国。祖拉博夫在公开信中引用米留可夫禁止俄国驻外使馆发给国际主义者回国证件的事实,揭穿了他的谎言。——211。

118 指俄国临时政府关于战争的宣言。该宣言发表于1917年3月28日和29日(4月10日和11日)俄国中央报纸。——212。

119 明斯克军人代表大会即1917年4月7—16日(20—29日)在明斯克举行的西方面军各集团军和后勤机关军人、工人代表大会。出席会议的有1 200多名士兵、工人和军官的代表。代表中占多数的是孟什维克、社会革命党人和他们的支持者。弗·约·古尔柯将军代表大本营、米·弗·罗将柯和费·伊·罗季切夫代表国家杜马、尼·谢·齐赫泽代表彼得格勒苏维埃在大会上致词。布尔什维克党中央委员会的代表是维·巴·诺根和米·米·拉舍维奇。大会在讨论关于战争和关于对临时政府的态度问题时,接受了1917年3月底和4月初在彼得格勒举行的全俄苏维埃会议的妥协性决议,附和"革命护国主义"立场,支持资产阶级临时政府。代表大会决定把关于战争与和平的决议译成德文,向敌军战壕散发。——214。

120 指彼得格勒的莫杰恩杂技场。1917年这里是召开群众大会的场所。——218。

121 《人民事业报》(《Дело Народа》)是俄国社会革命党的报纸(日报),1917年3月15日(28日)起在彼得格勒出版,1917年6月起成为该党中央机关报。先后担任编辑的有 B.B.苏霍姆林、维·米·切尔诺夫、弗·米·晋季诺夫等,撰稿人有尼·德·阿夫克森齐耶夫、阿·拉·郭茨、亚·费·克伦斯基等。该报反对布尔什维克党,号召工农群众同资本家和地主妥协、继续帝国主义战争、支持资产阶级临时政府。该报对十月革命持敌对态度,鼓动用武力反抗革命力量。1918年1月14日(27日)被苏维埃政府查封。以后曾用其他名称及原名(1918年3—6月)出版。1918年10月在捷克斯洛伐克军和白卫社会革命党叛乱分子占领的萨马拉出了4号。1919年3月20—30日在莫斯科出了10号后被查封。——221。

122 《反对大暴行制造者》这篇告彼得格勒工人、士兵和全体居民书是根据《告士兵和水兵书》(见本卷第209—211页)改写的,1917年4月14日(27日)俄国社会民主工党彼得格勒市代表会议第一次会议提前讨论第6项议程"关于对《真理报》的攻击"时予以通过。——225。

123 《公民们! 应当懂得各国资本家采取的手法是什么!》一文于4月21日(5月4日)被俄国社会民主工党(布)赫尔辛福斯委员会机关报《浪潮报》作为社论转载,标题改为《团结》,第一句改为"资本家们说……"。——229。

124 指卡·李卜克内西1915年9月2日给齐美尔瓦尔德国际社会党代表会议的信。李卜克内西本人没有参加这次代表会议,因为他在1915年初被征召入伍当兵。他在这封信中写道:"要国内战争,不要国内和平。

无产阶级要加强国际团结,反对假民族的假爱国主义的阶级调和,即展
开争取和平、争取社会主义革命的国际阶级斗争……　只有同心协力,
只有各国互相支持,只有在这种互相支持中增强自己的力量,才能求得
必要的手段,才能获得实际的效果……　新的国际必将出现,它只能在
旧的废墟上,在新的、更加坚实的基础上诞生。各国的社会主义者朋友
们,你们今天应该为明天的大厦奠立基石。要对假社会主义者进行无
情的审判,要把包括……德国在内的各国的一切动摇分子和不坚定分
子推向前进。"列宁对李卜克内西所提出的口号十分赞同,并把这封信
转寄给俄国的齐美尔瓦尔德派。——230。

125　《日报》(《День》)是俄国自由派资产阶级的报纸(日报),1912 年在彼得
堡创刊。孟什维克取消派参加了该报的工作。该报站在自由派和孟什
维克的立场上批评沙皇制度和资产阶级地主政党。第一次世界大战期
间持护国主义立场。从 1917 年 5 月 30 日起,成为孟什维克的机关报,
支持资产阶级临时政府,反对布尔什维克。1917 年 10 月 26 日(11 月 8
日)被查封。——232。

126　《小报》(《Маленькая Газета》)是俄国黑帮的低级趣味报纸,1914 年 9
月—1917 年 7 月由阿·阿·苏沃林(反动出版家阿·谢·苏沃林之
子)在彼得格勒出版。该报迎合群众同情社会主义的心理,从 1917 年
5 月起,在报头下面标上"非党社会主义者的报纸"字样。二月革命后
该报反对列宁和布尔什维克党。——232。

127　这是有关俄国社会民主工党(布)彼得格勒市代表会议的一组文献。
俄国社会民主工党(布)彼得格勒市代表会议是根据俄国社会民主
工党彼得堡委员会 1917 年 4 月 6 日(19 日)的决定召开的,于同年 4 月
14—22 日(4 月 27 日—5 月 5 日)举行。出席会议的代表共 57 名,其
中包括芬兰、爱沙尼亚、拉脱维亚、波兰和立陶宛的组织的代表,军事组
织的代表以及两名区联派代表。列入会议议程的问题有:当前任
务——目前形势;关于对工兵代表苏维埃的态度和工兵代表苏维埃的
改组;党组织的建设;对其他各派社会民主党人的态度;市政选举;关于
对《真理报》的攻击。列宁被选为代表会议的名誉主席,作了《关于目前

形势和对临时政府的态度的报告》,参加了关于对临时政府的态度和关于战争这两个决议案的起草委员会,提出了关于市政选举的决议案和关于对社会革命党、社会民主党(孟什维克)、一批所谓"无派别"社会民主党人以及诸如此类的政治流派的态度的决议案。

在代表会议讨论对临时政府的态度问题的决议案时,列·波·加米涅夫提出修正案,坚持监督临时政府的错误主张。列宁批评了这种意见,认为它是妥协派的主张,是齐赫泽和斯切克洛夫的政策。代表会议以压倒多数通过了列宁的决议案。

由于爆发了抗议临时政府4月18日(5月1日)照会的群众运动,会议于4月19日(5月2日)休会。代表会议作出决定,号召工人和士兵支持4月20日(5月3日)俄国社会民主工党(布)中央委员会通过的关于临时政府上述照会引起的危机的决议(见本卷第290—291页)。代表们分赴工厂和兵营向群众进行解释。因此,代表会议后来的各次会议不是在全体代表出席的情况下进行的。

彼得格勒市代表会议的各项决议证明,彼得格勒的布尔什维克已经团结在列宁《四月提纲》的周围;列宁的策略得到了最大的党组织即首都党组织的赞同。彼得格勒市代表会议的大部分决议是俄国社会民主工党(布)第七次全国代表会议(四月代表会议)决议的基础。——235。

128 在代表会议上,俄国社会民主工党彼得堡委员会主席列·米·米哈伊洛夫作了关于市政选举问题的报告,主张同其他社会党结成联盟并提出共同的市政纲领。他认为,布尔什维克在这个问题上和其他社会党没有分歧,而为了和立宪民主党作斗争,这一联盟是必要的。米哈伊洛夫的市政纲领是一个一般民主的市政改革纲领,刊载于《彼得格勒工兵代表苏维埃消息报》第46号(未署名)。会议讨论米哈伊洛夫的报告时,列宁曾两次发言。会议最后否决了任何联盟,主张在选举市杜马时不仅提出市政问题,而且提出一般政治问题。会议通过了列宁所提出的决议案。——251。

129 《国际》杂志(月刊)出版预告载于1917年4月16日(29日)《工人报》,

第1期于4月18日(5月1日)在彼得格勒出版,看来列宁在4月22日(5月5日)尚未读到。该刊扉页上写明:在尔·马尔托夫到来之前,杂志由尤·拉林编辑。撰稿人名单中有尔·马尔托夫、尤·拉林、帕·波·阿克雪里罗得和Г.О.宾什托克。在该刊第1期,编辑部提出了妥协主义的口号:以对临时政府施加压力来实现无产阶级在对内对外政策上的要求。杂志出到第3期(1917年6月)停刊。1917年8月,以尤·拉林为首的部分撰稿人同孟什维克决裂,加入了布尔什维克党。——251。

130 关于战争的决议草案是列宁拟定的,先在1917年4月14日(27日)彼得格勒市代表会议第一次会议成立的委员会中进行讨论,然后由列宁在4月22日(5月5日)第四次会议上宣读。会议通过了这个草案,作为向俄国社会民主工党(布)第七次全国代表会议(四月代表会议)提出的决议案定稿的基础。——258。

131 指约·马克林。——267。

132 这里说的是1917年4月13—17日(26—30日)在彼得格勒召开的各农民组织和农民代表苏维埃代表会议。这次会议是根据莫斯科合作社代表大会的倡议举行的。出席这个会议的有27个省的代表、军队的代表、农民协会总委员会和彼得格勒区域委员会的代表。会议由人民社会党人、劳动派和社会革命党人主持,专门讨论筹备召开全俄农民代表大会的问题。会议主张成立统一的农民组织,并选出了召开农民代表苏维埃第一次代表大会的筹备委员会。这个委员会号召农民和士兵根据民主原则选举参加代表大会的代表。——268。

133 指1917年3月25—28日(4月7—10日)在莫斯科举行的全俄合作社代表大会。出席大会的代表约有800名。大会讨论了成立全俄合作总社、准备立宪会议选举以及合作社组织参加粮食工作等问题。孟什维克和社会革命党人左右了会议。大会主张支持临时政府和继续进行帝国主义战争,但要求全部土地转归劳动人民所有、国家制度民主化和实行自治。代表大会在就关于合作社参加国家复兴工作的报告通过的决议中,承认农民代表苏维埃是组织农民的最好形式。——268。

134 1917年4月16日(29日)各报登载了工兵代表苏维埃士兵部执行委员会谴责列宁派的宣传的决议(参看本卷第277页),为此列宁于1917年4月17日(30日)出席了彼得格勒工兵代表苏维埃士兵部会议并要求发言。根据在士兵部中占多数的孟什维克和社会革命党人的要求,他的发言时间被限制为30分钟。列宁发言后回答了会上提出的问题。随后,他又在塔夫利达宫出口处的一个房间里,回答了簇拥在他周围的士兵们提出的问题。在列宁发言和孟什维克米·伊·李伯尔对列宁的发言进行辩驳以后,士兵部没有表态,决定转入原定议程。《言语报》和《统一报》登载列宁的发言时作了歪曲。在《列宁全集》俄文第5版中,本文是根据会议记录刊印的。——273。

135 这里说的是临时政府将彼得格勒卫戍部队调往前线一事。工人和士兵对此提出了抗议,因为临时政府采取这一措施削弱了首都革命人民的力量,并且违反了彼得格勒工兵代表苏维埃执行委员会3月1日(14日)夜里提出的支持临时政府的八项条件中的一项:不把参加过推翻专制制度的卫戍部队调离彼得格勒。——274。

136 指《社会主义与战争》一书(见本版全集第26卷)。——276。

137 这里说的执行委员会是指彼得格勒工兵代表苏维埃执行委员会。——277。

138 《金融报》(《Финансовая Газета》)是俄国金融、经济、工业和交易所的报纸(晚报),由维·维·普罗托波波夫创办,1915—1917年在彼得格勒出版。——282。

139 指1870年建立的法兰西第三共和国。这个共和国由保皇派掌握实权,它的头两任总统——阿·梯也尔和帕·莫·麦克马洪都是保皇派分子。俄国作家米·叶·萨尔蒂科夫-谢德林在他的随笔《在国外》里把它称做"没有共和派的共和国"。——285。

140 指 1917 年 4 月 18 日（5 月 1 日）临时政府外交部长帕·尼·米留可夫致各盟国政府的照会。关于这个照会,可参看《临时政府的照会》一文（本卷第 295—297 页）。——289。

141 《真理报》刊登《告各交战国士兵书》时加了一个按语:"**联欢**。在前线已开始联欢。本报 4 月 15 日发表的明斯克军人代表大会的决议决定**用德文**刊印这次代表大会关于战争与和平的决议,并向敌军战壕散发。现在我们发表我党通过的拟用俄文、德文和其他文字出版并在前线散发的告各交战国士兵书。"——292。

142 《新生活报》(《Новая Жизнь》)是由一批孟什维克国际主义者和聚集在《年鉴》杂志周围的作家创办的俄国报纸（日报）,1917 年 4 月 18 日（5 月 1 日）起在彼得格勒出版,1918 年 6 月 1 日起增出莫斯科版。出版人是阿·谢列布罗夫（阿·尼·吉洪诺夫）,编辑部成员有马·高尔基、谢列布罗夫、瓦·阿·杰斯尼茨基、尼·苏汉诺夫,撰稿人有弗·亚·巴扎罗夫、波·瓦·阿维洛夫、亚·亚·波格丹诺夫等。在 1917 年 9 月 2—8 日（15—21 日）被克伦斯基政府查封期间,曾用《自由生活报》的名称出版。十月革命以前,该报的政治立场是动摇的,时而反对临时政府,时而反对布尔什维克。该报对十月革命和建立苏维埃政权抱敌对态度。1918 年 7 月被查封。——303。

143 《戈比报》(《Газета-Копейка》)是俄国资产阶级的报纸（日报）,1908 年 6 月 19 日（7 月 2 日）—1918 年在彼得堡出版,出版者是 M.戈罗杰茨基。该报零售每份 1 戈比,并且免费赠送通俗小说丛书之类的附刊,因而在下层市民中颇为流行,在彼得堡工人中也有不少读者,发行数达 25 万份。——317。

144 这里说的是俄国社会民主工党（布）彼得堡委员会少数委员（谢·雅·巴格达季耶夫等）的冒险主义策略。在 1917 年的四月游行示威的日子里,他们违背党在这一时期采取的革命和平发展方针,提出了立即推翻临时政府的口号。俄国社会民主工党（布）中央委员会批评了他们的这种行为。——320。

145 这里说的是刊载在1917年4月22日(5月5日)报纸上的临时政府通告。通告说,"鉴于在解释外交部长照会问题上出现了疑义",临时政府特作以下解释:4月18日(5月1日)的照会是政府一致通过的;照会中宣布战胜敌人是结束战争的条件,并不是要强占别国的领土;照会中提到的"制裁"和持久和平的"保障",是指限制军备和建立国际法庭。——325。

146 波将金村是指实际上不存在的骗人的东西。据传说,1787年俄国女皇叶卡捷琳娜二世南巡时,当时南方三省总督格·亚·波将金为了显示自己"治理有方",曾在女皇巡视沿途假造繁荣的村落。——331。

147 《交易所新闻》(《Биржевые Ведомости》)即《交易所小报》(《Биржевка》),是俄国资产阶级温和自由派报纸,1880年在彼得堡创刊。起初每周出两次,后来出四次,从1885年起改为日报,1902年11月起每天出两次。这个报纸的特点是看风使舵,趋炎附势,没有原则。1905年该报成为立宪民主党人的报纸,曾改用《自由人民报》和《人民自由报》的名称。从1906年起,它表面上是无党派的报纸,实际上继续代表资产阶级利益。1917年二月革命后,攻击布尔什维克党和列宁。1917年10月底因进行反苏维埃宣传被查封。——334。

148 芬兰社会民主党报纸《工人日报》是在《同俄国革命家们的谈话》的大标题下,发表列宁同芬兰记者爱·托尔尼艾年的谈话的。——336。

149 这是有关俄国社会民主工党(布)第七次全国代表会议(四月代表会议)的一组文献。

俄国社会民主工党(布)第七次全国代表会议(四月代表会议)是布尔什维克党在合法条件下召开的第一次代表会议,1917年4月24—29日(5月7—12日)在彼得格勒举行。由于中央内部在对革命的估计、革命的前途以及党的任务问题上有分歧,根据中央的一致决定,全党在代表会议召开以前,围绕列宁的《四月提纲》,就这些问题进行了公开争论。这样,地方组织就有可能预先讨论议程中的问题,并弄清普通党员对它们的态度。出席代表会议的有151名代表,其中133名有表决权,

18 名有发言权,他们代表 78 个大的党组织的约 8 万名党员。出席会议的还有前线和后方军事组织的代表,拉脱维亚、立陶宛、波兰、芬兰和爱沙尼亚等民族组织的代表。这次代表会议具有充分的代表性,因而起到了党代表大会的作用。代表会议的议程是:目前形势(战争和临时政府等);和平会议;对工兵代表苏维埃的态度;修改党纲;国际的现状和党的任务;同国际主义的社会民主党组织的联合;土地问题;民族问题;立宪会议;组织问题;各地的报告;选举中央委员会。列宁是主席团的成员,他领导了会议的全部工作,作了目前形势、修改党纲和土地问题等主要报告,发言 20 多次,起草了代表会议的几乎全部决议草案。斯大林作了民族问题的报告。代表会议以《四月提纲》为基础,规定了党在战争和革命的一切基本问题上的路线,确定了党争取资产阶级民主革命转变为社会主义革命的方针和"全部政权归苏维埃"的口号。列·波·加米涅夫作了关于目前形势的副报告,他和阿·伊·李可夫企图证明俄国资产阶级民主革命还未结束,社会主义革命尚不成熟,认为只能由孟什维克和社会革命党人把持的苏维埃监督资产阶级临时政府。在讨论民族问题时,格·列·皮达可夫反对各民族有自决直至分离的权利的口号。他们的错误观点受到了会议的批判。在讨论国际的现状和党的任务时,会议通过了格·叶·季诺维也夫提出的继续留在齐美尔瓦德联盟里和参加齐美尔瓦德第三次代表会议的错误决议案,列宁投票反对这一决议案。代表会议以无记名投票选举了党的中央委员会,列宁、季诺维也夫、加米涅夫、弗·巴·米柳亭、维·巴·诺根、雅·米·斯维尔德洛夫、伊·捷·斯米尔加、斯大林、Γ.Φ.费多罗夫共 9 人当选为中央委员。这次会议的决议,参看《苏联共产党代表大会、代表会议和中央全会决议汇编》1964 年人民出版社版第 1 分册第430—456 页。——339。

150　列宁说完这句话后,安·谢·布勃诺夫宣读了中部工业区(莫斯科)区域代表会议的决议。列宁接着继续作报告。——342。

151　参看后来列宁在《俄国革命和国内战争》(本版全集第 32 卷)一文中对这一事件的评述。——359。

152　关于召开交战国和中立国国际社会党代表会议的问题,彼得格勒苏维埃执行委员会在1917年4月进行了多次讨论。4月下半月,同德国社会沙文主义者有联系的丹麦社会民主党人弗·伯格比尔来到彼得格勒,以丹麦、挪威、瑞典三国工人党联合委员会的名义,建议俄国各社会党参加定于1917年5月在斯德哥尔摩召开的有关签订和约问题的代表会议。

　　4月23日(5月6日),伯格比尔在彼得格勒苏维埃执行委员会会议上作报告,公然声称德国政府"会同意"德国社会民主党在社会党代表会议上将要提出的媾和条件。4月25日(5月8日)执行委员会听取各党派有关这一问题的声明。布尔什维克宣读了四月代表会议在当天通过的《关于伯格比尔的建议的决议》(参看《苏联共产党代表大会、代表会议和中央全会决议汇编》1964年人民出版社版第1分册第442—444页),表示坚决反对参加这一会议。波兰和拉脱维亚的社会民主党的代表赞同布尔什维克的意见。劳动派、崩得分子和孟什维克赞成参加会议。执行委员会通过了孟什维克提出的决议,根据这个决议,彼得格勒苏维埃执行委员会将承担召集代表会议的发起工作并将为此成立一个专门委员会。苏维埃全会批准了这一决议。

　　英国、法国和比利时社会党人的多数派拒绝参加这一会议,因为英法政府想彻底战胜德国。中派分子(法国的龙格派和以卡·考茨基、胡·哈阿兹和格·累德堡为首的德国独立社会民主党)同意参加会议,而加入了德国独立社会民主党的斯巴达克派则拒绝参加会议。斯德哥尔摩代表会议没有开成,因为一些代表没有领到本国政府的护照,还有一些代表拒绝同那些与本国处于战争状态的国家的代表一起开会。——362。

153　一方面不能不承认,另一方面也必须承认是俄国作家米·叶·萨尔蒂科夫-谢德林嘲笑自由派在政治上的无原则态度的讽刺性用语,见于他的作品《外省人旅京日记》和《葬礼》。——364。

154　列宁在这里和下面提到的俄国社会民主工党(布)关于第二国际各国社会党斯德哥尔摩代表会议的宣言草案在四月代表会议的材料中没有保

存下来。看来草案的部分内容已写入《关于伯格比尔的建议的决议》。——365。

155 关于战争的决议是以列宁在俄国社会民主工党(布)彼得格勒市代表会议上提出的决议草案(见本卷第258—263页)为基础拟定的,在四月代表会议上以多数票(有7票弃权)通过,载于1917年4月29日(5月12日)《真理报》第44号社论的位置。——397。

156 《关于对临时政府的态度的决议》载于1917年4月27日(5月10日)《真理报》第42号社论的位置。这项决议在全国代表会议选出的委员会中一致通过,在全体会议上以多数票通过(有8票弃权,3票反对)。——401。

157 列宁在《第五封〈远方来信〉的要点》中就提出了修改1903年俄国社会民主工党第二次代表大会通过的党纲的问题。四月代表会议根据列宁的倡议通过了关于必须修改党纲的决议,确定了修改党纲的基本方针。在代表会议之后不久,出版了《修改党纲的材料》这本小册子(见本卷第472—493页)。制定新党纲的工作是在十月革命以后完成的,新党纲在1919年3月召开的俄国共产党(布)第八次代表大会上通过。——403。

158 莫斯卡里是俄国十月革命前乌克兰人、白俄罗斯人和波兰人对俄罗斯人的蔑称。——424。

159 希瓦是16世纪初在中亚阿姆河下游建立的一个封建国家(希瓦汗国),居民有乌兹别克人、土库曼人、卡拉卡尔帕克人等,1873年被沙皇俄国征服,成为它的属国。——429。

160 波兰社会党是以波兰社会党人巴黎代表大会(1892年11月)确定的纲领方针为基础于1893年成立的。这次代表大会提出了建立独立民主共和国、为争取人民群众的民主权利而斗争的口号,但是没有把这一斗争同俄国、德国和奥匈帝国的革命力量的斗争结合起来。该党右翼领导人约·皮尔苏茨基等认为恢复波兰国家的唯一道路是民族起义,而不是以无产阶级为领导的全俄反对沙皇的革命。从 1905 年 2 月起,以马·亨·瓦列茨基、费·雅·柯恩等为首的左派逐步在党内占了优势。1906 年 11 月在维也纳召开的波兰社会党第九次代表大会把皮尔苏茨基及其拥护者开除出党,该党遂分裂为两个党:波兰社会党"左派"和波兰社会党"革命派"("右派",亦称弗腊克派)。

　　波兰社会党"左派"反对皮尔苏茨基分子的民族主义及其恐怖主义和密谋策略,主张同全俄工人运动密切合作,认为只有在全俄革命运动胜利的基础上才能解决波兰劳动人民的民族解放和社会解放问题。在 1908—1910 年期间,主要通过工会、文教团体等合法组织进行活动。该党不同意孟什维克关于在反对专制制度斗争中的领导权属于资产阶级的论点,可是支持孟什维克反对第四届国家杜马中的布尔什维克代表。第一次世界大战爆发后,该党持国际主义立场,参加了 1915 年的齐美尔瓦尔德会议和 1916 年的昆塔尔会议。该党欢迎俄国十月革命。1918 年 12 月,该党同波兰王国和立陶宛社会民主党一起建立了波兰共产主义工人党(1925 年改称波兰共产党,1938 年解散)。

　　波兰社会党"革命派"于 1909 年重新使用波兰社会党的名称,强调通过武装斗争争取波兰独立,但把这一斗争同无产阶级的阶级斗争割裂开来。从第一次世界大战开始起,该党的骨干分子参加了皮尔苏茨基站在奥德帝国主义一边搞的军事政治活动(成立波兰军团)。1917 年俄国二月革命后,该党转而对德奥占领者采取反对立场,开展争取建立独立的民主共和国和进行社会改革的斗争。1918 年该党参加创建独立的资产阶级波兰国家,1919 年同原普鲁士占领区的波兰社会党和原奥地利占领区的加利西亚和西里西亚波兰社会民主党合并。该党不反对地主资产阶级波兰对苏维埃俄国的武装干涉,并于 1920 年 7 月参加了所谓国防联合政府。1926 年该党支持皮尔苏茨基发动的政变,同年 11 月由于拒绝同推行"健全化"的当局合作而成为反对党。1939 年该党解散。——429。

161　俄国社会民主工党(布)第七次全国代表会议各项决议及这篇引言均刊载于 1917 年 5 月 3 日(16 日)《士兵真理报》第 13 号增刊。在《真理报》上,所有这些决议都是在社论位置刊载的。——447。

162　德国独立社会民主党是中派政党,1917 年 4 月在哥达成立。代表人物是卡·考茨基、胡·哈阿兹、鲁·希法亭、格·累德堡等。基本核心是中派组织"工作小组"。该党以中派言词作掩护,宣传同公开的社会沙文主义者"团结",放弃阶级斗争。1917 年 4 月—1918 年底,斯巴达克派曾参加该党,但保持组织上和政治上的独立,继续进行秘密工作,并帮助工人党员摆脱中派领袖的影响。1920 年 10 月,德国独立社会民主党在该党哈雷代表大会上发生了分裂,很大一部分党员于 1920 年12 月同德国共产党合并。右派分子单独成立了一个党,仍称德国独立社会民主党,存在到 1922 年。——447。

163　彼得格勒区是彼得格勒市的一个区,俄国社会民主工党(布)中央委员会和彼得堡委员会设在这个区的石岛大街上的前克舍辛斯卡娅公馆。——462。

164　1903 年俄国社会民主工党第二次代表大会上通过的纲领的第 9 条说:"国内各民族都有自决权。"(参看《苏联共产党代表大会、代表会议和中央全会决议汇编》1964 年人民出版社版第 1 分册第 38 页)1917 年,在研究修改党纲时,列宁建议对这一条加以补充(见本卷第 487 页)。——468。

165　指恩格斯的《1891 年社会民主党纲领草案批判》中的一段话(见《马克思恩格斯文集》第 4 卷第 416 页)。1917 年 5 月 28 日《真理报》第 68 号登载的列宁的《一个原则问题》一文(见本版全集第 30 卷第 180—183 页)引用了这段话。——476。

166　列宁引用的恩格斯这段话,见《马克思恩格斯文集》第 4 卷第 419 页。——491。

167　这是列宁 1917 年 3 月 14 日(27 日)在苏黎世民众文化馆用德语向瑞士工人作的题为《俄国革命及其意义和任务》的报告的提纲。提纲中的基本论点在《远方来信》中作了阐述(见本卷第 9—57 页)。报告的简介,见本卷第 64—70 页。——499。

168 指彼得格勒苏维埃3月2日(15日)的一个决定。在这个决定中,彼得格勒苏维埃"在少数人的抗议下"同意克伦斯基自行加入资产阶级临时政府担任司法部长。——500。

169 指列宁《几个要点》(见本版全集第27卷)一文中关于工人代表苏维埃的第4点。——501。

170 马克思和恩格斯关于过渡时期的国家的学说在《哥达纲领批判》中有详细的论述(见《马克思恩格斯文集》第3卷第444—445页)。——501。

171 指列宁《几个要点》一文中的第11点(见本版全集第27卷)。——501。

172 《俄国社会民主工党党纲修改草案初稿》是为准备俄国社会民主工党(布)第七次全国代表会议(四月代表会议)而写的。它是收入《修改党纲的材料》这本小册子中的《党纲的理论、政治及其他一些部分的修改草案》(见本卷第474—478页)的底稿。——503。

173 《集体公报》是列宁3月31日(4月13日)到达斯德哥尔摩后交给瑞典社会民主党左派报纸《政治报》编辑部并由它转发给新闻界的。《言语报》和《日报》得到了彼得格勒通讯社所发的《集体公报》,于4月5日(18日)刊登出来,但缺最后一段。——509。

174 《开端报》(《Начало》)是俄国孟什维克国际主义派的报纸(日报),于1916年9月—1917年3月在巴黎出版。二月革命后用《新时代报》的名称出版。《开端报》的前身是《我们的言论报》。——510。

175 指斐·洛里欧。——510。

人 名 索 引

A

阿德勒,弗里德里希(Adler,Friedrich 1879—1960)——奥地利社会民主党右翼领袖之一,"奥地利马克思主义"理论家,第二半国际和社会主义工人国际的组织者和领袖之一;维·阿德勒的儿子。1907—1911 年任苏黎世大学理论物理学讲师。1910—1911 年任瑞士社会民主党机关报《民权报》编辑,1911 年起任奥地利社会民主党书记。在哲学上是经验批判主义的信徒,主张以马赫主义哲学"补充"马克思主义。第一次世界大战期间主张社会民主党对帝国主义战争保持"中立"和促使战争早日结束。1914 年 8 月辞去书记职务。1916 年 10 月 21 日因枪杀奥匈帝国首相卡·施图尔克伯爵被捕。1918 年 11 月获释后重新担任党的书记,走上改良主义道路。1919 年当选为全国工人代表苏维埃执行委员会主席。1923—1939 年任社会主义工人国际书记。——172,173。

阿德勒,维克多(Adler,Victor 1852—1918)——奥地利社会民主党创建人和领袖之一。早年是资产阶级激进派,19 世纪 80 年代中期参加工人运动。1883 年和 1889 年曾与恩格斯会晤,1889—1895 年同恩格斯有通信联系。是 1888 年 12 月 31 日—1889 年 1 月 1 日奥地利社会民主党成立大会上通过的党纲的主要起草人之一。在克服奥地利社会民主主义运动的分裂和建立统一的党方面做了许多工作。在党的一系列重要政策问题上(包括民族问题)倾向改良主义立场。1886 年创办《平等》周刊,1889 年起任奥地利社会民主党中央机关报《工人报》编辑。1905 年起为议员。第一次世界大战期间持中派立场,鼓吹阶级和平,反对工人阶级的革命发动。1918 年 11 月短期担任奥地利资产阶级共和国外交部长。——170。

阿克雪里罗得,帕维尔·波里索维奇(Аксельрод, Павел Борисович 1850—

1928)——俄国孟什维克领袖之一。19世纪70年代是民粹派分子。1883年参与创建劳动解放社。1900年起是《火星报》和《曙光》杂志编辑部成员。这一时期在宣传马克思主义的同时,也在一系列著作中把资产阶级民主制和西欧社会民主党议会活动理想化。1903年在俄国社会民主工党第二次代表大会上是《火星报》编辑部有发言权的代表,属火星派少数派,会后是孟什维主义的思想家。1905年提出召开广泛的工人代表大会的取消主义观点。1906年在党的第四次(统一)代表大会上代表孟什维克作了关于国家杜马问题的报告,宣扬无产阶级同资产阶级实行政治合作的机会主义思想。斯托雷平反动时期和新的革命高涨年代是取消派的思想领袖,参加孟什维克取消派《社会民主党人呼声报》编辑部。1912年加入"八月联盟"。第一次世界大战期间表面上是中派,实际持社会沙文主义立场;曾参加齐美尔瓦尔德代表会议和昆塔尔代表会议,属于右翼。1917年二月革命后任彼得格勒苏维埃执行委员会委员,支持资产阶级临时政府。十月革命后侨居国外,反对苏维埃政权,鼓吹武装干涉苏维埃俄国。——87、170、272、305。

阿姆菲捷阿特罗夫,亚历山大·瓦连廷诺维奇(Амфитеатров, Александр Валентинович 1862—1938)——俄国小品文作家,曾为资产阶级自由派报刊和反动报刊撰稿。1905年去法国住了几年。第一次世界大战期间是社会沙文主义者,反动的民族主义报纸《俄罗斯意志报》创办人之一,该报在1917年鼓吹用暴力对付布尔什维克和《真理报》。十月革命后为白俄流亡分子。——228。

安德龙尼科夫(Андронников)——俄国孟什维克,1917年是旅居瑞士的俄国政治流亡者归国执行委员会委员。——272。

安加尔斯基(**克列斯托夫**),尼古拉·谢苗诺维奇(Ангарский(Клестов), Николай Семенович 1873—1943)——1902年加入俄国社会民主工党,著作家。曾在国内外做党的宣传工作。屡遭沙皇政府迫害。在莫斯科参加了1917年二月革命,任党的莫斯科委员会委员和莫斯科苏维埃委员,是莫斯科党组织出席党的第七次全国代表会议(四月代表会议)的代表。十月革命后在对外贸易人民委员部工作。后从事学术出版工作。——416。

B

巴达耶夫，阿列克谢·叶戈罗维奇（Бадаев，Алексей Егорович 1883 —
1951）——1904 年加入俄国社会民主工党，在彼得堡做党的工作。第四届
国家杜马彼得堡省工人代表，参加布尔什维克杜马党团，同时在杜马外做
了大量的革命工作，是中央委员会俄国局成员，为布尔什维克的《真理报》
撰稿，出席了有党的工作者参加的俄国社会民主工党中央委员会克拉科夫
会议和波罗宁会议。因进行反对帝国主义战争的革命活动，1914 年 11 月
被捕，1915 年流放图鲁汉斯克边疆区。1917 年二月革命后从流放地回来，
在彼得格勒参加布尔什维克组织的工作，是十月武装起义的参加者。十月
革命后在党、苏维埃和经济部门担任领导工作。在党的第十四至第十八次
代表大会上当选为中央委员。1938—1943 年任俄罗斯联邦最高苏维埃主
席团主席和苏联最高苏维埃主席团副主席。——72。

巴拉巴诺娃，安热利卡·伊萨科夫娜（Балабанова，Анжелика Исааковна
1878—1965）——俄国社会民主党人，俄国和意大利社会主义运动的参加
者。1897 年出国，加入国外俄国社会民主党人联合会。1903 年俄国社会
民主工党第二次代表大会后是孟什维克。在意大利社会党内起过很大作
用；曾参加该党中央机关报《前进报》编辑部，是意大利社会党中央委员和
该党驻社会党国际局的代表。第一次世界大战期间持中派立场，曾参加齐
美尔瓦尔德代表会议和昆塔尔代表会议的工作，加入齐美尔瓦尔德联盟。
1917 年回国，加入布尔什维克党。作为有发言权的代表参加了共产国际
第一次代表大会。1924 年因再次采取孟什维克立场被开除出俄共（布）。
——272。

鲍威尔，奥托（Bauer，Otto 1882 — 1938）——奥地利社会民主党和第二国际
领袖之一，"奥地利马克思主义"理论家。同卡·伦纳一起提出资产阶级民
族主义的民族文化自治论。1907 年起任社会民主党议会党团秘书，同年
参与创办党的理论刊物《斗争》杂志。1912 年起任党中央机关报《工人报》
编辑。第一次世界大战期间应征入伍，在俄国前线被俘。俄国 1917 年二
月革命后在彼得格勒，同年 9 月回国。敌视俄国十月革命。1918 年 11
月—1919 年 7 月任奥地利共和国外交部长，赞成德奥合并。1920 年在维

也纳出版反布尔什维主义的《布尔什维主义还是社会民主主义?》一书。
1920年起为国民议会议员。第二半国际和社会主义工人国际的组织者和
领袖之一。曾参与制定和推行奥地利社会民主党的机会主义路线,使奥地
利工人阶级的革命斗争遭受严重损失。晚年修正了自己的某些改良主义
观点。——121。

贝霍夫斯基,瑞姆·雅柯夫列维奇(Быховский, Наум Яковлевич 生于1874
年)——俄国社会革命党人,1917年任农民代表苏维埃执行委员会委员和
最高土地委员会常务委员。——268。

贝特曼-霍尔韦格,特奥巴尔德(Bethmann-Hollweg, Theobald 1856—
1921)——德国国务活动家。1905—1907年任普鲁士内务大臣,1907—
1909年任帝国内务大臣和副首相,1909—1917年任德国首相。实行镇压
工人运动的政策,积极参与策划和发动第一次世界大战。1917年7月辞
职并脱离政治活动。——366。

倍倍尔,奥古斯特(Bebel, August 1840—1913)——德国工人运动和国际工
人运动活动家,德国社会民主党和第二国际的创建人和领袖之一,马克思
和恩格斯的朋友和战友;旋工出身。19世纪60年代前半期开始参加政治
活动,1867年当选为德国工人协会联合会主席,1868年该联合会加入第一
国际。1869年与威·李卜克内西共同创建了德国社会民主工党(爱森纳
赫派),该党于1875年与拉萨尔派合并为德国社会主义工人党,后又改名
为德国社会民主党。多次当选国会议员,利用国会讲坛揭露帝国政府反动
的内外政策。1870—1871年普法战争期间持国际主义立场,在国会中投
票反对军事拨款,支持巴黎公社,为此曾被捕和被控叛国,断断续续在狱中
度过近六年时间。在反社会党人非常法施行时期,领导了党的地下活动和
议会活动。90年代和20世纪初同党内的改良主义和修正主义进行斗争,
反对伯恩施坦及其拥护者对马克思主义理论的歪曲和庸俗化。是出色的
政论家和演说家,对德国和欧洲工人运动的发展有很大影响。马克思和恩
格斯高度评价了他的活动。——193。

比索拉蒂,莱奥尼达(Bissolati, Leonida 1857—1920)——意大利社会党创建
人和右翼改良派领袖之一。1896—1903年和1908—1912年任社会党中
央机关报《前进报》主编。1897年起为议员。1912年因支持意大利政府进

行侵略战争被开除出社会党,后组织了改良社会党。第一次世界大战期间
是社会沙文主义者,主张意大利站在协约国方面参战。1916—1918 年参
加政府,任不管部大臣。——168。

彼得罗夫斯基,格里戈里·伊万诺维奇(Петровский, Григорий Иванович
1878—1958)——1897 年参加俄国社会民主主义运动。俄国第一次革命
期间是叶卡捷琳诺斯拉夫工人运动的领导人之一。第四届国家杜马叶卡
捷琳诺斯拉夫省工人代表,布尔什维克杜马党团主席。1912 年被增补为
党中央委员。因进行反对帝国主义战争的革命活动,1914 年 11 月被捕,
1915 年流放图鲁汉斯克边疆区,在流放地继续进行革命工作。积极参加
十月革命。1917—1919 年任俄罗斯联邦内务人民委员,1919—1938 年任
全乌克兰中央执行委员会主席。1922—1937 年为苏联中央执行委员会主
席之一,1937—1938 年任苏联最高苏维埃主席团副主席。在党的第十至
第十七次代表大会上当选为中央委员,1926—1939 年为中央政治局候补
委员。1940 年起任国家革命博物馆副馆长。——72。

俾斯麦,奥托·爱德华·莱奥波德(Bismarck, Otto Eduard Leopold 1815—
1898)——普鲁士和德国国务活动家和外交家。普鲁士容克的代表。曾任
驻彼得堡大使(1859—1862)和驻巴黎大使(1862),普鲁士首相(1862—
1872、1873—1890),北德意志联邦首相(1867—1871)和德意志帝国首相
(1871—1890)。1870 年发动普法战争,1871 年支持法国资产阶级镇压巴
黎公社。主张在普鲁士领导下"自上而下"统一德国。曾采取一系列内政
措施,捍卫容克和大资产阶级的联盟。1878 年颁布反社会党人非常法。
由于内外政策遭受挫折,于 1890 年 3 月去职。——213。

波克罗夫斯基,H.H.(Покровский, H.H.生于 1865 年)——俄国国务活动家。
1904 年起先后任财政部定额税务司司长和副财政大臣,1914 年起为国务
会议成员。沙皇政府最后一任外交大臣。——224。

波特列索夫,亚历山大·尼古拉耶维奇(Потресов, Александр Николаевич
1869—1934)——俄国孟什维克领袖之一。19 世纪 90 年代初参加马克思
主义小组。1896 年加入彼得堡工人阶级解放斗争协会,后被捕,1898 年流
放维亚特卡省。1900 年出国,参与创办《火星报》和《曙光》杂志。在俄国
社会民主工党第二次代表大会上是《火星报》编辑部有发言权的代表,属火

星派少数派,会后是孟什维克刊物的主要撰稿人和领导人。斯托雷平反动时期和新的革命高涨年代是取消派思想家,在《复兴》杂志和《我们的曙光》杂志中起领导作用。第一次世界大战期间是社会沙文主义者。1917 年在反布尔什维克的资产阶级《日报》中起领导作用。十月革命后侨居国外,为克伦斯基的《白日》周刊撰稿,攻击苏维埃政权。——6、11、13、14、18、19、21、57、88、167、177。

伯格比尔,弗雷德里克(Borgbjerg,Frederik 1866—1936)——丹麦社会民主党领导人之一,改良主义者。1892 年起为丹麦社会民主党中央委员,1911—1924 年任党的中央机关报《社会民主党人报》主编。1898 年起为议员。第一次世界大战期间是社会沙文主义者。1917 年春曾到彼得格勒建议召开交战国社会党代表会议,列宁揭露了这个建议的帝国主义性质。敌视俄国十月革命。1919 年是伯尔尼国际的组织者之一。1924—1926 年任丹麦王国政府社会保障大臣,1929—1935 年任教育大臣。——362、364、365、366、367、368、369、370、371、428、459、460。

伯杰,维克多·路易(Berger,Victor Louis 1860—1929)——美国社会党人,美国社会党的组织者和领导人之一。第一次世界大战期间持和平主义立场。多次当选国会议员,反对美国政府承认苏维埃俄国。——169。

勃朗,路易(Blanc,Louis 1811—1882)——法国小资产阶级社会主义者,历史学家。19 世纪 30 年代成为巴黎著名的新闻工作者,1838 年创办自己的报纸《进步评论》。1848 年二月革命期间参加临时政府,领导所谓研究工人问题的卢森堡宫委员会,推行妥协政策。1848 年六月起义失败后流亡英国,是在伦敦的小资产阶级流亡者的领导人之一。1870 年回国。1871 年当选为国民议会议员,对巴黎公社抱敌视态度。否认资本主义制度下阶级矛盾的不可调和性,反对无产阶级革命,主张同资产阶级妥协,幻想依靠资产阶级国家帮助建立工人生产协作社来改造资本主义社会。主要著作有《劳动组织》(1839)、《十年史,1830—1840》(1841—1844)、《法国革命史》(12 卷,1847—1862)等。——31、127、129、130、142、313、463、464、465。

勃朗斯基,美契斯拉夫·亨利霍维奇(Бронский,Мечислав Генрихович 1882—1941)——波兰社会民主党人,后为布尔什维克。1902 年加入波兰王国和立陶宛社会民主党。第一次世界大战期间是国际主义者。曾代表波兰王国和立陶宛社会民主党出席昆塔尔代表会议,属齐美尔瓦尔德左派,参加了瑞士社会民主党的活动。1917 年 6 月起任俄国社会民主工党(布)彼得堡委员会的鼓动员和宣传员。十月革命后任副工商业人民委员。1918 年采取"左派共产主义者"立场。1920 年起任苏俄驻奥地利全权代表和商务代表,1924 年起任财政人民委员部部务委员、对外贸易人民委员部部务委员。后从事教学和科研工作。——120、227、510。

布尔德朗,阿尔伯(Bourderon, Albert 1858—1930)——法国社会党人,工会运动左翼领袖之一,制桶工人工会书记。1915 年参加齐美尔瓦尔德代表会议,持中派立场。1916 年主张重建第二国际,同年 12 月在法国社会党代表大会上投票赞成支持帝国主义战争、为社会党人参加资产阶级政府辩护的中派主义决议。与齐美尔瓦尔德派彻底决裂后,转入反对革命工人运动的营垒。——171—172、174。

布坎南,乔治·威廉(Buchanan, George William 1854—1924)——英国外交家。1910—1918 年任驻俄大使,支持反动势力阻止革命的爆发。1917 年 8 月支持科尔尼洛夫反革命叛乱。俄国十月革命后协助白卫分子,参与策划反革命阴谋和协约国对苏维埃俄国的武装干涉。1919—1921 年任驻意大利大使,1921 年辞职。——15。

布兰亭,卡尔·亚尔马(Branting, Karl Hjalmar 1860—1925)——瑞典社会民主党和第二国际创建人和领袖之一,持机会主义立场。1887—1917 年(有间断)任瑞典社会民主党中央机关报《社会民主党人报》编辑。1896 年起为议员。1907 年当选为党的执行委员会主席。第一次世界大战期间是社会沙文主义者。1917 年参加埃登的自由党—社会党联合政府,支持武装干涉苏维埃俄国。1920 年、1921—1923 年、1924—1925 年领导社会民主党政府,1921—1923 年兼任外交大臣。曾参与创建和领导伯尔尼国际。——95、168、369。

C

策列铁里,伊拉克利·格奥尔吉耶维奇(Церетели, Ираклий Георгиевич 1881—1959)——俄国孟什维克领袖之一。1902 年参加社会民主主义运动。第二届国家杜马代表,在杜马中领导社会民主党党团,参加土地委员会,就斯托雷平在杜马中宣读的政府宣言以及土地等问题发了言。作为社会民主党杜马党团的代表参加了俄国社会民主工党第五次(伦敦)代表大会的工作。斯托雷平反动时期和新的革命高涨年代是取消派分子。第一次世界大战期间是中派分子。1917年二月革命后任彼得格勒苏维埃执行委员会委员、第一届中央执行委员会主席团委员,护国派分子。1917年5—7月任临时政府邮电部长,七月事变后任内务部长,极力反对布尔什维克争取政权的斗争。十月革命后领导立宪会议中的反苏维埃联盟;是格鲁吉亚孟什维克反革命政府首脑之一。1921年格鲁吉亚建立苏维埃政权后流亡法国。1923年是社会主义工人国际的组织者之一。1940年移居美国。——106、113、115、123、124、127、130、132、133、138、141、145、147、155、157、168、170、177、184、185、204、225、233、259、289、315、316、337、344、347、387、395、396、398、461、462、463、464。

查苏利奇,维拉·伊万诺夫娜(Засулич,Вера Ивановна 1849—1919)——俄国民粹主义运动和社会民主主义运动活动家。1868年在彼得堡参加革命小组。1878年1月24日开枪打伤下令鞭打在押革命学生的彼得堡市长费·费·特列波夫。1879年加入土地平分社。1880年侨居国外,逐步同民粹主义决裂,转到马克思主义立场。1883年参与创建劳动解放社。80—90年代翻译了马克思的《哲学的贫困》和恩格斯的《社会主义从空想到科学的发展》,写了《国际工人协会史纲要》等著作;为劳动解放社的出版物以及《新言论》和《科学评论》等杂志撰稿,发表过一系列文艺批评文章。1900年起是《火星报》和《曙光》杂志编辑部成员。在俄国社会民主工党第二次代表大会上是《火星报》编辑部有发言权的代表,属火星派少数派,会后成为孟什维克领袖之一,参加孟什维克的《火星报》编辑部。1905年回国。斯托雷平反动时期和新的革命高涨年代是取消派分子。第一次世界大战期间是社会沙文主义者。1917年是孟什维克统一派分子。对十月革命持否定态度。——88、329。

茨哈卡雅,米哈伊尔·格里戈里耶维奇(米哈)(Цхакая,Михаил Григорьевич(Миха)1865—1950)——1880年参加俄国革命运动,1898年加入俄国社会民主工党。曾在高加索、哈尔科夫和叶卡捷琳诺斯拉夫做党的工作,是党的高加索联合会委员会领导人之一。参加了党的第二次代表大会的筹

备工作;是高加索联合会出席党的第三次代表大会的代表。积极参加
1905—1907 年革命。屡遭沙皇政府迫害。1907—1917 年流亡国外;是党
的第五次(伦敦)代表大会的代表。1917 年二月革命后随列宁回国。
1917—1920 年任俄国社会民主工党(布)梯弗利斯委员会委员。1920 年
起为格鲁吉亚共产党(布)中央委员。1921 年格鲁吉亚建立苏维埃政权后
担任苏维埃和党的领导工作,1923—1930 年任外高加索联邦中央执行委
员会主席、苏联中央执行委员会主席团委员、格鲁吉亚中央执行委员会主
席。是共产国际第二次至第七次代表大会的代表。1920 年起为共产国际
执行委员会委员,1931 年起为共产国际监察委员会委员。——510。

D

大卫,爱德华(David, Eduard 1863—1930)——德国社会民主党右翼领袖之
一,经济学家;德国机会主义者的主要刊物《社会主义月刊》创办人之一。
1893 年加入社会民主党。公开修正马克思主义关于土地问题的学说,否
认资本主义经济规律在农业中的作用。1903 年出版《社会主义和农业》一
书,宣扬小农经济稳固,维护所谓土地肥力递减规律。1903—1918 年和
1920—1930 年为国会议员,社会民主党国会党团领袖之一。第一次世界
大战期间是社会沙文主义者;在《世界大战中的社会民主党》(1915)一书中
为德国社会民主党右翼在第一次世界大战中的机会主义立场辩护。1919
年 2 月任魏玛共和国国民议会第一任议长。1919—1920 年任内务部长,
1922—1927 年任中央政府驻黑森的代表。——13、91、92、171、231。

德米特里耶夫(季米特里耶夫),拉德科(Дмитриев(Димитриев), Радко
1859—1918)——保加利亚将军,曾在俄国受高等军事教育。1885 年塞尔
维亚—保加利亚战争的参加者。1912—1913 年巴尔干战争期间指挥保加
利亚第 3 集团军。1913 年底被任命为驻俄国的全权公使。第一次世界大
战期间转到俄国军队任职,先后指挥第 7 军、第 1 集团军和第 12 集团军。
第一次世界大战初期是俄国资产阶级报界所吹捧的"三次战争的英雄"和
偶像。——286。

E

恩格斯,弗里德里希(Engels, Friedrich 1820—1895)——科学共产主义创始

人之一，世界无产阶级的领袖和导师，马克思的亲密战友。——38、56、68、
118、136、142、143、161、178、180、241、339、353、435、436、456、501。

F

弗·伊林——见列宁，弗拉基米尔·伊里奇。

G

盖得，茹尔（巴西尔，马蒂厄）（Guesde, Jules（Basile, Mathieu）1845 —
1922)——法国工人运动和国际工人运动活动家，法国工人党创建人之一，
第二国际的组织者和领袖之一。19世纪60年代是资产阶级共和主义者。
拥护1871年的巴黎公社。公社失败后流亡瑞士和意大利，一度追随无政
府主义者。1876年回国。在马克思和恩格斯影响下逐步转向马克思主
义。1877年11月创办《平等报》，宣传社会主义思想，为1879年法国工人
党的建立作了思想准备。1880年和拉法格一起在马克思和恩格斯指导下
起草了法国工人党纲领。1880—1901年领导法国工人党，同无政府主义
者和可能派进行坚决斗争。1889年积极参加创建第二国际的活动。1893
年当选为众议员。1899年反对米勒兰参加资产阶级内阁。1901年与其拥
护者建立了法兰西社会党，该党于1905年同改良主义的法国社会党合并，
盖得为统一的法国社会党领袖之一。20世纪初逐渐转向中派立场。第一
次世界大战一开始即采取社会沙文主义立场，参加了法国资产阶级政府。
1920年法国社会党分裂后，支持少数派立场，反对加入共产国际。——
69、91、111、168。

高尔基，马克西姆（彼什科夫，阿列克谢·马克西莫维奇）（Горький, Максим
（Пешков, Алексей Максимович）1868 — 1936)——苏联作家和社会活动
家，社会主义现实主义文学的奠基人，苏联文学的创始人。出身于木工家
庭，当过学徒、装卸工、面包师等。1892年开始发表作品。1901年起因参
加革命工作屡遭沙皇政府迫害。1905年夏加入俄国社会民主工党，同年
11月第一次与列宁会面，思想上受到很大影响。1906年发表反映俄国无
产阶级革命斗争的长篇小说《母亲》，被认为是第一部社会主义现实主义作
品。1906—1913年旅居意大利，一度接受造神说。第一次世界大战爆发

后坚决谴责帝国主义战争,揭露战争的掠夺性,但也曾向资产阶级爱国主
义方面动摇。十月革命后,积极参加社会主义文化建设工作。1934 年发
起成立苏联作家协会,担任协会主席,直到逝世。——46、47、67、495、501。

哥尔特,赫尔曼(Gorter, Herman 1864—1927)——荷兰左派社会民主党人,
诗人和政论家。1897 年加入荷兰社会民主工党。1907 年是荷兰社会民主
工党左翼刊物《论坛报》创办人之一,1909 年起是荷兰社会民主党领导人
之一。第一次世界大战期间是国际主义者,齐美尔瓦尔德左派的拥护者。
1918 年参与创建荷兰共产党,曾参加共产国际的工作,采取极左的宗派主
义立场。1921 年退出共产党,组织了荷兰共产主义工人党。1922 年脱离
政治活动。——172。

戈尔登贝格,约瑟夫·彼得罗维奇(Гольденберг, Иосиф Петрович 1873 —
1922)——俄国社会民主党人。俄国社会民主工党第二次代表大会后是布
尔什维克。国外俄国社会民主党人联合会成员。在 1905—1907 年革命期
间起过重要作用,参加了布尔什维克所有报刊编辑部的工作,是俄国社会
民主工党中央委员会负责同其他党派和组织联系的代表。1907 年在党的
第五次(伦敦)代表大会上当选为中央委员。1910 年进入中央委员会俄国
局,对取消派采取调和主义态度。第一次世界大战期间是护国派分子,普
列汉诺夫的拥护者。1917—1919 年参加新生活派。1920 年重新加入布
尔什维克党。——116、118。

格里姆,罗伯特(Grimm, Robert 1881—1958)——瑞士社会民主党和第二国
际领袖之一;职业是印刷工人。1909—1918 年任《伯尔尼哨兵报》主编,
1919 年以前任瑞士社会民主党主席。第一次世界大战期间是中派分子,
齐美尔瓦尔德代表会议和昆塔尔代表会议主席,国际社会党委员会主席。
1921 年参与组织第二半国际。1911 年起为议员,1945—1946 年任瑞士国
民院议长。——85、87、170、175、433、434。

格罗伊利希,海尔曼(Greulich, Hermann 1842—1925)——瑞士社会民主党
创建人之一,该党右翼领袖,第二国际改良派领袖之一。原为德国装订工
人,1865 年侨居苏黎世。1867 年起为国际瑞士支部委员。1869—1880 年
在苏黎世编辑《哨兵报》。1887—1925 年任瑞士工人联合会书记。曾任瑞
士社会民主党执行委员会委员。1902 年起为联邦议会议员,1919 年和

H

哈特施坦——见莱维，保尔。

海德门，亨利·迈尔斯(Hyndman, Henry Mayers 1842—1921)——英国社会
　　党人。1881年创建民主联盟(1884年改组为社会民主联盟)，担任领导职
　　务，直至1892年。曾同法国可能派一起夺取1889年巴黎国际工人代表大
　　会的领导权，但未能得逞。1900—1910年是社会党国际局成员。1911年
　　参与创建英国社会党，领导该党机会主义派。第一次世界大战期间是社会
　　沙文主义者。1916年英国社会党代表大会谴责他的社会沙文主义立场
　　后，退出社会党。敌视俄国十月革命，赞成武装干涉苏维埃俄国。
　　——168。

海尔曼，恩斯特(Heilmann, Ernst 1881—1940)——德国右派社会民主党人，
　　政论家。1907—1917年任《人民呼声报》主编，该报在第一次世界大战期
　　间是德国社会民主党社会沙文主义极右翼的机关报。此外，大战期间还为
　　资产阶级民族主义的《钟声》杂志撰稿。1919—1933年为普鲁士议员和社
　　会民主党议会党团主席。1933年起被关进法西斯集中营，1940年在集中
　　营被害。——174。

胡斯曼，卡米耶(Huysmans, Camille 1871—1968)——比利时工人运动最早
　　的活动家之一，比利时社会党领导人之一，语文学教授，新闻工作者。
　　1905—1922年任第二国际社会党国际局书记。第一次世界大战期间持中
　　派立场，实际上领导社会党国际局。1910—1965年为议员，1936—1939
　　年和1954—1958年任众议院议长。1940年当选为社会主义工人国际常
　　务局主席。多次参加比利时政府，1946—1947年任首相，1947—1949年
　　任教育大臣。——174。

怀恩科普，戴维(Wijnkoop, David 1877—1941)——荷兰左派社会民主党人，
　　后为共产党人。1907年是荷兰社会民主工党左翼刊物《论坛报》创办人之
　　一，后任该报主编。1909年参与创建荷兰社会民主党，并任该党主席。第
　　一次世界大战期间是国际主义者，曾为齐美尔瓦尔德左派理论刊物《先驱》
　　杂志撰稿。1918—1925年和1929年起为议员。1918年参与创建荷兰共
　　产党，并任该党主席。在共产国际第二次代表大会上当选为共产国际执行
　　委员会委员。1925年从极左的宗派主义立场出发反对荷兰共产党和共产
　　国际的政策，为此于1926年被开除出荷兰共产党。1930年重新入党，

1935年当选为中央委员。——172。

霍夫曼,阿尔图尔·赫尔曼(Hoffmann, Arthur Hermann 1857—1927)——瑞士国务活动家,自由党领导人之一;职业是律师。1911年起为瑞士政府——联邦委员会委员,1914年任联邦委员会主席,掌握对外政策。1917年6月辞职,从事律师工作。——75。

霍格伦,卡尔·塞特·康斯坦丁(Höglund, Carl Zeth Konstantin 1884—1956)——瑞典社会民主党人,瑞典社会民主主义运动和青年社会主义运动的左翼领袖。1908—1918年任《警钟报》编辑。第一次世界大战期间是国际主义者,参加齐美尔瓦尔德左派。1916年因进行反战宣传被捕入狱。1917年参与创建瑞典共产党,1917年和1919—1924年任该党主席。1924年因犯机会主义错误和公开反对共产国际第五次代表大会的决议,被开除出瑞典共产党。1926年回到社会民主党。——172、369。

J

吉尔波,昂利(Guilbeaux, Henri 1885—1938)——法国社会党人,新闻工作者。第一次世界大战期间是中派分子,出版《明日》杂志,主张恢复国际联系。1916年参加昆塔尔代表会议。20年代初起住在德国,是《人道报》通讯员。曾代表法国齐美尔瓦尔德左派出席共产国际第一次代表大会。——120、172、227、510。

季诺维也夫(拉多梅斯尔斯基),格里戈里·叶夫谢耶维奇(Зиновьев(Радомысльский), Григорий Евсеевич 1883—1936)——1901年加入俄国社会民主工党,党的第二次代表大会后是布尔什维克。在党的第五至第十四次代表大会上当选为中央委员。1908—1917年侨居国外,参加布尔什维克《无产者报》编辑部和党的中央机关报《社会民主党人报》编辑部。斯托雷平反动时期对取消派、召回派和托洛茨基分子采取调和主义态度。1912年后和列宁一起领导中央委员会俄国局。第一次世界大战期间持国际主义立场。1917年4月回国,进入《真理报》编辑部。十月革命前夕反对举行武装起义的决定。1917年11月主张成立有孟什维克和社会革命党人参加的联合政府,遭到否决后声明退出党中央。1917年12月起任彼得格勒苏维埃主席。1919年共产国际成立后任共产国际执行委员会主席。1919 年当选为党中央政治局候补委员,1921 年当选为中央政治局委员。1925 年参与组织"新反对派",1926 年与托洛茨基结成"托季联盟"。1926 年被撤销中央政治局委员和共产国际的领导职务。1927 年 11 月被开除出党,后来两次恢复党籍,两次被开除出党。1936 年 8 月 25 日被苏联最高法院军事审判庭以"参与暗杀基洛夫、阴谋刺杀斯大林及其他苏联领导人"的罪名判处枪决。1988 年 6 月苏联最高法院为其平反。

—— 119、122、135、175、186、216、225、230、233、261、266、275、433、434、510。

加邦,格奥尔吉·阿波罗诺维奇(Гапон, Георгий Аполлонович 1870 — 1906)——俄国神父,沙皇保安机关奸细。1902 年起和莫斯科保安处处长祖巴托夫有了联系。1903 年在警察司授意下在彼得堡工人中成立了一个祖巴托夫式的组织——圣彼得堡俄国工厂工人大会。1905 年 1 月 9 日挑动彼得堡工人列队前往冬宫,向沙皇请愿,结果工人惨遭屠杀,他本人躲藏起来,逃往国外。同年秋回国,接受保安处任务,企图潜入社会革命党的战斗组织。阴谋败露后被工人战斗队员绞死。——304。

加里宁,米哈伊尔·伊万诺维奇(Калинин, Михаил Иванович 1875 — 1946)——1898 年加入俄国社会民主工党。曾在第一批秘密的马克思主义工人小组和彼得堡工人阶级解放斗争协会中工作,是《火星报》代办员和 1905—1907 年革命的积极参加者。屡遭沙皇政府迫害。1912 年在党的第六次(布拉格)全国代表会议上当选为候补中央委员,后进入中央委员会俄国局。《真理报》的组织者之一。1917 年二月革命期间是彼得格勒工人和士兵武装发动的领导人之一,党的彼得堡委员会执行委员会委员。在彼得格勒积极参加十月武装起义。十月革命后任彼得格勒市长,1918 年任市政委员。1919 年雅·米·斯维尔德洛夫逝世后,任全俄中央执行委员会主席,1922 年起任苏联中央执行委员会主席,1938 年起任苏联最高苏维埃主席团主席。在党的第八至第十八次代表大会上当选为中央委员。1919 年起为中央政治局候补委员,1926 年起为中央政治局委员。写有许多关于社会主义建设和共产主义教育问题的著作。——243、251。

加米涅夫(**罗森费尔德**),列夫·波里索维奇(Каменев(Розенфельд), Лев Борисович 1883—1936)——1901 年加入俄国社会民主工党,党的第二次代表大会后是布尔什维克。是高加索联合会出席党的第三次代表大会的代表。1905—1907年在彼得堡从事宣传鼓动工作,为党的报刊撰稿。1908年底出国,任布尔什维克的《无产者报》编委。斯托雷平反动时期对取消派、召回派和托洛茨基分子采取调和主义态度。1914年初回国,在《真理报》编辑部工作,曾领导第四届国家杜马布尔什维克党团。1914年11月被捕,在沙皇法庭上宣布放弃使沙皇政府在帝国主义战争中失败的布尔什维克口号,次年2月被流放。1917年二月革命后反对列宁的《四月提纲》。从党的第七次全国代表会议(四月代表会议)起多次当选为中央委员。十月革命前夕反对举行武装起义的决定。在全俄苏维埃第二次代表大会上当选为全俄中央执行委员会第一任主席。1917年11月主张成立有孟什维克和社会革命党人参加的联合政府,遭到否决后声明退出党中央。1918年起任莫斯科苏维埃主席。1922年起任人民委员会副主席,1924—1926年任劳动国防委员会主席。1923年起为列宁研究院第一任院长。1919—1925年为党中央政治局委员。1925年参与组织"新反对派",1926年1月当选为中央政治局候补委员,同年参与组织"托季联盟",10月被撤销政治局候补委员职务。1927年12月被开除出党,后来两次恢复党籍,两次被开除出党。1936年8月25日被苏联最高法院军事审判庭以"参与暗杀基洛夫、阴谋刺杀斯大林及其他苏联领导人"的罪名判处枪决。1988年6月苏联最高法院为其平反。——72、73、144、146、147、148、247、359、360、361。

加涅茨基(菲尔斯滕贝格),雅柯夫·斯坦尼斯拉沃维奇(Ганецкий (Фюрстенберг), Яков Станиславович 1879—1937)——波兰和俄国革命运动活动家。1896年加入社会民主党。1903—1909年为波兰王国和立陶宛社会民主党总执行委员会委员。1907年在俄国社会民主工党第五次(伦敦)代表大会上缺席当选为中央委员。在波兰王国和立陶宛社会民主党第六次代表大会上,因在党内一系列问题上持不同意见,退出总执行委员会。1912年波兰王国和立陶宛社会民主党分裂后,是最接近布尔什维克的所谓分裂派的领导人之一。第一次世界大战期间参加齐美尔瓦尔德左派。1917年是俄国社会民主工党(布)中央委员会国外局成员。十月革命后历任财政人民委员部部务委员、人民银行委员和行长、对外贸易人民委员部和外交人民委员部部务委员等职。1935 年起任国家革命博物馆馆长。——172。

捷尔任斯基，费利克斯·埃德蒙多维奇（Дзержинский, Феликс Эдмундович 1877—1926）——波兰和俄国革命运动活动家，波兰王国和立陶宛社会民主党的组织者和领导人之一。1895 年在维尔诺加入立陶宛社会民主党组织，1903 年当选为波兰王国和立陶宛社会民主党总执行委员会委员。积极参加 1905—1907 年革命，领导波兰无产阶级的斗争。1907 年在俄国社会民主工党第五次（伦敦）代表大会上被缺席选入中央委员会。屡遭沙皇政府迫害，度过十年以上的监禁、苦役和流放生活。1917 年二月革命后在莫斯科做党的工作。在党的第六次代表大会上当选为中央委员，进入党中央书记处。十月革命期间是彼得格勒军事革命委员会委员和党的军事革命总部成员。十月革命后当选为全俄中央执行委员会委员和主席团委员。1917 年 12 月起任全俄肃反委员会（1923 年起为国家政治保卫总局）主席。1918 年初在布列斯特和约问题上一度采取"左派共产主义者"的立场。1919—1923 年兼任内务人民委员，1921—1924 年兼任交通人民委员，1924 年起兼任最高国民经济委员会主席。1920 年 4 月起为党中央组织局候补委员，1921 年起为中央组织局委员，1924 年 6 月起为中央政治局候补委员。——428。

捷列先科，米哈伊尔·伊万诺维奇（Терещенко, Михаил Иванович 1886—1956）——俄国最大的糖厂主，百万富翁。曾参加进步党，是第四届国家杜马代表。1917 年二月革命后先后任临时政府财政部长和外交部长，积极推行把战争继续进行到"最后胜利"的帝国主义政策。十月革命后是反革命叛乱和外国武装干涉苏维埃国家的策划者之一，白俄流亡分子。——78、224、296。

捷依奇，列夫·格里戈里耶维奇（Дейч, Лев Григорьевич 1855—1941）——俄国社会民主主义运动活动家，孟什维克领袖之一。早年参加土地和自由社、土地平分社。1880 年出国，1883 年参与创建劳动解放社，从事出版和向国内运送马克思主义书刊的工作。曾参加《火星报》和《曙光》杂志的出版工作。1884 年被判处服苦役。1901 年从流放地逃走，来到慕尼黑，参加俄国革命社会民主党人国外同盟的工作。1903 年在俄国社会民主工党第二次代表大会上是劳动解放社的代表,属火星派少数派,会后成为孟什维克。斯托雷平反动时期是取消派分子。第一次世界大战期间是社会沙文主义者。1917年二月革命后与普列汉诺夫一起编辑孟什维克护国派的《统一报》。十月革命后脱离政治活动,从事普列汉诺夫遗著的出版工作,写有一些俄国解放运动史方面的论文。——203、329。

K

卡尔松,卡尔·纳塔涅尔(Carleson,Karl Nathanael 1865—1929)——瑞典左派社会民主党人。第一次世界大战期间是国际主义者。1916—1917年是瑞典社会民主党左派刊物《政治报》编辑。1917—1924年是瑞典共产党党员。1924年加入霍格伦的机会主义集团,退出共产党,回到社会民主党。——120、172、227、369。

康坦,尤利安(Content,Julian)——法国巴黎《极端自由主义者》周刊的主编。1917年3月初因印发传单《要争取和平》被判处六个月监禁,罚款1 000法郎。——231。

考茨基,卡尔(Kautsky,Karl 1854—1938)——德国社会民主党和第二国际的领袖和主要理论家之一。1875年加入奥地利社会民主党,1877年加入德国社会民主党。1881年与马克思和恩格斯相识后,在他们的影响下逐渐转向马克思主义。从19世纪80年代到20世纪初写过一些宣传和解释马克思主义的著作:《卡尔·马克思的经济学说》(1887)、《土地问题》(1899)等。但在这个时期已表现出向机会主义方面摇摆,在批判伯恩施坦时作了很多让步。1883—1917年任德国社会民主党理论刊物《新时代》杂志主编。曾参与起草1891年德国社会民主党纲领(爱尔福特纲领)。1910年以后逐渐转到机会主义立场,成为中派领袖。第一次世界大战前夕提出超帝国主义论,大战期间打着中派旗号支持帝国主义战争。1917年参与建立德国独立社会民主党,1922年拥护该党右翼与德国社会民主党合并。1918年后发表《无产阶级专政》等书,攻击俄国十月革命,反对无产阶级专政。——38、54、66、68、87、92、108、110、116、127、132、142、162、163、170、171、174、179、216、241、364、367、433、437、459、460。

柯恩,费利克斯·雅柯夫列维奇(Кон,Феликс Яковлевич 1864—1941)——

波兰、俄国和国际革命运动活动家。1882 年参加波兰革命运动。1904 年加入波兰社会党,1906 年起是波兰社会党"左派"的领导人之一。屡遭沙皇政府迫害,1907 年起流亡国外。1917 年 5 月来到彼得格勒,1918 年加入俄共(布)。曾在乌克兰和莫斯科做党的工作。从波兰共产党成立时起即为该党党员。1919 — 1930 年任俄共(布)中央委员会波兰局成员。1919 — 1922 年任乌克兰共产党(布)中央委员会书记。1922 — 1923 年任共产国际执行委员会书记,1924 年起任国际监察委员会委员,1927 — 1935年任副主席。1925 年起担任一些报刊的编辑。1931 — 1933 年任全苏无线电广播委员会主席。写有许多关于革命运动的文章、小册子和书籍。——272。

柯诺瓦洛夫,亚历山大·伊万诺维奇(Коновалов, Александр Иванович 1875—1948)——俄国大纺织工厂主,资产阶级进步党领袖之一;1917 年 8月起为立宪民主党人。工商界代表大会委员会委员,莫斯科全俄工商联合会创建人之一。第四届国家杜马代表和首任副主席,进步同盟的组织者之一,后为同盟领袖。1915 — 1917 年任中央军事工业委员会副主席,领导该委员会的工人部。1917 年二月革命后,在头两届临时政府中任工商业部长,在最后一届临时政府中任克伦斯基的副总理兼工商业部长。十月革命后是反革命阴谋和叛乱的策划者之一,后逃往法国,积极参加各种反苏维埃组织的活动。——224、296。

柯瓦列夫斯基,马克西姆·马克西莫维奇(Ковалевский, Максим Максимович 1851—1916)——俄国历史学家、法学家和社会学家,资产阶级自由派政治活动家。1878 — 1887 年任莫斯科大学法律系教授。1887年出国。1901 年和叶·瓦·罗伯蒂一起在巴黎创办俄国社会科学高等学校。1905 年回国。1906 年创建立宪君主主义的民主改革党,同年被选入第一届国家杜马,次年被选入国务会议。1906 — 1907 年出版民主改革党的机关报《国家报》,1909 年收买《欧洲通报》杂志社的产权并任杂志编辑。在他的学术研究中,比较重要的是论述公社和氏族关系方面的著作。主要著作有《公社土地占有制,它的瓦解原因、过程和后果》、《家庭及所有制的起源和发展概论》、《现代民主制的起源》、《社会学》等。——202、209、226。

科科夫佐夫,弗拉基米尔·尼古拉耶维奇(Коковцов, Владимир Николаевич

1853—1943)——俄国国务活动家,伯爵。1904—1914 年(略有间断)任财
政大臣,1911—1914 年兼任大臣会议主席。第一次世界大战期间是大银
行家。十月革命后为白俄流亡分子。——224。

科斯特罗夫——见饶尔丹尼亚,诺伊·尼古拉耶维奇。

科索夫斯基,弗拉基米尔(**列文松,М.Я.**)(Косовский, Владимир(Левинсон,
　　М.Я.)1870—1941)——崩得创建人和领袖之一。19 世纪 90 年代中期加
　　入维尔诺社会民主主义小组,1897 年参加崩得成立大会,被选入崩得中央
　　委员会,任崩得中央机关报《工人呼声报》主编。1903 年在俄国社会民主
　　工党第二次代表大会上是崩得国外委员会的代表,反火星派分子,会后成
　　为孟什维克。斯托雷平反动时期和新的革命高涨年代为孟什维克取消派
　　刊物《我们的曙光》杂志和《光线报》撰稿。第一次世界大战期间是社会沙
　　文主义者,采取亲德立场。敌视十月革命,革命后侨居国外,在波兰的崩得
　　组织中工作。1939 年移居美国。——119。

克雷莫夫,米哈伊尔·德米特里耶维奇(Крымов, Михаил Дмитриевич
　　1881—1955)——1907 年加入俄国社会民主工党,工人。1917 年 3—8 月
　　任彼得格勒工兵代表苏维埃布尔什维克党团主席。同年 9 月被党中央派
　　往辛比尔斯克,参与领导建立苏维埃政权的工作。1918 年起在国内商业
　　人民委员部和对外贸易人民委员部工作。——324。

克鲁普斯卡娅,娜捷施达·康斯坦丁诺夫娜(Крупская, Надежда
　　Константиновна 1869—1939)——列宁的妻子和战友。1890 年在彼得堡
　　大学生马克思主义小组中开始革命活动。1895 年参与组织彼得堡工人阶
　　级解放斗争协会。1896 年 8 月被捕,后被判处流放三年,先后在舒申斯克
　　和乌法服刑。1901 年流放期满后侨居国外,任《火星报》编辑部秘书。曾
　　参加俄国社会民主工党第二次代表大会的筹备工作,作为有发言权的代表
　　出席了大会。1904 年起先后任布尔什维克的《前进报》和《无产者报》编辑
　　部秘书。曾参加党的第三次代表大会的筹备工作。1905—1907 年革命期
　　间在国内担任党中央委员会秘书。斯托雷平反动时期积极参加反对取消
　　派和召回派的斗争。1911 年在隆瑞莫党校(法国)工作。1912 年党的布拉
　　格代表会议后协助列宁同国内党组织、《真理报》和第四届国家杜马布尔什
　　维克党团保持联系。第一次世界大战期间参加国际妇女运动和布尔什维

克国外支部的活动,担任国外组织委员会秘书并研究国民教育问题。1917
年二月革命后和列宁一起回国,在党中央书记处工作,参加了十月武装起
义。十月革命后任教育人民委员部部务委员,领导政治教育总委员会;
1929 年起任俄罗斯联邦副教育人民委员。1924 年起为党中央监察委员会
委员,1927 年起为党中央委员。历届全俄中央执行委员会和苏联中央执
行委员会委员,苏联第一届最高苏维埃代表和主席团委员。——472。

克伦斯基,亚历山大·费多罗维奇(Керенский, Александр Федорович 1881—
1970)——俄国政治活动家,资产阶级临时政府首脑。1917 年 3 月起为社
会革命党人。第四届国家杜马代表,劳动派党团领袖。第一次世界大战期
间是护国派分子。1917 年二月革命后任彼得格勒工兵代表苏维埃副主
席、国家杜马临时委员会委员。在临时政府中任司法部长(3—5 月)、陆海
军部长(5—9 月)、总理(7 月 21 日起)兼最高总司令(9 月 12 日起)。执政
期间继续进行帝国主义战争,七月事变时镇压工人和士兵,迫害布尔什维
克。1917 年 11 月 7 日彼得格勒爆发武装起义时,从首都逃往前线,纠集
部队向彼得格勒进犯,失败后逃亡巴黎。在国外参加白俄流亡分子的反革
命活动,1922—1932 年编辑《白日》周刊。1940 年移居美国。——1、6、8、
12、16、17、18、22、24、25、26、27、29、34、53、55、59、60、63、66、78、88、151、
155、167、185、221、222、227、244、259、290、307、347、500。

L

拉查理,康斯坦丁诺(Lazzari, Costantino 1857—1927)——意大利工人运动
活动家,意大利社会党创建人之一,最高纲领派领袖之一。1882 年参与创
建意大利工人党,1892 年参与创建意大利社会党,同年起为该党中央委
员。1912—1919 年任意大利社会党书记。第一次世界大战期间持中派立
场,曾参加齐美尔瓦尔德代表会议和昆塔尔代表会议。俄国十月革命后支
持苏维埃俄国,曾参加共产国际第二次和第三次代表大会的工作。主张意
大利社会党参加共产国际,是党内第三国际派的领导人。1922 年在组织
上与改良主义者决裂,但未能彻底划清界限。1919—1926 年为国会议员。
1926 年被捕,出狱后不久去世。——172。

拉狄克,卡尔·伯恩哈多维奇(Радек, Карл Бернгардович 1885—1939)——

生于东加利西亚。20世纪初参加加利西亚、波兰和德国的社会民主主义
运动。1901年起为加利西亚社会民主党的积极成员，1904—1908年在波
兰王国和立陶宛社会民主党内工作。1908年到柏林，为德国左派社会民
主党人的报刊撰稿。第一次世界大战期间持国际主义立场，但表现出向中
派方面动摇。1917年加入俄国社会民主工党（布）。十月革命后在外交人
民委员部工作。1918年是"左派共产主义者"。在党的第八至第十二次代
表大会上当选为中央委员。1920—1924年任共产国际执行委员会书记、
委员和主席团委员。1923年起属托洛茨基反对派。1925—1927年任莫
斯科中山大学校长。长期为《真理报》、《消息报》和其他报刊撰稿。1927
年被开除出党，1930年恢复党籍，1936年被再次开除出党。1937年1月
被苏联最高法院军事审判庭以"进行叛国、间谍、军事破坏和恐怖活动"的
罪名判处十年监禁。1939年死于狱中。1988年6月苏联最高法院为其平
反。——172、175。

拉林，尤·（**卢里叶，米哈伊尔·亚历山德罗维奇**）（Ларин，Ю.（Лурье，
Михаил Александрович）1882—1932）——1900年参加俄国社会民主主义
运动，在敖德萨和辛菲罗波尔工作。1904年起为孟什维克。1905年是俄
国社会民主工党彼得堡孟什维克委员会委员。1906年进入党的统一的彼
得堡委员会；是党的第四次（统一）代表大会有表决权的代表。维护孟什维
克的土地地方公有化纲领，支持召开"工人代表大会"的取消主义思想。党
的第五次（伦敦）代表大会波尔塔瓦组织的代表。斯托雷平反动时期和新
的革命高涨年代是取消派领袖之一，参加了"八月联盟"。第一次世界大战
期间是中派分子。1917年二月革命后领导出版《国际》杂志的孟什维克国
际主义派。1917年8月加入布尔什维克党。在彼得格勒参加十月武装起
义。十月革命后主张成立有孟什维克和社会革命党人参加的联合政府。
在苏维埃和经济部门工作，曾任最高国民经济委员会主席团委员、国家计
划委员会主席团委员等职。1920—1921年工会问题争论期间先后支持布
哈林和托洛茨基的纲领。——251。

拉舍维奇，米哈伊尔·米哈伊洛维奇（Лашевич，Михаил Михайлович
1884—1928）——1901年加入俄国社会民主工党，布尔什维克。曾在敖德
萨、尼古拉耶夫、叶卡捷琳堡等城市做党的工作。1917年二月革命后先后

任彼得格勒工兵代表苏维埃布尔什维克党团秘书和主席。十月革命期间任彼得格勒军事革命委员会委员。十月革命后在苏维埃和军事部门工作，历任第 3 集团军司令、西伯利亚军区司令、西伯利亚革命委员会主席、副陆海军人民委员、苏联革命军事委员会副主席、最高国民经济委员会主席团委员等职。1918—1919 年和 1923—1925 年为党中央委员，1925—1927 年为候补中央委员。1925—1926 年是"新反对派"的骨干分子，因参加托洛茨基反对派，1927 年被开除出党，后恢复党籍。——324。

拉斯普廷(**诺维赫**)，格里戈里·叶菲莫维奇(Распутин(Новых)，Григорий Ефимович 1872—1916)——俄国冒险家，沙皇尼古拉二世的宠臣。出身于农民家庭。1907 年冒充"先知"和"神医"招摇撞骗，混入宫廷，干预国政。尼古拉二世和皇后把他奉为"活基督"，言听计从。1916 年 12 月被君主派分子刺死。——10、295、499。

拉耶夫，皮埃尔(Раев，Пьер)——法国巴黎《极端自由主义者》周刊编辑，俄国人。1917 年 3 月初因印发传单《要争取和平》被判处一年监禁，罚款 1 000 法郎。——231。

莱维(**哈特施坦**)，保尔(Levi(Hartstein)，Paul 1883—1930)——德国社会民主党人；职业是律师。1915 年齐美尔瓦尔德代表会议的参加者；瑞士齐美尔瓦尔德左派成员；曾参加斯巴达克联盟。在德国共产党成立大会上被选入中央委员会。共产国际第二次代表大会代表。1920 年代表德国共产党被选入国会。1921 年 2 月退出中央委员会，同年 4 月被开除出党。1922 年又回到社会民主党。——120、175、227、510。

赖歇斯贝格，瑙姆(Reichesberg，Naum 1869—1928)——伯尔尼大学政治经济学和统计学教授(1892 年起)，生于俄国。曾是俄国革命社会民主党人国外同盟的成员，参加了同盟的第二次代表大会，站在孟什维克一边。1917 年是旅居瑞士的俄国政治流亡者归国执行委员会委员。写有一些统计学、贸易政策和劳动保护法问题的著作。——272。

累德堡，格奥尔格(Ledebour，Georg 1850—1947)——德国工人运动活动家，德国独立社会民主党创建人和领袖之一。1900—1918 年和 1920—1924 年是国会议员。斯图加特国际社会党代表大会的参加者，在会上反对殖民主义。第一次世界大战期间是中派分子，主张恢复国际的联系；曾出席齐美尔瓦尔德代表会议,参加齐美尔瓦尔德右派。德国社会民主党分裂后,1916年加入帝国国会的社会民主党工作小组,该小组于1917年构成德国独立社会民主党的基本核心。曾参加1918年十一月革命。1920—1924年在国会中领导了一个人数不多的独立集团。1931年加入社会主义工人党。希特勒上台后流亡瑞士。——170、171、364。

李卜克内西,卡尔(Liebknecht,Karl 1871—1919)——德国工人运动和国际工人运动活动家,德国社会民主党左翼领袖之一,德国共产党创建人之一;威·李卜克内西的儿子;职业是律师。1900年加入社会民主党,积极反对机会主义和军国主义。1912年当选为帝国国会议员。第一次世界大战期间持国际主义立场,反对支持本国政府进行掠夺战争。1914年12月2日是国会中唯一投票反对军事拨款的议员。是国际派(后改称斯巴达克派和斯巴达克联盟)的组织者和领导人之一。1916年因领导五一节反战游行示威被捕入狱。1918年10月出狱,领导了1918年十一月革命,与卢森堡一起创办《红旗报》,同年底领导建立德国共产党。1919年1月柏林工人斗争被镇压后,于15日被捕,当天惨遭杀害。——92、106、111、112、120、121、171、177、201、210、227、229、230、231、351、354、460。

李可夫,阿列克谢·伊万诺维奇(Рыков,Алексей Иванович 1881—1938)——1899年加入俄国社会民主工党。曾在萨拉托夫、莫斯科、彼得堡等地做党的工作。1905年党的第三次代表大会起多次当选为中央委员。斯托雷平反动时期对取消派、召回派和托洛茨基分子采取调和主义态度。曾多次被捕流放并逃亡国外。1917年二月革命后被选进莫斯科苏维埃主席团,同年10月在彼得格勒参与领导武装起义。十月革命后参加第一届人民委员会,任内务人民委员。1917年11月主张成立有孟什维克和社会革命党人参加的联合政府,遭到否决后声明退出党中央和人民委员会。1918年2月起任最高国民经济委员会主席,1921年夏起任人民委员会和劳动国防委员会副主席。1923年当选为党中央政治局委员。1924—1930年任苏联人民委员会主席。1929年被作为"右倾派别集团"领袖之一受到批判。1930年12月被撤销政治局委员职务。1931—1936年任苏联交通人民委员。1934年当选为候补中央委员。1937年被开除出党。1938年3月13日被苏联最高法院军事审判庭以"参与托洛茨基的恐怖、间谍和破坏活动"的罪名判处枪决。1988 年平反昭雪并恢复党籍。——361。

李沃夫,格奥尔吉·叶夫根尼耶维奇(Львов,Георгий Евгеньевич 1861 —
1925)——俄国公爵,大地主,地方自治运动活动家,立宪民主党人。
1903—1906 年任图拉县地方自治局主席,曾参加 1904—1905 年地方自治
人士代表大会。第一届国家杜马代表,是负责安置远东移民和救济饥民的
地方自治机关全国性组织的领导人。第一次世界大战期间是全俄地方自
治机关联合会主席以及全俄地方自治机关和城市联合会军需供应总委员
会的领导人之一。1917 年 3—7 月任临时政府总理兼内务部长,是七月事
变期间镇压彼得格勒工人和士兵的策划者之一。十月革命后逃亡法国,参
与策划对苏维埃俄国的武装干涉。——11、16、19、20、22、23、31、48、53、
59、60、61、78、88、102、105、113、129、139、142、150、153、163、217、255、258、
280、283、314、334、346、464、498。

里韦,沙尔(Rivet,Charles)——法国新闻工作者,1917 年是法国资产阶级《时
报》驻彼得格勒记者。——60、66。

梁赞诺夫(戈尔登达赫),达维德·波里索维奇(Рязанов(Гольдендах),Давид
Борисович 1870—1938)——1889 年参加俄国革命运动。曾在敖德萨和基
什尼奥夫开展工作。1900 年出国,是著作家团体斗争社的组织者之一;该
社反对《火星报》制定的党纲和列宁的建党组织原则。俄国社会民主工党
第二次代表大会反对斗争社参加大会的工作,并否决了邀请梁赞诺夫作为
该社代表出席大会的建议。代表大会后是孟什维克。1905—1907 年在国
家杜马社会民主党党团和工会工作。后再次出国,为《新时代》杂志撰稿。
1909 年在"前进"集团的卡普里党校(意大利)担任讲课人,1911 年在隆瑞
莫党校(法国)讲授工会运动课。曾受德国社会民主党委托从事出版《马克
思恩格斯全集》和第一国际史的工作。第一次世界大战期间是中派分子,
为孟什维克的《呼声报》和《我们的言论报》撰稿。1917 年二月革命后参加
区联派,在俄国社会民主工党(布)第六次代表大会上随区联派集体加入布
尔什维克党。十月革命后从事工会工作。1918 年初因反对签订布列斯特
和约一度退党。1920—1921 年工会问题争论期间持错误立场,被解除工
会职务。1921 年参与创建马克思恩格斯研究院,担任院长直到 1931 年。
1931 年 2 月因同孟什维克国外总部有联系被开除出党。——272。

列金，卡尔（Legien，Karl 1861—1920）——德国右派社会民主党人，德国工会领袖之一。1890年起任德国工会总委员会主席。1903年起任国际工会书记处书记，1913年起任主席。1893—1920年（有间断）为德国社会民主党国会议员。1919—1920年为魏玛共和国国民议会议员。第一次世界大战期间是社会沙文主义者。1918年十一月革命期间同其他右派社会民主党人一起推行镇压革命运动的政策。——91、92、171。

列宁，弗拉基米尔·伊里奇（**乌里扬诺夫，弗拉基米尔·伊里奇；弗·伊林；尼·列宁**）（Ленин，Владимир Ильич（Ульянов，Владимир Ильич，В.Ильин，Н.Ленин）1870—1924）——12、19—20、22、26、28、31、32、34、35、37、38、46、47、56—57、63、64、71、72、73、74、93、97、113、135、183、186、189、203、209、210、216、218、236、261、275、278、382、433、458、472—473。

列诺得尔，皮埃尔（Renaudel，Pierre 1871—1935）——法国社会党右翼领袖之一。1899年参加社会主义运动。1906—1915年任《人道报》编辑，1915—1918年任社长。1914—1919年和1924—1935年为众议员。第一次世界大战期间是社会沙文主义者。反对社会党参加共产国际，主张社会党人参加资产阶级政府。1927年辞去社会党领导职务，1933年被开除出党。——91、168。

林德哈根，卡尔·阿尔伯特（Lindhagen，Carl Albert 1860—1946）——瑞典政治活动家。初为自由党人，1909年起为社会民主党人。1897年起为议员。1903—1930年任斯德哥尔摩市长。第一次世界大战期间是国际主义者。1917年是瑞典左派社会民主党的创建人之一，该党于1919年加入共产国际，1921年改称瑞典共产党。1921年因反对共产国际第二次代表大会，被开除出共产党，回到社会民主党。——120、172、227、369。

龙格，让（Longuet，Jean 1876—1938）——法国社会党和第二国际领袖之一，政论家；沙尔·龙格和燕妮·马克思的儿子。19世纪末至20世纪初积极为法国和国际的社会主义报刊撰稿。1914年和1924年当选为众议员。第一次世界大战期间持中派和平主义立场。是法国中派分子的报纸《人民报》的创办人（1916）和编辑之一。谴责外国武装干涉苏维埃俄国。反对法国社会党加入共产国际，反对建立法国共产党。1920年起是法国社会党中派领袖之一。1921年起是第二半国际执行委员会委员。1923年起是社会主义工人国际领导人之一。30年代主张社会党人和共产党人联合起来反对法西斯主义,参加了反法西斯和反战的国际组织。——87、110、116、127、170、433、459。

卢那察尔斯基,阿纳托利·瓦西里耶维奇(Луначарский, Анатолий Васильевич 1875—1933)——19世纪90年代初参加俄国社会民主主义运动。俄国社会民主工党第二次代表大会后是布尔什维克。曾先后参加布尔什维克的《前进报》、《无产者报》和《新生活报》编辑部。代表《前进报》编辑部出席了党的第三次代表大会,受列宁委托,在会上作了关于武装起义问题的报告。党的第四次(统一)代表大会和第五次(伦敦)代表大会的参加者,布尔什维克出席第二国际斯图加特代表大会(1907)和哥本哈根代表大会(1910)的代表。斯托雷平反动时期脱离布尔什维克,参加"前进"集团;在哲学上宣扬造神说和马赫主义。第一次世界大战期间持国际主义立场。1917年二月革命后参加区联派,在俄国社会民主工党(布)第六次代表大会上随区联派集体加入布尔什维克党。十月革命后到1929年任教育人民委员,以后任苏联中央执行委员会学术委员会主席。1930年起为苏联科学院院士。在艺术和文学方面著述很多。——272。

卢森堡,罗莎(Luxemburg, Rosa 1871—1919)——德国、波兰和国际工人运动活动家,德国社会民主党和第二国际左翼领袖和理论家之一,德国共产党创建人之一。生于波兰。19世纪80年代后半期开始革命活动,1893年参与创建和领导波兰王国社会民主党,为党的领袖之一。1898年移居德国,积极参加德国社会民主党的活动,反对伯恩施坦主义和米勒兰主义。曾参加俄国第一次革命(在华沙)。1907年参加俄国社会民主工党第五次(伦敦)代表大会,在会上支持布尔什维克。斯托雷平反动时期和新的革命高涨年代对取消派采取调和主义态度。1912年波兰王国和立陶宛社会民主党分裂后,曾谴责最接近布尔什维克的所谓分裂派。第一次世界大战期间持国际主义立场,是建立国际派(后改称斯巴达克派和斯巴达克联盟)的发起人之一。参加领导了德国1918年十一月革命,同年底参与领导德国共产党成立大会,作了党纲报告。1919年1月柏林工人斗争被镇压后,于15日被捕,当天惨遭杀害。主要著作有《社会改良还是革命》(1899)、《俄国社会民主党的组织问题》(1904)、《资本积累》(1913)等。——118、171、

172、426。

吕勒，奥托（Rühle，Otto 1874—1943）——德国左派社会民主党人，政论家和
　　教育家。1912年起为帝国国会议员。第一次世界大战期间持国际主义立
　　场，在国会中投票反对军事拨款。1919年加入德国共产党。德共分裂后，
　　1920年初参与创建德国共产主义工人党，后因进行破坏党的统一的活动，
　　被开除出德国共产主义工人党，重新回到社会民主党。——171。

罗季切夫，费多尔·伊兹迈洛维奇（Родичев，Федор Измаилович 1853—
　　1932）——俄国地主，地方自治运动活动家，立宪民主党领袖之一，该党中
　　央委员。1904—1905年地方自治人士代表大会的参加者。第一届至第四
　　届国家杜马代表。1917年二月革命后任临时政府芬兰事务委员。十月革
　　命后为白俄流亡分子。——45、426、427、428、470。

罗将柯，米哈伊尔·弗拉基米罗维奇（Родзянко，Михаил Владимирович
　　1859—1924）——俄国大地主，十月党领袖之一，君主派分子。20世纪初
　　曾任叶卡捷琳诺斯拉夫省地方自治局主席。1911—1917年先后任第三届
　　和第四届国家杜马主席，支持沙皇政府的反动政策。1917年二月革命期
　　间力图保持君主制度，组织并领导了国家杜马临时委员会，后参与策划科
　　尔尼洛夫叛乱。十月革命后投靠科尔尼洛夫和邓尼金，企图联合一切反革
　　命势力颠覆苏维埃政权。1920年起为白俄流亡分子。——22。

罗兰-霍尔斯特，罕丽达（Roland Holst，Henriette 1869—1952）——荷兰左派
　　社会党人，女作家。曾从事组织妇女联合会的工作。1907—1909年属于
　　论坛派。第一次世界大战初期持中派立场，后转向国际主义，曾参加齐美
　　尔瓦尔德左派理论刊物《先驱》杂志的工作。1918—1927年是荷兰共产党
　　党员，参加共产国际的工作。1927年退出共产党，后转向基督教社会主义
　　的立场。——172。

罗曼诺夫，阿列克谢·尼古拉耶维奇（Романов，Алексей Николаевич 1904—
　　1918）——俄国最后一个皇帝尼古拉二世的儿子。——5、58、192。

罗曼诺夫，米哈伊尔·亚历山德罗维奇（Романов，Михаил Александрович
　　1878—1918）——大公，俄国最后一个皇帝尼古拉二世的弟弟。——5、
　　18、58、60、61、81、82、88、192。

罗曼诺夫，尼古拉·尼古拉耶维奇（Романов，Николай Николаевич 1856—

M

了关于土地问题的报告,被选入中央机关报编辑部。斯托雷平反动时期和新的革命高涨年代是取消派分子。第一次世界大战期间是社会沙文主义者。十月革命后脱离政治活动,从事教学和科研工作,研究社会主义政治经济学问题。1929 年起为苏联科学院院士。——409—410。

麦克唐纳,詹姆斯·拉姆赛(MacDonald, James Ramsay 1866—1937)——英国政治活动家,英国工党创建人和领袖之一。1885 年加入社会民主联盟。1886 年加入费边社。1894 年加入独立工党,1906—1909 年任该党主席。1900 年当选为劳工代表委员会书记,该委员会于 1906 年改建为工党。1906 年起为议员,1911—1914 年和 1922—1931 年任工党议会党团主席。推行机会主义政策,鼓吹阶级合作和资本主义逐渐长入社会主义的理论。第一次世界大战初期采取和平主义立场,后来公开支持劳合-乔治政府进行帝国主义战争。1918—1920 年竭力破坏英国工人反对武装干涉苏维埃俄国的斗争。1924 年和 1929—1931 年先后任第一届和第二届工党政府首相。1931—1935 年领导由保守党决策的国民联合政府。——87、110、116、170。

曼德尔贝格,维克多·叶夫谢耶维奇(Мандельберг, Виктор Евсеевич 生于 1870 年)——俄国社会民主党人。1894—1896 年在彼得堡当医生,因在工人中进行社会民主主义宣传而被捕,监禁三年后又被流放东西伯利亚四年。在俄国社会民主工党第二次代表大会上是西伯利亚联合会的代表,属火星派少数派,会后成为孟什维克。第二届国家杜马代表,因社会民主党党团案被起诉,后流亡国外。——272。

曼努伊洛夫,亚历山大·阿波罗诺维奇(Мануилов, Александр Аполлонович 1861—1929)——俄国经济学家,教授。19 世纪 90 年代是自由主义民粹派分子,后来成为立宪民主党人,任该党中央委员。所拟定的土地改革方案是立宪民主党土地纲领的基础。1907—1911 年为国务会议成员。1905—1908 年任莫斯科大学副校长,1908—1911 年任莫斯科大学校长。1917 年二月革命后任临时政府国民教育部长。十月革命后一度侨居国外,但很快回国,并同苏维埃政权合作,在高等院校任教。写有许多经济问题方面的著作。主要著作有《爱尔兰的地租》(1895)、《古典学派经济学家学说的价值的概念》(1901)、《政治经济学讲义教程》第 1 编(1914)等。

明岑贝格，威廉（Münzenberg，Wilhelm 1889—1940）——瑞士工人运动和德国工人运动活动家；职业是制鞋工人。1910 年从德国移居瑞士。1914—1917 年是瑞士社会民主主义青年组织的领导人和该组织刊物《自由青年》的编辑，1915—1919 年任社会主义青年国际书记及其刊物《青年国际》的编辑。第一次世界大战期间持国际主义立场。1916 年起为瑞士社会民主党执行委员会委员。回到德国后，加入德国共产党，被选入中央委员会。1919—1921 年任青年共产国际书记。共产国际第二、第三、第四和第六次代表大会代表。1924 年起为国会议员。法西斯掌权后流亡法国。30 年代同托洛茨基派及其他机会主义分子反对各国共产党实行的工人和人民反法西斯统一战线的策略，被撤销德共中央委员的职务。1939 年被开除出党。——175。

莫迪利扬尼，维多利奥·埃曼努埃勒（Modigliani，Vittorio Emanuele 1872—1947）——意大利社会党最早的党员之一，改良主义者；职业是律师。1913—1926 年为众议员。第一次世界大战期间是中派分子。曾参加齐美尔瓦尔德代表会议和昆塔尔代表会议，反对齐美尔瓦尔德左派。1922 年是改良主义的统一社会党的创建人之一。1926 年流亡法国，编辑意大利改良派侨民刊物《新生的社会党人》。意大利从德国法西斯占领下解放后，于 1944 年回国。——170。

穆拉诺夫，马特维·康斯坦丁诺维奇（Муранов，Матвей Константинович 1873—1959）——1904 年加入俄国社会民主工党，布尔什维克；职业是钳工。曾在哈尔科夫做党的工作。第四届国家杜马哈尔科夫省工人代表，参加布尔什维克杜马党团。曾为布尔什维克的《真理报》撰稿。因进行反对帝国主义战争的革命活动，1914 年 11 月被捕，1915 年流放图鲁汉斯克边疆区。1917—1923 年在党中央机关工作。1923—1934 年是苏联最高法院成员。在党的第六、第八和第九次代表大会上当选为中央委员。1922—1934 年为中央监察委员会委员。——72。

N

拿破仑第一（**波拿巴**）（Napoléon I（Bonaparte）1769—1821）——法国皇帝，资产阶级军事家和政治家。法国资产阶级革命时期参加革命军。1799 年发动雾月政变,自任第一执政,实行军事独裁统治。1804年称帝,建立法兰西第一帝国,颁布《拿破仑法典》,巩固资本主义制度。多次粉碎反法同盟,沉重打击了欧洲封建反动势力。但对外战争逐渐变为同英俄争霸和掠夺、奴役别国的侵略战争。1814年欧洲反法联军攻陷巴黎后,被流放厄尔巴岛。1815年重返巴黎,再登皇位。滑铁卢之役战败后,被流放大西洋圣赫勒拿岛。——427、456、469、470。

纳坦松,马尔克·安德列耶维奇（Натансон,Марк Андреевич 1851—1919）——俄国革命民粹派代表人物,后为社会革命党人。1869年参加革命运动,是土地和自由社的创建人之一。1869—1877年四次被捕,1879—1889年流放西伯利亚。1893年积极参与创建民权党。1905年加入社会革命党,为该党中央委员。1907—1917年十月革命前侨居国外。第一次世界大战期间采取不彻底的国际主义立场,向中派方面动摇。1917年二月革命后是左派社会革命党的组织者和领袖之一。1918年左派社会革命党人叛乱后,与该党决裂,组织"革命共产党",主张同布尔什维克合作。曾任全俄中央执行委员会主席团委员。——119、272、305。

尼·列宁——见列宁,弗拉基米尔·伊里奇。

尼古拉一世（**罗曼诺夫**）（Николай I（Романов）1796—1855）——俄国皇帝（1825—1855）。——156。

尼古拉二世（**罗曼诺夫**）（Николай II（Романов）1868—1918）——俄国最后一个皇帝,亚历山大三世的儿子。1894年即位,1917年二月革命时被推翻。1918年7月17日根据乌拉尔州工兵代表苏维埃的决定在叶卡捷琳堡被枪决。——1、5、14、22、39、40、48、50、58、59、61、64、78、81、82、83、88、137、150、156、192、213、214、216、217、231、244、258、259、261、279、293、295、310、330、346、347、383、389、397、399、427、469、499。

涅尔曼,图雷（Nerman,Ture 生于1886年）——瑞典左派社会民主党人,诗人和作家。第一次世界大战期间是国际主义者,参加齐美尔瓦尔德左派。1916—1918年是瑞典社会民主党左派刊物《政治报》第一任编辑。1917—1929年是瑞典共产党党员,1929年作为右倾机会主义分子被开除出党。后回到社会民主党。——120、172、227。

涅克拉索夫,尼古拉·维萨里昂诺维奇（Некрасов,Николай Виссарионович

1879—1940)——俄国立宪民主党左派领袖之一,教授。第三届和第四届国家杜马代表,1916 年 11 月被选为杜马副主席。第一次世界大战期间任全俄地方自治机关和城市联合会军需供应总委员会副主席。1917 年二月革命后参加临时政府,历任交通部长、不管部部长和财政部长。1917 年夏退出立宪民主党,加入激进民主党。十月革命后在中央消费合作总社工作。——205、206。

涅佩宁,А.И.(Непенин, А.И.1871—1917)——沙俄海军中将。1916 年 7 月被任命为波罗的海舰队司令。1917 年 3 月 4 日被起义水兵打死。——39、67。

诺根,维克多·巴甫洛维奇(Ногин, Виктор Павлович 1878—1924)——1898 年加入俄国社会民主工党,布尔什维克。曾在国内外做党的工作,是《火星报》代办员。积极参加 1905—1907 年革命。1907 年和 1917 年两度当选为党中央委员。屡遭沙皇政府迫害。斯托雷平反动时期对孟什维克取消派采取调和主义态度。第一次世界大战期间在莫斯科和萨拉托夫的自治机关工作,为《莫斯科合作社》等杂志撰稿。1917 年二月革命后先后任莫斯科苏维埃副主席和主席。十月革命后参加第一届人民委员会,任工商业人民委员。1917 年 11 月主张成立有孟什维克和社会革命党人参加的联合政府,遭到否决后声明退出党中央和人民委员会。1918—1924 年历任副劳动人民委员、最高国民经济委员会主席团委员、全俄纺织辛迪加管理委员会主席等职。1921 年起任俄共(布)中央检查委员会主席。曾任苏联中央执行委员会主席团委员。——362、368、372。

P

帕尔乌斯(格尔方德,亚历山大·李沃维奇)(Парвус(Гельфанд, Александр Львович)1869—1924)——生于俄国,19 世纪 80 年代移居国外。90 年代末起在德国社会民主党内工作,属该党左翼;曾任《萨克森工人报》编辑。写有一些世界经济问题的著作。20 世纪初参加俄国社会民主工党的工作,为《火星报》撰稿。俄国社会民主工党第二次代表大会后支持孟什维克的组织路线。1905 年回到俄国,曾担任彼得堡工人代表苏维埃执行委员会委员,为孟什维克的《开端报》撰稿;同托洛茨基一起提出"不断革命论",

主张参加布里根杜马,坚持同立宪民主党人搞交易。斯托雷平反动时期脱离俄国社会民主工党,后移居德国。第一次世界大战期间是社会沙文主义者和德国帝国主义的代理人。1915年起在柏林出版《钟声》杂志。1918年脱离政治活动。——174。

潘涅库克,安东尼(Pannekoek,Antonie 1873—1960)——荷兰工人运动活动家,天文学家。1907年是荷兰社会民主工党左翼刊物《论坛报》创办人之一。1909年参与创建荷兰社会民主党。1910年起与德国左派社会民主党人关系密切,积极为该党的报刊撰稿。第一次世界大战期间是国际主义者,曾参加齐美尔瓦尔德左派理论刊物《先驱》杂志的出版工作。1918—1921年是荷兰共产党党员,参加共产国际的工作。20年代初是极左的德国共产主义工人党领袖之一。1921年退出共产党,不久脱离政治活动。——68、172。

皮达可夫,格奥尔吉·列昂尼多维奇(Пятаков,Георгий Леонидович 1890—1937)——1910年加入俄国社会民主工党。1914—1917年先后侨居瑞士和瑞典;曾参加伯尔尼代表会议,为《共产党人》杂志撰稿。1917年二月革命后任党的基辅委员会主席和基辅工人代表苏维埃执行委员会委员。十月革命后任国家银行总委员。1918年在乌克兰领导"左派共产主义者"。1918年12月任乌克兰临时工农政府主席。1919年后担任过一些集团军的革命军事委员会委员。1920年起历任顿巴斯中央煤炭工业管理局局长、国家计划委员会和最高国民经济委员会副主席、驻法国商务代表、苏联国家银行管理委员会主席、副重工业人民委员、租让总委员会主席等职。1920—1921年工会问题争论期间支持托洛茨基的纲领。1923年起属托洛茨基反对派。在党的第十二、十三、十四、十六和十七次代表大会上当选为中央委员。1927年被开除出党,1928年恢复党籍,1936年被再次开除出党。1937年1月被苏联最高法院军事审判庭以"进行叛国、间谍、军事破坏和恐怖活动"的罪名判处枪决。1988年6月苏联最高法院为其平反。——426、429。

普夫吕格尔,保尔·伯恩哈德(Pflüger,Paul Bernhard 1865—1947)——瑞士右派社会民主党人。1898—1923年是苏黎世市政局委员,1899—1920年任州议会议员,1911—1917年任国民院议员。第一次世界大战期间是社会沙文主义者。——175。

普拉滕，弗里德里希（弗里茨）(Platten, Friedrich (Fritz) 1883—1942)——瑞
　　士左派社会民主党人，后为共产党人；瑞士共产党的组织者之一。1904 年
　　参加社会民主主义运动。1906 年秘密到俄国，在里加从事革命活动。
　　1908 年起任瑞士俄国侨民基金会秘书。1912—1918 年任瑞士社会民主
　　党书记。第一次世界大战期间是国际主义者，曾出席齐美尔瓦尔德代表会
　　议和昆塔尔代表会议，参加齐美尔瓦尔德左派。1917 年 4 月是护送列宁
　　从瑞士返回俄国的主要组织者。1919 年参加共产国际第一次代表大会，
　　为大会主席团成员，曾为《共产国际》杂志撰稿。1921—1923 年任瑞士共
　　产党书记。1923 年移居苏联，在苏联领导瑞士工人农业公社，后在国际农
　　业研究所和莫斯科外语师范学院从事科研和教学工作。——94、120、176、
　　209、227、267、509、510。

普雷斯曼，阿德里安(Pressemanne, Adrien 1879—1929)——法国社会党人。
　　1912 年是法国社会党常驻社会党国际局的代表。第一次世界大战期间持
　　中派立场。——87、170。

普列汉诺夫，格奥尔吉·瓦连廷诺维奇（Плеханов, Георгий Валентинович
　　1856—1918)——俄国早期的马克思主义理论家，后来成为孟什维克和第
　　二国际机会主义领袖之一。19 世纪 70 年代参加民粹主义运动，是土地和
　　自由社成员及土地平分社领导人之一。1880 年侨居瑞士，逐步同民粹主
　　义决裂。1883 年在日内瓦创建俄国第一个马克思主义团体——劳动解放
　　社。翻译和介绍了马克思和恩格斯的许多著作，对马克思主义在俄国的传
　　播起了重要作用；写过不少优秀的马克思主义著作，批判民粹主义、合法马
　　克思主义、经济主义、伯恩施坦主义、马赫主义。20 世纪初是《火星报》和
　　《曙光》杂志编辑部成员。曾参与制定俄国社会民主工党纲领草案和参加
　　党的第二次代表大会的筹备工作。在代表大会上是劳动解放社的代表，属
　　火星派多数派，参加了大会常务委员会，会后逐渐转向孟什维克。1905—
　　1907 年革命时期反对列宁的民主革命的策略，后来在孟什维克和布尔什
　　维克之间摇摆。在俄国社会民主工党第四次（统一）代表大会上作了关于
　　土地问题的报告，维护马斯洛夫的孟什维克方案；在国家杜马问题上坚持
　　极右立场，呼吁支持立宪民主党人的杜马。斯托雷平反动时期和新的革命

高涨年代反对取消主义,领导孟什维克护党派。第一次世界大战期间持社会沙文主义立场。1917 年二月革命后支持资产阶级临时政府。对十月革命持否定态度,但拒绝支持反革命。最重要的理论著作有《社会主义与政治斗争》(1883)、《我们的意见分歧》(1885)、《论一元论历史观之发展》(1895)、《唯物主义史论丛》(1896)、《论个人在历史上的作用》(1898)、《没有地址的信》(1899—1900),等等。——13、19、21、27、88、92、111、116、118、132、143、162、163、167、168、175、179、200、201、203、215、216、217、218、219、220、221、227、228、241、277、298、299、300、301、307、312、316、329、337、364、366、367、369、393、437、454、458、459、464。

普罗托波波夫,亚历山大·德米特里耶维奇(Протопопов, Александр Дмитриевич 1866—1918)——俄国大地主和工厂主,十月党人,第三届和第四届国家杜马代表。1916 年 9 月倚仗格·叶·拉斯普廷当上内务大臣,推行反动政策,是沙皇尼古拉二世的心腹之一。黑帮报纸《俄罗斯意志报》的创办人。1917 年二月革命期间妄图用武力镇压彼得格勒工人和士兵的起义。十月革命后疯狂反对苏维埃政权,被全俄肃反委员会判处枪决。——225。

Q

齐赫泽,尼古拉·谢苗诺维奇(Чхеидзе, Николай Семенович 1864—1926)——俄国孟什维克领袖之一。19 世纪 90 年代末参加社会民主主义运动。俄国社会民主工党第二次代表大会后是孟什维克。第三届和第四届国家杜马代表,第四届国家杜马孟什维克党团主席。第一次世界大战期间是中派分子。1917 年二月革命后任国家杜马临时委员会委员、彼得格勒工兵代表苏维埃主席和第一届中央执行委员会主席,极力支持资产阶级临时政府。1918 年起是反革命的外高加索议会主席,1919 年起是格鲁吉亚孟什维克政府——立宪会议主席。1921 年格鲁吉亚建立苏维埃政权后流亡法国。——6、11、12、18、19、22、24、25、26、27、28、29、30、33、34、35、57、61、67、87、88、89、103、106、110、115、116、123、124、127、130、132、133、138、141、145、147、155、157、168、170、177、214、225、233、239、244、247、251、259、284、289、295、315、316、337、344、347、360、387、395、396、398、

500、510。

契恒凯里,阿卡基·伊万诺维奇(Чхенкели, Акакий Иванович 1874 — 1959)——格鲁吉亚孟什维克领袖之一;职业是律师。1898 年参加社会民主主义运动。斯托雷平反动时期和新的革命高涨年代是取消派分子。第四届国家杜马代表,参加孟什维克杜马党团。第一次世界大战期间是社会沙文主义者。1917 年二月革命后是临时政府驻外高加索的代表。1918 年 4 月任外高加索临时政府主席,后任格鲁吉亚孟什维克政府外交部长。1921 年格鲁吉亚建立苏维埃政权后成为白俄流亡分子。——6、11、18。

切尔诺夫,维克多·米哈伊洛维奇(Чернов, Виктор Михайлович 1873 — 1952)——俄国社会革命党领袖和理论家之一。1902 — 1905 年任社会革命党中央机关报《革命俄国报》编辑。曾撰文反对马克思主义,企图证明马克思的理论不适用于农业。第一次世界大战期间持社会沙文主义立场,曾参加齐美尔瓦尔德代表会议和昆塔尔代表会议。1917 年 5 — 8 月任临时政府农业部长,对夺取地主土地的农民实行残酷镇压。敌视十月革命。1918 年 1 月任立宪会议主席;曾领导萨马拉的反革命立宪会议委员会,参与策划反苏维埃叛乱。1920 年流亡国外,继续反对苏维埃政权。在他的理论著作中,主观唯心主义和折中主义同修正主义和民粹派的空想混合在一起;企图以资产阶级改良主义的"结构社会主义"对抗科学社会主义。——184、185、204、305、306、315。

切尔诺马佐夫,米龙·叶菲莫维奇(米龙)(Черномазов, Мирон Ефимович(Мирон)生于 1882 年)——俄国社会民主主义运动中的奸细,曾加入俄国社会民主工党,当过列斯纳工厂伤病互助会的秘书。1913 年 5 月—1914 年 2 月任《真理报》编辑部秘书,因有奸细嫌疑,党中央委员会令其停止工作。1917 年查明,他在 1913—1914 年曾当过彼得堡保安处的密探。——72、73。

切列万宁,涅·(利普金,费多尔·安德列耶维奇)(Череванин, Н.(Липкин, Федор Андреевич)1868—1938)——俄国政论家,"马克思的批评家",后为孟什维克领袖之一,取消派分子。俄国社会民主工党第四次(统一)代表大会和第五次(伦敦)代表大会的参加者,取消派报刊撰稿人,16 个孟什维克关于取消党的"公开信"的起草人之一。1912 年反布尔什维克的八月代表会议后是孟什维克领导中心——组委会成员。第一次世界大战期间是社会沙文主义者。1917年是孟什维克中央机关报《工人报》编辑之一和孟什维克中央委员会委员。敌视十月革命。——219、220、221。

R

饶尔丹尼亚,诺伊·尼古拉耶维奇(科斯特罗夫)(Жордания,Ной Николаевич(Костров)1869—1953)——俄国社会民主党人。19世纪90年代开始政治活动,加入格鲁吉亚第一个社会民主主义团体"麦撒墨达西社",领导该社的机会主义派。1903年在俄国社会民主工党第二次代表大会上是有发言权的代表,属火星派少数派,会后为高加索孟什维克的领袖。1905年编辑孟什维克的《社会民主党人报》(格鲁吉亚文),反对布尔什维克在资产阶级民主革命中的策略。第一届国家杜马代表,社会民主党党团领袖。1907—1912年为俄国社会民主工党中央委员(代表孟什维克)。斯托雷平反动时期和新的革命高涨年代形式上参加孟什维克护党派,实际上支持取消派。1914年为托洛茨基的《斗争》杂志撰稿。第一次世界大战期间是社会沙文主义者。1917年二月革命后任梯弗利斯工人代表苏维埃主席。1918—1921年是格鲁吉亚孟什维克政府主席。1921年格鲁吉亚建立苏维埃政权后成为白俄流亡分子。——410。

S

萨尔蒂科夫-谢德林,米哈伊尔·叶夫格拉福维奇(谢德林,尼·)(Салтыков-Щедрин,Михаил Евграфович(Щедрин,Н.)1826—1889)——俄国讽刺作家,革命民主主义者。1848年因发表抨击沙皇制度的小说被捕,流放七年。1856年初返回彼得堡,用笔名"尼·谢德林"发表了《外省散记》。1863—1864年为《同时代人》杂志撰写政论文章,1868年起任《祖国纪事》杂志编辑,1878年起任主编。60—80年代创作了《一个城市的历史》、《戈洛夫廖夫老爷们》等长篇小说,批判了俄国的专制农奴制,刻画了地主、沙皇官僚和自由派的丑恶形象。——285。

萨莫伊洛夫,费多尔·尼基季奇(Самойлов,Федор Никитич 1882—1952)——1903年加入俄国社会民主工党,布尔什维克;职业是纺织工人。

曾积极参加俄国第一次革命,在伊万诺沃-沃兹涅先斯克做党的工作。第
四届国家杜马弗拉基米尔省工人代表,参加布尔什维克杜马党团。因进行
反对帝国主义战争的革命活动,1914 年 11 月被捕,1915 年流放图鲁汉斯
克边疆区。1917 年二月革命后任伊万诺沃-沃兹涅先斯克苏维埃主席和
党的委员会委员;在弗拉基米尔省参加建立苏维埃政权的领导工作。十月
革命后在乌克兰和莫斯科工作。1921 年起任全俄中央执行委员会委员,
1922—1928 年任俄共(布)中央党史委员会副主任,1932—1935 年任全苏
老布尔什维克协会副主席,1937 — 1941 年任国家革命博物馆馆长。
——72。

塞拉蒂,扎钦托·梅诺蒂(Serrati, Giacinto Menotti 1872 或 1876 —
1926)——意大利工人运动活动家,意大利社会党领导人之一,最高纲领派
领袖之一。1892 年加入意大利社会党。与康·拉查理等人一起领导该党
中派。曾被捕,先后流亡美国、法国和瑞士,1911 年回国。1914—1922 年
任社会党中央机关报《前进报》社长。第一次世界大战期间是国际主义者,
曾参加齐美尔瓦尔德代表会议和昆塔尔代表会议。共产国际成立后,坚决
主张意大利社会党参加共产国际。1920 年率领意大利社会党代表团出席
共产国际第二次代表大会;在讨论加入共产国际的条件时,反对同改良主
义者无条件决裂。他的错误立场受到列宁的批评,不久即改正了错误。
1924 年带领社会党内的第三国际派加入意大利共产党。——172。

桑巴,马赛尔(Sembat, Marcel 1862 — 1922)——法国社会党改良派领袖之
一,新闻工作者。曾为社会党和左翼激进派刊物撰稿。1893 年起为众议
员。1905 年法国社会党与法兰西社会党合并后,是统一的法国社会党的
右翼领袖之一。第一次世界大战期间是社会沙文主义者。1914 年 8 月—
1917 年 9 月任法国帝国主义"国防政府"公共工程部长。1920 年在法国社
会党图尔代表大会上,支持以莱·勃鲁姆、让·龙格为首的少数派立场,反
对加入共产国际。——91、168。

沙果夫,尼古拉·罗曼诺维奇(Шагов, Николай Романович 1882—1918)——
1905 年加入俄国社会民主工党,布尔什维克;职业是织布工人。第四届国
家杜马科斯特罗马省工人选民团的代表,1913 年加入布尔什维克杜马党
团。曾出席有党的工作者参加的俄国社会民主工党中央委员会克拉科夫

会议和波罗宁会议。因进行反对帝国主义战争的革命活动,1914 年 11 月
被捕,1915 年流放图鲁汉斯克边疆区,1917 年二月革命后回到彼得格勒。
——72。

盛加略夫,安德列·伊万诺维奇(Шингарев, Андрей Иванович 1869 —
1918)——俄国立宪民主党人,地方自治运动活动家;职业是医生。立宪民
主党沃罗涅日省委员会主席,1907 年起为立宪民主党中央委员。第二届、
第三届和第四届国家杜马代表,立宪民主党杜马党团副主席。1917 年二
月革命后在第一届和第二届临时政府中分别任农业部长和财政部长。
——11、59、199、232、268、274、316、317、376、412、414、415、419。

施米德,雅克(Schmid, Jacques 生于 1882 年)——瑞士社会民主党人。1911
年起任瑞士社会民主党《新自由报》编辑;曾任瑞士社会民主党执行委员会
委员。1917 年起为国民院议员。第一次世界大战期间反对社会沙文主
义,但从 1917 年初起采取中派和平主义立场,后来完全转向瑞士社会民主
党右翼,顽固反对无产阶级革命和无产阶级专政。——87。

施奈德,弗雷德里克(Schneider, Fredrik 生于 1886 年)——瑞士社会民主党
人,政论家。1912 年起任巴塞尔商业和运输工会书记。第一次世界大战
期间持中派和平主义立场。1916 年起任社会民主党巴塞尔组织的书记。
曾为社会民主党《巴塞尔前进报》积极撰稿,1917—1920 年任该报主编。
后来对瑞士和国际共产主义运动采取敌对态度。1919 — 1939 年和
1941—1951 年为国民院议员。1937 年起在瑞士工人社会保障系统工作。
——87。

舒利金,瓦西里·维塔利耶维奇(Шульгин, Василий Витальевич 1878 —
1976)——俄国地主,第二届、第三届和第四届国家杜马代表,君主派分子
和民族主义者。曾任俄国民族主义者刊物《基辅人报》编辑。1917 年极力
支持资产阶级临时政府。十月革命后参与组织白卫志愿军,支持阿列克谢
耶夫、邓尼金和弗兰格尔,后逃往国外,继续进行反对苏维埃政权的活动。
20 年代脱离政治活动。——461、462、463、464。

斯柯别列夫,马特维·伊万诺维奇(Скобелев, Матвей Иванович 1885 —
1938)——1903 年参加俄国社会民主主义运动,孟什维克;职业是工程师。
1906 年侨居国外,为孟什维克出版物撰稿,参加托洛茨基的维也纳《真理

报》编辑部。第四届国家杜马代表,社会民主党杜马党团领袖之一。第一
次世界大战期间是中派分子。1917 年二月革命后任彼得格勒工兵代表苏
维埃副主席、第一届中央执行委员会副主席;同年 5—8 月任临时政府劳
动部长。十月革命后脱离孟什维克,先后在合作社系统和对外贸易人民委
员部工作。1922 年加入俄共(布),在经济部门担任负责工作。1936—
1937 年在全苏无线电委员会工作。——28、30、35、65、67、87、88、89、168、
225、233、295。

斯诺登,菲力浦(Snowden,Philip 1864—1937)——英国政治活动家,独立工
党右翼代表人物,工党领袖之一。1894 年加入独立工党,1900 年加入工
党。1903—1906 年和 1917—1920 年任独立工党主席。1906 年起为议
员。第一次世界大战期间是中派分子,主张同资产阶级联合。1924 年和
1929—1931 年先后任第一届和第二届工党政府财政大臣。1931 年参加
麦克唐纳的国民联合政府。写有一些关于英国工人运动的著作。——
87、170。

斯切克洛夫,尤里·米哈伊洛维奇(Стеклов,Юрий Михайлович 1873—
1941)——1893 年参加俄国社会民主主义运动,是敖德萨第一批社会民主
主义小组的组织者之一。1903 年俄国社会民主工党第二次代表大会后是
布尔什维克。斯托雷平反动时期和新的革命高涨年代为布尔什维克的《社
会民主党人报》、《明星报》、《真理报》和《启蒙》杂志撰稿。参加过第三届和
第四届国家杜马社会民主党党团的工作。是隆瑞莫党校(法国)的讲课人。
1917 年二月革命后当选为彼得格勒苏维埃执行委员会委员;最初持“革命
护国主义”立场,后转向布尔什维克。十月革命后任全俄中央执行委员会
和苏联中央执行委员会主席团委员、《全俄中央执行委员会消息报》和《苏
维埃建设》杂志的编辑。1929 年起任苏联中央执行委员会学术委员会副
主席。写有不少革命运动史方面的著作。——103、105、106、115、123、
124、127、130、132、133、138、141、145、147、155、157、168、213、214、225、
233、239、247、295、344。

斯陶宁格,托尔瓦德·奥古斯特·马里努斯(Stauning,Thorvald August Ma-
rinus 1873—1942)——丹麦国务活动家,丹麦社会民主党和第二国际右翼
领袖之一,政论家。1905 年起为议员。1910 年起任丹麦社会民主党主席

和该党议会党团主席。第一次世界大战期间持社会沙文主义立场。1916—1920年任丹麦资产阶级政府不管部大臣。1924—1926年和1929—1942年任首相,先后领导社会民主党政府以及资产阶级激进派和右派社会民主党人的联合政府。从30年代中期起推行投降法西斯德国的政策,1940年起推行同法西斯占领者合作的政策。——169、172、368、369。

斯特勒姆,弗雷德里克(Ström,Fredrik 1880—1948)——瑞典左派社会民主党人,作家和政论家。1911—1916年任瑞典社会民主党书记。第一次世界大战期间是国际主义者。1918—1920年任《人民政治日报》主编。1921—1924年任瑞典共产党书记。1924年参加霍格伦机会主义集团,退出共产党,并于1926年回到社会民主党。著有《在暴风雨的时刻》(1942)一书,该书的《列宁在斯德哥尔摩》一章记述了1917年4月13日列宁的斯德哥尔摩之行和列宁同记者的谈话。——95、120、172、227、369。

斯托雷平,彼得·阿尔卡季耶维奇(Столыпин,Петр Аркадьевич 1862—1911)——俄国国务活动家,大地主。1884年起在内务部任职。1902年任格罗德诺省省长。1903—1906年任萨拉托夫省省长,因镇压该省农民运动受到尼古拉二世的嘉奖。1906—1911年任大臣会议主席兼内务大臣。1907年发动"六三政变",解散第二届国家杜马,颁布新选举法以保证地主、资产阶级在杜马中占统治地位,残酷镇压革命运动,大规模实施死刑,开始了"斯托雷平反动时期"。实行旨在摧毁村社和培植富农的土地改革。1911年被社会革命党人Д.Г.博格罗夫刺死。——16、40、59、78、150、411、414、416、419。

索洛维约夫(Соловьев)——439。

T

泰奥多罗维奇,伊万·阿道福维奇(Теодорович,Иван Адольфович 1875—1937)——1895年加入莫斯科工人阶级解放斗争协会,1903年俄国社会民主工党第二次代表大会后是布尔什维克。1905年在日内瓦任《无产者报》编辑部秘书。1905—1907年为党的彼得堡委员会委员。俄国社会民主工党第四次(统一)代表大会代表,被选入记录审订委员会。后在莫斯科、彼得堡、斯摩棱斯克、西伯利亚等地工作。1907 年在党的第五次(伦敦)代表大会上当选为中央委员,1917 年在党的第七次全国代表会议(四月代表会议)上当选为候补中央委员。十月革命后参加第一届人民委员会,任粮食人民委员。1917 年 11 月主张成立有孟什维克和社会革命党人参加的联合政府,遭到否决后声明退出人民委员会。国内战争期间参加游击队同高尔察克作战。1920 年起在农业人民委员部工作,起初任部务委员,1922 年起任副农业人民委员,1926 年起兼任国际农业研究所所长。1928—1930年任农民国际总书记。后来任政治苦役犯协会出版社总编辑和《苦役与流放》杂志责任编辑。写有农业问题和革命运动史方面的著作。——156。

特雷维斯,克劳狄奥(Treves,Claudio 1868—1933)——意大利社会党改良派领袖之一。1909—1912 年编辑社会党中央机关报《前进报》。1906—1926年为议员。第一次世界大战期间是中派分子,反对意大利参战。敌视俄国十月革命。1922 年意大利社会党分裂后,成为改良主义的统一社会党领袖之一。法西斯分子上台后,于 1926 年流亡法国,进行反法西斯的活动。——87、170。

特里尔,格尔松(Trier,Gerson 1851—1918)——丹麦社会民主党左翼领袖之一;职业是教师。1888 年参加丹麦社会民主党,反对该党改良主义领导人所推行的妥协政策,1901 年被选入党中央委员会。第一次世界大战期间持国际主义立场。1916 年 9 月反对丹麦社会民主党代表大会关于赞同该党领袖托·斯陶宁格参加资产阶级政府的决议,并以退党表示抗议。1918年 4 月参与创建丹麦社会主义工人党。马克思主义宣传家,曾将恩格斯的著作译成丹麦文。——172、367、368、369。

特鲁尔斯特拉,彼得·耶莱斯(Troelstra,Pieter Jelles 1860—1930)——荷兰工人运动活动家,右派社会党人。荷兰社会民主工党创建人和领袖之一。1897—1925 年(有间断)任该党议会党团主席。20 世纪初转向极端机会主义立场,反对党内的左派论坛派,直至把论坛派开除出党。第一次世界大战期间是亲德的社会沙文主义者。1918 年 11 月在荷兰工人运动高潮中一度要求将政权转归社会主义者,但不久放弃这一立场。列宁曾严厉批判他的机会主义政策。——168、169。

梯什卡,扬(约吉希斯,莱奥)(Tyszka,Jan(Jogiches,Leo)1867—1919)——波

兰和德国工人运动活动家。1893年参与创建波兰王国社会民主党(1900年改组为波兰王国和立陶宛社会民主党),1903年起为该党总执行委员会委员。曾积极参加俄国1905—1907年革命。1907年出席俄国社会民主工党第五次(伦敦)代表大会,当选为候补中央委员。斯托雷平反动时期和新的革命高涨年代谴责取消派,但往往采取调和主义态度。1912年反对布拉格代表会议的决议。列宁尖锐地批评了他在这一时期的活动。第一次世界大战期间在德国,参加德国社会民主党的工作,持国际主义立场;是斯巴达克联盟的组织者和领导人之一。1916年被捕入狱,1918年十一月革命时获释。积极参与创建德国共产党,在该党成立大会上当选为中央委员会书记。1919年3月被捕,于柏林监狱遇害。——172。

图利亚科夫,伊万·尼基季奇(Туляков,Иван Никитич 生于1877年)——俄国工人,社会民主党人,孟什维克,第四届国家杜马顿河军屯州代表。——67。

屠拉梯,菲力浦(Turati,Filippo 1857—1932)——意大利工人运动活动家,意大利社会党创建人之一,该党右翼改良派领袖。1896—1926年为议员,领导意大利社会党议会党团。推行无产阶级同资产阶级阶级合作的政策。第一次世界大战期间持中派立场。敌视俄国十月革命。1922年意大利社会党分裂后,参与组织并领导改良主义的统一社会党。法西斯分子上台后,于1926年流亡法国,进行反法西斯的活动。——87、110、116、127、170、175。

托尔尼艾年,爱德华(Torniainen,Eduard 1886—1953)——芬兰社会民主党人,新闻工作者。曾参加芬兰1918年革命,革命失败后侨居苏联。——336。

托洛茨基(**勃朗施坦**),列夫·达维多维奇(Троцкий(Бронштейн),Лев Давидович 1879—1940)——1897年参加俄国社会民主主义运动。在俄国社会民主工党第二次代表大会上是西伯利亚联合会的代表,属火星派少数派。1905年同亚·帕尔乌斯一起提出和鼓吹"不断革命论"。斯托雷平反动时期和新的革命高涨年代,打着"非派别性"的幌子,实际上采取取消派立场。1912年组织"八月联盟"。第一次世界大战期间持中派立场。1917年二月革命后参加区联派,在党的第六次代表大会上随区联派集体加入布尔什维克党,当选为中央委员。参加十月武装起义的领导工作。十月革命后任外交人民委员,1918 年初反对签订布列斯特和约,同年 3 月改任共和国革命军事委员会主席、陆海军人民委员等职。参与组建红军。1919 年起为党中央政治局委员。1920 年起历任共产国际执行委员会候补委员、委员。1920—1921 年挑起关于工会问题的争论。1923 年起进行派别活动。1925 年初被解除革命军事委员会主席和陆海军人民委员职务。1926 年与季诺维也夫结成"托季联盟"。1927 年被开除出党,1929 年被驱逐出境,1932 年被取消苏联国籍。在国外组织第四国际。死于墨西哥。——176、202、203、211、226、251、267。

W

王德威尔得,埃米尔(Vandervelde,Émile 1866 — 1938)——比利时政治活动家,比利时工人党领袖,第二国际的机会主义代表人物。1885 年加入比利时工人党,90 年代中期成为党的领导人。1894 年起多次当选为议员。1900 年起任第二国际常设机构——社会党国际局主席。第一次世界大战爆发后成为社会沙文主义者,是大战期间欧洲国家中第一个参加资产阶级政府的社会党人。1918 年起历任司法大臣、外交大臣、公共卫生大臣、副首相等职。俄国 1917 年二月革命后到俄国鼓吹继续进行战争。敌视俄国十月革命,支持武装干涉苏维埃俄国。曾积极参加重建第二国际的活动,1923 年起是社会主义工人国际书记处书记和常务局成员。——174。

威尔顿,罗伯特(Wilton,Robert)——英国新闻工作者,1917 年是英国保守派报纸《泰晤士报》驻彼得格勒记者。——22—23、24—27、28、60、206。

威廉二世(**霍亨索伦**)(Wilhelm II(Hohenzollern)1859 — 1941)——普鲁士国王和德国皇帝(1888 — 1918)。—— 14、88、177、187、196、197、198、213、215、216、230、239、261、267、274、280、293、296、310、330、366、389、399。

威廉斯,T.罗素(Williams,T.Russell)——英国社会主义者,英国独立工党党员。第一次世界大战期间持反军国主义立场,曾批评第二国际领袖们推行的政策。——172。

韦杰尔尼科夫,阿列克谢·斯捷潘诺维奇(Ведерников, Алексей Степанович

1880—1919)——1897年参加俄国社会民主主义运动,后加入俄国社会民主工党,工人。曾在托木斯克、莫斯科、彼尔姆等城市做党的工作。积极参加1905—1907年革命,是党的第五次(伦敦)代表大会和第七次全国代表会议(四月代表会议)的代表。1917年二月革命后为莫斯科苏维埃执行委员会委员。1917年10月任莫斯科军事革命委员会委员、赤卫队参谋长。1918年是下诺夫哥罗德省维克萨和库列巴基两地工厂的特派员。——395。

乌斯京诺夫,阿列克谢·米哈伊洛维奇(Устинов, Алексей Михайлович 1879—1937)——1901年参加俄国革命运动。1906—1917年是社会革命党党员,1917—1918年是左派社会革命党党员,1920年起是俄共(布)党员。1908—1917年侨居瑞士和法国,1917年任旅居瑞士的俄国政治流亡者归国执行委员会委员。1917—1920年为全俄中央执行委员会委员,1921年起从事外交工作。——272。

X

希尔奎特,莫里斯(Hillquit, Morris 1869—1933)——美国社会党创建人之一;职业是律师。起初追随马克思主义,后来倒向改良主义和机会主义。出生在里加,1886年移居美国,1888年加入美国社会主义工人党。该党分裂后,1901年参与创建美国社会党。1904年起为社会党国际局成员;曾参加第二国际代表大会的工作。第一次世界大战期间是中派分子。敌视俄国十月革命,反对共产主义运动。——170。

谢德林,尼·——见萨尔蒂科夫-谢德林,米哈伊尔·叶夫格拉福维奇。

谢德曼,菲力浦(Scheidemann, Philipp 1865—1939)——德国社会民主党右翼领袖之一。1903年起参加社会民主党国会党团。1911年当选为德国社会民主党执行委员会委员,1917—1918年是执行委员会主席之一。第一次世界大战期间是社会沙文主义者。1918年10月参加巴登亲王马克斯的君主制政府,任国务大臣。1918年十一月革命期间参加所谓的人民代表委员会,借助旧军队镇压革命。1919年2—6月任魏玛共和国联合政府总理。1933年德国建立法西斯专政后流亡国外。——13、91、92、111、168、171、175、201、217、229、286、366、369、370、459、460。

Y

亚历山大一世(**罗曼诺夫**)(Александр Ⅰ(Романов)1777—1825)——俄国皇帝(1801—1825)。——427。

扬松,威廉(Jansson,Wilhelm 1877—1923)——德国社会主义运动参加者,机会主义者,瑞典人。1905—1919 年是《德国工会总委员会通讯小报》的编辑。第一次世界大战期间是社会沙文主义者。1917 年 3 月底(4 月初),当列宁从瑞士回国途经德国时,扬松曾要求会见列宁和其他俄国政治流亡者,但被拒绝。1919 年起是瑞典驻柏林使馆专员。——94。

Z

祖拉博夫,阿尔沙克·格拉西莫维奇(Зурабов,Аршак Герасимович 1873—1920)——1892 年参加俄国革命运动,1896 年加入彼得堡工人阶级解放斗争协会,1899 年起在俄国社会民主工党梯弗利斯委员会工作,1902 年是亚美尼亚社会民主党人联合会及其秘密机关报《无产阶级报》的组织者之一。1903 年加入俄国社会民主工党高加索联合会委员会。在党的第二次代表大会上是巴统委员会的代表,属火星派多数派;会后是布尔什维克,1906 年参加孟什维克。第二届国家杜马代表。杜马解散后转入地下。1908 年被捕,关入彼得保罗要塞,后流放西伯利亚,从那里逃往国外。1912 年加入反布尔什维克的"八月联盟"。第一次世界大战期间是孟什维克国际主义者。1917 年二月革命后回国,被选入彼得格勒工兵代表苏维埃执行委员会。十月革命后在外高加索工作,反对孟什维克和达什纳克党人,为建立苏维埃政权并与苏维埃俄国建立密切联系而积极斗争。——211、233、266。

文 献 索 引

贝尔曼,M.Th.斯德哥尔摩,3 月 21 日。(Behrmann, M. Th. Stockholm, 21. März.—«Vossische Zeitung», Berlin, 1917, Nr. 148, 22. März. Morgen-Ausgabe, S. 1. Под общ. загл.: Die Friedensforderung der russischen Sozialdemokraten)——33—34、67、152。

波诺马廖夫,K.《擅自"分配"》(Пономарев, К. Самовольные « разделы».— «День», Пг., 1917, No (1604) 33, 14 апреля, стр. 1—2)——198—199、232、268、273—274、316、317—318、412—413、414—415、420。

大卫,爱·《世界大战中的社会民主党》(David, E. Die Sozialdemokratie im Weltkrieg. Berlin, Singer, 1915. 192 S.)——92。

恩格斯,弗·《给奥·倍倍尔的信》(1875 年 3 月 18—28 日)(Энгельс, Ф. Письмо А. Бебелю [по поводу Готской программы]. 18—28 марта 1875 г.)——38、118、143、161。

——《给保·拉法格的信》(1894 年 6 月 2 日)(Письмо П. Лафаргу. 2 июня 1894 г.)——339。

——《给弗·阿·左尔格的信》(1886 年 11 月 29 日)(Письмо Ф. А. Зорге. 29 ноября 1886 г.)——136。

——《给弗·阿·左尔格的信》(1889 年 12 月 7 日)(Письмо Ф. А. Зорге. 7 декабря 1889 г.)——136。

——《给弗·阿·左尔格的信》(1891 年 6 月 10 日)(Письмо Ф. А. Зорге. 10 июня 1891 г.)——136。

——《给弗·凯利-威士涅威茨基夫人的信》(1887 年 1 月 27 日)(Письмо Ф. Келли-Вишневецкой. 27 января 1887 г.)——136。

——《[卡·马克思〈法兰西内战〉一书]导言》(Engels, F. Einleitung [zur Arbeit: «Der Bürgerkrieg in Frankreich» von K. Marx].—In: Marx, K. Der

Bürgerkrieg in Frankreich. Adresse des Generalrats der Internationalen Arbeiterassoziation. 3-te deutsche Aufl. verm. durch die beiden Adressen des Generalrats über den deutschfranzösischen Krieg und durch eine Einleitung von F. Engels. Berlin, Exped. des «Vorwärts», 1891, S. 3 — 14)——38、142。

—《流亡者文献》(Эмигрантская литература. Май 1874 г.—апрель 1875 г.)——428。

—《〈人民国家报〉国际问题论文集(1871 — 1875)〉序》(Предисловие к сборнику «Internationales aus dem Volksstaat (1871 — 1875)». 3 января 1894 г.)——178。

—《1891年社会民主党纲领草案批判》(К критике проекта социал-демократической программы 1891 г. Конец июня 1891 г.)——56、353、436、457、476。

歌德,约·沃·《浮士德》(Гёте, И. В. Фауст)——139。

海尔曼,恩·《争论的实质》(Heilmann, E. Der Kern des Streites. —«Die Glocke», München, 1916, Jg. II, Bd. I, Hft. 20, 12. August, S. 770 — 786)——174。

[加米涅夫,列·波·]《没有秘密的外交》([Каменев, Л. Б.] Без тайной дипломатии. —«Правда», Пг., 1917, №9, 15 марта, стр. 1)——98 — 101、106。

—《我们的分歧》(Наши разногласия. —«Правда», Пг., 1917, №27, 8 апреля, стр. 2. Подпись: Ю. Каменев)——143 — 149。

考茨基,卡·《俄国革命的前途》(Kautsky, K. Die Aussichten der russischen Revolution. —«Die Neue Zeit», Stuttgart, 1917, Jg. 35, Bd. 2, Nr. 1, 6. April, S. 9 — 20)——54 — 55。

—《新策略》(Die neue Taktik. —«Die Neue Zeit», Stuttgart, 1912, Jg. 30, Bd. 2, Nr. 44, 2. August, S. 654 — 664; Nr. 45, 9. August, S. 688 — 698; Nr. 46, 16. August, S. 723 — 733)——38、68。

科尔尼利耶夫,И. 等《关于调查和审讯——列宁坐在德国车厢里过境》(Корнильев, И. и др. К расследованию и суду—поездку Ленина в германском вагоне.—«Маленькая Газета», Пг., 1917, №85(884), 14(27) апреля, стр. 2)——233、234。

克雷洛夫, 伊·安·《猫和厨子》(Крылов, И. А. Кот и Повар)——157、160。

[李卜克内西, 卡·]《都来庆祝五一节!》([Liebknecht, K.] Auf zur Maifeier! [Illegales Flugblatt des Spartakusbundes, Berlin. April 1916])——171、230。

——《强有力的警告》(Ein kräftiger Mahnruf.—«Berner Tagwacht», 1915, Nr.123, 31.Mai, S.1)——170。

[列宁, 弗·伊·]《帝国主义是资本主义的最高阶段》——见列宁, 弗·伊·《帝国主义是资本主义的最新阶段》。

——《帝国主义是资本主义的最新阶段》([Ленин, В. И.] Империализм, как новейший этап капитализма. (Популярный очерк). Пг., «Жизнь и Знание», 1917. [3], 130 стр. Перед загл. авт.: Н. Ленин (Вл. Ильин)) ——47。

——《第一次革命的第一阶段》(远方来信; 第一封信)(载于 1917 年 3 月 21 日和 22 日《真理报》第 14 号和第 15 号)(Первый этап первой революции. (Письма из далека; письмо 1-ое).—«Правда», Пг., 1917, №14, 21 марта, стр. 2—3; №15, 22 марта, стр. 2. Подпись: Н. Ленин)——32、35、42—43、53—54、68—69、136—138。

——《第一次革命的第一阶段》(远方来信; 第一封信)(载于 1917 年 3 月 24 日和 28 日《社会民主党人报》第 16 号和第 18 号)(Первый этап первой революции. (Письма из далека; письмо 1-ое).—«Социал-Демократ», М., 1917, №16, 24 марта, стр. 2—3; №18, 28 марта, стр. 2—3. Подпись: Н. Ленин)——103—104。

——《对俄国社会民主工党(布)第七次全国代表会议(四月代表会议)党纲小组的意见的看法》——见列宁, 弗·伊·《对上述意见的看法》。

——《对上述意见的看法》(Соображения по поводу предыдущих замечаний.—В кн.: Материалы по пересмотру партийной программы. Под ред. и с предисл. Н. Ленина. Пг., «Прибой», 1917, стр. 11—12. (РСДРП). Подпись: Н. Ленин)——472。

—《俄国的政党和无产阶级的任务》[第 2 版](Политические партии в России и задачи пролетариата.[2-е изд.] М.—Пг., «Коммунист», 1918. 32 стр.(РКП(б)).Перед загл.авт.:Н.Ленин)——189。

—《俄国的政党和无产阶级的任务》[1917 年彼得格勒版](Политические партии в России и задачи пролетариата. (Пояснения к проекту платформы, сост. Н. Лениным для обсуждения на некоторых местных совещаниях большевиков и на Всерос. совещании их, созванном ЦК РСДРП).[Пг., 1917].23 стр.)——189、203—204。

—《俄国革命和各国工人的任务》(Революция в России и задачи рабочих всех стран.12(25)марта 1917 г.)——497—498。

—《俄国社会民主工党中央委员会关于临时政府 1917 年 4 月[18 日]的照会引起的危机的决议》(Резолюция ЦК РСДРП о кризисе в связи с нотой Вр[еменного] прав[ительст]ва от [18] апр[еля] 1917 г.— «Правда», Пг., 1917, №37, 4 мая(21 апреля), стр. 1. На газ. ошибочно указана дата ноты: 19 апреля)——326、333。

—《俄国社会民主工党中央委员会 1917 年 4 月 21 日通过的决议》(Резолюция Центрального Комитета Российской социал-демократической рабочей партии, принятая 21 апреля 1917 года.—«Правда», Пг., 1917, №38, 5 мая(22 апреля), стр.1)——320、326、334、359。

—《俄国社会民主工党中央委员会 1917 年 4 月 22 日上午通过的决议》(Резолюция Центрального Комитета РСДРП, принятая утром 22 апреля.—«Правда», Пг., 1917, №39, 6 мая(23 апреля), стр.1)——324、334—335、337、359。

—《告各交战国士兵书》(Воззвание к солдатам всех воюющих стран.— «Правда», Пг., 1917, №37, 4 мая (21 апреля), стр. 1 — 2. Подпись: Центральный Комитет РСДРП. Петербургский комитет РСДРП. Редакция «Правды»)——350—351、393、453、454。

—《给启程回俄国的布尔什维克的电报》(Телеграмма большевикам, отъезжающим в Россию.6(19)марта 1917 г.)——63。

—《关于伯格比尔的建议》[1917 年俄国社会民主工党(布)第七次全国代

表会议（四月代表会议）通过的决议］（О предложении Боргбьерга. ［Резолюция, принятая на Седьмой （Апрельской） Всероссийской конференции РСДРП(б). 1917 г.].—«Правда», Пг., 1917, №41, 9 мая （26 апреля）, стр. 1. Под общ. загл.: Резолюция Всероссийской конференции РСДРП.）——428、459、460。

—《关于对临时政府的态度》［俄国社会民主工党(布)彼得格勒市代表会议通过的决议］（Об отношении к Временному правительству.［Резолюция, принятая на Петроградской общегородской конференции РСДРП（б）. 1917 г.].—«Правда», Пг., 1917, №35, 1 мая（18 апреля）, стр. 3, в отд.: Российская социал-демократич. рабочая партия）——247—248、290、296、341—344、423。

—《关于对临时政府的态度的决议》——见列宁，弗·伊·《关于对临时政府的态度》。

—《关于工兵代表苏维埃的决议［1917年俄国社会民主工党(布)第七次全国代表会议（四月代表会议）通过］》（Резолюция о Советах рабочих и солдатских депутатов,［принятая на Седьмой（Апрельской）Всероссийской конференции РСДРП(б). 1917 г.].—«Правда», Пг., 1917, №46, 15（2） мая, стр.3）——378—381、439—440。

—《关于民族问题的决议［俄国社会民主工党(布)第七次全国代表会议（四月代表会议）通过］》（Резолюция по национальному вопросу,［принятая на Седьмой（Апрельской）Всероссийской конференции РСДРП（б）. 1917 г.]—«Солдатская Правда», Пг., 1917, №13, 16（3）мая. Приложение к газете «Солдатская Правда», стр.3）——470。

—《关于土地问题的决议［1917年俄国社会民主工党(布)第七次全国代表会议（四月代表会议）通过］》（Резолюция по аграрному вопросу,［принятая на Седьмой（Апрельской）Всероссийской конференции РСДРП（б）.1917 г.].—«Правда», Пг., 1917, №45, 13 мая（30 апреля）, стр. 1）——404—405、407。

—《关于修改党纲》［1917年俄国社会民主工党(布)第七次全国代表会议（四月代表会议）通过的决议］（О пересмотре партийной программы.

［Резолюция, принятая на Седьмой (Апрельской) Всероссийской конференции РСДРП(б).1917 г.].—«Солдатская Правда», Пг., 1917, №13,16(3)мая. Приложение к газ. «Солдатская Правда», стр. 4)——403—406、440。

—《关于修改党纲的草案(新旧党纲文本)》——见列宁,弗·伊·《新旧党纲文本》。

—《关于修改战争问题的决议的建议》——见党的州代表大会。

—《关于战争的决议草案［俄国社会民主工党(布)彼得格勒市代表会议提出］》(Проект резолюции о войне, ［внесенный на Петроградской общегородской конференции РСДРП(б).1917 г.]) —— 345 — 349、350、382。

—《关于战争的决议［俄国社会民主工党(布)第七次全国代表会议(四月代表会议)通过］》(Резолюция о войне, принятая ［на Седьмой (Апрельской)］ Всероссийской конференци ［и РСДРП(б)].26 апреля 1917 г.—«Правда», Пг., 1917, №44,12 мая(29 апреля), стр. 1)—— 382 — 394、395 — 396。

—《关于召开有社会沙文主义者参加的所谓的社会党人国际代表会议》(О созыве международной якобы социалистической конференции с участием социал-шовинистов.—«Правда», Пг., 1917, №55, 25(12)мая, стр. 2) ——186。

—《几个要点》(Несколько тезисов. От редакции.—«Социал-Демократ», Женева,1915,№47,13 октября,стр.2)——26 — 27、30、37 — 38、50、69、73、88、89 — 90、236、261 — 262、274 — 275、495、501。

—《列宁起草的党纲的理论、政治及其他一些部分的修改草案》(Проект изменений теоретической, политической и некоторых других частей программы, составленный Н. Лениным.—В кн.: Материалы по пересмотру партийной программы. Под ред. и с предисл. Н. Ленина. Пг., «Прибой»,1917,стр.4—8.(РСДРП))——472。

—《论策略书》(第一封信)(Письма о тактике.Письмо 1-е.Пг.,1917.20 стр. (РСДРП).Перед загл.авт.:Н.Ленин)——135—137、464。

—《论俄国社会民主工党在俄国革命中的任务》——见《列宁论俄国革命》。

—《论两个政权》(О двоевластии.—«Правда», Пг., 1917, №28, 9 апреля, стр. 2. Подпись: Н. Ленин. На газ. ошибочно указан №58)——333。

—《论无产阶级在这次革命中的任务》(载于弗·伊·列宁《论策略书》(第一封信) 1917 年彼得格勒版第 18—20 页) (О задачах пролетариата в данной революции.—В кн.: Ленин, В. И. Письма о тактике. Письмо 1-е. Пг., 1917, стр. 18—20. (РСДРП). Перед загл. авт.: Н. Ленин)——135。

—《论无产阶级在这次革命中的任务》(载于 1917 年 4 月 7 日《真理报》第 26 号) (О задачах пролетариата в данной революции.—«Правда», Пг., 1917, №26, 7 апреля, стр. 1—2. Подпись: Н. Ленин)——135、136—137、141—144、145—147、215、219、238、278。

—《论正在产生的"帝国主义经济主义"倾向》(О рождающемся направлении «империалистического экономизма». Август—сентябрь 1916 г.)——426—427。

—《请同志们注意!》(Вниманию товарищей!—«Правда», Пг., 1917, №39, 6 мая (23 апреля), стр. 3, в отд.: Российская социал-демократич. рабочая партия)——337。

—《社会民主党在民主革命中的两种策略》(Две тактики социал-демократии в демократической революции.—В кн.: [Ленин, В. И.] За 12 лет. Собрание статей. Т. 1. Два направления в русском марксизме и русской социал-демократии. Спб., тип. Безобразова, [1907], стр. 387—469. Перед загл. авт.: Вл. Ильин. На тит. л. год изд.: 1908)——146。

—《社会民主党在 1905—1907 年俄国第一次革命中的土地纲领》(Аграрная программа социал-демократии в первой русской революции 1905-7 гг. Пг., «Жизнь и Знание», 1917. VIII, 271 стр. (Б-ка обществоведения. Кн. 39). Перед загл. авт.: В. Ильин (Н. Ленин))——57、410。

—《〈十二年来〉文集》(За 12 лет. Собрание статей. Т. 1. Два направления в русском марксизме и русской социал-демократии. Спб., тип. Безобразова, [1907]. XII, 471 стр. Перед загл. авт.: Вл. Ильин. На тит. л. год изд.: 1908)——146。

—《我们的观点》(Наши взгляды. Ответ на резолюцию Исполнительной комиссии Совета солдатских депутатов. —«Правда», Пг., 1917, №35, 1 мая (18 апреля), стр. 2. Подпись: Н. Ленин) ——273—274。

—《我们是怎样回来的》(载于 1917 年 4 月 5 日《彼得格勒工兵代表苏维埃消息报》第 32 号)(Как мы доехали. —«Известия Петроградского Совета Рабочих и Солдатских Депутатов», 1917, №32, 5 апреля, стр. 2) ——125、210—211、225、226、227、233—234、266、307。

—《我们是怎样回来的》(载于 1917 年 4 月 5 日《真理报》第 24 号)(Как мы доехали. Сообщение, сделанное Исполнит. к-ту тт. Лениным и Зиновьевым по поручению товарищей, приехавших из Швейцарии. —« Правда», Пг., 1917, №24, 5 апреля, стр. 2) ——125。

—《无产阶级在我国革命中的任务(无产阶级政党的行动纲领草案)》(Задачи пролетариата в нашей революции. (Проект платформы пролетарской партии). 10 (23) апреля 1917 г.) ——182—185。

—《无产阶级在我国革命中的任务(无产阶级政党的行动纲领草案)》(1917 年 9 月彼得格勒波涛出版社版)(Задачи пролетариата в нашей революции. (Проект платформы пролетарской партии). Пб., «Прибой», сентябрь 1917. 38 стр. (РСДРП). Перед загл. авт.: Н. Ленин) ——170、445。

—《新旧党纲文本》(Старый и новый тексты программы. —Там же, стр. 18—32) ——473。

—《一个原则问题(关于民主制的一段"被忘记的言论")》(Один принципиальный вопрос. («Забытые слова» демократизма). —«Правда», Пг., 1917, №68, 10 июня (28 мая), стр. 3) ——476。

—《银行和部长》(Банки и министры. —«Правда», Пг., 1917, №32, 14 апреля, стр. 1) ——466。

—《远方来信》(第二封信)(Письма из далека. Письмо 2. Новое правительство и пролетариат. 22 (9) марта 1917 г.) ——20、33、34、53—54。

—《远方来信》(第三封信)(Письма из далека. Письмо 3. О пролетарской милиции. 11 (24) марта 1917 г.) ——28、32、53—54。

——《远方来信》(第四封信)(Письма из далека. Письмо 4. Как добиться мира? 12(25)марта 1917 г.)——37、53—54、495。

——《在出席全俄工兵代表苏维埃会议的布尔什维克和孟什维克联席会议上的报告(1917 年 4 月 4 日(17 日))》——见《社会民主党召开有关统一问题的代表会议》。

——《战争和俄国社会民主党》(Война и российская социал-демократия.—«Социал-Демократ»,Женева,1914,№33,1 ноября,стр. 1. Подпись: Центральный Комитет Российской с.-д. рабочей партии)——91—92。

——《"自由公债"(工人代表苏维埃布尔什维克党团拟定的决议草案)》(«Заем свободы». (Проект резолюции, выработанный большевистской фракцией Совета рабочих депутатов). Резолюция Совета рабочих и солдатских депутатов по поводу 4 «Займа свободы».—«Правда», Пг., 1917,№31,13 апреля, стр. 3, в отд.: Российская социал-демократич. рабочая партия)——345。

[列宁,弗·伊·和季诺维也夫,格·叶·]《社会主义与战争》(德文版)([Lenin, W. I. u. Zinowjew, G. E.] Sozialismus und Krieg. (Stellung der SDAP Rußlands zum Kriege). Б. м. 1915. 36 S. (SDAP). После загл. авт.: G. Zinowjew und N. Lenin)——216、230、260—261、275—276。

——《社会主义与战争》(俄文版)([Ленин, В.И. и Зиновьев, Г.Е.] Социализм и война. (Отношение РСДРП к войне). Изд. ред «Социал-Демократа». Женева, Chaulmontet, 1915. 48 стр. (РСДРП). Перед загл. авт.: Г. Зиновьев и Н. Ленин)——216、230、260—261、275—276。

马尔托夫,尔·[《马尔托夫的电报》](Мартов, Л. [Телеграмма Мартова].—«Известия Петроградского Совета Рабочих и Солдатских Депутатов», 1917, №37, 11 апреля, стр. 2. Под общ. загл.: К вопросу об эмигрантах)——203、211、226。

马克思,卡·《法兰西内战》(1871 年德文版)(Marx, K. Der Bürgerkrieg in Frankreich. Adresse des Generalrats der Internationalen Arbeiterassoziation an alle Mitglieder in Europa und den Vereinigten Staaten. Sonderabdr. aus dem «Volksstaat». Leipzig, Exped. des «Volksstaates», 1871. 52 S.)——68。

tion. —«Die Neue Zeit», Stuttgart, 1912, Jg. 30, Bd. 2, Nr. 41, 12. Juli, S.
541—550; Nr. 42, 19. Juli, S. 585—593; Nr. 43, 26. Juli, S. 609—616)——
38、68。

普列汉诺夫,格·瓦·《格·瓦·普列汉诺夫的信》(载于 1917 年 4 月 20 日
《人民事业报》第 28 号)(Плеханов, Г. В. Письмо Г. В. Плеханова. —«Дело
Народа», Пг., 1917, №28, 20 апреля, стр. 3)——298—302。

——《格·瓦·普列汉诺夫的信》(载于 1917 年 4 月 20 日(5 月 3 日)《言语
报》第 91 号(总第 3833 号))(Письмо Г. В. Плеханова. —«Речь», Пг.,
1917, №91(3833), 20 апреля(3 мая), стр. 5)——298—302。

——《格·瓦·普列汉诺夫给大学生的信》(Письмо Г. В. Плеханова
студентам. —«Единство», Пг., 1917, №18, 20 апреля, стр. 3)——
298—302。

——《关于列宁的提纲以及为什么梦话有时非常引人注目》(О тезисах
Ленина и о том, почему бред бывает подчас весьма интересен. Первый
тезис Ленина. —«Единство», Пг., 1917, №10, 11 апреля, стр. 1—2)——
215—217。

——《同志们,不要落入圈套!》(Товарищи, не попадайтесь в ловушку! —
«Единство», Пг., 1917, №22, 25 апреля, стр. 1)——366—367。

——《无政府主义和社会主义》(Plechanow, G. Anarchismus und Sozialismus.
Berlin, Exped. des«Vorwärts», 1894. 84 S.)——143。

——《再论战争》(Еще о войне. (Ответ товарищу Н—ву). —В кн.: Война.
Сборник статей. При участии: И. Аксельрод и др. [Paris, «Ideal», 1915],
стр. 11—48)——13、92。

——《战争与和平》(Война и мир. (Статья четвертая). —«Единство», Пг.,
1917, №23, 26 апреля, стр. 1)——392—393、454。

普列汉诺夫,格·瓦·等《宣言》(Плеханов, Г. В. и др. Воззвание. —
«Единство», Пг., 1917, №20, 22 апреля, стр. 1. Подпись: Г. В. Плеханов,
Л. Г. Дейч, В. И. Аксельрод)——329—330。

切尔诺夫,维·《列宁》(Чернов, В. Ленин. —«Дело Народа», Пг., 1917, №26,
16 апреля, стр. 1)——305—306。

129、286。

彼得格勒,4 月 4 日。(Петроград, 4 апреля.—«Новое Время», Пг., 1917,
№14743,5(18)апреля,стр.7)——125。

彼得格勒,4 月 5 日。[社论](Петроград,5 апреля.[Передовая].—«Русская
Воля», Пг.,1917,№46,5 апреля,стр.3)——125。

彼得格勒,4 月 13 日。《沉默的外交手腕和气势汹汹的言论》[社论]。
(Петроград, 13 апреля. Дипломатическая фигура умолчания и
воинственные речи.[Передовая].—«Дело Народа», Пг.,1917,№23,13
апреля,стр.1)——222—223、259、347。

彼得格勒,4 月 13 日。[社论](Петроград,13 апреля.[Передовая].—«Речь»,
Пг.,1917,№85(3827),13(26)апреля,стр.1)——218—220。

彼得格勒,4 月[14 日]。[社论](Петроград,[14] апреля.[Передовая].—
«Речь», Пг.,1917,№86(3828),14(27) апреля, стр. 1. В загл. ошибочно
дано:15 апреля)——229—231。

彼得格勒,4 月 20 日(5 月 3 日)。[社论](Петроград, 20 апреля(3 мая).
[Передовая].—«Дело Народа», Пг.,1917,№28,20 апреля,стр.1)——
303、304。

彼得格勒,4 月 22 日。[社论](Петроград,22 апреля.[Передовая].—«Речь»,
Пг.,1917,№93(3835),22 апреля(5 мая),стр.2)——331。

[《彼得格勒工兵代表苏维埃的决定》(1917 年 4 月 21 日)]([Постановление
Петроградского Совета рабочих и солдатских депутатов. 21 апреля 1917
г.].—«Известия Петроградского Совета Рабочих и Солдатских Депутатов»,
1917,№47,22 апреля,стр.1)——320。

《彼得格勒工兵代表苏维埃同临时政府达成的协议》——见《工兵代表苏维埃
3 月 2 日的会议记录摘要》。

《彼得格勒工兵代表苏维埃消息报》(«Известия Петроградского Совета
Рабочих и Солдатских Депутатов», 1917, №4, 3 марта, стр. 1, 4)——2、
5—6、17、18—19、28—29、31、40、41、153—154、155、184—185、249、
282、313、342、401、447—448。

—1917,№5,4 марта,стр.1.——58。

—1917,№15,15 марта,стр.1.——67、107、121、151—152。

—1917,№27,29 марта, стр. 1. —— 151—152、212、213—214、258、259、346—347、383—384、385、386、397、398。

—1917,№29,31 марта, стр. 2—3. —— 103、128、151—152、159—160、168—170、173。

—1917,№32,5 апреля, стр. 2. —— 125—126、210—211、225、226、227、233—234、266、307。

—1917,№34,7 апреля,стр.3.——211。

—1917,№36,9 апреля,стр.5.——211。

—1917,№37,11 апреля,стр.2.——203、211、226。

—1917,№43,17 апреля,стр.1.——277、308。

—1917,№47,22 апреля,стр.1,3.——320、325、327、385、398。

—1917,№51,27 апреля,стр.1—2.——459。

—1917,№55,2 мая,стр.5.——447。

[《彼得格勒工兵代表苏维埃执行委员会的决定》(1917 年 4 月 4 日(17 日))]
([Постановление Исполнительного комитета Петроградского Совета рабочих и солдатских депутатов. 4 (17) апреля 1917 г.].—«Известия Петроградского Совета Рабочих и Солдатских Депутатов»,1917,№32,5 апреля,стр.2)——125—126、210、211、226、227、233—234、266、307。

《彼得格勒工人代表苏维埃消息报》(«Известия Петроградского Совета Рабочих Депутатов»,1917,№1,28 февраля. Прибавление к №1,стр.1) —— 24—25、33、61—62、66、91、500—501。

《波兰和立陶宛社会民主党代表的声明》(Заявление представителей Социал-демократии Польши и Литвы.—В кн.:Второй очередной съезд Росс.соц.-дем. рабочей партии. Полный текст протоколов. Изд. ЦК. Genève, тип. партии,[1904],стр.388—390.(РСДРП))——424、429。

《博学者和伪善者》(Книжники и фарисеи.—«Биржевые Ведомости», Пг., 1917,№16184, 15 (28) апреля. Утренний вып., стр. 5, в отд.: Газетный день)——466—467。

《伯尔尼国际社会党委员会》(«Internationale Sozialistische Kommission zu

Bern.Bulletin»,Bern,1915,Nr.2,27.November,S.14)——174。

《伯尔尼哨兵报》(«Berner Tagwacht»,1915,Nr.123,31.Mai,S.1)——170。

《不理智的步骤》[社论](Безумный шаг.[Передовая].—«Рабочая Газета»,Пг.,1917,№36,21 апреля,стр.1)——312、313。

《不愉快的提示》(Неприятное напоминание.—«Речь»,Пг.,1917,№85(3827).13(26)апреля,стр.2)——218。

《党的州代表大会》(Der kantonale Parteitag.—«Volksrecht»,Zürich,1917,Nr.38,14.Februar,S.2)——87、172。

《党纲中有关国民教育部分的修改草案》(Проект изменения тех пунктов программы,которые относятся к народному образованию. В кн.: Материалы по пересмотру партийной программы.Под ред.и с предисл.Н.Ленина.Пг.,«Прибой»,1917,стр.16—18.(РСДРП))——472。

《德国社会民主党(多数派)的媾和条件》(Условия мира германских с.-д.(большинства).—«Рабочая Газета»,Пг.,1917,№39,25 апреля,стр.3)——362—363、364、365、366、367、368、369。

《德国社会民主党纲领(1891年爱尔福特代表大会通过)》(Programm der Sozialdemokratischen Partei Deutschlands,beschlossen auf dem Parteitag zu Erfurt 1891.—In:Protokoll über die Verhandlungen des Parteitages der Sozialdemokratischen Partei Deutschlands.Abgehalten zu Erfurt vom 14.bis 20.Oktober 1891.Berlin,«Vorwärts»,1891,S.3—6)——353。

《第四届国家杜马会议》(1917年4月27日)(Заседание Государственной думы 4-х созывов. 27-го апреля 1917 года.—«Известия Петроградского Совета Рабочих и Солдатских Депутатов»,1917,№53,29 апреля,стр.3—4)——461—465。

《对党主席的决定进行全党表决》(Das Referendum gegen den Parteivorstandsbeschluß ergriffen.—«Volksrecht»,Zürich,1917,Nr.19,23.Januar,S.2,в отд.:Aus der Partei)——87、172。

《俄国代表在英国。(6月19日(7月2日)在伦敦市长的早餐会上的讲话)》(Русские депутаты в Англии. Речи на завтраке у лорд-мэра.Лондон,19 июня(2 июля).—«Речь»,Спб.,1909,№167(1045),21июня(4 июля), стр.3)——141—142。

《俄国革命》(载于 1917 年 3 月 16 日《新苏黎世报》第 462 号)(Revolution in Rußland. Abdankung des Zaren.—«Neue Zürcher Zeitung», 1917, Nr. 462, 16. März. Erstes Mittagblatt, S. 1—2)——1。

《俄国革命》(载于 1917 年 3 月 17 日《新苏黎世报》第 470 号)(Revolution in Rußland.—«Neue Zürcher Zeitung», 1917, Nr. 470, 17. März. Erstes Mittagblatt, S. 2)——1—2、5—6、17、18—19。

《俄国革命》(载于 1917 年 3 月 19 日《新苏黎世报》第 481 号)(Revolution in Rußland.—«Neue Zürcher Zeitung», 1917, Nr. 481, 19. März. Erstes Mittagblatt, S. 2)——9、10—12、48—49、60—61、64、65—66。

《俄国革命》(载于 1917 年 3 月 21 日《新苏黎世报》第 495 号)(Revolution in Rußland.—«Neue Zürcher Zeitung», 1917, Nr. 495, 21. März. Erstes Mittagblatt, S. 2)——28—29、30—31。

《俄国革命者取道德国回国》(De ryska revolutionärernas tyska resa. Ett intyg fràn internationalistiska socialister.—«Politiken», Stockholm, 1917, N: r 86, 15 april, p. 1)——509—510。

《俄国民主派给予芬兰民主派的教训》(Урок русской демократии демократии финской.—«Биржевые Ведомости». Вечерний вып., Пг., 1917, №16207, 28 апреля(11 мая), стр.4)——470。

《俄国侨民被拘留》(Арест русских эмигрантов.—«Известия Петроградского Совета Рабочих и Солдатских Депутатов», 1917, №36, 9 апреля, стр. 5)——211。

《俄国社会民主工党纲领》(Программа Российской социал-демократической рабочей партии.—В кн.: Программа и устав Российской с.-дем. рабочей партии, принятые на 2-м съезде партии 1903 г. с поправками, принятыми на Объединительном съезде в Стокгольме 1906 г. Пг., «Прибой», б. г., стр. 3—13. (РСДРП))——468—469、481—484、485、486—487、488、489、490、491、492、493。

《俄国社会民主工党纲领(党的第二次代表大会通过)》(Программа Российской соц.-дем. рабочей партии, принятая на Втором съезде партии.—В кн. : Второй очередной съезд Росс. соц.-дем. рабочей партии. Полный текст протоколов. Изд. ЦК. Сепève, тип. партии, [1904], стр. 1 — 6. (РСДРП))

—— 56、57、101、108、110 — 111、116、286、287、403 — 406、407 — 408、424。

《俄国社会民主工党第二次（例行）代表大会》(Второй очередной съезд Росс. соц.-дем. рабочей партии. Полный текст протоколов. Изд. ЦК. Genève, тип. партии, [1904]. 397, II стр. (РСДРП)) — 56、57、101、108 — 109、110 — 111、116、286、287、403—406、407—408、424、429。

《俄国社会民主工党告俄国全体公民的宣言》(Манифест Российской социал-демократической рабочей партии ко всем гражданам России. —«Известия Петроградского Совета Рабочих Депутатов», 1917, №1, 28 февраля. Прибавление к №1, стр. 1. Подпись: Центральный Комитет Российской социал-демократической рабочей партии) —— 24、33 — 34、61 — 62、66、90 — 91、500。

《俄国社会民主工党莫斯科区域第一次代表会议》(1917 年 4 月 19 — 21 日) (Первая Московская областная конференция РСДРП. 19 — 21 апреля 1917 г. —«Социал-Демократ», М., 1917, №45, 15 (2) мая, стр. 2) —— 341、342、343、344 — 345。

《俄罗斯意志报》(彼得格勒)(«Русская Воля», Пг.) —— 117、125、203、205、206、209、215、216、221、225、227、272、277、308、331。

—1917、№46、5 апреля、стр. 3. —— 125。

《法国的宣言》(Manifestations francaises. —«Le Temps», Paris, N 20347, 22 mars, p. 2, в отд. : Les événements de Russie) —— 69。

《法兰克福报》(法兰克福)(«Frankfurter Zeitung», Frankfurt a. M., 1917, Nr. 80, 22. März. Zweites Morgenblatt, S. 1) —— 33、66。

《反击》[社论](Отпор. [Передовая]. —«Речь», Пг., 1917, №93 (3835), 22 апреля (5 мая), стр. 2) —— 331 — 332。

《芬兰议会的代表在彼得格勒》(Представители финляндского сейма в Петрограде. —«Биржевые Ведомости». Утренний вып., Пг., 1917, №16206, 28 апреля (11 мая), стр. 4) —— 470。

《福斯报》(柏林)(«Vossische Zeitung», Berlin, 1917, Nr. 147, 21. März. Abend-Ausgabe, S. 1)——33、34、36—37、65、67。

—1917, Nr. 148, 22. März. Morgen-Ausgabe, S. 1.——33、35、67、152。

《盖得的信》——见《法国的宣言》。

《告各交战国士兵书》——见列宁，弗·伊《告各交战国士兵书》。

《告全世界人民书》(К народам всего мира.—«Известия Петроградского Совета Рабочих и Солдатских Депутатов», 1917, №15, 15 марта, стр. 1. Подпись: Петроградский Совет рабочих и солдатских депутатов)——67、107—108、121、152。

《告遭破产的和受迫害的人民书》(К разоряемым и умерщвляемым народам.—«Социал-Демократ», Женева, 1916, №54—55, 10 июня, стр. 1)——174。

《戈比报》(彼得格勒)(«Газета-Копейка», Пг., 1917, №3131, 14 (26) апреля, стр. 2)——317—318。

《给陆海军的命令》(1917年5月11日)(Приказ по армии и флоту. (11-го мая 1917 г.).—«Вестник Временного Правительства», Пг., 1917, №54 (100), 14 (27) мая, стр. 1, в отд.: Действия правительства)——184。

《给执政参议院的命令[关于农民退出村社和把份地确定为私人财产(1906年11月9日)]》(Указ правительствующему Сенату [о выходе крестьян из общин и закреплении в собственность надельных участков. 9 (22) ноября 1906 г.].—«Правительственный Вестник», Спб., 1906, №252, 12 (25) ноября, стр. 1)——242。

《工兵代表苏维埃反对诽谤》(Совет рабочих и солдатских депутатов против травли.—«Правда», Пг., 1917, №35, 1 мая (18 апреля), стр. 3)——277、308。

《工兵代表苏维埃告各国工人的宣言》——见《告全世界人民书》。

《工兵代表苏维埃3月2日的会议记录摘要》(Из протокола заседания Совета рабочих и солдатских депутатов 2-го марта.—«Известия Петроградского Совета Рабочих и Солдатских Депутатов», 1917, №4, 3 марта, стр. 4)——153—154、155、184—185、282、313、447—448。

《工兵代表苏维埃大会的决议([1917年]4月21日)》(Резолюция общего

段〉一书的通知》]([Сообщение о подготовке к печати в издательстве «Парус» книги В. И. Ленина «Империализм, как высшая стадия капитализма»].—«Летопись», Пг., 1916, №11, стр. 338)——47。

《关于俄国侨民回国》(О возвращении русских эмигрантов.—«Речь», Пг., 1917, №79(3821), 6(19)апреля, стр. 6)——210—211。

[《关于和平的建议的决议》]([La résolution suivante sur les propositions de paix. Резолюция, принятая на синдикальном конгрессе. 26 декабря 1916 г.].—«La Bataille», Paris, 1916, N 421, 27 décembre, p. 2. Под общ. загл.: La Conférence des Fédérations Corporatives des Unions de Syndicats et des Bourses du Travail. La séance de nuit)——174—175。

《关于结束战争的决议》(La résolution sur les buts de guerre. [Резолюция, принятая на конгрессе Французской социалистической партии].—«La Bataille», Paris, 1916, N 422, 28 décembre, p. 2)——174—175。

《关于侨民回国》(К возвращению эмигрантов.—«Рабочая Газета», Пг., 1917, №32, 15 апреля, стр. 3)——272、305。

《滚出去!》(Руки прочь! —«Единство», Пг., 1917, №15, 16 апреля, стр. 1— 2)——307、308。

《国际的现状和俄国社会民主工党的任务》(Положение в Интернационале и задачи РСДРП. (Резолюция принята всеми голосами против одного).— «Солдатская Правда», Пг., 1917, №13, 16 (3) мая. Приложение к газ. «Солдатская Правда», стр. 3. Под общ. загл.: Резолюции Всероссийской конференции РСДРП, состоявшейся 24 — 29 апреля 1917 года)—— 182—184。

《国际关于目前形势的宣言》[巴塞尔国际社会党非常代表大会通过](Manifest der Internationale zur gegenwärtigen Lage, [angenommen auf dem Außerordentlichen Internationalen Sozialistenkongreß zu Basel].—In: Außerordentlicher Internationaler Sozialistenkongreß zu Basel am 24. und 25. November 1912. Berlin, Buchh. «Vorwärts», 1912, S. 23 — 27)——13、 298—299、329—330、339、442。

《国际》杂志(彼得格勒)(«Интернационал», Пг.)——251。

《国际主义者周报》(波士顿)(«The Internationalist»,Boston)——172。

《和谈的尝试》(Попытки мирных переговоров.—«Новое Время», Пг., 1917, №14750,13(26)апреля,стр.3)——261—263。

《呼声报》(巴黎)(«Голос»,Париж)——251。

《交易所新闻》(彼得格勒)(«Биржевые Ведомости»,Пг.)——389。

　—1917,№16120,5(18)марта.Утренний вып.,стр.1—2.——9、64、499。

　—1917,№16184,15(28)апреля.Утренний вып.,стр.5.——466—467。

　—1917,№16195,21 апреля(4 мая).Вечерний вып.,стр.2—3.——334。

　—1917,№16206,28 апреля(11 мая).Утренний вып.,стр.7.——461—465。

　—1917,№16206,28 апреля(11 мая).Утренний вып.,стр.4.——470。

　—1917,№16207,28 апреля(11 мая).Вечерний вып.,стр.4.——470。

《金融报》(彼得格勒)(«Финансовая Газета»,Пг.,1917,№454,13(26)апреля. Вечернее издание,стр.3)——224、466。

　—1917,№457,17(30)апреля.Вечернее издание,стр.2.——282—284。

《旧事物的遗迹》(Отзвуки старого.—«Речь»,Пг.,1917,№84(3826),12(25) апреля,стр.3.Подпись:Скецтик)——345。

《军队、工人和政府》(L'armée, les ouvriers et le gouvernement.—«Le Temps»,Paris,1917,N 20345,20 mars,p.1,в отд.:Les événements de Russie)——28—29、31。

《军士的寡妇》(Унтер-офицерская вдова.—«Рабочая Газета»,Пг.,1917,№38, 23 апреля,стр.2)——337。

《卡纳维诺(下诺夫哥罗德省)的通讯》(Канавино(Нижег. г.).—«Правда», Пг.,1917,№32,14 апреля,стр.8,в отд.:Российская социал-демократич. рабочая партия.Подпись:Левит)——285。

《开端报》(巴黎)(«Начало»,Париж)——510。

《开姆尼茨报》——见《人民呼声报》。

《昆塔尔宣言》——见《告遭破产的和受迫害的人民书》。

《来自德国报界的消息》(Aus der deutschen Presse.Berlin,23.März.—«Neue Zürcher Zeitung»,1917,Nr.517,24.März.Erstes Mittagblatt,S.2,в отд.: Revolution in Rußland)——46、47、49、67、495、501。

《Известия Петроградского Совета Рабочих и Солдатских Депутатов》，1917，№27，29 марта，стр.1）——151—152、212、213、258—259、346—347、383—384、385、386、397、398。

《临时政府通报》（彼得格勒）（《Вестник Временного Правительства》，Пг.，1917，№11(57)，17(30) марта，стр.1）——370—371、386—387。

——1917，№26(72)，8(21) апреля，стр.1.——155—156、184—185、195、205、206、260、316、348。

——1917，№35(81)，20 апреля(3 мая)，стр.2.——289、290、293、295—297、303、309、310、315、325、326、385—386、398、402。

——1917，№40(86)，26 апреля(9 мая)，стр.1.——447。

——1917，№54(100)，14(27) мая，стр.1.——184—185。

《临时政府宣言》（Manifest der provisorischen Regierung.—《Neue Zürcher Zeitung》，1917，Nr.493，21.März.Erstes Morgenblatt，S.2，в отд.：Revolution in Rußland）——49、60—61、65、151—152。

《陆海军部长的命令（4 月 7 日第 33 号）》（Приказ военного и морского министра(от 7-го апреля №33).—《Вестник Временного Правительства》，Пг.，1917，№26（72），8（21）апреля，стр.1，в отд.：Действия правительства）——156、184—185、195、205、206、260、316、348。

《掠夺政策已经够了》［社论］（Довольно завоевательной политики.［Передовая］.—《Новая Жизнь》，Пг.，1917，№2，20 апреля(3 мая)，стр.1）——303—304。

伦敦，3 月 17 日。［电报］(London，17.März.［Телеграмма］.—《Neue Zürcher Zeitung》，1917，Nr.470，17.März.Erstes Mittagblatt，S.2—3，в отд.：Ausland.Под общ.загл.：England）——1。

《论坛报》（阿姆斯特丹）（《De Tribune》，Amsterdam）——172。

米兰 3 月 29 日电(Mailand，29.März.—《Neue Zürcher Zeitung》，1917，Nr.557，30.März.Erstes Morgenblatt，S.3，в отд.：Revolution in Rußland）——71、73。

《民权报》（苏黎世）（《Volksrecht》，Zürich）——63、74。

——1917，Nr.19，23.Januar，S.2.——87、172。

《青年国际》杂志(苏黎世)(《Jugend-Internationale», Zürich)——175。

《全俄工兵代表苏维埃代表会议》(3 月 29 日的会议)(Всероссийское сове-
щание делегатов от Советов рабочих и солдатских депутатов. Заседание
29 марта.—«Известия Петроградского Совета Рабочих и Солдатских
Депутатов»,1917,№29,31 марта, стр.2 — 3)—— 103、128、152、159 —
160、168—170、173。

《人道报》(巴黎)(«L' Humanité»,Paris,1917,N 4728,28 mars,p.3)——73。

《人民呼声报》(开姆尼茨)(«Volksstimme»,Chemnitz)——174。

《人民事业报》(彼得格勒)(«Дело Народа»,Пг.) —— 221、222、303、304、
307、347。
　　—1917,№23,13 апреля, стр.1.—— 221、222、227 — 228、259、277、307 —
308、347。
　　—1917,№25,15 апреля,стр.3.——268。
　　—1917,№26,16 апреля,стр.1、3.——273、277 — 280、281、305。
　　—1917,№28,20 апреля,стр.1、3.——298 — 302、303、304。

《人民自由党会议》(Собрание партии народной свободы.—«Речь»,Пг.,1917,
№83(3825),11(24)апреля,стр.5)——205、206。

《日报》(彼得格勒)(«День»,Пг.,1917,№(1604)33,14 апреля,стр.1 — 2)
—— 199、232、268、273、316、317—318、412—413、414、415、420。
　　—1917,№(1611)40,22 апреля,стр.1.——333。

《三个最高委员会的夜间会议》(Ночное заседание трех высших коллегий.—
«Биржевые Ведомости»,Пг.,1917,№16195,21 апреля(4 мая).Вечерний
вып.,стр.2 — 3.Подпись:А.Гессен)——334。

《沙皇的选择——要么是改革,要么是无政府状态》(Tsar's choice—reform or
anarchy.—«The Times»,London,1917,No.41,428,March 16,p.8)——
22—26、27—28、34—35。

《社会党的意见》(II pensiero del Partito Socialista.—«Avanti!»,Milano,
1916,N.345,18 dicembre,p.1)——175。

《社会革命党人宣言》(Das Manifest der Sozialrevolutionäre.—«Frankfurter
Zeitung»,Frankfurt a. M.,1917,Nr. 80,22. März. Zweites Morgenblatt,

S.1.Под общ.загл.:Die russische Revolution)——33、66。

《社会民主党人报》(莫斯科)(«Социал-Демократ», М., 1917, №16, 24 марта, стр.2—3;№18,28 марта,стр.2—3)——104。

—1917, №45, 15(2) мая, стр.2.——341、342、343、344—345。

《社会民主党人报》[圣彼得堡—维尔诺]—日内瓦—巴黎(«Социал-Демократ», [Спб.—Вильно]—Женева—Париж)——50、83、88、509—510。

—Женева, 1914, №33, 1 ноября, стр.1.——91—92。

—1915, №45—46, 11 октября, стр.3—4.——173。

—1915, №47, 13 октября, стр.2.——26—28、30、37、50—51、69、73—74、88、89—90、236、261、274—275、495、501。

—1916, №54—55, 10 июня, стр.1.——174。

《社会民主党就统一问题召开的代表会议》(Совещание представителей с.-д. партии по вопросу об объединении.—«Единство», Пг., 1917, №5, 5 апреля, стр.4)——113、116、117、118、135、218。

[社论]([Передовая].—«Единство», Пг., 1917, №19, 21 апреля, стр.1)——312—313、316。

《盛加略夫部长的电报》——见波诺马廖夫, К.《擅自"分配"》。

《时报》(巴黎)(«Le Temps», Paris)——60、66、67。

—1917, N 20345, 20 mars, p.1.——28—29、31。

—1917, N 20347, 22 mars, p.2.——34、69。

《11月9日法令》——见《给执政参议院的命令[关于农民退出村社和把份地确定为私人财产]》。

《士兵代表苏维埃执行委员会谈列宁的活动》(Исполнит. комиссия Сов. солд. депутатов о деятельности Ленина.—«Единство», Пг., 1917, №15, 16 апреля, стр.3. Под общ. загл.: К деятельности Ленина)——273、277—279、281。

《士兵代表苏维埃执行委员会谈列宁的宣传》(Исполнительная комиссия Совета солдатских депутатов о пропаганде Ленина.—«Дело Народа», Пг., 1917, №26, 16 апреля, стр.3, в отд.: Армия республики)——273、277—279、281。

《士兵代表执行委员会谈列宁的宣传》(Исполнительная комиссия солдатских депутатов о пропаганде Ленина. —«Рабочая Газета», Пг., 1917, №33, 16 апреля, стр. 2, в отд.: Хроника)——273、277——279、281。

《士兵真理报》(彼得格勒)(«Солдатская Правда», Пг., 1917, №13, 16(3) мая. Приложение к газ. «Солдатская Правда», стр. 1 — 4)——183 — 184、403—406、440、445、447—450、470。

《世界大战和社会民主党的任务》(载于 1915 年 10 月 11 日《社会民主党人报》第 45 — 46 号)(Всемирная война и задачи социал-демократии. (Проект резолюции, внесенный левой частью конференции). —«Социал-Демократ», Женева, 1915, №45—46, 11 октября, стр. 3—4)——173。

《世界大战和社会民主党的任务》(载于 1915 年 11 月 27 日《伯尔尼国际社会党委员会。公报》第 2 期)(Der Weltkrieg und die Aufgaben der Sozialdemokratie. [Проект резолюции, внесенный левой частью на международной социалистической конференции в Циммервальде]. —«Internationale Sozialistische Kommission zu Bern. Bulletin », Bern, 1915, Nr. 2, 27. November, S. 14. Под общ. загл.: Nachträgliches von der Zimmerwalder Konferenz. Der Resolutionsentwurf)——174。

《世界大战和社会民主党的任务》(1915 年 9 月齐美尔瓦尔德会议左派提出的决议草案)(Всемирная война и задачи социал-демократии. (Проект резолюции, внесенный левой частью конференции в Циммервальде в сентябре 1915 года). —В кн.: Ленин, В. И. Задачи пролетариата в нашей революции. (Проект платформы пролетарской партии). Пб., «Прибой», сентябрь 1917, стр. 36 — 38. (РСДРП). Перед загл. авт.: Н. Ленин)——170。

《事业》杂志(彼得格勒)(«Дело», Пг.)——26。

《苏维埃布尔什维克党团代表的声明》——见列宁，弗·伊·《请同志们注意!》。

《他们想要什么》[社论](Чего они хотят. [Передовая]. —« Известия Петроградского Совета Рабочих и Солдатских Депутатов», 1917, №43, 17 апреля, стр. 1)——277、308。

《泰晤士报》(伦敦)(«The Times», London)——60、66、67、206。

—1917,No.41,428,March 16,p.8.——22—26、27—28、34、60、66。

《谈谈现今的事件》[社论](К событиям дня.[Передовая].—«Рабочая Газета», Пг.,1917,№37,22 апреля,стр.1)——333—335。

《统一报》(彼得格勒)(«Единство»,Пг.)—— 129、143、215、227、272、277、307、329、330、345、389。

　　—1917,№5,5 апреля,стр.4.——113、116、117、118、135、218。

　　—1917,№10,11 апреля,стр.1—2.——215—217。

　　—1917,№15,16 апреля,стр.1—2,3.——273、277—280、281、307、308。

　　—1917,№18,20 апреля,стр.3.——298—302。

　　—1917,№19,21 апреля,стр.1.——312—313、316。

　　—1917,№20,22 апреля,стр.1.——329—330。

　　—1917,№22,25 апреля,стр.1.——366—367。

　　—1917,№23,26 апреля,стр.1.——392—393、453—454。

《〈统一报〉谈布尔什维主义》(«Единство» о большевизме.—«Дело Народа», Пг.,1917,№23,13 апреля,стр.1.Подпись:С.Д.)——221、227—228、277、307—308。

《土地纲领》[俄国社会民主工党第四次(统一)代表大会通过](Аграрная программа,[принятая на IV (Объединительном) съезде РСДРП].—В листовке:Постановления и резолюции Объединительн.съезда Российской социал-демократической рабочей партии.[Спб.],тип.ЦК,[1906],стр.1.(РСДРП))——57、237—238、404、407、409、439—440。

《晚间信使报》(米兰)(«Corriere della Sera»,Milano,1917,N.88,29 marzo,p.4)——71。

《我们的曙光》杂志(圣彼得堡)(«Наша Заря»,Спб.)——26。

《我们的言论报》(巴黎)(«Наше Слово»,Париж)——119。

《小巴黎人报》(巴黎)(«Le Petit Parisien»)——73。

《小报》(彼得格勒)(«Маленькая Газета»,Пг.,1917,№85(884),14(27) апреля,стр.2)——233、234。

　　—1917,№87(886),16(29)апреля,стр.3.——273、277—280、281。

《协约国》(Союзники.—«Рабочая Газета»,Пг.,1917,№41,27 апреля,стр.2)

——458、459。

《新部长的名单》(Names of the new ministers.—《The Times》, London, 1917, No.41,428, March 16, p.8)——27—29、59—60、66。

《新生活报》(彼得格勒—莫斯科)(《Новая Жизнь》, Пг.—М.)——303、304。

——Пг., 1917, №2, 20 апреля(3 мая), стр.1.——303—304。

《新时报》(彼得格勒)(《Новое Время》, Пг.)——125、215、216。

——1917, №14743, 5(18)апреля, стр.7.——125。

——1917, №14750, 13(26)апреля, стр.3.——261—263。

《新时代》杂志(斯图加特)(《Die Neue Zeit》, Stuttgart, 1912, Jg.30, Bd.2, Nr. 41, 12. Juli, S. 541—550; Nr. 42, 19. Juli, S. 585—593; Nr. 43, 26. Juli, S. 609—616)——37—38、68。

——1912, Jg.30, Bd.2, Nr.44, 2. August, S. 654—664; Nr.45, 9. August, S. 688—698; Nr.46, 16. August, S.723—733.——37—38、68。

——1917, Jg.35, Bd.2, Nr.1, 6. April, S.9—20)——54—55。

《新苏黎世报》(《Neue Zürcher Zeitung》, 1917, Nr.462, 16. März. Erstes Mittagblatt, S.1—2)——1。

——1917, Nr.470, 17. März. Erstes Mittagblatt, S.2—3.——1、2、5—6、17、18—19。

——1917, Nr.481, 19. März. Erstes Mittagblatt, S.2.——9、10—12、48—49、60—61、64、65—66。

——1917, Nr.493, 21. März. Erstes Morgenblatt, S.2.——48—49、60—61、65—66、151—152。

——1917, Nr.495, 21. März. Erstes Mittagblatt, S.2.——28、30—31。

——1917, Nr.517, 24. März. Erstes Mittagblatt, S.2.——46、47、48—49、67、495、501。

——1917, Nr.557, 30. März. Erstes Morgenblatt, S.3.——71、73。

《修改党纲的材料》(Материалы по пересмотру партийной программы. Под ред. и с предисл. Н. Ленина. Пг., 《Прибой》, 1917. 32 стр. (РСДРП))——472—473、479—480。

《言语报》(彼得堡)(《Речь》, Пг.)——121、125、128—129、205、209、220—

221、227、231、236、299、330、331、389、462。

—1909,№167(1045),21 июня(4 июля),стр.3.——141—142。

—1917,№76(3818),31 марта(13 апреля),стр.1.——104、128、129、386。

—1917,№78(3820),5(18)апреля стр.3.——125。

—1917,№79(3821),6(19)апреля,стр.6.——210。

—1917,№83(3825),11(24)апреля,стр.1—3,5,6.——205、206、212—
213、214、259、347、386、398。

—1917,№84(3826),12(25)апреля,стр.3.——345。

—1917,№85(3827),13(26)апреля,стр.1,2.——218—220。

—1917,№86(3828),14(27)апреля,стр.1.——229—231。

—1917,№91(3833),20 апреля(3 мая),стр.5.——298—302。

—1917,№93(3835),22 апреля(5 мая),стр.2.——331—332。

《要争取和平》[传单](«Imposons la paix».[Листовка.Paris,1917])——231。

《1905 年土地占有情况统计》(Статистика землевладения 1905 г.Свод данных
по 50-ти губерниям Европейской России. Спб., тип. Минкова, 1907. 199
стр.;L стр.табл.(Центр.стат.ком. м-ва внутр. дел))——411、414。

《1906 年在斯德哥尔摩举行的俄国社会民主工党统一代表大会记录》
(Протоколы Обьединительного съезда РСДРП, состоявшегося в Стокгольме в
1906 г.М., тип. Иванова,1907.VI,420 стр.)——409—410。

《1917 年 4 月 24—29 日的代表会议上成立的小组对党纲总纲部分(理论部
分)的意见》(Замечания составившейся на конференции 24—29 апреля
1917 г. секции по поводу общей (теоретической) части программы.—В
кн.: Материалы по пересмотру партийной программы. Под ред. и с
предисл.Н. Ленина. Пг., «Прибой», 1917, стр. 9—11.(РСДРП))——
472、479—480。

《1917 年 4 月 24—29 日举行的俄国社会民主工党全国代表会议决议》(Ре-
золюции Всероссийской конференции Российской социал-демократической
рабочей партии, состоявшейся 24—29 апреля 1917 года.—«Солдатская
Правда»,Пг., 1917, №13, 16(3) мая. Приложение к газ. «Солдатская
Правда»,стр.1—4)——182—183、445、447—450。

《〔104个国家杜马成员联名提出的土地法〕基本条例草案》(Проект основ-
ных положений〔земельного закона, внесенный 104 членами Государственной
думы〕.—В кн.:Стенографические отчеты〔Государственной думы〕.1906
год.Сессия первая.Т.I.Заседания 1—18(с 27 апреля по 30 мая).Спб.,гос.
тип.,1906,стр.560—562.(Государственная дума))——53、90—91、
410—411、414—415。

《104人土地纲领》——见《104个国家杜马成员联名提出的土地法基本条例
草案》。

《104人土地纲领》——见《以劳动团和农民协会的名义向第二届国家杜马提
出的土地改革基本条例草案》。

《〔以劳动团和农民协会的名义向第二届国家杜马提出的土地改革〕基本条例
草案》(Проект основных положений〔земельной реформы, внесенный во
II Государственную думу от имени Трудовой группы и Крестьянского
союза〕.—В кн.:〔Материалы, поступившие в Общее собрание Государственной
думы 2-го созыва〕.Б. м.,〔1907〕,л.17—19, 37)——91、410—411、
414—415。

《〔以社会民主党党团的名义向第二届国家杜马提出的〕土地改革基本条例草
案》(Проект основных положений аграрной реформы,〔внесенный во II
Государственную думу от имени социал-демократической фракции〕.—В
кн.:Стенографические отчеты〔Государственной думы〕.1907 год.Сессия
вторая.Т.I.Заседания 1—30(с 20 февраля по 30 апреля).Спб.,гос.тип.,
1907,стлб.728—730.(Государственная дума.2-ой созыв))——410。

《在俄罗斯对外贸易银行里》(В Русском для внешней торговли банке.—
«Финансовая Газета»,Пг.,1917,№454,13(26)апреля.Вечернее издание,
стр.3,в отд.:Хроника)——224、466。

《在走向和平的道路上》(На пути к миру.—«Рабочая Газета»,Пг.,1917,
№39,25 апреля,стр.1)——364。

《战斗报》(巴黎)(«La Bataille»,Paris,1916,N 421,27 decembre,p.2)——
174—175。

　—1916,N 422,28 decembre,p.2.——174—175。

《真理报》(彼得格勒)(《Правда》,Пг.)——61、73、81、91、135、205、215、218、219、225、297、307、331、333、365、382—383、473。

——1917,№9,15 марта,стр.1.——98、106。

——1917,№10,16 марта,стр.2.——98、106。

——1917,№14,21 марта,стр.2—3;№15,22 марта,стр.2.——32、35、43、53—54、68—69、136—137。

——1917,№24,5 апреля,стр.2.——125。

——1917,№26,7 апреля,стр.1—2.——135、136、141—144、145—147、215、219、238—239、277—278。

——1917,№27,8 апреля,стр.2.——143—149。

——1917,№28,9 апреля,стр.2.На газ.ошибочно указан №58.——333。

——1917,№31,13 апреля,стр.3.——344—345。

——1917,№32,14 апреля,стр.1,3.——232、285、466。

——1917,№35,1 мая(18 апреля),стр.2,3.——247—248、273、277、290—291、296、308、341—344、423。

——1917,№37,4 мая(21 апреля),стр.1—2.——326、333、350、393、453、454。

——1917,№38,5 мая(22 апреля),стр.1.——320、326、333—334、359。

——1917,№39,6 мая(23 апреля),стр.1,3.——324、334—335、337、359。

——1917,№41,9 мая(26 апреля),стр.1.——427—428、459、460。

——1917,№44,12 мая(29 апреля),стр.1.——382—394、395—396。

——1917,№45,13 мая(30 апреля),стр.1.——404、407。

——1917,№46,15(2)мая,стр.3.——378—381、439。

——1917,№55,25(12)мая,стр.2.——184。

——1917,№68,10 июня(28 мая),стр.1,3—4.——476。

《真理报》(圣彼得堡)(《Правда》,Спб.)——71—72、73、437。

《征用私有土地》(Реквизиция частновладельческих земель.—《Газета-Копейка》,Пг.,1917,№3131,14(26)апреля,стр.2.)——317—318。

《政府通报》(圣彼得堡)(《Правительственный Вестник》,Спб.,1906,№252,12(25)ноября,стр.1)——242。

《政治报》(斯德哥尔摩)(《Politiken》,Stockholm)——94、96、509。

　　—1917,Nr.86,15 april,p.1.——509—510。

《执行委员会决定参加组织联合内阁的工作》(Исполнительный комитет
　　решил участвовать в создании коалиционного министерства.—«Известия
　　Петроградского Совета Рабочих и Солдатских Депутатов»,1917,№55,2
　　мая,стр.5)——447。

《钟声》杂志(慕尼黑—柏林)(《Die Glocke》,München—Berlin)——174。

　　—München,1916,Jg.II,Bd.I,Hft.20,12.August,S.770—786.——174。

《众议院》(Abgeordnetenhaus. 27. Sitzung. 16. März.—«Vorwärts»,Berlin,
　　1916,Nr. 76, 17. März. Beilage zu Nr. 76 des «Vorwärts», S. 2)——
　　171、230。

《主要的敌人在本国》——见李卜克内西,卡·《强有力的警告》。

《自由的节日》(La festa della libertà.—«Corriere della Sera»,Milano,1917,N.
　　88, 29 marzo, p. 4,в отд.:Recentissime. Под общ. загл.:In Russia. Le
　　insidie del vecchio regime)——71。

《自由青年》(苏黎世)(《Freie Jugend》,Zürich)——87。

《组织委员会里的芬兰社会民主党代表们》(Делегаты Финляндской с.-д-ии в
　　Организацион.комитете.—«Рабочая Газета»,Пг.,1917,№42,28 апреля,
　　стр.2)——426、427—428、430。

《组织委员会里的芬兰社会民主党代表团》(Делегация Финляндской
　　с[оциал]-д[емократ]ии в Организацион[ном] комитете.—«Рабочая
　　Газета»,Пг.,1917,№42,28 апреля,стр.2)——468、469—470。

《最低经济纲领修改草案》(Проект изменения экономической программы-
　　минимум)——472。

《左派和公债》[社论](Левые и заем.[Передовая].—«Финансовая Газета»,
　　Пг.,1917,№457,17(30)апреля.Вечернее издание,стр.2)——282—284。

年　表

（1917 年 3 月—4 月）

1917 年

3 月—4 月

列宁侨居瑞士苏黎世。4 月 3 日（16 日）回国后,居住彼得格勒。

3 月 2 日（15 日）

获悉二月革命取得胜利,决定立即回国。

写信告诉克拉伦的伊·费·阿尔曼德关于二月革命胜利的消息,并随信寄去瑞士齐美尔瓦尔德左派的一份传单《戳穿保卫祖国的谎言》。信中说,俄国已处于社会主义革命的前夜。

3 月 2 日或 3 日（15 日或 16 日）

打电报告诉伯尔尼的格·叶·季诺维也夫关于二月革命胜利的消息,请他立即来苏黎世。

3 月 3 日（16 日）

写信给克里斯蒂安尼亚的亚·米·柯伦泰,指出二月革命的国际意义,以及二月革命后布尔什维克面临的任务和应采取的策略。

3 月 4 日（17 日）

写《1917 年 3 月 4 日（17 日）的提纲草稿》,并于当天将提纲寄往斯德哥尔摩和克里斯蒂安尼亚,指导即将启程回国的布尔什维克回国后如何开展工作。

写信告诉亚·米·柯伦泰,已起草一份关于当前主要任务和党的策略的提纲,提出立即组织群众,为工人代表苏维埃夺取政权作准备。

3 月 4 日—22 日（3 月 17 日—4 月 4 日）

阅读和摘录 3 月 4 日至 22 日（3 月 17 日至 4 月 4 日）各家外国报刊有关

俄国二月革命的报道。

3月5日(18日)

早晨抵达瑞士的拉绍德封。下午2时,在工人俱乐部用德语作关于巴黎公社和俄国革命发展前景的专题报告(《俄国革命会走巴黎公社的道路吗?》)。作报告前曾同当地的布尔什维克小组成员交谈。

3月6日(19日)

用法文写《给启程回俄国的布尔什维克的电报》。

3月6日(19日)以后

写信告诉日内瓦的维·阿·卡尔宾斯基,赞同尔·马尔托夫3月6日(19日)在俄国各党派中央机构的非正式会议上提出的计划:遣返被拘留在俄国的德国人和奥地利人,以取得德国方面对俄国政治流亡者取道德国回国的许可。

3月7日(20日)

开始为《真理报》撰写一组文章,总标题为《远方来信》。写《远方来信。第一封信。第一次革命的第一阶段》。

3月8日—9日(21日—22日)

写《远方来信。第二封信。新政府和无产阶级》。

3月9日(22日)

打电报告诉亚·米·柯伦泰,已给她寄去第一封和第二封《远方来信》。

写信给雅·斯·加涅茨基,请他查问一下委托亚·米·柯伦泰转交《真理报》的第一封和第二封《远方来信》的情况。如果柯伦泰离开克里斯蒂安尼亚之前没有收到这两封信,就请他将这两封信转寄给彼得格勒的弗·德·邦契-布鲁耶维奇。

3月10日(23日)

《给启程回俄国的布尔什维克的电报》在瑞典社会民主党左派刊物《政治报》第68号上发表。

3月10日—11日(23日—24日)

写《远方来信。第三封信。论无产阶级民兵》。

3月12日(25日)以前

写回信给阿·瓦·卢那察尔斯基,拒绝他提出的关于布尔什维克同前进

派举行会议的建议。强调必须保持布尔什维克党思想上和组织上的
独立。

不晚于 3 月 12 日（25 日）

写《俄国革命和各国工人的任务》一文的提纲。

3 月 12 日（25 日）

写《远方来信。第四封信。如何实现和平?》和《俄国革命和各国工人的
任务》一文。后者是为布尔什维克党中央起草的告国际无产阶级书（文
章未写完）。

3 月 13 日（26 日）

《给启程回俄国的布尔什维克的电报》在俄国社会民主工党中央委员会
俄国局会议和党的彼得堡委员会执行委员会扩大会议上宣读。

3 月 13 日和 16 日（26 日和 29 日）之间

鉴于德国各家报纸歪曲《给启程回俄国的布尔什维克的电报》，列宁用德
文撰写《给〈民权〉报的声明》。

不晚于 3 月 14 日（27 日）

写《俄国革命及其意义和任务》的报告提纲和要点。

3 月 14 日（27 日）

出席苏黎世民众文化馆举行的集会，向瑞士工人作题为《俄国革命及其
意义和任务》的报告。

3 月 15 日（28 日）

打电报告诉斯德哥尔摩的雅·斯·加涅茨基，不同意他提出的通过柏林
的德国社会民主党人使俄国政治流亡者回国计划;建议他争取从瑞士政
府得到去哥本哈根的一节车厢，或者商妥用被拘留的德国人交换俄国政
治流亡者。

3 月中

写《告被俘同志书》，在伯尔尼印成传单，署名:《社会民主党人报》编
辑部。

　　写《给瑞士工人的告别信》。告别信刊登在 5 月 1 日《青年国际》杂
志第 8 期。

3 月 16 日（29 日）

《给〈民权〉报的声明》以《确证》为题发表在《民权报》第 75 号。

3月16日或17日(29日或30日)

列宁撰写《论俄国社会民主工党在俄国革命中的任务》,由美·亨·勃朗斯基译成德文,发表在1917年3月31日和4月2日(公历)《民权报》第77号和第78号。

3月17日(30日)以前

写信给雅·斯·加涅茨基,提出俄国政治流亡者从瑞士取道英国回俄国的过境条件,要求英国政府同意在报上公布这些条件,作为切实履行这些条件的保证。

3月17日(30日)

撰写《共和派沙文主义者的诡计》一义,并将该文寄给雅·斯·加涅茨基。

接到斯德哥尔摩的雅·斯·加涅茨基的急电,加涅茨基传达了俄国社会民主工党中央委员会俄国局要求列宁立即返回俄国的指示。

打电报告诉雅·斯·加涅茨基,不能采纳取道英国回国的计划,请他派人去彼得格勒,设法通过彼得格勒工人代表苏维埃遣返被拘留的德国人交换俄国政治流亡者。

出席各党派中央机构代表会议,会上旅居瑞士的俄国政治流亡者归国执行委员会委员谢·巴戈茨基报告同罗·格里姆谈判的进程。列宁说明为什么要取道德国回国。

写信给雅·斯·加涅茨基,详细研讨了俄国的政治形势以及党在革命中的任务和策略。坚决要求在彼得堡重印《社会民主党人报》、小册子《社会主义与战争》、《共产党人》杂志、《〈社会民主党人报〉文集》和自己的《几个要点》一文。

3月18日(31日)

把《共和派沙文主义者的诡计》一文寄给瑞士社会民主党左派机关报《民权报》编辑部和意大利社会党机关报《前进报》编辑部。

起草《俄国社会民主工党中央国外委员会的决定》。国外委员会通过决定。

打电报告诉伯尔尼的罗·格里姆,布尔什维克接受关于俄国政治流亡者取道德国回国的建议,请他立即同德国驻瑞士公使进行交涉,并告结果。

3 月 19 日(4 月 1 日)

打电报给斯德哥尔摩的雅·斯·加涅茨基,请拨给两三千克朗作政治流亡者回国的费用,并告诉他第一批约十人,拟于 3 月 22 日(4 月 4 日)启程。

打电报给罗·格里姆,告诉他俄国社会民主工党中央已批准取道德国回国的计划,并决定立即着手组织工作。格里姆接到电报后打电话给列宁说,在未经俄国临时政府批准以前,他不能继续进行关于俄国政治流亡者取道德国回国的谈判。

3 月 20 日(4 月 2 日)

同瑞士左派社会党人开会,商讨俄国政治流亡者回国问题。与会者认为,罗·格里姆在对待俄国政治流亡者回国问题上态度暧昧,拖延谈判,决定不再让他充当谈判的中间人。

会后,列宁同瑞士社会民主党书记弗·普拉滕一起由苏黎世前往伯尔尼,向罗·格里姆转达会议的决定,并同普拉滕商妥,请他接替格里姆继续交涉。

3 月 20 日或 21 日(4 月 2 日或 3 日)

写信给布尔什维克苏黎世支部,随信寄去俄国社会民主工党中央国外委员会 3 月 18 日(31 日)通过的关于俄国政治流亡者立即回国的决定。请他们把这个决定转给日内瓦的卡尔宾斯基夫妇,并把决定的内容通知洛桑的米·李·戈别尔曼。

3 月 20 日和 24 日(4 月 2 日和 6 日)之间

同前来苏黎世的阿·瓦·卢那察尔斯基就前进派分子随同第一批取道德国的俄国侨民一起回俄国事宜进行谈判。

领导国外布尔什维克小组代表同弗·柯恩和马·瓦列茨基(波兰社会党左派)以及亚·萨·马尔丁诺夫(孟什维克)就波兰政治流亡者和孟什维克随同第一批回国者一起取道德国回国事宜进行谈判。

3 月 21 日(4 月 3 日)

列宁在 1914 年 9 月至 1917 年 4 月俄国社会民主工党(布)中央收支决算上标注:"党的现金账　1.III.1917"。

　　　　弗·普拉滕受列宁的委托,接替罗·格里姆继续同德国驻瑞士公使
进行谈判。

3月21日和22日(4月3日和4日)

　　《远方来信。第一封信。第一次革命的第一阶段》在《真理报》第14号和
第15号上发表(非全文)。

3月22日(4月4日)以前

　　列宁写信告诉伊·费·阿尔曼德,斯德哥尔摩寄来的路费已经收到,拟
于3月22日(4月4日)启程回国。

　　收拾行装准备回国,处理了党的文件和个人的书籍信件等。

3月22日(4月4日)

　　弗·普拉滕把列宁拟定的关于俄国政治流亡者从德国过境回国的条件
转告德国驻瑞士公使。

　　列宁写信告诉日内瓦的维·阿·卡尔宾斯基和索·瑙·拉维奇,
弗·普拉滕已同意筹办俄国政治流亡者回国事宜,要写出一份关于取道
德国回国的过境谈判议定书,请普拉滕和保·莱维在议定书上签字。请
他们就这一问题同昂·吉尔波谈一下,并弄清楚罗曼·罗兰能否参加签
字。告诉他们法国的《小巴黎人报》的一则消息:临时政府外交部长帕·
尼·米留可夫威胁说,要把所有取道德国回国者送交法庭审判。

3月23日(4月5日)

　　打电报告诉雅·斯·加涅茨基,因孟什维克要求工人代表苏维埃批准取
道德国回国计划,启程回国日期推迟,请他派人去彼得格勒同彼得格勒
苏维埃商谈。

　　《共和派沙文主义者的诡计》一文在《民权报》第81号上发表。

　　俄国社会民主工党中央委员会俄国局打电报给雅·斯·加涅茨基,
要列宁火速回国。

　　维·阿·卡尔宾斯基写信告诉列宁,芬兰边境关卡盘查甚严,建议
在瑞士报纸上发表一些文章,大谈所谓俄国政治流亡者不可能返回俄国
的问题,以此迷惑关卡盘查。

3月23日—25日(4月5日—7日)

　　列宁阅读卡·考茨基《冰宫》一文并作摘录,该文发表在1917年3月30

日《新时代》杂志第 26 期,论述了革命在俄国的发展及其对结束战争的意义。

3 月 24 日(4 月 6 日)

接到弗·普拉滕的通知:德国政府同意布尔什维克提出的条件让俄国政治流亡者取道德国回国。

同克鲁普斯卡娅前往伯尔尼。在伯尔尼打电报给日内瓦的昂·吉尔波,告诉他俄国政治流亡者将于 3 月 25 日(4 月 7 日)中午启程回国,请他同罗曼·罗兰、沙·奈恩或厄·格拉贝一起来伯尔尼签署取道德国回国的过境谈判议定书。

雅·斯·加涅茨基和瓦·瓦·沃罗夫斯基电告列宁,党中央俄国局 3 月 23 日(4 月 5 日)来电,请列宁尽早回国。

3 月 24 日或 25 日(4 月 6 日或 7 日)

列宁写信给苏黎世的莫·马·哈里东诺夫,请他找到苏黎世布尔什维克小组成员工人阿·林杰,并帮助林杰随同其他人一起回国。

3 月 25 日(4 月 7 日)

列宁在伯尔尼民众文化馆同法国、德国、瑞士和波兰的左派社会民主党人代表会商俄国政治流亡者取道德国回国事宜,向他们说明情况。与会代表弗·普拉滕、保·莱维、斐·洛里欧、昂·吉尔波、美·勃朗斯基传阅了关于取道德国回国的过境谈判议定书,共同起草并签署了一项声明指出,俄国同志不仅有权而且应当利用提供给他们的机会返回俄国。

电告雅·斯·加涅茨基:俄国政治流亡者一行二十人,定于 3 月 26 日(4 月 8 日)启程回国,并请瑞典国际主义者代表卡·林德哈根和弗·斯特勒姆务必届时在特雷勒堡相迎,另请俄国社会民主工党中央委员会俄国局的代表在政治流亡者抵达芬兰时前往相见。随后又电告,启程日期因故推迟一天,有四十人走。

3 月 26 日(4 月 8 日)以前

写第五封《远方来信》的要点。

3 月 26 日(4 月 8 日)

写《远方来信。第五封信。革命的无产阶级国家制度的任务》。没有写完。

在伯尔尼召集布尔什维克流亡者开会,讨论回国问题。会上宣读并通过列宁起草的《给瑞士工人的告别信》,宣读并一致确认关于俄国政治流亡者取道德国回国的过境谈判议定书。列宁同与会者一起在议定书上签字。

不晚于 3 月 27 日(4 月 9 日)

把 1916 年 9 月用德文写的一篇关于裁军问题的文章交给《青年国际》编辑部。文章以《无产阶级革命的军事纲领》为题发表在 1917 年 9 月和 10 月《青年国际》第 9 期和第 10 期。

3 月 27 日(4 月 9 日)

同克鲁普斯卡娅一起离开伯尔尼去苏黎世。到苏黎世以后,同准备回国的同志举行筹备会议。列宁第一个在取道德国回国人员的具结书上签字。

下午 3 时 10 分,列宁夫妇同一批俄国政治流亡者一起离开苏黎世回国。

3 月 27 日和 30 日(4 月 9 日和 12 日)之间

列宁一行进入德国境内。在途中列宁研究有关无产阶级在俄国革命中的任务并草拟提纲。

3 月 30 日(4 月 12 日)

列宁一行抵达德国港口城市萨斯尼茨。复乘瑞典客轮赴特雷勒堡。

当天下午 6 时抵达特雷勒堡,受到雅·斯·加涅茨基和瑞典左派社会民主党人奥·格里姆伦德的欢迎。晚上乘车前往马尔默。

晚间出席左派社会民主党人在马尔默萨瓦饭店为俄国政治流亡者举行的晚宴,同他们进行了谈话。深夜乘火车离开马尔默前往斯德哥尔摩。

3 月 30 日(4 月 12 日)夜

赴斯德哥尔摩途中,列宁在列车上同雅·斯·加涅茨基等同志谈论俄国当前的工作,以及在斯德哥尔摩建立中央国外局的想法。

3 月 31 日(4 月 13 日)

列宁拒绝同登上列车的斯德哥尔摩各报记者谈话。他们仅得知将在斯德哥尔摩向报界和舆论界发表公报。

上午 10 时抵达斯德哥尔摩中央车站,受到瑞典左派社会民主党人代表(其中有斯德哥尔摩市长卡尔·林德哈根和议会议员弗·斯特勒姆)、侨居斯德哥尔摩的布尔什维克以及瑞典社会民主党的报纸《政治报》的代表的欢迎。抵达车站和前往雷吉纳旅馆途中的情况都拍成纪录片。

在车站上,列宁接见瑞典《政治报》记者,回答了提出的问题,并把关于这次回国情况的正式公报交给《政治报》发表,这份公报刊登在 1917 年 4 月 14 日《政治报》第 85 号头版,标题为《俄国革命者取道德国回国。集体公报》。

参加俄国政治流亡者同瑞典社会民主党左派领导人在雷吉纳旅馆举行的联席会议。列宁介绍了取道德国回国的情况。瑞典同志欢迎俄国革命者,并在法国、德国、波兰和瑞士的国际主义者支持俄国同志回国的《声明》上签字。列宁致答词,感谢瑞典同志的盛情款待,并谈到了不久即将召开的俄国社会民主工党代表大会和代表大会的任务。

下午列宁阅读了许多党内文件,召集留在斯德哥尔摩的布尔什维克开会。会上成立俄国社会民主工党中央委员会国外代表处(国外局),成员有瓦·沃罗夫斯基、雅·加涅茨基和卡·拉狄克。列宁对国外代表处的工作作了详细的指示。

列宁和弗·斯特勒姆以俄国和瑞典社会民主党人的名义打电报给坐牢的塞·霍格伦表示敬意和慰问。

列宁打电报给彼得格勒工兵代表苏维埃主席尼·谢·齐赫泽,请他采取有效措施,保证回国的政治流亡者入境不受阻滞。

得到俄国驻瑞典总领事馆发给的返回俄国的证件(第 109 号)。出席瑞典左派社会民主党人为俄国政治流亡者举行的午宴。

下午 6 时 37 分,列宁一行启程离斯德哥尔摩经芬兰赴彼得格勒。留在斯德哥尔摩的布尔什维克和瑞典舆论界代表百余人到车站送行。列车在《国际歌》和瑞典社会民主党人祝俄国革命胜利声中徐徐启动。

4 月 1 日(14 日)

在斯德哥尔摩到哈帕兰达的途中列宁打电报给日内瓦的维·阿·卡尔宾斯基,告诉他德国当局遵守了关于俄国政治流亡者取道德国回国的条件,请他公布《给瑞士工人的告别信》。

在列车上召集回国的政治流亡者开会,讨论如何应付瑞(典)俄边境上的盘查、彼得格勒临时政府特派员的查问以及弗·普拉滕入境等问题。会上决定,通过边境时,一切交涉由列宁和米·格·茨哈卡雅负责办理。

《答〈政治报〉记者》在《政治报》第85号上发表。

4月2日(15日)

列宁一行抵哈帕兰达,换乘马车前往瑞(典)俄边境,遭到边境的协约国军英国军官的搜查。

下午6时许抵达托尔尼奥后,列宁打电报给俄国社会民主工党中央委员会俄国局,报告瑞士社会民主党书记弗·普拉滕在边境受阻,恳请尽快办理入境证。

晚上,离托尔尼奥赴彼得格勒。

《在与瑞典社会民主党左派举行的会议上的讲话》、《答瑞典社会民主党左派代表弗·斯特勒姆》、《论俄国社会民主工党在俄国革命中的任务》(有删节,发表时的标题是《列宁论俄国革命。要各国人民之间直接的和平谈判,不要政府之间的谈判》)在《政治报》第86号上发表。

4月3日(16日)

列宁写《四月提纲初稿》。

在托尔尼奥到彼得格勒途中,列宁同车厢里的士兵交谈,并仔细倾听他们反对继续战争的意见。

晚9时抵达别洛奥斯特罗夫车站。党中央俄国局委员、彼得堡委员会委员率彼得格勒工人代表团及《真理报》编辑部代表到车站迎接列宁等回国同志,并陪同前往彼得格勒。列宁在车站作了简短讲话。

晚11时许抵达彼得格勒芬兰车站,受到彼得堡委员会代表团、彼得格勒苏维埃代表团、《真理报》编辑部代表团的热烈欢迎。在月台列宁检阅了仪仗队。成千上万的工人、士兵和水兵汇集在车站广场热烈欢呼。列宁站在装甲车上向欢迎群众发表演说,他向俄国革命无产阶级和革命军队致敬,号召他们为社会主义革命进行斗争。列宁在成千上万的工人、士兵和水兵的簇拥下乘装甲车进入彼得格勒市区。

当晚抵达党中央委员会和彼得堡委员会所在地克舍辛斯卡娅公馆，出席彼得格勒的党的工作者为列宁一行组织的欢迎会。列宁站在阳台上向欢迎群众发表演讲。

4月4日（17日）

清晨离克舍辛斯卡娅公馆前往姐姐安娜家探望。

早上在弗·德·邦契-布鲁耶维奇家里召开了布尔什维克党领导人会议。

中午12时左右赴塔夫利达宫。在出席全俄工兵代表苏维埃会议的布尔什维克代表的会议上作关于革命无产阶级的任务的报告，逐条详细阐述了自己的提纲。这一提纲就是著名的《四月提纲》。

出席布尔什维克苏维埃代表和孟什维克苏维埃代表联席会议，再次作关于革命无产阶级的任务的报告，宣读并阐述《四月提纲》。报告之后，把《四月提纲》文本交给伊·格·策列铁里。由于孟什维克试图把一个所谓的统一代表大会的计划强加给布尔什维克，列宁同与会的布尔什维克一起退出会场。

列宁受同行的全体政治流亡者的委托，给彼得格勒苏维埃执行委员会写了一份报告《我们是怎样回来的》。

晚8时，前往塔夫利达宫出席彼得格勒苏维埃执行委员会会议，参加讨论俄国政治流亡者取道德国回国问题。会议决定在报刊上公布列宁关于取道德国回国的情况报告。会上，列宁当选为彼得格勒工兵代表苏维埃执行委员会委员。

列宁曾前往沃尔科沃墓地为母亲和妹妹扫墓。

4月4日和5日（17日和18日）

写《论无产阶级在这次革命中的任务》一文，著名的《四月提纲》就在这篇文章中。文章发表在4月7日《真理报》第26号。

4月4日或5日（17日或18日）

开始主编布尔什维克党中央机关报《真理报》。

4月4日和12日（17日和25日）之间

写《为论证四月提纲写的要点》。

4月4日（17日）以后

撰写《俄国的政党和无产阶级的任务》小册子。

4 月 5 日（18 日）

出席在塔夫利达宫举行的全俄工兵代表苏维埃布尔什维克代表的会议，会议讨论了《四月提纲》。

写《两个世界》一文，揭露和驳斥资产阶级报刊在政治流亡者取道德国回国问题上对布尔什维克党的无耻诽谤。

《我们是怎样回来的》（报告）和 4 月 3 日（16 日）列宁在芬兰车站广场向工人、士兵和水兵发表的演说（报道）在《真理报》第 24 号和《彼得格勒工兵代表苏维埃消息报》第 32 号上发表。

写信给彼得格勒工兵代表苏维埃执行委员会委员亚·加·施略普尼科夫，请他支付政治流亡者从瑞士返回俄国的费用。

编辑《真理报》第 25 号。

4 月 6 日（19 日）

出席俄国社会民主工党中央委员会会议，讨论《四月提纲》。列宁批评了列·波·加米涅夫和亚·加·施略普尼柯夫在关于俄国革命的性质和前途以及党的任务的问题上所持的机会主义立场。

编辑《真理报》第 26 号。

《两个世界》一文在《真理报》第 25 号上发表。

4 月 7 日（20 日）

《论无产阶级在这次革命中的任务》在《真理报》第 26 号上发表。

编辑《真理报》第 27 号。

4 月 8 日（21 日）

列宁写《论两个政权》一文。

编辑《真理报》第 28 号。

《路易·勃朗主义》一文在《真理报》第 27 号上发表。

4 月 8 日和 13 日（21 日和 26 日）之间

撰写《论策略书》（小册子）。

4 月 9 日（22 日）

《论两个政权》一文在《真理报》第 28 号上发表。

4 月 9 日和 10 日（22 日和 23 日）

编辑《真理报》第 29 号。

4 月 9 日或 16 日（22 日或 29 日）

出席布尔什维克在女子医学院举行的集会，作关于目前形势和《真理报》编辑部工作方针的报告。

不晚于 4 月 10 日（23 日）

拟提纲并写《无产阶级在我国革命中的任务（无产阶级政党的行动纲领草案）》小册子。

4 月 10 日（23 日）

出席俄国社会民主工党中央委员会会议，讨论《真理报》编辑部问题和党内争论等问题。会上，列宁批评列·波·加米涅夫，捍卫《四月提纲》的基本论点。

小册子《无产阶级在我国革命中的任务》完稿。

出席俄国社会民主工党彼得堡委员会组织的伊兹迈洛夫团和第二近卫军炮兵旅士兵群众大会，发表讲话，谈革命的国家制度。

4 月上旬

撰写小册子《俄国的政党和无产阶级的任务》。小册子全文最初发表在《浪潮报》第 20、22 和 23 号。1917 年 7 月在彼得格勒出单行本。

4 月 11 日（24 日）

写《资本家的无耻谎言》一文，驳斥交通部长尼·维·涅克拉索夫的诬蔑。

为彼得格勒工兵代表苏维埃布尔什维克党团拟定关于第四次"自由公债"的决议草案，提交工兵代表苏维埃全体会议讨论。

出席彼得格勒工兵代表苏维埃布尔什维克党团会议，讨论对待第四次"自由公债"的态度问题。列宁提出的决议草案同亚·米·柯伦泰为首的委员会提出的决议草案合并为一个决议案，经讨论通过。

编辑《真理报》第 30 号。

4 月 11 日或 12 日（24 日或 25 日）

撰写《战争和临时政府》、《踩着〈俄罗斯意志报〉的脚印走》两篇文章。

4 月 11 日和 14 日（24 日和 27 日）之间

就资产阶级报纸对俄国政治流亡者取道德国回国一事造谣诽谤写《告士兵和水兵书》。

4 月 12 日(25 日)

写信给党中央国外代表处代表雅·斯·加涅茨基和卡·伯·拉狄克,告诉他们即将在 4 月 22 日(5 月 5 日)召开俄国社会民主工党(布)第七次全国代表会议,并向他们介绍国内形势。

　　编辑《真理报》第 31 号。

　　列宁 4 月 11 日(24 日)在伊兹迈洛夫团士兵群众大会上发表的讲话和《资本家的无耻谎言》在《真理报》第 30 号上发表。

4 月 13 日(26 日)

就资产阶级和小资产阶级报纸加紧诽谤布尔什维克一事,召集俄国社会民主工党(布)彼得堡委员会军事组织负责人和党中央委员会。会上,列宁听取了关于彼得格勒卫戍部队情况的报告,指示与会者在广大士兵中开展工作。

　　撰写《说谎同盟》、《重要的揭露》和《银行和部长》三篇文章。

　　编辑《真理报》第 32 号。

　　《战争和临时政府》和《踩着〈俄罗斯意志报〉的脚印走》两篇文章在《真理报》第 31 号上发表。

4 月 13 日或 14 日(26 日或 27 日)

写《反对大暴行制造者。告彼得格勒工人、士兵和全体居民书》。

4 月 13 日(26 日)以后

《论策略书》小册子(附《四月提纲》)在彼得格勒出版。

4 月 14 日(27 日)以前

列宁同俄国社会民主工党彼得堡委员会水兵宣传员就革命发展问题进行交谈。

不晚于 4 月 14 日(27 日)

筹备俄国社会民主工党(布)彼得格勒市第一次代表会议,起草关于对临时政府的态度的决议和关于战争的决议。

4 月 14 日—22 日(4 月 27 日—5 月 5 日)

俄国社会民主工党(布)彼得格勒市第一次代表会议在克舍辛斯卡娅公馆举行。列宁主持大会的工作。

4 月 14 日(27 日)

出席俄国社会民主工党(布)彼得格勒市第一次代表会议第一次会议,当选为大会名誉主席。会上,列宁作关于目前形势和对临时政府的态度的报告及总结发言。

在俄国社会民主工党(布)彼得堡委员会鼓动部召开的喀琅施塔得水兵宣传员会议上,听取在士兵中开展工作的情况汇报,建议他们会同彼得格勒卫戍部队几个步兵团于4月16日(29日)举行一次抗议资产阶级诽谤攻击布尔什维克和《真理报》的示威游行。

撰写《诽谤者大合唱中的正直呼声》、《公民们!应当懂得各国资本家采取的手法是什么!》和《是地主和农民的"自愿协议"吗?》三篇文章。

编辑《真理报》第33号。

《说谎同盟》、《重要的揭露》和《银行和部长》三篇文章在《真理报》第32号上发表。

4月14日和20日(4月27日和5月3日)之间

写《论无产阶级民兵》一文。

4月14日和22日(4月27日和5月5日)之间

写《盛加略夫的建议或命令和一个地方工兵代表苏维埃的建议》一文。

4月15日(28日)以前

写《士兵和土地》一文。

4月15日(28日)

出席俄国社会民主工党(布)彼得格勒市第一次代表会议第二次会议。在讨论中,列宁两次发言,捍卫自己起草的关于对临时政府的态度的决议案。会议通过列宁起草的《关于对临时政府的态度的决议》草案。

出席在米哈伊洛夫练马场举行的装甲营士兵大会,并发表演说,揭露临时政府的帝国主义政策。

撰写《农民代表大会》和《关于侨民回国》两篇文章。

编辑《真理报》第34号。

《公民们!应当懂得各国资本家采取的手法是什么!》、《诽谤者大合唱中的正直呼声》、《是地主和农民的"自愿协议"吗?》三篇文章和《反对大暴行制造者。告彼得格勒工人、士兵和全体居民书》在《真理报》第33号上发表。

《士兵和土地》一文在彼得格勒《士兵真理报》创刊号上发表。

4 月 16 日(29 日)

彼得格勒的工人、士兵和水兵举行示威游行,抗议资产阶级报纸诽谤攻击布尔什维克。示威游行群众汇集在克舍辛斯卡娅公馆前。列宁站在阳台上向他们发表演说。

修改《关于战争的决议草案》,并将草案提请俄国社会民主工党(布)彼得格勒市第一次代表会议选出的委员会讨论。

《农民代表大会》和《关于侨民回国》两篇文章在《真理报》第 34 号上发表。

4 月 16 日和 17 日(29 日和 30 日)

编辑《真理报》第 35 号。

4 月 17 日(30 日)

写《我们的观点。答士兵代表苏维埃执行委员会的决议》一文。

出席塔夫利达宫彼得格勒工兵代表苏维埃士兵部的会议。在会上,批评士兵代表苏维埃执行委员会通过严重歪曲布尔什维克党在土地问题上、国家制度问题上和战争问题上的决议。发言后,列宁回答了士兵们提出的许多问题。

4 月 18 日(5 月 1 日)

参加"五一"国际劳动节庆祝活动。上午,参加维堡区工人群众的游行。下午,在马尔斯校场和皇宫广场,代表布尔什维克党中央向游行群众发表讲话,阐明"五一"节的意义和俄国革命的任务。晚上,参加奥赫塔火药厂"五一"节庆祝会,向工人、士兵和水兵发表演说。到会的约五千人。

《我们的观点。答士兵代表苏维埃执行委员会的决议》一文和《关于对临时政府的态度的决议》(列宁起草、俄国社会民主工党(布)彼得格勒市第一次代表会议通过)在《真理报》第 35 号上发表。

4 月 15 日(28 日)在米哈伊洛夫练马场举行的装甲营士兵大会上的演说(报道)在彼得格勒《士兵真理报》第 2 号上发表。

4 月 17 日(30 日)在彼得格勒工兵代表苏维埃士兵部会议上对士兵代表苏维埃执行委员会的决议的发言(报道)和对问题的回答在《统一报》第 17 号上发表。

《给瑞士工人的告别信》在《青年国际》第 8 期上发表,并印成传单在瑞士各城市向参加"五一"节示威游行的群众散发。

4 月 18 日和 19 日(5 月 1 日和 2 日)

编辑《真理报》第 36 号。

4 月 19 日(5 月 2 日)

出席俄国社会民主工党(布)中央委员会会议。会议宣读芬兰社会民主党请求在反对临时政府、争取芬兰自治的斗争中给予支援的呼吁书。在讨论中,列宁三次发言,建议通过关于大力支援芬兰社会民主党的斗争的决议。

写《破产了吧?》一文。

4 月 20 日(5 月 3 日)

起草俄国社会民主工党(布)中央委员会关于临时政府 1917 年 4 月 18 日(5 月 1 日)致各盟国政府的照会引起的危机的决议草案。

写《告各交战国士兵书》。

参加俄国社会民主工党(布)中央委员会紧急会议,讨论由于临时政府 4 月 18 日(5 月 1 日)照会各盟国引起的政治危机问题。会议通过列宁起草的关于这个问题的决议草案和《告各交战国士兵书》。

出席彼得格勒工兵代表苏维埃紧急会议,讨论临时政府 4 月 18 日(5 月 1 日)致各盟国政府的照会。尼·谢·齐赫泽提议停止讨论照会,布尔什维克代表反对,坚决要求继续讨论,并提议选举列宁为主席。

撰写《临时政府的照会》、《一个根本问题(转到资产阶级方面去的社会党人是怎样谈论的)》、《用圣像对付大炮,用空谈对付资本》三篇文章。

编辑《真理报》第 37 号。

《他们是怎样听任资本家摆布的》、《论无产阶级民兵》和《破产了吧?》三篇文章在《真理报》第 36 号上发表。

4 月 21 日(5 月 4 日)

为俄国社会民主工党(布)中央委员会会议起草关于党在临时政府 1917 年 4 月 18 日(5 月 1 日)致各盟国政府的照会引起的政治危机而产生的任务的决议草案。

出席俄国社会民主工党(布)中央委员会会议,讨论当前的政治局势问题。会议通过列宁起草的关于党在临时政府 1917 年 4 月 18 日(5 月

1日)致各盟国政府照会引起的政治危机而产生的任务的决议草案。

撰写《是资本家不理智还是社会民主党欠聪明?》和《真诚的护国主义的内容表露出来了》两篇文章。

编辑《真理报》第38号。

《临时政府的照会》、《一个根本问题(转到资产阶级方面去的社会党人是怎样谈论的)》、《用圣像对付大炮,用空谈对付资本》、《维·切尔诺夫公民的逻辑》、《普列汉诺夫先生的未能得逞的脱身计》五篇文章以及《俄国社会民主工党(布)中央委员会关于临时政府1917年4月18日(5月1日)的照会引起的危机的决议》和《告各交战国士兵书》在《真理报》第37号上发表。

4月22日(5月5日)以前

起草《关于对社会革命党、社会民主党(孟什维克)、一批所谓"无派别"社会民主党人以及诸如此类的政治流派的态度的决议草案》和《关于市政选举的决议》。

4月22日(5月5日)

起草俄国社会民主工党(布)中央委员会关于四月政治危机的结局的决议草案。

上午,出席俄国社会民主工党(布)中央委员会会议,会议讨论并通过列宁起草的关于四月政治危机的结局的决议草案。

出席俄国社会民主工党(布)彼得格勒市第一次代表会议第四次(闭幕)会议。会议讨论市政选举问题和对小资产阶级政党的态度问题。会议讨论并通过列宁起草的《关于市政选举的决议》和《关于对社会革命党、社会民主党(孟什维克)、一批所谓"无派别"社会民主党人以及诸如此类的政治流派的态度的决议》两项草案。会议结束前,列宁提出关于战争的决议草案,发表讲话,并建议将此草案作为提交俄国社会民主工党(布)第七次全国代表会议的决议草案的基础。

撰写《请同志们注意!》、《清楚的问题是怎样弄糊涂的?》、《资本家怎样理解"耻辱"和无产者怎样理解"耻辱"》、《部长的报纸鼓吹大暴行》和《危机的教训》等五篇文章。

编辑《真理报》第39号。

《俄国社会民主工党(布)中央委员会 1917 年 4 月 21 日(5 月 4 日)
通过的决议》以及《是资本家不理智还是社会民主党欠聪明?》、《真诚的
护国主义的内容表露出来了》、《盛加略夫的建议或命令和一个地方工兵
代表苏维埃的建议》等文章在《真理报》第 38 号上发表。

4 月 23 日(5 月 6 日)

出席俄国社会民主工党(布)第七次全国代表会议(四月代表会议)预备
会议,发表关于四月危机的讲话。

在《真理报》编辑部接见芬兰社会民主党《工人日报》记者爱·托尔
尼艾年,发表关于对苏维埃的态度、关于召开立宪会议等问题的谈话。

《俄国社会民主工党(布)中央委员会 1917 年 4 月 22 日(5 月 5 日)
上午通过的决议》、《请同志们注意!》、《危机的教训》、《资本家怎样理解
"耻辱"和无产者怎样理解"耻辱"》、《部长的报纸鼓吹大暴行》以及《清楚
的问题是怎样弄糊涂的?》等文章在《真理报》第 39 号上发表。

4 月 23 日和 24 日(5 月 6 日和 7 日)

编辑《真理报》第 40 号。

4 月 24 日(5 月 7 日)以前

筹备俄国社会民主工党(布)第七次全国代表会议(四月代表会议),起草
《关于目前形势的决议》和《关于土地问题的决议》两项草案以及《俄国社
会民主工党党纲修改草案初稿》。

4 月 24 日—29(5 月 7 日—12 日)

俄国社会民主工党(布)第七次全国代表会议(四月代表会议)在女子医
学院召开。列宁主持大会工作。

4 月 24 日(5 月 7 日)

上午 10 时,俄国社会民主工党(布)第七次全国代表会议(四月代表会
议)开幕,列宁致简短开幕词。

列宁被选入大会主席团。

在代表会议第一次(上午)会议上列宁作关于目前形势的报告。随
后向会议提出关于对临时政府的态度的决议草案和关于战争的决议
草案。

在代表会议第二次(下午)会议上列宁作关于目前形势的报告的总

结发言,尖锐地批评了列·波·加米涅夫和阿·伊·李可夫的错误立场。

列宁被选入代表会议决议起草委员会。

4 月 25 日(5 月 8 日)

在代表会议第三次(下午)会议上列宁发表关于召开国际社会党代表会议的方案的讲话。

会上,列宁被选入宣言草案起草委员会。该委员会讨论通过列宁起草的《关于伯格比尔的建议的决议》草案,交代表会议讨论批准。

在代表会议第四次(下午)会议上列宁作关于对工兵代表苏维埃的态度的讲话。

出席"火星"工人政治俱乐部开幕式,并致贺词,指出彼得格勒工人在夺取二月革命的胜利中起了决定作用。

编辑《真理报》第 41 号。

《愚蠢的幸灾乐祸》一文以及列宁在俄国社会民主工党(布)彼得格勒市第一次代表会议上作的关于目前形势和关于对临时政府的态度的报告和在俄国社会民主工党(布)第七次全国代表会议(四月代表会议)上作的关于目前形势的报告(报道)在《真理报》第 40 号上发表。

列宁 4 月 23 日(5 月 6 日)接见芬兰社会民主党《工人日报》记者爱·托尔尼艾年时的谈话在《工人日报》第 122 号上发表。

4 月 25 日—26 日(5 月 8 日—9 日)

写《关于苏维埃的决议的提纲草稿》、《关于工兵代表苏维埃的决议》(定稿)。

4 月 26 日(5 月 9 日)以前

为出版论文集(收入 1914—1917 年在国外刊物上发表的文章)做准备工作(1917 年因故未能出版)。

4 月 26 日(5 月 9 日)

出席俄国社会民主工党(布)第七次全国代表会议(四月代表会议)第五次(上午)会议,听取各地代表的报告。

为《帝国主义是资本主义的最高阶段(通俗的论述)》一书写序言。

编辑《真理报》第 42 号。

列宁在俄国社会民主工党(布)第七次全国代表会议(四月代表会议)上作的关于召开国际社会党代表会议的方案的讲话(报道)和《关于伯格比尔的建议的决议》(列宁起草、经代表会议通过)在《真理报》第41号上发表。

4月26日—27日(5月9日—10日)

参加俄国社会民主工党(布)第七次全国代表会议(四月代表会议)决议起草委员会的工作,修改《关于战争的决议》草案。

4月27日(5月10日)以前

起草《关于联合国际主义者反对小资产阶级护国主义联盟的决议》和《关于民族问题的决议》两项草案。

4月27日(5月10日)

在代表会议第六次(下午)会议上列宁代表决议起草委员会发言,说明关于战争的决议的基本论点。在讨论这个决议案时,列宁三次发言,就各种修正案提出反驳意见。

会议通过《关于战争的决议》和《关于对临时政府的态度的决议》。

编辑《真理报》第43号。

列宁在俄国社会民主工党(布)第七次全国代表会议(四月代表会议)上作的关于对工兵代表苏维埃的态度的发言(报道)和《关于对临时政府的态度的决议》(列宁起草、经代表会议通过)在《真理报》第42号上发表。

4月27日和28日(5月10日和11日)

参加俄国社会民主工党(布)第七次全国代表会议(四月代表会议)的土地问题小组、党纲修改小组以及其他小组的工作,向党纲修改小组提出《俄国社会民主工党党纲修改草案初稿》。

不晚于4月28日(5月11日)

起草《关于修改党纲的决议》。

4月28日(5月11日)

在代表会议第七次(下午)会议上列宁作关于土地问题的报告和关于修改党纲问题的报告。列宁向大会提出经土地问题小组和党纲修改小组同意的两项决议草案,由大会讨论通过。

编辑《真理报》第44号。

《联欢的意义》、《临时政府的反革命措施会造成什么结果》和《十分拙劣的谎言》三篇文章在《真理报》第43号上发表。

不晚于4月29日(5月12日)

代表会议决议起草委员会讨论通过列宁起草的《关于民族问题的决议》草案。

列宁写信给前线代表大会主席团,感谢他们的邀请,告诉他们因主持党的代表会议不能出席他们的大会。

4月29日(5月12日)

代表会议第八次(上午)会议讨论通过列宁起草的《关于联合国际主义者反对小资产阶级护国主义联盟的决议》和《关于工兵代表苏维埃的决议》。

列宁出席俄国社会民主工党(布)第七次全国代表会议(四月代表会议)第九次(下午)会议,就党中央委员会组成等问题发言。

会议选举列宁为党中央委员。

列宁发表关于民族问题的讲话。会议通过列宁起草的《关于民族问题的决议》。休会。

午夜1时复会。列宁就国际的现状和俄国社会民主工党(布)的任务问题以及为维护关于目前形势的决议发表讲话。会议通过相应的决议。

最后,列宁致闭幕词。俄国社会民主工党(布)第七次全国代表会议(四月代表会议)闭幕。

编辑《真理报》第45号。

《社会沙文主义者和国际主义者》、《伊·格·策列铁里和阶级斗争》、《惊慌不安》三篇文章,以及列宁在俄国社会民主工党(布)第七次全国代表会议(四月代表会议)上为维护关于战争的决议而发表的讲话(报道)和《关于战争的决议》(列宁起草、经代表会议讨论通过)在《真理报》第44号上发表。

4月29日和5月3日(5月12日和16日)之间

列宁为发表俄国社会民主工党(布)第七次全国代表会议(四月代表会

议)决议做准备工作,写《俄国社会民主工党(布)第七次全国代表会议(四月代表会议)决议的引言》。

4 月 30 日(5 月 13 日)

列宁在俄国社会民主工党(布)第七次全国代表会议(四月代表会议)上作的关于修改党纲问题的报告和关于土地问题的报告(报道)以及《关于土地问题的决议》(列宁起草、经代表会议讨论通过)在《真理报》第 45 号上发表。

4 月 30 日和 5 月 1 日(5 月 13 日和 14 日)

写《芬兰和俄国》一文,批评孟什维克党组织委员会不支持芬兰劳动人民反对临时政府、争取芬兰自治的斗争。

编辑《真理报》第 46 号。

4 月

参观俄罗斯科学院图书馆手稿部,了解那里收藏的布尔什维克秘密文献。

在《真理报》编辑部会见印刷工会中央委员会主席 H.H.尼古拉耶夫、主席团委员 A.萨哈罗夫,商谈如何按时出版《真理报》和如何在印刷工会中开展党的工作问题。

同亚·米·柯伦泰谈话,就如何开展妇女工作问题交换意见。

《列宁全集》第二版第29卷编译人员

译文校订：傅子荣　崔松龄　刘功勋　王宏华

资料编写：郭值京　张瑞亭　冯如馥　刘方清　毕世良　徐鸣珂
　　　　　王锦文　周秀凤

编　　辑：杨祝华　江显藩　钱文干　李遵玉

译文审订：张　企　徐立群　徐　坚　岑鼎山

《列宁全集》第二版增订版编辑人员

李京洲　高晓惠　翟民刚　张海滨　赵国顺　任建华　刘燕明
孙凌齐　门三姗　韩　英　侯静娜　彭晓宇　李宏梅　付　哲
戚炳惠　李晓萌

审　　定：韦建桦　顾锦屏　柴方国

本卷增订工作负责人：赵国顺　张海滨

项目统筹：崔继新
责任编辑：杜文丽
装帧设计：石笑梦
版式设计：周方亚
责任校对：吕　飞

图书在版编目(CIP)数据

列宁全集.第29卷/(苏)列宁著；中共中央马克思恩格斯列宁斯大林著作编译局编译.
—2版(增订版)-北京：人民出版社，2017.3(2024.7重印)
ISBN 978-7-01-017118-0
Ⅰ.①列… Ⅱ.①列… ②中… Ⅲ.①列宁著作-全集 Ⅳ.①A2
中国版本图书馆 CIP 数据核字(2016)第 316472 号

书　　名　**列宁全集**
　　　　　LIENING QUANJI
　　　　　第二十九卷
编 译 者　中共中央马克思恩格斯列宁斯大林著作编译局
出版发行　人民出版社
　　　　　(北京市东城区隆福寺街99号　邮编 100706)
邮购电话　(010)65250042　65289539
经　　销　新华书店
印　　刷　北京新华印刷有限公司
版　　次　2017 年 3 月第 2 版增订版　2024 年 7 月北京第 2 次印刷
开　　本　880 毫米×1230 毫米 1/32
印　　张　22
插　　页　6
字　　数　571 千字
印　　数　3,001—6,000 册
书　　号　ISBN 978-7-01-017118-0
定　　价　54.00 元

ISBN 978-7-01-017118-0